刘海潮 著

張伯行

第五卷 科考大案

河南人民出版社

目　录

（第五卷　科考大案）

第九章

一　武举考试

（一）如此一来,江苏官场恐要一场大地震 / 1441

（二）俗话说:有钱能使鬼推磨,没有钱办不成的事 / 1443

（三）有张伯行在,使银子也是打水漂 / 1446

（四）谁又是钱权交易的幕后推手 / 1450

二　乡试放榜

（一）慕容方没有消息,或许就是最好的消息 / 1452

（二）读书人不能一心沽名钓誉,还要位卑不敢忘国 / 1455

（三）慕容方随手捡根树枝,为大家舞起剑来 / 1458

（四）巡抚大人一口中原官话,语气铿锵有力 / 1461

（五）大仪何尝不想博取功名,光宗耀祖 / 1465

（六）李渔为江南贡院留下的诸多楹联让人回味不已 / 1468

三　秀才造反

（一）落第秀才个个声嘶力竭,五官扭曲,满脸愤怒 / 1471

（二）顺治帝借机打压江南官员,确保大清长治久安 / 1477

（三）苏州秀才抬着财神爷到府学明伦堂里供奉 / 1480

（四）听到慕容方所言，张伯行陷入沉思 / 1482

（五）女子哭得梨花带雨，好不让人怜惜 / 1484

（六）想起考试时的情景，慕容方恍然大悟 / 1486

（七）慕容方亲眼看见，副主考赵晋把一团纸放在东邻考棚 / 1488

（八）丁谷宜和秀才们商议集体进京城告御状 / 1491

四　龙颜大怒

（一）曹寅把科考大案第一时间秘奏康熙帝 / 1495

（二）张伯行送给曹寅的孙子曹霑一个号，曰"雪芹" / 1498

（三）噶礼梦见有只猫张着血盆大口吐着火苗扑来 / 1501

（四）康熙帝曰：京中早已闻知纷纷议论，可羞至极矣 / 1504

（五）盛怒之下，秀才们扒了主考左必蕃家的祠堂 / 1508

（六）江南科考让大清颜面何在，让皇上情何以堪 / 1511

（七）噶礼对曹寅说道，此墨乃当年宋徽宗用过之物 / 1513

（八）李光地向康熙帝奏曰：才再大若心术不正，也难堪大任 / 1516

五　钦差初审

（一）礼部初议应将吴泌、程光奎等人押解入京，进行复试 / 1519

（二）康熙帝下旨委派张鹏翮为钦差大臣，严查江南科考大案 / 1521

（三）钦差行辕外有多少暗探，谁也说不清 / 1523

（四）江南辛卯科文场正、副主考全部投入扬州大牢 / 1527

（五）江南士子怨声载道数日不止，闹得沸沸扬扬惊天动地 / 1529

（六）杨绳武仰起脸，目光坚定，咬牙说道："亦冤亦不冤。" / 1532

（七）新科举人吴泌、程光奎居然连百家姓都不能背全 / 1536

六　二次开庭

（一）噶礼借参焦映汉打击张伯行 / 1540

（二）听得"夹棍"二字，左必蕃腿都软了 / 1542

（三）再上大堂全招供，临死也要找齐垫背的 / 1546

（四）安徽巡抚叶九思与安徽布政使马逸姿之家人涉案其中 / 1548

（五）江苏秀才想中举托门路，怎么托也托不到安徽来呀 / 1554

（六）扬州盐政院大门外，来听审的百姓今天算是开眼界 / 1555

七 案件合议

（一）对在扬州过春节的各级官员严格实行"三不准" / 1558

（二）钦差大臣张鹏翮和两江总督噶礼、江苏巡抚张伯行、安徽巡抚梁世
勋四人第一次聚齐 / 1561

（三）审出一个让皇上放心、让百姓满意、让士子服气的结果 / 1564

（四）李奇妻子杜氏主动交出十五锭金子 / 1567

（五）酩酊大醉的曹寅仍然没有忘记自己心里面紧绷的那根弦 / 1569

八 督抚互参

（一）选派张鹏翮做钦差大臣主审此案，康熙帝是经过深思熟虑的 / 1573

（二）这些话都会由曹寅总结梳理后密报给康熙帝 / 1575

（三）督臣擅作威福，卖朝廷之官，卖朝廷之法，后卖朝廷之举人 / 1579

（四）噶礼罗列张伯行七大罪状，条条直捣康熙帝心窝 / 1585

（五）噶礼一封连一封地上奏康熙帝，意欲置张伯行于死地 / 1589

九 一清二白

（一）为官上不能直言敢谏，下不愿造福黎民，与朽木何别 / 1592

（二）大清立国七十年，满汉大臣之间的关系一直十分微妙 / 1595

（三）扬州商人罢市，跪求钦差大人上疏留任张伯行 / 1597

（四）临别扬州，张伯行只拿走一捆青菜、两块豆腐 / 1600

（五）得知噶礼被免，那些天天等着求见的官员顿时无影无踪 / 1604

（六）朋友的朋友是朋友，敌人的朋友是敌人 / 1608

第十章

一 二次会审

   （一）张伯行在《沥陈被诬始末疏》中将噶礼诬陷他的七条罪状答辩得清
       清楚楚 / 1615

   （二）钦差大臣会审科考大案变成会审督抚互参 / 1623

   （三）各种各样的小道消息都在茶馆里汇集 / 1627

   （四）句容县知县王曰俞、江宁知府陈天立——过堂 / 1629

   （五）无论科考大案，还是督抚互参，赫寿都亦步亦趋 / 1633

二 疑案重重

   （一）曹寅在饭桌上只添酒布菜，只字不提案子的事 / 1636

   （二）关键是噶礼卷入废立太子这种敏感之时敏感之事 / 1639

   （三）"诗人讽咏，各有寄托，岂可有意罗织，以入人罪？" / 1642

   （四）科考大案的重要案犯陈天立在江都大牢自杀身亡 / 1645

   （五）"倘案不公，朕亲自带来审问时，自然水落石出矣" / 1649

三 庭外拆析

   （一）扬州盐政院内，张伯行和噶礼被轮流传唤 / 1653

   （二）考卷刚发下，张鹏翮就闻到一股臊气 / 1656

   （三）不如给噶礼和张伯行调解调解，大事化小，小事化无 / 1659

   （四）咱们俩都是旗人，人不亲土亲，犁不着耙着 / 1662

   （五）曹寅和李煦向康熙帝连上四封关于江南科考案的密折 / 1664

四 圣意难测

   （一）中举后的林水晗走在京城大街，看到什么都新奇都喜欢 / 1667

   （二）皇上亲自复试新科贡士却极少见 / 1669

   （三）康熙帝曰：大臣法则小臣廉，小吏廉则民生安 / 1671

   （四）科考大案审理半年有余，结果让康熙帝十分不满 / 1674

   （五）只是张伯行没抓住要害，参噶礼的事情大而空 / 1678

五 三次会审

　　（一）穆和伦、张廷枢到扬州三审科考大案 / 1682

　　（二）审案定要多多上心，以免惹得皇上动怒，百官非议 / 1684

　　（三）给左必蕃动刑是杀鸡儆猴，也表明二位钦差的态度 / 1686

　　（四）督抚互参的案子要审得恰到好处，不能把自己也牵涉进去 / 1691

　　（五）曹寅面带微笑，头一歪便撒手人寰 / 1693

　　（六）穆和伦与张廷枢万万没有料到，噶礼和张伯行二人见面吵得那么

　　　　厉害 / 1695

六 革职留任

　　（一）康熙帝感慨道：嬷嬷真是深明大义，看来噶礼罪不容赦啊 / 1700

　　（二）百姓纷纷跪在钦差行辕，请求准许张伯行官复原职 / 1702

　　（三）康熙帝曰：满汉俱系朕之臣子，朕视同一体，并无区别 / 1704

　　（四）张伯行沐浴更衣，焚香而拜，朝北行君臣大礼 / 1707

　　（五）她给康熙帝先当乳娘后当保姆，宫廷里的事她比谁都清楚 / 1710

七 老家仪封

　　（一）听说还要株连四舍、家灭九族，整个张家就要遭受灭顶之灾 / 1713

　　（二）老爷为官这些年，从未往家拉过一样东西，倒是从家往外拉出去

　　　　不少 / 1717

　　（三）这两棵老槐树在张氏族人心目中就是神树，能预知张氏家族的吉凶

　　　　福祸 / 1720

　　（四）开封府仪封县，整个张氏家族也闻知张伯行官复原职 / 1724

　　（五）这是官保府的老规矩，大年三十天亮前出去给穷苦人家送钱 / 1727

八 科考结案

　　（一）江苏百姓到畅春园叩见康熙帝，愿每人减一岁献给皇上 / 1731

　　（二）三拨钦差经过一年多时间审理，辛卯科江南科考舞弊案终于尘埃

　　　　落定 / 1735

　　（三）科考大案的从重处理让江南士子看到希望 / 1737

（四）康熙五十一年四月二十三，皇上决定：自科举考试千年以来首开恩科／1740

（五）万寿节前，康熙帝连颁三道旨意大赦天下／1743

（六）万寿恩科让众多学子士气大振，信心倍增／1748

九　恩科取士

（一）主考副考、监考巡考、考场考务、收卷封卷、改卷评卷、合分登分……科考的诸多事务需一一落实／1751

（二）堂堂江苏巡抚宴请皇上钦点的乡试正、副主考，居然全是家常菜／1753

（三）恩科乡试若想作弊就要好好掂量掂量，何况还有张伯行在此督考／1755

（四）江南万寿恩科乡试公平、公正、公开，解元、亚元众望所归／1758

（五）噶礼感觉，张伯行就是他这辈子最大的克星／1761

十　噶礼归西

（一）你还敢将废太子叫作太子，真是反了你／1765

（二）令领侍卫内大臣鄂伦岱、乾清门侍卫伍格，前去捉拿原两江总督噶礼／1769

（三）鄂伦岱一声令下，七八个军兵蜂拥而上，不由分说将噶礼按倒就打／1771

（四）普奇奉旨将噶礼及干泰两家全部抄掉／1774

（五）康熙帝拿噶礼开刀，一为杀鸡儆猴，二为安抚人心／1777

（六）噶礼著自尽，其妻亦令从死，色尔奇、甘都俱改斩监候／1779

（七）这是噶礼被抓后第一次哭，也是自解职后第一次哭／1782

第
九
章

一
武举考试

呦呦鹿鸣，食野之苹。我有嘉宾，鼓瑟吹笙。吹笙鼓簧，承筐是将。人之好我，示我周行。

呦呦鹿鸣，食野之蒿。我有嘉宾，德音孔昭。视民不恍，君子是则是效。我有旨酒，嘉宾式燕以敖。

呦呦鹿鸣，食野之芩。我有嘉宾，鼓瑟鼓琴。鼓瑟鼓琴，和乐且湛。我有旨酒，以燕乐嘉宾之心。

康熙五十年（1711年）辛卯十月。

初冬的江宁，夜晚依然能听到蛐蛐的鸣叫。月亮如往常般挂在夜空，如往常般不明也不暗。星星在夜幕中一如既往，不紧不慢地眨着眼睛。有风吹过，未曾与枝杈告别的树叶婆娑几下，送来一丝淡淡凉意。

在这个看似平凡得不能再平凡的夜晚，微微吹动树叶的风，漫不经心吹过驿馆。站在驿馆廊下欣赏月色的张伯行，想起康熙二十四年（1685年）乙丑，那年他三十五岁。春赴礼闱，二月会试，考试题目居然是《诗经·小雅·鹿鸣》，大总裁张士甄认为张伯行的文章"醇正典雅，不随世俗，为时人范"，中第十五名。后闻同考官罗继谟因出题悖谬，复有此误，为吏科给事中杨鼎疏参，将罗继谟从重处分，降级调用。

史载：罗继谟，字岩旭，号昌裔，开封府杞县人，顺治十六年乙亥科进士（三甲第二四一名），因科考出题错误获遣。

想至此,张伯行不知为何却打了个寒战。他从刚才这丝凉意中,似乎嗅到一丝不可言状的不祥之感。

有何不祥呢?

月儿如此的明,星星如此的亮。秋粮早已入库,市井繁荣昌盛,百姓安居乐业。不就是一小阵初冬的风嘛,毕竟时节已到,有点凉意很正常。

如今是在江南。若换作黄河边的仪封,早已是"孟冬十月,北风徘徊;天气肃清,繁霜霏霏"。

想到仪封老家,不由得想起儿子。前段时间,王夫人信上说,次子师载五月间也已入泮。好事!

"非读书,不明理。若知事,须读史。"他这几年外出为官,不能侍奉老母,不能陪伴糟妻,不能顾及儿女,很是愧疚。而今栻儿、载儿均已长大入学读书,这是对他最大的慰藉。

今岁按干支排序为辛卯,天干为辛,属阴之金;地支为卯,属阴之木;乃金克木,相克也。今年逢子、卯、午、酉之年,乃是三年一次的秋闱,文试已过,武试在即。一想到此事,张伯行心中便沉甸甸的。

这已是他第二次主持乡试。上次是在福建巡抚任上,考的是无风无雨,平平安安,连自己也很满意。这次江苏文科却考成一锅粥,此事是否会持续发酵,是否要上报朝廷,尤其是要不要上奏皇上,会不会拔起萝卜带出泥?

如此一来,江苏官场恐要有一场大地震。

可寒窗苦读的士子之心不能伤!自古江南士林无小事,牵一发而动全身,何况自己也是读书人出身,更不能让他们受委屈。为他们鸣冤,另一些人的日子就不会好过。此刻,他心中发紧,感觉有一种山雨欲来风满楼之势。

记得康熙四十七年,主政福建时,他也逢上一次秋闱。福建文科中举额度本为七十一名,五经三名。戊子科,蒙圣恩临时增加十名额度。福建士子闻之士气大振,应试士子群情激昂,跃跃欲试。他看在眼里,喜在心中。他觉得福建文风如此之盛,优秀士子层出不穷,但中举名额却与之不成正比,连这令人振奋的十个名额,也只是临时增加。为给朝廷发掘人才,鼓励福建士子向学之风,让福建百姓感受到皇恩浩荡,他多次向朝廷争取,一次不行两次,两次不行三次,终于把福建中举人数争取到八十五名的固定额度。此事让他在福建士林威信大增。

因近年读书士子日盛,今年辛卯科乡试,朝廷对各省均酌量增加中举额度。江南增加十六名,五经三名,外增一名,也就是说,本科乡试能中举人一百一十三名之多。这本是何等振奋人心的好事,而这次江南辛卯科文试却弄成这样,让江苏、安徽两省士子怨声载道,江南士林的心伤不起呀!

张伯行已拿定主意,这次武科,他一定要亲自主持。往大处说,以公正、公平安江南士子、武士、官绅、百姓之心;往小里说,也为江苏官场挽回些面子。想到此,他仿佛又听到多年前,也是如此一样平静的秋夜,他在开封府宋金六朝皇宫之上的贡院参加乡试时,听到有人高喊,"有恩的报恩,有怨的报怨"。那声音低沉悠长,恐怖阴森,耐人寻味。

(二)俗话说:有钱能使鬼推磨,没有钱办不成的事

孙福瑞看快要轮到自己上场,大冬天急得脑门上直冒汗。老话讲,穷文富武。要说也是,学文只需买几本书,在私塾里跟先生学,回家多背背书就行。若学习突出,学成个廪生什么的,官府还给粮给钱,在衣食无忧中,一心只读圣贤书,两耳不闻窗外事,乐哉悠哉!

练武就不同,先得拜师。和盖房一样,哪有平地起高楼之说,一招一式都要师傅手把手教。习武之人都知道,名师不启蒙。刚开始要先找位水平一般的师傅学基本功,学费自不可少。逢年过节,点心、果品、酒、肉,哪样也不能缺。练到一定程度,想进一步提高,就要投有名的拳师。一分价钱一分货,投名师花费自然不是小数目。买兵器、买马匹、买练武的家伙,又是一笔不小的开支。而后就是日常伙食费。练武活动量大,体能消耗也大,营养一定得跟上,吃肉、吃白面是常事。习武之人活动量大,饭量也大。老话讲:半大小子,吃穷老子。一个练武之人的饭量,怎么也能顶上两三个半大小子。一天两天还行,几家能顶住这样天天吃?因此,这等花费不是随便哪个家庭都能承受了的。

孙福瑞家不要说养个习武的,就是十个也养得起。他是富三代,祖上积攒下来大片产业,家里在乡下有六百多亩上好水田,有上千亩山林,还有大片水塘。同时,还在苏州、常州、松江、江宁等地,开有当铺、药铺、酒楼等大大小小不少买卖。有他表叔张令涛关照,生意自然兴隆。他父亲孙广顺膝下就他

一根独苗,对他娇生惯养自不用说。光富不贵也不行呀,孙广顺觉得自家人丁不旺,儿子若有一官半职傍身,日后不但没人敢欺负,就连生意也好做。

到孙福瑞开蒙年纪,就送他入泮。十岁那年,一本《三字经》背了大半年,愣是背不全。读书不行,打起架他倒是行家里手,经常有被打孩子的家长找上门,气得孙广顺老想打儿子。可每次胳膊抡起后,巴掌就是落不下去,实在忍不住,就自己打自己耳光。孙福瑞在私塾混两年,每天学的书都就着馍给吃得一干二净。

孙广顺一看这样下去可不行,家里有钱,又有空房,就请先生来家教吧,请的是县里数得着的名师。先生教他一年,挂冠而去,临走先生留下话:令公子才太大,在下才疏学浅,教不了。

孙广顺一看儿子和他自己一样,不是读书的料,便合计,他不是爱打架嘛,就改武科吧。兴许还能歪打正着,反正家里有钱。又是请名师,又是置办练武的家伙,一时间孙广顺忙得不亦乐乎。自古英雄多磨难,从来纨绔少伟男,娇生惯养的孩子有几个能吃得了苦、受得了罪?

投了名师又怎样?都说,师傅领进门,修行在个人。师傅纵然十八般武艺样样精通,怎奈何孙福瑞三天打鱼,两天晒网。连练,带不练,混了不少日子,到头来也就学个三脚猫的功夫。

怎么能考中武秀才?俗话说得好:有钱能使鬼推磨,没有钱办不成的事。虽说使银子不是什么光彩事,不能整天挂在嘴上,可孙福瑞却不这么认为。他一手拿着鸟笼子,一手牵着狗,到处炫耀说:咱家有人,我表叔原来是总督大人家的管家。宰相门前七品官,你们懂不懂,懂不懂!

这次孙福瑞考武举人,家里面没少使银子。又有张令涛大包大揽,爷俩早把心放到肚里,单等好事呢!

开考前孙福瑞想着,这次也就和考武秀才时一样,自己上场随便晃晃就行。谁料,在考场,巡抚张伯行张大人亲自主考,把关甚严,第一场不过,想参加第二场,门都没有。

心理压力大,人就爱犯尿。第一场骑马射箭。轮到孙福瑞上场,心虚的他站在马前,手颤抖得竟握不紧缰绳。他翻两次身,居然没有跃上马。青骢马是从西宁购买的良种马,青得没有一根杂毛,买时孙家花了大价钱。青骢马不但认得主人,还知道回家的路,每次主人喝得烂醉如泥,都是自己把他驮回去。马在想,主人为何今日与往常不同,真磨叽!青骢马有些不耐烦地踢三下左前蹄。孙福瑞却不这么认为,他以为青骢马是在鼓励他:没事主人,您是好样的,再来一次,一定行,一二三,加油!哦!

曲解马意的他又一次尝试,终于成功。当他刚跨上马背还没坐稳,仆人孙六忙笑嘻嘻地递上弓。接弓的手还在抖,他瞪孙六一眼道:"该死的愣头青,平时也没见你有眼力见儿,本少爷还没坐稳呢!"孙六在心里向他吐吐舌头,赶忙跑下场。

考官见孙福瑞准备停当,远远地大喊一声:"开始!"

孙福瑞在马上稳稳神,心一横,反正是伸头一刀,缩头也是一刀,没有过不去的鬼门关。只见他用双腿紧夹马肚,"驾!"马心领神会。但听马挂銮铃声,青骢马载主人在校场中四蹄扬起。

射箭孙福瑞练得不多,但他有用弹弓打鸟的本事,童子功,从小就一打一个准。射箭与打弹弓不同,道理却相通。他弯弓射箭,骑在马上两圈下来,六射三中,正好合格。虽说箭箭离靶心甚远,但三箭都在靶上。考官回头看看张伯行,见抚台并无异议,便示意通过。

其实,若不是过分紧张,孙福瑞会射得更好。因第一场旗开得胜,第二场步射时孙福瑞精神放松,九射六中,比合格还多中一箭。考出好成绩,人也飘飘然,孙福瑞趾高气扬地看看挤在看台上的父亲。只见孙广顺乐得合不拢嘴,激动地向儿子双手竖起大拇指,那高兴的劲头儿像轻轻松松赚了一千两银子似的。

才考两场,他就想儿子中举后如何庆祝的事。他家几辈都是大财主,却没能出一个当官的,光耀门楣的事儿子马上做到,回老家要杀猪宰羊满待客。富贵而不还乡,如锦衣夜行。回去让全村,不,让十里八村的人都知道。虽说宰牛官府有严格规定,现在不同了,儿子中举了,是官老爷了,看谁敢管?就是在大堂上见县太爷,儿子也有一把椅子坐。哈哈!

孙福瑞更是得意。在场外休息时,一会儿嫌孙六带的马扎低,坐着不舒服,"你想硌死我呀";一会儿嫌孙六给他倒的茶热,"你想烫死我呀";一会儿说饿,让孙六快拿点心来,"这么慢,你想饿死我呀"。

万万没想到的是,孙福瑞早被酒色掏空了身子,拉硬弓、举石这般比力气的科目他怎能应付?平日不苦练,单靠临阵磨枪,怎能舞大刀?这三项他考得一塌糊涂。

（三）有张伯行在,使银子也是打水漂

"耳闻之不如目见之",这一切张伯行看得真真切切。只有众考官认为所有考项皆合格者,才有资格参加下一场考试。他早交代过大仪,将合格者暗暗记下,以便最后与中举名单仔细对照。

天日昭昭,明镜高悬,谁也不敢造次!

众考官看着应考的武秀才,张伯行看着众考官,看台上的人看着张伯行,江苏官民看着榜单,康熙帝看着两江百姓。这一环套着一环,无声无响,却是暗流涌动。谁想作弊、徇私,这次有张伯行在,对不起,办不到!

孙福瑞的结果可想而知。因第二场拉硬弓、舞刀、举石三项都不合格,有张伯行在,即便有哪位考官收了他家银子也不敢判他合格。最后,连第三场的笔试都没能参加。张榜之日,果然没有孙福瑞的名字。

站在榜单前,孙广顺父子俩仔细看了一遍又一遍。孙广顺看着儿子,儿子看着孙广顺,父子俩从大眼瞪小眼,变为干瞪眼。

这边孙广顺父子俩干瞪眼了,可那边江苏百姓竖起大拇指。大街小巷,市井乡里,皆称赞巡抚大人公正、公平,武科比文科强百倍。

一天、两天、三天,一连三天,风平浪静,仿佛刚刚张榜的武科秋闱从未发生,张伯行悬着的心才算落了地。

这三天可苦了大黑与大仪。榜单一出,他们哥俩就被张伯行打发到街上。一位在张榜处附近,街边找个茶摊蹲守;一位在江宁城里城外四处溜达,哪里人多奔哪里。两人的任务只有一个,听听百姓对武闱的反映。打虎亲兄弟,上阵父子兵,紧要时刻张伯行不靠他们二人靠谁?

还好,兄弟俩反馈的信息只有一个:市井乡里,百姓提及此事无不夸赞巡抚大人公正。张榜之处,中举者喜笑颜开;未中者自知技不如人,心服口服,并无异常。

江南百姓、习武之人与张伯行上下满意,可孙广顺父子由干瞪眼变为急红眼。冤有头,债有主,去江宁找表弟去,张令涛闭门不见。等! 在张令涛门前等两天,连个人影都没见到。怎么办? 找他二哥去。

张扬江正在屋中喝闷酒,听仆人禀报表弟来到,心中欢喜。正缺陪酒之人,送上门一位,便令仆人引入房中。

自从大哥张元隆出事之后,张扬江就像个泄气的鱼水泡,整日懒得出门。不是懒,是怕,他亲眼看见大哥的下场。在他脑海中常浮现大哥最后的模样,两眼圆睁,面容扭曲,死不瞑目呀!他可不想跟大哥一样,他也劝不动三弟张令涛金盆洗手。唉!得过一天是一天吧,不是冤家不聚头,谁叫咱遇上张伯行这种狠角色呢!

自打遇上张伯行,他们就没占到便宜。第一次较量是张伯行去常州调查"宝成粮栈"的房子,多亏常州知府张文镳费尽心机,周密设计,再加上没多长时间张伯行又调往福建,无暇顾及常州案子,才逃过一劫。第二次是那年福建粮荒时,他们想哄抬粮价,谁知赔得血淋淋的。第三次,海盗的事让大哥张元隆赔上性命,不明不白地死了。这次想着还有缓和的余地,毕竟有总督大人在,可偏偏又遇上张伯行。武科榜单就在那贴着,明眼人都明白,那贴的不是名单,而是他张伯行的态度。

还好,有大哥之事在先,张扬江看势头不对,多了个心眼儿,乡试的事没敢掺和。果不其然,文科张榜,落举的文秀才闹翻了天;武科榜单一出,落举的武秀才也闹得不可开交。不同的是,文秀才在明里闹,武秀才在暗里找收钱的主儿闹。幸好他文科、武科都没掺和,才落个门前清静。

孙广顺与二表哥从小感情就好,好到穿一条裤子都显胖的地步。虽说这几年各忙各的,一位在常州,一位在江宁,往来没以前频繁,但哥俩的感情一如既往。孙广顺来江宁必住二表哥家,张扬江去常州也必住他家。

孙广顺一进屋见桌上摆了四样菜,表哥正在独饮,二话没说,就自己搬个圆墩儿,一屁股坐在桌前。张扬江叫人上一副碗筷,没等丫鬟倒酒,孙广顺自己拿着桌上的酒壶倒了一杯,一饮而尽。

见此情此景,张扬江便知表弟无事不登三宝殿,打发丫鬟下去,方便二人说话。

"哪阵风把你给吹来了。"张扬江想想,上次他们俩见面还是上半年在大哥葬礼上。

"来哥哥家讨杯酒不行吗?"孙广顺没好气地说。说完,又专挑片牛肉送到嘴里使劲嚼。

见他这般举动,张扬江未答话,也无怒色。

孙广顺见表哥平静地看着自己,也不说话,便说:"我来江宁找三表弟,几天了,他都避而不见。"

"找他做甚?"张扬江已猜到八九不离十,单等表弟自己说破。

"福瑞考武举的事呗。"孙广顺垂头丧气地说。

自打孙福瑞未中举,孙广顺就像大病一场,把魂给丢了,整日少气无力,就怕别人问他儿子武举的事。若远远见几人在说话,自己走到跟前不说了,他便认为他们是在议论自己。在表兄面前提起此事,刚才那股气呼呼的邪气不知跑哪里去了。

"不就是没中嘛!一个破举人,还是武举,至于把你弄成这样?咱自家的孩子,人家不知道,咱还不清楚了?不要说福瑞的身板,就他那脾气秉性,是当兵吃粮的料吗?"

"福瑞体格棒棒的,脾气挺好的。再说中举后去当武官,又不是在营中当大头兵。"孙广顺不服气地说。

"挺棒?你看他那脸色,再看他走路的样子,恐怕身体早在烟柳巷里被掏空了。你就可着劲儿惯吧!"说到此处,张扬江脸上不免浮现出一抹轻蔑。"整日好吃好喝,懒散惯了的人,到军营他能吃那个苦吗?再说就他,动不动就使小性子,脾气还爆,一句不合就打架。前年在酒楼,因争一唱曲儿的,把宜兴县丞的公子打个半死。要不是老三出面周旋,恐怕现在他还在大牢里关着。还考举人呢,你就天天去送牢饭吧!这脾气到行伍中行吗?"

张扬江见臊得表弟头上直冒汗,觉得说话有点重,有些于心不忍,便语气平和下来:"老弟呀,咱们是打断骨头连着筋的亲姑舅亲。哥哥不给你打诳言,依我看,福瑞没中举是好事。"

"好事?"孙广顺一愣,大惑不解。

"现在看来,是件好事。"张扬江拿起酒杯礼节性地让一下表弟,也不管表弟的反应,自己一饮而尽。酒杯放下的同时,酒在胃中辣得他微微撇下嘴,孙广顺赶忙将表哥的酒杯添满。

他接着说道:"张伯行与我们多次交手,油盐不进,是个狠家伙。粮食的事大哥与何枕栽了个大跟头,你应该听闻。那次白花花的银子赔了不知多少!大哥是怎么死的,你不知道最好,我也不给你讲了。这次乡试文科闹得这么凶,武科张伯行又是这个弄法,恐是凶多吉少呀!"

他看看一脸狐疑的孙广顺,接着说:"福瑞的事你找老三,咋事前不先给我说说?"

"咋没来,那次到江宁我就来找你,表嫂说你去九华山避暑了。"

张扬江记起,他从九华山回来后,夫人说过此事。他哪是去避暑啊?大哥之事后,他想到山里好好静静。再则,他早听闻九华山有寺院很灵。他想去许个愿,不求别的,但求一家人平平安安。

他点点头接着说:"我若当时知道,绝对不同意你为福瑞考武举的事使银子。有张伯行在,使银子也是打水漂,他就是我们的克星。"

说完,也没让让表弟,张扬江端起酒杯又是一口喝光。

"没中举就对了。若中了,朝廷追究下来,不但功名革去,还吃不了兜着走。若是发配到宁古塔,就他那身板,在路上兴许就把小命给丢了。这是大罪,资产罚没,你全家就到宁古塔受冻去吧!"

孙广顺倒吸一口冷气:"不至于吧,朝廷会只听巡抚大人一面之词?不是还有总督大人吗?谁不知道,他老人家是皇上跟前的大红人!"

"一面之词?你应该知道江宁的曹寅、苏州的李煦吧?他们都是皇上的亲信,这二位可不是吃闲饭的。"

大名鼎鼎的曹寅和李煦,孙广顺当然知道,一位江宁织造,一位苏州织造。虽也与李煦见过一面,但以他土财主的身份,当然攀不上交情。

"老弟,这些年有你三哥罩着,你也赚些吧?"

孙广顺点点头。

"你只与老三有些生意往来,其他事并未参与,这就好。狭路相逢,又遇上张伯行,这次你三哥兴许是过不去了。我看这江苏恐是要变天,我也可能凶多吉少。你回去盘盘与我们往来的生意,该处理的处理,该销毁的账本销毁,逃条活路吧!往后也别老想着让福瑞当官,他不是那块料。没人关照着,弄不好再把小命搭里面,得不偿失呀!"张扬江此话说完,屋内好大一会儿安静,死一样的安静。

表哥的一席话讲得孙广顺毛骨悚然,后脊梁直发凉。他从小到大从未质疑过二表哥的话,胡乱吃些酒后,他便急匆匆赶回常州。到家后,按表哥的话,立即行动,该卖的卖,该毁的毁,该关的关,忙活好一阵子。父子从此打消入仕的念头,孙福瑞也收敛不少,二人在家静观其变。

(四)谁又是钱权交易的幕后推手

绝对不能再出差错了!

张伯行听过大仪、大黑二人的禀报,还算满意。已经第三天,暴风雨要来早该来了。目前之所以风平浪静,原因只有一个,大家对这场秋闱评判还算满意。他悬着的心终于落地,这下他可以安安心心地返回苏州。

昨日,在为武科考乡试专设的"鹰扬宴"上,他专门留意赴宴的新科武举,的确都是那日在校场中表现出色之人。

张伯行吩咐大黑晚饭时准备二两酒。单独一人吃饭时饮酒,对他来说是少有的事,除非心情特别好时。他从不借酒消愁。对,从来不!当年,去山东济宁任职之时,冉永光专门告诫他:"饮酒乱性,切勿饮酒。"张伯行至今铭记在心!

遇上烦心之事,或棘手之事,他只会将自己关在屋中,踱步、冥想、看书;或者赶着毛驴转圈磨面。他在心里仿佛吟诵着《诗经》里的诗句,"牧野洋洋,檀车煌煌,驷騵彭彭。维师尚父,时维鹰扬。凉彼武王,肆伐大商,会朝清明"。而今,武举一切顺利,所选皆为出类拔萃之人,中举者众望所归,落选者口服心服,市井坊间皆赞叹不已,这让张伯行脸上露出久违的笑容。

可是,想起现今江苏科考之事,张伯行又忧心忡忡。作为江苏巡抚,他无疑是第一责任人。他到江宁之前,文科考试已经结束,一切木已成舟。可是在乡试文科放榜那天,场面一度失控,众人乱成一锅粥,举子们气愤地将"贡院"改为"卖完"。江苏科举考试犹如一个装满火药的铁皮桶,已经燃爆,并且愈演愈烈。最后会如何收场,不得而知。

科举取士自古以来都被历朝历代高度重视,今朝尤甚。

> 富家不用买良田,书中自有千钟粟。
> 安居不用架高楼,书中自有黄金屋。
> 出门莫恨无人随,书中车马多如簇。
> 娶妻莫恨无良媒,书中自有颜如玉。

男儿欲遂平生志，五经勤向窗前读。

宋真宗在《励学篇》直接道出，"学而优则仕"。而那些读书不成器，却又想求取功名之徒，就想起歪门邪道，于是有了舞弊与作弊。谁又是钱权交易的幕后推手呢？张伯行想起一首古诗：

啾啾草间雀，日随黄口飞。

争先赴稻粱，宁顾野人机。

便便善柔子，怀利近相依。

但慕春葵好，不见秋霜霏。

驱车逐走鹿，中路忘所归。

岂不爱其躬，天命心与违。

古道今已矣，感窹空涕欷。

二
乡试放榜

（一）慕容方没有消息，或许就是最好的消息

官道两侧，布满古槐、红枫、苍松、银杏，层层叠叠，黄绿苍茫。不远处山坡上，随风从板栗、柚子、桃、梨等果树上飘荡出的馨香，弥漫在官道之上。

古道与秋色相映成趣，秋叶在薄雾中翩翩起舞。几分沧桑，几分浪漫；几分热烈，几分寂寞。

草木之间，黄绿纷披，灿若图绣，美如画卷。

江南之秋，美在雾与树。薄雾弥漫于树梢衰草间，小桥流水，农家若隐若现，似有似无。树丛中，忽然露出粉墙黛瓦，像鸟翅一样飞檐翘角。古寺老宅，藏于林间，古趣陶然，如山水画般充满诗意。

大仪骑马去江宁，也未带随从，旭日初升就急急出了巡抚衙门。

这是康熙五十年重阳节过后的一天，大仪来江宁是悄悄为张伯行打前站。明天，对江苏来说是个很重要的日子——秋闱发榜之日。秋闱便是乡试，乃是录取举人的考试。乡试逢子、午、卯、酉年为正科，遇庆典加科为恩科，考期在秋八月举行，又称"秋闱"。今年干支正逢辛卯，正是大比之年。

乡试放榜之后，按惯例，地方长官要为新科举人举办宴会。因在宴会之上吟唱《诗经》中的《鹿鸣》，故名"鹿鸣宴"。

乡试头名称"解元"。大仪快马前去，就是看看今年乡试的解元是谁，师爷慕容方中举没有。

慕容方何许人也？乃江北有名才子，少年得志。慕容家是扬州府的望族，世代书香。慕容方，读书过目不忘，五岁入泮，十岁会作对，十三岁赋诗，十五岁成名，十九岁就出版诗集《沙丘的儿子》，可谓前程似锦。后因家中突

发变故,无心科举,遂四处游历,拜名师,访高士,名扬江浙诸省。前任江苏巡抚爱惜其才,召入府中做幕僚。

"扬州是什么地方? 繁华之地,藏龙卧虎,有的是春花秋月,多的是才子佳人。"大仪曾对大黑这般讲。

这次先期来江宁,张伯行本打算派大黑,是大仪主动请缨。为啥? 只为大仪与慕容方私底下交情甚笃。

大仪暗想,不知能不能在看榜人群中找到慕容方。他答应过慕容方要陪他看榜,第一时间向他贺喜。

这些天,慕容方都在干什么呢? 大仪知道,慕容方是个一诺千金之人,答应别人的事一定会去完成。乡试他一定会参加,这一点大仪深信不疑。慕容方不为自己,就是为老爷他也会参加。但让大仪始终纳闷的是,慕容方为何不辞而别?

乡试结束后,慕容方既没回巡抚衙门,也没回家。不要说书信,连句话也没捎回来。不但家人着急,就连张伯行也很急。他派人四处寻找,音信皆无。好多天过去,还是没有信息。

张伯行有种不祥的预感。这次来之前,专门嘱咐大仪到江宁,一定要在士子之中,仔细打听慕容方的下落。

这个慕容方会去哪儿呢?

这次大仪之所以没走水路而选旱路,就是想沿路在饭店、茶楼、客栈等处,细细查访,可一无所获。

没有消息,或许是最好的消息。大仪自我安慰,一路心事重重,终于到了江宁。

走进江宁城,太阳已经偏西,故地重游,大仪感慨万千。秦淮河畔,依旧是清风拂面,杨柳依依。江南评弹不时从一个叫江宁"皇茶苑"的酒楼里传出,软软地,款款地,柔柔地,充满一种浪漫情愫。

这江宁"皇茶苑"紧邻江南贡院,一个在河南侧,一个在河北岸,依依不舍,遥遥呼应。相传"秦淮八艳"之一李香君就在此邂逅侯方域,演绎出千古绝唱《桃花扇》。后来侯方域回到商丘归德府,蛰伏"壮悔堂",女儿许配给陈维崧的弟弟陈宗汉。只是他尘缘未绝,俗心亦重,江宁"皇茶苑"的灯红酒绿、吴语侬音的皓腕霜雪,让他郁郁寡欢、心事重重。终于在一个细雨蒙蒙的夜晚,寻李香君而去。陈维崧也移步开封府,在书店街开了一家书店叫"诗云书社",读书吟诗,卖文为生,也是自得其乐。康熙六年(1667),张伯行慕名前去诗云书社求见陈维崧,虽未相见,却与陈宗汉相遇,并购得《太极图说》《近思录》等多种书籍。

大仪顾不上李香君和侯方域的恩怨情仇,只想着这个地方离江南贡院一箭之遥,抬腿就到,于是在江宁"皇茶苑"安顿下来。一来明天要去看谁皇榜高中,再者惦记着慕容方的下落,加上一路鞍马劳顿,无心闲游。

安顿好后,就到客栈不远的茶馆,要壶茶边喝边听人聊天,打探慕容方的消息,了解士子们对此次乡试的看法。

这茶馆三间门面,楼上楼下买卖,后院搭棚。在江宁城的茶馆中不算大,也不算小。门头挂着一个黑底金字的木匾,上面用隶书写着"清远茶馆"。门外从二楼阳台栏杆处垂下一个蓝布幌子,上面有一个斗大的黑字"茶"。东墙上整齐挂着十来个红字的长条小黑木牌,上边分别写着西湖龙井、六安瓜片、黄山毛峰、太平猴魁、庐山云雾、冻顶乌龙、武夷大红袍、安溪铁观音、洞庭碧螺春等茶名,一字排开。让大仪没想到的是,木牌上居然还有开封"王大昌"的茉莉花茶。木牌前边是一张半人高的黑漆柜台,柜台上整齐摆着的两排黑陶,想必放的是所标茶叶。西墙上挂着一幅行书横幅"清茶洗心"。一楼与后院摆着一二十张八仙桌,桌的四周围着条凳,乃是散座。南墙为三扇带镂空木格的门,此刻全敞着,西墙楼梯口挂一个醒目的牌子"二楼雅间"。后院席棚下东西各有一个挂鸟的架子,上边各挂着十来个大小不一的鸟笼。

大仪来茶馆不为喝茶,只为听各路消息,当然是坐在大堂里的散座最为方便。午后天气有点热,清远茶馆散座上座率真不低。大仪扫一眼屋内与后院,足有七八成。茶馆内熙熙攘攘,谈话声、鸟叫声,如集市般,好不热闹。人多的地方,嘴就多,嘴多的地方消息就多,越热闹大仪越喜欢。来茶馆之前,大仪在客栈饭堂要了一碗阳春面,配着一块随身带的府里厨房打的锅盔,饱饱地吃了一顿,此刻不饥也不渴。大仪边慢悠悠品着王大昌的茉莉花茶,边慢吞吞地剥着脆皮花生,边竖着耳朵听茶客聊天。

（二）读书人不能一心沽名钓誉，还要位卑不敢忘忧国

茶馆之中热闹非凡。明天秋闱文科要放榜，茶客大多是从两省各地赶来看榜的士子及家属。东一桌、西一桌，谈的话题几乎都与乡试有关。按惯例，乡试一般于九月放榜，多选寅、辰日支，以辰属龙、寅属虎，取龙虎榜之意；又因时值秋季，桂花盛开，因此也称桂花榜。看着眼前的士子，大仪想起宋代黄龙慧南禅师的诗《赵州吃茶》：

相逢相问知来历，不拣亲疏便与茶。
翻忆憧憧往来者，忙忙谁辨满瓯花？

相比于盼望乡试结果的士子，大仪就是一个世外的旁观者，手中这本拿到茶馆充做道具的《孟子》，向人表明他作为读书人的身份。的确，稍微细心点的人都能察觉，这本半旧的《孟子》，主人对它爱惜至极，没有一页卷角、折角。

大仪落座不久，因店中已无空桌，茶伙计请新来的一行四人与他拼桌而坐。客人坐定，茶伙计迅速查清人数——四人。大仪见他左臂一叠四套碗盏，右手一把铜壶，壶嘴很特别，细细的足有两尺长。茶肚与茶嘴极不协调，每次见到这种长嘴壶大仪就好笑。只见茶伙计"啪啪啪啪"单手一甩，先放四个茶托在桌上，然后将茶碗放于茶托之上，再按四人所报的茶叶品种，掏出茶叶投到碗中，接着高高举起长嘴铜壶，来了个"高山流水"，远远地离着茶碗，"唰"的一声便将沸水冲去。每次遇到这种情景大仪心中就犯怵，和刚才茶伙计为自己倒水时一样，他担心沸水溅到身上。殊不知这一切，茶伙计做得有惊无险，干净利落，一滴不溅，半点不流。大仪暗暗在心中叫好，老话说，行行出状元，此话一点不假。高！实在是高！看到四人都是读书人的模样，正合大仪心意。果不其然，落座后，他们便谈论起乡试的事，一听口音便知是江苏人。

东边坐的是个十四五岁的小孩子，稚气未干。未料他先开口说道："明日放榜，我看三位贤兄都能高中，愚弟恐怕要再等两年。"说完，还叹一口气。

大仪听到此言，大吃一惊。刚开始大仪还以为这是谁带的孩子，没想到

居然也是考生。

"还未出榜,旋吉小弟为何如此感伤?皇上恩典本科乡试,咱们江南增加二十名额度呢!"北边坐的书生说道。

史载:景考祥,字旋吉,号履斋,扬州府江都宜陵人。十六岁中康熙五十二年(1713年)癸巳恩科进士,选翰林院庶吉士,散馆授编修,官上书房行走。雍正三年(1725年)四月出任巡视台湾监察御史,提督学政,同年十一月转任福建盐运使、提刑按察使等职。雍正帝赐尚方宝剑,并制"如朕亲临"四字金牌,以宠异之。后为乾隆帝师。

"愚弟自觉策问没写好。考试时我有点瞌睡,当时打了一会儿盹。"景考祥不好意思地挠了挠头。

"写的好不好,不是旋吉小弟说了算,也不是我等说了算,要看阅卷考官。还未发榜,小弟不必忧虑,中与不中明天便可见分晓。"年龄稍长一些的说道,他一副见多识广的模样。

"旋吉小弟,你才十三四岁,还是个娃娃,来日方长,文叔兄所说极是。文叔兄学问好,朋友多,见识广,以文叔兄之见,本科江南解元花落谁家呀?"刚才那位又答话。

史载:杨绳武,字文叔,江苏吴县人。康熙五十二年(1713年)进士,官翰林院编修。以父艰归,遂不出,秉志节,通经术。主讲江宁、杭州书院,甄拔多知名。有《古柏轩集》。

一听议论谁会是新科解元,大仪顿时来了精神。

"蜀瞻兄之话,在下实不敢当。文叔虽比贤兄虚长几岁,却因先天愚钝,后天懒惰,苦读二十余年,却学得一塌糊涂。朋友也有几个,但整日忙于半耕半读。游学过的地方并不多,见识哪谈得上。但以文叔拙见……"

史载:蒋继轼,字蜀瞻,号西圃,扬州府江都邵伯人。少年时即颖异不群,读书能数行俱下。康熙五十二年(1713年)进士,后改庶吉士,授翰林院编修。修《万姓统谱》，充《明史》纂修官。

讲到此处，杨绳武卖个关子，喝两口水，又将桌上盘中的红石榴籽放入口中几粒，慢慢嚼了起来。

话是勾人虫，正讲到妙处，戛然而止，勾得一桌人，包括大仪心中也直痒痒。大仪不便说什么，景考祥却是年龄小憋不住，催杨绳武快说他预测的解元是哪位。

杨绳武不紧不慢喝口茶，才缓缓开口。

"以在下拙见，江苏、安徽两省自古文风兴盛，大儒辈出，在座的咱们几位，对于解元恐怕会望尘莫及。"

众人等半天以为他要说出哪位才子英才，却等出这句。

蒋继轼便说："那是。小弟才疏学浅，怎敢有此妄想。"

景考祥也说："我看考场之上，有的比我爷爷年龄还大呢，解元我连想都不敢想。"

"我等读书人，读的是圣贤之书，学的是孔孟之道，不能一心沽名钓誉，既要视功名如粪土，也要位卑不敢忘忧国。学会文武艺，货卖帝王家。寒窗苦读多少年，怎能体现我等学识，考场不失为试金石。可话又说回来……"

杨绳武又滔滔不绝讲了许多，讲得大仪都有些不耐烦。心想，都说"秀才造反，三年不成"，一点都不假。大家不就想听他预测谁能高中嘛，这位秀才哥真叫好，先是吊足人的胃口，接着又唠叨一大堆车轮话，就是不往正题上说。

大仪只有旁听的份，不好搭话。另一桌，几个学子也正起劲儿议论乡试的事。学政、考官、银子、秋闱、春闱什么的，由于离得远，听不真切，又没法凑过去听，只能吃着花生干着急。没办法，他便把气撒在剥花生上。每剥一个壳，都用力挤，挤得花生"咯"的一声，不得不乖乖裂开。剥好也不吃，放在一边，用同样的方法剥下一个。所以，大仪手里一直"咯咯"响个不停。

正当大仪心情烦躁，以剥花生、吃花生排遣时，"慕容无隅"四个字如同霹雳，立马使大仪来了精神，这四个字大仪再熟悉不过。话还是出自杨绳武之口，他东扯西扯老半天后，终于回到主题。

"依在下拙见，若不出意外，江南新科解元当在安庆许明德、扬州慕容无隅、江宁陈文欣、徽州赵炳胜几人之列。"

慕容无隅正是慕容方,无隅是他的字,读书人之间都以字称呼。大仪听慕容方说过,他的字取自《道德经》"大方无隅"。而大仪的字,则是取自《尚书》"箫韶九成,凤凰来仪"。

景考祥不解地问道:"这次参加乡试的学子中,有名有姓之人多如过江之鲫,为何单单是他们四人能夺魁首呢?"

杨绳武喝口茶,又讲起来:"大家应对许明德有所听闻。他今年才十七岁,八岁会作诗,十三岁便是邑庠生,现今在府学读书,乃是有名的神童。另外三位都是有名的才子,诗书画印样样皆行,尤其是慕容无隅更是传奇式的人物。"说到此处,他在盘中拿块点心,吃了起来。

蒋继轼和景考祥都急着听,问慕容方怎个传奇法,催着杨绳武快讲来听听。

(三)慕容方随手捡根树枝,为大家舞起剑来

只知道慕容方学问好,会武功,平日里和和气气一介书生,怎么坊间还流传着他的传奇故事呢? 真是人不可貌相呀,不妨听听看。

大仪更来精神,花生也不剥,生怕发出的声响搅乱讲述者的兴头,又怕别人疑他有意偷听,便拿起所带《孟子》,假装看了起来。

一见大家兴致盎然,杨绳武便津津有味地讲起来。

"慕容无隅世居扬州。慕容氏源于鲜卑人,乃建有燕国,鼎盛一时。鲜卑人姓氏无常,听说,慕容无隅祖上在辽国时姓萧。萧氏乃辽国仅次于耶律氏的显贵家族,不仅皇后和驸马皆出于此家族,而且北府宰相也都是萧姓。大辽失国后,他家这一支又恢复祖姓慕容氏。元朝时,始祖来扬州做官,便落户于此,是扬州名门望族。慕容无隅比在下长两岁,在上元佳节的对联擂台赛上,他力压群雄,夺得魁首,一举成名,那年他才十二岁。出联为:春听鸟,夏听虫,秋听蝉,冬听雪,四季乐章留耳畔;他对曰:亭邀月,蕉邀雨,林邀风,水邀鱼,一列画图映眼帘。

"十多年前,在泰州书院我们相识。那时,我在书院读书,他来访友。记得那天晚上我等六人雅聚,谈天说地,孔孟老庄、程朱二张,越聊越投机。开始在学院附近酒楼喝,喝到三更酒楼打烊,我等还没尽兴,便到湖边喝。当时

皓月当空,碧波荡漾,慕容无隅面对宽阔的湖面来了兴致,吟起曹孟德的《观沧海》:

> 东临碣石,以观沧海。水何澹澹,山岛竦峙。
> 树木丛生,百草丰茂。秋风萧瑟,洪波涌起。
> 日月之行,若出其中。星汉灿烂,若出其里。
> 幸甚至哉,歌以咏志。

"吟后,他兴致正酣,满饮一碗酒,身边无剑,便随手捡根树枝,为大家舞起剑来。只见他身快如闪电,步法轻盈,辗转腾挪,刚劲洒脱,丝毫看不出醉意。真个是'霍如羿射九日落,矫如群帝骖龙翔。来如雷霆收震怒,罢如江海凝清光'。好情好景,好诗好酒。我等直聊到东方破晓,鸡鸣犬吠,仍未尽兴。我清楚记得,那晚我等六人一共喝了七大坛女儿红,他自己就喝两坛多啊!"

"啊,一大坛,一斤的坛吧?"

"不,三斤的坛。"

"什么,三斤的坛?你们可真能喝。"

蒋继轼和景考祥大呼小叫道,引当屋中茶客纷纷望将过来。

大仪心中暗笑,这有啥大惊小怪,看你们那点儿见识。黄酒度数低,喝着没劲儿,烧酒我与慕容兄弟还一同喝过二斤多呢!一听就知他们的酒量不行。

杨绳武见大家听得非常投入,就更提劲儿地继续讲起来。

"慕容无隅画牡丹栩栩如生,能到以假乱真的地步,连蝴蝶都骗得过。苏州府北门外的茂京兄你们认识吧,那年我去他家做客,见他家客厅挂一幅慕容无隅所画牡丹。我亲眼看到,一只蝴蝶落在无隅画的牡丹之上。"

> 史载:王原祁,字茂京,号麓台、石师道人,苏州府太仓人。康熙九年(1670年)进士,观政于吏部、任顺天乡试同考官。曾与张伯行在开封京古斋有八拜之交。

"不可能吧?"蒋继轼半信半疑地问道。

"怎么不可能啊?眼见为实,此乃我亲眼所见。"杨绳武肯定地说道。

"我不是说蝴蝶落在画上不可能,我是说王原祁家客厅挂慕容方的画不太可能。"蒋继轼左手端起茶碗,右手轻轻拿起盖碗,品口茶道:"那王原祁何许人也,乃王时敏之孙。以画供奉内廷,康熙四十四年奉旨编纂《佩文斋书画谱》。此公擅画山水,继承家法,自称笔端有金刚杵,怎么可能在自己家里面挂他人之作啊?"

景考祥到底是年龄太小,信以为真,还没等人答话,像是自言自语道:"真乃奇人奇事矣!"

杨绳武道:"更奇的在后面呢。乡试考完第三天,他在城外十里堡的河里救出一位妙龄女子,如出水芙蓉,秀色可餐。"

"妙龄女子? 慕容兄弟救个妙龄女子?"大仪仿佛被针扎了一下,猛地挺直身子。怪不得慕容兄弟一去杳无音信,原来是让妙龄女子勾引而去。

一人讲得眉飞色舞,三人听得专心致志,全未留意同桌另一人也在凝神耳听。

"他怎么会救个女子呢?"景考祥问道。

其实,这也是大仪想知道的。

"乡试结束后,慕容无隅在江宁少住两日,第三天急往苏州赶。你们知道为何不? 他乃巡抚衙门的师爷。"

"这个大家都知道,他在那里有些年头,应该是两任巡抚大人的师爷。"蒋继轼说道。

"慕容无隅可是抚台大人身边的红人。抚台大人不但对他十分欣赏,还很信任。他和抚台大人从仪封老家带来的张大黑、张大仪一样,形影不离。"

"张大黑、张大仪都是和抚台大人一起长大的发小。你们晓得为何巡抚大人走哪儿都带着他们两个吗? 他们两个一文一武,相得益彰。二人都会飞檐走壁,武功了得,练的是子路八卦拳,这拳可是孔门十哲之一的子路所创。两丈高的墙,他们俩上下如走平地般自如。听说在福州城外,他们曾徒手擒拿带刀的盗匪。"

"哦,给大家讲讲呗!"

一听有人对他知道的事情感兴趣,杨绳武自然来了精神,说:"讲! 好好给你们絮叨絮叨。"

"先给你们讲讲张大仪。听说,那日傍晚,天还大亮,张大仪办事回来,在江宁城东乡,遇上两个年轻人与一个中年男子抢夺一个褡裢。中年男人边夺边喊抢劫啦,路人听见也没一个人敢上前去。

"张大仪远远听到后,紧跑几步,大吼一声,住手,你家张爷爷在此。那两个贼人放开褡裢,从腰间掏出匕首与短刀,二话没说便向张大仪刺去。

"说时迟,那时快。只见张大仪东一躲,西一闪,先躲过刀,又让开匕首。趁贼人扑空之际,一脚先将拿刀的踢翻,回手搂着拿匕首的人的脖子,摞翻在地。

"拿刀的想爬起捡刀,张大仪用脚轻轻一勾,刀在空中翻了几圈,魔术一般攥在他自己手中。再一脚直奔对方面部而去,一脚下去,那人便飞出几丈。

"这时,持匕首者向他刺来。张大仪来个金鸡独立,那人便有几分怯气。哪知张大仪只是虚晃一招,他左手抓住贼人拿匕首的手腕,用劲一扭,只听贼人'嗷'的一声,匕首再次落地。右手手腕一抖,单刀直入,封住对方咽喉。

"二人皆跪地求饶,口喊爷爷饶命,爷爷饶命!"

一个讲得唾沫纷飞,另几个听得津津有味。杨绳武接着讲道:"你们猜那褡裢里是什么,沉甸甸的全是钱!"

"啊! 怎么这么多钱呀?"

"原来,这位中年人乃一个大商铺掌柜,下乡收账,今天运气好,收回好几笔。"

大仪听后心中窃喜,哈哈! 自己竟然会飞檐走壁! 没想到他的知名度如此之高,超出他的想象。他一直认为自己只是如蝼蚁般的小人物,默默无闻,没想到坊间还有他的传说,而且,传得竟这么邪乎。

的确,他曾在江宁东门外,吓跑过偷人东西的两个小毛贼。只是他也没把毛贼胳膊扭脱臼,那个褡裢里也没多少钱。你说一个小杂货铺老板,下乡能收多少账? 但他心里还是美滋滋的,如同吃了一大块蜂梨糕般甜蜜。那还是老爷任江苏按察使时候的事情,都过去好几年了,自己早忘到九霄云外,没想到多年之后还有人广为流传,不禁让他沾沾自喜。

(四)巡抚大人一口中原官话,语气铿锵有力

这时,坐在一旁一直未答话的那人搭腔道:"依我看,新科解元非慕容方

莫属。"

"仁兄为何如此认为？"

那人看一眼问话的景考祥，说道："无隅兄何许人也，大家刚也讲过。巡抚衙门师爷，巡抚大人身边红人，近水楼台先得月，解元不归他，归谁？况且，他还是本省有名的才子，给他旁人也口服心服。"

听得此话，大仪心中大怒，他怎么能这样诬蔑老爷？本想与他辩论一番，可转念一想，身有差事不便太引人注意，只得选择默不作声。

"仁兄，此话差矣！天下人皆知巡抚张大人清正廉洁，是当今皇上亲自推荐拔擢的清官，怎会做如此龌龊之事？"蒋继轼反驳道。

听蒋继轼这么一番话，大仪才顺过气来。

另两位听后连连点头，表示赞同蒋继轼的看法。

杨绳武接着蒋继轼的话，不无得意地说道："前年，在下到福州鳌峰书院游学时，有幸听过张大人亲自授课，那时张大人任福建巡抚。"

"什么？你不但见过巡抚大人，还听过他授课？"景考祥惊讶道，"如此一来，你也是巡抚大人的门生。来，咱们以茶代酒，为文叔兄亲聆过巡抚大人的教诲，干杯！"说完，他举起茶碗。

杨绳武朝大仪的方向努努嘴，示意景考祥小声些，不要打扰同桌人看书。

景考祥笑着不好意思撇撇嘴，四人轻轻碰下茶碗。

他努嘴的举动被大仪的余光捕捉到，心想，小子，行呀，跑得怪匀呀！还到过福州的鳌峰书院游过学，那可是我家老爷一手创办的。

景考祥兴致勃勃地说道："文叔兄，给大家讲讲你见巡抚大人的事情呗！张大人可是我等最崇敬之人，我一直拿他当榜样。"

听有人问他此等荣耀之事，杨绳武当然要在人前好好显摆一番。何况，还当着这么多人，多有面子呀！

欲行其右，先行其左。写书法如此，说话办事杨绳武也是如此。他先假意推托一番："这都是前年的事情，我都忘得差不多了。算了，咱们还是聊乡试的事吧。"说完，他将茶碗送到嘴边，轻轻呷口茶。

景考祥当然不依不饶，闹着要听。久劝之下，杨绳武吊足景考祥等人的胃口之后，便娓娓道来。

"在下有到各地书院游学问道之好。这些年，有名的书院一一登门，有姓的大儒逐个拜见。庐山的白鹿洞书院、登封的嵩阳书院、商丘的应天书院、长沙的岳麓书院、开封的信陵书院、衡阳的石鼓书院等等，在下均曾前往涉足。听闻福州鳌峰书院是福建巡抚主持创建，请的都是名师，心中就痒痒。更奇的是，巡抚大人定期前去书院授课，亲自过问课程设置，刻版印刷教义课本。久闻其名，只是路途遥远，不便前往，甚是遗憾。心中想什么，就来什么。本府城与我交好一茶商，要到福建购茶，邀我同往，我便欣然应邀，因此才有在鳌峰书院游学二十来日的机缘。这鳌峰书院建造的果然不同凡响，论规模、论气度、论师资，在我所到过的书院中，都能算作大手笔。"

"快说说张大人，兄台不是听过他传经布道吗？"景考祥迫不及待地催促道。

杨绳武并不着急。他喝口茶，清清嗓，不紧不慢地讲起张伯行来。

"我清楚记得，听说巡抚大人要来书院授课，我激动得心快要蹦到喉咙眼儿里。福建巡抚张大人何许人也，那可是当今皇上亲自举荐的大清官。他任江苏按察使时查办不少贪墨之徒，做学问上也很有造诣。仰慕已久，不得一见，而今终有机缘一瞻他的尊容，心中焉能不喜？ 当我看到同桌听闻消息后轻描淡写的表情，很是纳闷。我问何故，那人道，有什么好惊讶的，张大人到此讲学是常态啊！"

"哈哈。他们对张大人都司空见惯，看来张大人关爱士子果然不假。"蒋继轼道。

"听说，张大人还为福建学子向朝廷申请增加过乡试中举的额度呢！"景考祥补充道。

看大家不再议论，杨绳武便接着说："第二天，我早早就来到讲堂，没想到生员比我更早。讲堂里座无虚席，我只得和众人一起站在后边。"

"张大人长什么样？"

"张大人准时到来。但见大人有八尺有余，肤色白净，一身书生打扮，步伐矫健，目光炯炯，声如洪钟，和蔼中透着几分威严。"

大仪听后心中暗笑，老爷哪有如此白、这般高？ 说话声音哪有这般大？想必是这位仁兄对老爷仰慕使然吧，看来老爷的崇拜者还不少嘞！

"快说说抚台都讲些什么？"

"让我想想哈。"杨绳武顿了一顿，捋捋短髯，接着讲，"巡抚大人一口中原官话,声音洪亮,说话不紧不慢,语气不疾不徐,没有一点官腔。他对程朱理学研究极深。他讲授时,不像一位封疆大吏,倒像一位满腹经纶的学者。记得那天他讲的是道德修养。何为君子? 他说,君子作为文化的核心概念,是世代读书人矢志追求的理想人格。朱子说:'君子之心,常怀敬畏。'"

"第一,君子有远大抱负,胸怀天下,关心别人胜过关心自己,甚至愿意为天下苍生自我牺牲,所谓'义者,天理之所宜'。第二,君子有顽强意志,莫见乎隐,莫显乎微,故君子慎其独也;能够经受各种煎熬和磨难,坚守原则,坚韧不拔,'谋道不谋食',注重的是精神追求,而不会斤斤计较物质享受。第三,君子有良好修养,胸怀坦荡;信义忠和,表里如一;言行举止,温文尔雅;待人接物,风度翩翩。第四,君子多才多艺,素质好,有能力践行自己的理想。因此,慧者心辨而不繁说,多力而不伐功,此以名誉扬天下。第五,君子是理想的行者,是实践家。人之所以为人者,言也;人而不能言,何以为人? 言之所以为言者,信也;言而不信,何以为言? 因此,君子'耻其言而过其行'。

"所以说,'天行健,君子以自强不息;地势坤,君子以厚德载物'。君子如玉,具有温、良、恭、俭、让五种德性;君子敢作为,敢担当,令人尊敬,是国家的脊梁。君子常常与小人相对,如'君子上达,小人下达''君子坦荡荡,小人长戚戚''君子求诸己,小人求诸人'。

"程子曰,'君子循礼,故常舒泰;小人役于物,故多忧戚'。在程子看来,君子对于义的追求就像小人对于利的追求。常人勤修炼,可以为君子;常人不自律,容易变小人。作为读书人,我们不能安于做一个常人,我们要追随圣贤,学为君子,莫做小人,抵制恶人。要做一个令人尊敬的君子,决不做令人讨厌的小人,这是需要一生一世的修为。

"《大学》为我们指明了一条通往理想境界的康庄大道,即格物、致知、诚意、正心、修身、齐家、治国、平天下。要养成终生学习的习惯;要修心养性,见贤思齐,远离小人;要做到富贵不能淫,威武不能屈。"

杨绳武讲得滔滔不绝,三人听得认认真真,眼都直了。

大仪在一旁暗自叫好,行呀小子,记忆力挺好的。老爷在书院讲授我也没少听,时隔几年,这小子不但能转述得如此清楚,还加入自己的理解。看来他不但用心听,还仔细记了,更领会了。自身悟性高,是个可造之才,今后必成大器。

茶馆就是这样,一杯茶不要说喝一下午,只要不换茶叶,就是喝一天,到最后也只收一杯茶的钱。

杨绳武看看天色不早,被茶水刮了半下午,此刻不觉腹中有些饥饿,却聊得意犹未尽,便提议到附近馆子里边喝酒边聊。除了蒋继轼,另两人都不赞同。他们说,明天还要早起看榜,今晚就不再饮酒,晚上随便吃些,早早安歇。

杨绳武觉得此话很有道理,我们来干嘛,是为看榜,鲤鱼跳没跳过龙门就看明早。于是说:"这样的话,我等四人就到旁边面馆,一人吃一碗皮肚面,再散吧。走,我请客。"说着四人结了茶资,逐一离去。

大仪听他们聊了快两个时辰,很是满意。稍有遗憾的是,只知道慕容方的消息,却不知他的下落。有消息就好,一颗悬着的心算是落下大半。只是他救的女子是谁?他这么长时间杳无音讯又去哪儿了?

大仪心想,好在明天就要放榜。或许,到了明天,一切疑问都将有答案。

(五)大仪何尝不想博取功名,光宗耀祖

九月初九,天还没亮,大仪就被客栈中的嘈杂声吵醒。谁起这么早?迷糊中转念一想,哦,今日江南乡试放榜。

店中住的多是奔放榜而来的士子及家属,谁的事谁上心,苦读多少年,有朝一日乌鸡变凤凰,他们能淡定吗?

再睡是睡不成了,大仪索性起床到店外宽阔、僻静的地方练几趟拳,地点昨天他早看好,就在秦淮河边。每天练拳是他自小养成的习惯,雷打不动。"不要小看大仪,他可是子路八卦拳的嫡传弟子。"张伯行爱这样对人讲。

原来,子路八卦拳由来已久,唐代人有诗云:

> 应是前生有宿冤,不期今世恶因缘。
>
> 蛾眉欲碎巨灵掌,鸡肋难胜子路拳。
>
> 只拟吓人传铁券,未应教我踏青莲。
>
> 曲江昨日君相遇,当下遭他数十鞭。

此拳乃孔子命名,由其门生子路所创。两千多年过去,在豫鲁大地,黄河

两岸,仍有不少人习练。尤为豫东北鲁西南习练最盛,出过不少名家。

子路不但是孔子的得意弟子,还是位神勇过人之士,可谓文武双全。《史记·仲尼弟子列传》载:"子路性鄙,好勇力,志伉直,冠雄鸡,佩豭豚。"这套拳刚柔并济,子路用它一路保护孔子周游列国,使儒家思想学说四处传播,影响后世。而大仪和大黑用它护卫张伯行外出为官,造福一方。

大仪一身短打,在秦淮河边一块空地上,一会儿进退腾挪,一会儿走阴阳八卦步,进中带防,退中带打,好一通习练。两遍拳下来,大仪不由得已是满身大汗。他稍事休息,收了汗,看天已大亮,回客栈配着店中的粥、咸菜,吃了些自带的干粮,换了一件长衫,便出门往张榜之处而去。

此刻,太阳已升起,晨光热情,活力四射,照耀万物,秋天的早晨格外迷人。玉米已熟,高粱穗饱满低垂着头,咧开嘴的石榴充满诱惑,红彤彤的苹果挂在枝头。"七月在野,八月在宇,九月在户,十月蟋蟀入我床下"。在收获的季节里,贴在江南贡院榜单上的名字,好似挂在枝头的熟透的果实,一个个沐浴在朝阳中。大仪心想,如今外人只看到士子的风光,他们寒窗苦读时的酸甜苦辣又有几人知晓呀!

夫子庙一带的行人比刚才多了不少,街边店铺也陆续开门营业。因今日贡院乡试放榜,从全省各州府汇聚来不少士子、家属及爱看热闹之人,因此许多商贩来此售卖。书生、家属、仆从、商贩,老的少的、男的女的、买的卖的,叫卖吆喝声、讨价还价声、高谈阔论声、小孩哭闹声、鸡鸣犬吠声,夫子庙像过节一样,好不热闹。

街面随处可见长辫青衫、羽扇纶巾、朝气蓬勃的书生,他们或三五成群,或孤独一人,或前簇后拥,或心事忐忑,或胸有成竹,或脚步匆匆,或四平八稳地向学宫后面的贡院奔去。

大仪融入人流鱼贯而行。

看着他们,大仪想到自己。他何尝不想像他们一样博取功名,光宗耀祖啊?他心中一直燃着一团熊熊烈火,读书时他觉得浑身有使不完的劲儿。"三十老明经,五十少进士。"孟郊"春风得意马蹄疾,一日看尽长安花",那年不也都四十六岁嘛。韦庄年近六十才中进士,比自己还大不少。中不中进士先不说,要说中个举人,他觉得自己还是有把握的。但是他知道他不能,对!绝对不能。他若去读书,谁又来保护老爷呢?靠有勇无谋、傻大黑粗的张大黑？他好比是《西游记》中的猪悟能，担扁担、牵马、看家护院还行。别看大黑整日咋咋呼呼的，遇上大事他就没主意。他张大仪好比是孙大圣，是他张大黑的主心骨。从小到大，大黑每遇要紧之事，都是他张大仪帮着拿主意。何况，老爷不止一次地说，有大仪兄弟在我就安心。

其实，前两次秋闱之前，张伯行就想让他回去准备应考，不忍耽误他的前程，但他更不忍离开张伯行。老爷是他的救命恩人，"一个好汉三个帮，一个篱笆三个桩"。恩人外出为官身边缺人，他不帮衬着谁帮衬呀？

想至此，眼前不由得浮现童年的一幕。那时，老爷与他都不过十来岁，和往常一样，他们几个小伙伴在村外的黑里河游泳。当他高高兴兴一个猛子扎下去，他就感觉坏了，左腿抽筋。他在水里拼命扑腾，越扑腾越无济于事。他大声喊，救命啊！喊也没有用，只会换来几大口水，呛得他难受。他拼命往外挣扎，可越挣扎越往里面沉。一想到这河年年都淹死人，他心里更加害怕。出于求生本能，他突然死死抓住根救命稻草，之后什么都不知道了。醒来后，才知道他抓的救命稻草是张伯行，是张伯行救了他的命。

还有一次，他母亲身患重病，在床上一躺就是两年多。都说床前百日无孝子，可大仪却是十里八乡有名的孝顺孩子。父母在，不远游。大仪之所以未参加那年的乡试，就是要在床前为母亲尽孝。

老母亲患病，大仪请遍仪封县的名医，不见好转。他雇马车拉着母亲，到省城开封府去好几次，药换着方子吃。但凡找到的偏方赶快试，都没有用。母亲想吃啥就买啥，钱像流水般往外花，没两年光景，便将一个还算殷实的家给掏空了。

怎奈治得了病治不了命。熬了两年多，老母亲还是没熬过去，大仪因劳累、着急、伤心过度也病倒在床。

母亲看病东挪西借的账没有还，哪有钱办丧事啊？

正当急火攻心时，雪中送炭的来了。张伯行在大黑的协助下，将大仪母亲的丧事料理得井井有条，排排场场。最后，张伯行又拿出一笔钱，替大仪还清欠债，赎回卖出去的田地。

大仪一手拿着沉甸甸的银子，一手拉着张伯行的手，除了哭，还是哭。哭得一塌糊涂，哭得昏天黑地。哭声里不仅有丧母之痛，还有感激，对张伯行真诚友情的感激。他哭，张伯行也跟着哭，此情此景让人感觉到，大仪的千言万语尽在泪水中。

更让大仪没齿难忘的是,张伯行和王凤仪做媒,把王凤仪的陪嫁丫鬟桃花姑娘,下嫁给他这个一文不名一贫如洗的穷光蛋,让他有了自己的家。

大恩不言谢!从那之后,大仪就一心一意跟定张伯行,他去哪儿他就跟到哪儿。打虎亲兄弟,他没有亲兄弟,只有一个姐姐、一个妹妹,现在又有了妻子,但他觉得张伯行比亲兄弟还亲。于是,他跟着张伯行去京师,到济宁,赴江宁,过福州,又跟着他来到苏州。

大仪边想,边随着人流前行。不一会儿,一片巍峨的建筑群呈现在大仪眼前,夫子庙学宫东侧便是贡院。

(六)李渔为江南贡院留下的诸多楹联让人回味不已

南京夫子庙建于景祐元年(1034年),由东晋学宫扩建而成,是供奉和祭祀我国古代著名思想家、教育家孔子的庙宇,布局为前孔庙、后学宫。夫子庙正南门前,有石质牌坊一座,牌坊匾额题写"櫺星门"三字。

位于南京夫子庙的江南贡院,是中国历史上选拔人才最多、规模最大、影响最广的科举考场,同时容纳江苏、安徽两地的士子进行乡试。乡试考中成为"举人",代表着一省读书人。从江南贡院走出去的举人在会试、殿试时有着极强的竞争力,不仅考取进士者在全国一直处于前列,而且三鼎甲数名列全国第一。

顺治时期,天下初定,江南人文甲于天下,在各省中影响力巨大。朝廷为了笼络江南士子,屡次增加江南乡试中额。顺治朝开科七次,江南乡试平均每科取中一百四十名,为清朝江南乡试平均每科取中人数之最。江南贡院中举之后,赴京考中状元者共有五十八人,占清代全国状元总数的一半以上。前明及本朝诸多名士,都曾在此参加过乡试,气度自然不凡。

大仪沿饮马桥走过秦淮河,太阳已经升起一树高,夫子庙一带的行人渐渐多了起来。有善男信女,有妇人孩童,有卖笔墨纸砚、文房四宝和香烛纸炮的小贩,更多的是长辫青衫、羽扇纶巾的青年书生,他们都三五成群、脚步匆匆地向学宫后面的贡院奔去。

首先映入大仪眼帘的是贡院广场,接着是高大的围墙。大仪晓得,这广场前面就是著名的"贡院街",是防考生与外面串通所设。空地沿着围墙一圈,不准百姓靠近,更不许官民搭建房舍。

贡院四周两重高墙相围,两墙之间留有一丈多宽间距,形成一圈环绕贡院的通道。围墙四角又建有四座两丈多高的岗楼,墙上布满荆棘,防止考生翻墙作弊之用,故人称其为"荆围"。

广场东西各有辕门一座,主牌坊正中匾额上书有"贡院"二字,与两侧建筑形成对比,更显牌楼与辕门高大雄伟,气势不凡,不由使人萌生敬畏之心。

主牌坊左右柱子上有一副楹联,上联是:圣朝吁俊首斯邦,看志士弹冠而起;下联是:天府策名由此地,喜英才发轫而前。

牌坊侧门的楹联为:十载辛勤,变化鱼龙地;一生期许,飞翔鸾凤天。乃名士李渔所作。

史载:李渔,字谪凡,号笠翁,浙江金华府兰溪县人。自幼聪颖,素有才子之誉,世称"李十郎"。一生著述丰富,著有《笠翁十种曲》,批阅《三国志》,改定《金瓶梅》,倡编《芥子园画谱》等。

康熙十年,文学大家李渔应江苏巡抚佟寿民之邀,为贡院题写楹联。造物弄人,时年已六十一岁的李渔,只是在前明时中过秀才,从未在江苏贡院一试身手。触景生情,他一口气写下六副楹联,后还分别被挂于江南贡院的大门、仪门、至公堂、明远楼、龙门等处。此刻,大仪突然想起,他何尝不是与李笠翁一样之人啊!

贡院大门分头门、仪门、龙门三重。进入龙门后为明远楼,楼前有一棵前明所栽的古槐,枝叶繁茂,被称作"文昌槐"。明远楼位于贡院中心,起着号令和指挥作用,是贡院内的最高建筑。楼高三层,呈四方形,飞檐出甍,四面皆窗,可观贡院全貌。此楼不但可用来监看考生在监舍中的行为,还可监督贡院内执役员工有无传递关节。因明远楼地位与作用特殊,贡院内外的建筑物高度一律不准超过明远楼。明远楼两侧,也依旧挂有名士李渔所撰楹联:矩令若霜严,看多士俯伏低徊,群嚣尽息;襟期同月朗,喜此地江山人物,一览无遗。

号舍分列在明远楼东部和西部,为士子考试食宿之所。左右两壁砖墙在离地一二尺之间,砌出上、下两道砖托,以便在上面放置上、下层木板。每排号房用《千字文》"天地玄黄,宇宙洪荒。日月盈昃,辰宿列张……"千字序编列,每排为一字号,上百间为一列,贡院有号房近一万间,可供万人同时参加考试。

明远楼后为至公堂,门前照例有李渔做的一副楹联:圣朝无政不宜公,况此举乎更属抡才大典;天子命名原有意,登斯堂也当兴顾义深思。

身为一介布衣的李渔,却为江南贡院留下诸多楹联,无异于布衣宰相,让人回味不已。大仪想起康熙四十二年,他跟着张伯行在济宁治理运河时,听闻康熙帝沿运河下江南路过济宁时在微山湖封的"山中宰相"殷重礼,也没有李渔这种待遇。

大仪随口吟诵着殷重礼的顺口溜,轻车熟路直奔贡院张榜处:"一蓑一笠一孤舟,一丈长竿一寸钩。一曲一歌一樽酒,一人独钓一江秋。"

三

秀才造反

刚进入贡院大门,就宛如进入嘈杂的菜市场。贡院里人声鼎沸,熙熙攘攘,时不时还传出几声不知所云的嚎喊声,仿佛藏着千军万马,一浪高过一浪,杀气腾腾地直向大仪扑来。这势不可挡的架势,让大仪感觉无处可藏,别无选择,只得硬着头皮,直面这突如其来的阵势。

此刻,大仪与其他人一样,面对异常的吵闹声,第一反应是意外与纳闷,第二是急于弄清真相。人们在不同心理的驱使下,相互拥挤,加快流动速度。职业敏感让大仪还有第三反应,心里大叫一声,不好!对于大仪来说,所有的异常都意味着坏事情发生。他的心思只有一个,祈求风平浪静、平平安安,这下可好,事与愿违。

眼前这种出乎寻常的鼎沸声只能表明,有一大群人在发泄情绪,并且这种情绪只能是坏的,不会是好的。毕竟举人名额有限,即便是一百一十三名中举者全部加在一起,也不至于弄出如此大的动静。

制造这声响的群体就是落榜者。能让平日斯斯文文的读书人弄出如此不堪之阵势,原因只有一个,他们对考试结果绝对不满,强烈不满。

想到此处,大仪更觉事态严重,因此他更急于一探究竟,这也是他从苏州远道而来的目的和任务。此时,大仪心里早已没有好奇与兴奋,只有着急,替慕容方着急,更替老爷着急。

人群迫不及待地拥入仪门,向前再也动弹不得,里三层外三层全是人。有吵闹的,哭嚎的,咒骂的,人声鼎沸,震天动地,不绝于耳。如果说落榜者是大合唱里的男高音女高音,那么围观者小声议论就是男低音女低音。它们一同奏响震动大清王朝的大合唱,让朝廷震怒,让督抚互参,让人头落地;让贪官战栗,让士子绝望,让庶民抗争。

大仪不知道人们在讲什么,喊什么,哭什么,吼什么,闹什么,只听得诸多声音汇在一起,让人不死心,不示弱。那些声音伴随着肢体动作和面目表情,表达出他们愤怒的情绪。

大仪挤出人群,来到皇榜跟前,细细查看。他从右看到左,又从左看到右,一百一十三个名字仔仔细细看了好几遍。不要说"慕容方",连个"慕"字都没有看到。

太黑暗!这里边一定有问题,这是大仪对榜单的第一反应。他非常惊讶,榜单上连慕容方的名字都没有。别人不说,他和慕容方天天在一起,对慕容兄弟的才华了如指掌。"四书五经"、策问、八股文,这些对于慕容方不在话下。他认为,先不说解元、经魁什么的,退一万步说,中举对慕容方来说一定没问题吧。不但他这么认为,连老爷也是这样想。老爷多次夸过慕容兄弟,说他的才学不要说江苏,就是在两江也是数得着的。这科不说荣登榜首,名列前茅肯定没问题。可是……唉!还有蒋继轼、杨绳武、景考祥,从昨天那番话上看,他们也着实是有真才实学之人。

大仪好不容易挤到最里边,看到百十名书生模样的人,在仪门广场上,吵嚷着,哭喊着,发泄着。身后,就是江苏新科举人的榜单。

这些人个个声嘶力竭,表情夸张,五官扭曲,满脸愤怒。他们恨不得将心中所有怒火、不满、震惊、气愤、不服、无奈、不甘、绝望,都书写在面庞上,张扬在肢体里,表现在声音中。

其中,一个穿蓝布长衫的中年书生,正在义愤填膺地大声喊道:"扬州城谁人不知程光奎,整日吃喝嫖赌,溜鹰走狗。这么一个好事没干过、坏事都干绝的现世活宝,他能中头名? 你们问问这个不学无术的家伙,他认识多少字? 斗大的字有没有一箩筐? 天啊! 他能中解元,天理何在,天理何在,天理何在啊?!"他越说越气愤,脚跺在地面的方砖上"咚咚"响。

远处的大仪看此人越看越眼熟,好像在哪里见过。哦! 这不是杨绳武嘛,昨天下午在茶馆里斯斯文文一个人,今天怎么狰狞成这样,差点认不出来。

"大家不要走,一会儿我们一起去问问主考官左大人,是怎么阅的卷,怎么定的名次!"另一个人挥舞着手臂大声说道。大仪仔细一看,乃是昨天在茶馆的蒋继轼。

"怎么定的,那还不是谁掏银子给谁!"围观者中一人大声喊道。

"大家都到榜前看看吧,解元、亚元、经魁、亚魁,这几人都是谁! 哪个是有名的江南才子? 哪个是大家熟知的饱读之士?"

"一个读书人都没有,都是些达官贵人的子弟、富豪盐商的崽子,个个都是不学无术之徒。"

大仪看这人气愤的样子,恨不得抱着榜单上的每个名字咬两口。

"对! 个个都是不学无术之人,我们不服!"

"把新科解元、亚元、经魁都叫来,是骡子是马拉出来遛遛!"

"把新科解元找来和我对对诗。"

"龙虎榜? 依我看是鼠兔榜。"

"鼠兔榜也不配,用盐腌出来的鼠兔榜还差不多。"听到鼠兔榜,很多人发出鄙视的笑。

"太不像话了。谁阅的卷,谁点的解元,谁定的名次,一定要把他揪出来问个究竟!"

"我亲眼看见有几个人衣服没拆开检查。而我们里里外外,衣服都被拆个遍,看了又看,翻了又翻,检查得那叫一个细,就是有只虱子他们也能给翻出。"

"岂有此理! 他们为什么没有拆? 肯定有猫腻。"这位中年书生边哭边喊道。

"简直是暗无天日!"

"有人还亲眼看见副考官赵晋赵大人鬼鬼祟祟地给考生传递答卷。"

"诸位师友,我杨绳武多年寒窗苦读,拜大儒,访名师,不敢说饱读诗书,学高八斗,但各位可以打听打听,在江苏省,在我们扬州城,在下读书还算有些名声。我就不信,我这次是因为水平低、学识差,才没中举。我杨绳武就是不服! 我要告状,到京城告御状!"

"文叔兄,你没送银子吧! 主考大人只认银子,不认才学。"蒋继轼话刚一说完,人群里又是一片愤怒。

"公理何在? 公平何在? 朗朗乾坤,他们干下如此龌龊之事,就不怕天打五雷轰吗?"

"徇私舞弊,天理不容!法理不容!"

"老天爷呀,你睁睁眼吧!"

"重考,我们要求重考。"

"重考,我们不服。"

"我们要告状!告御状!告御状!告御状!……"众人一起喊道,声音异常洪亮,整齐划一,震撼寰宇,震撼心灵。

这时候,一个衣衫褴褛的青年挤出人群爬到桌子上。这人白色长衫很久时间没洗,而且被撕扯得破破烂烂,一条一条飘零着,露着腿和前胸后背,长衫上布满血块,很明显是鞭子或棍棒的打击所致。他头顶上粘着一根枯草,长辫子长时间没梳理,乱蓬蓬的像是秋后荒芜的土地。刚洗过的脸腮倒有一点精神,但周围额头、鬓角、脖子上仍然残留着厚厚的泥垢。这个人面向众人,一脸的疲惫、痛苦和愤怒。

"诸位同友,副主考赵晋给考生传递答卷,是在下亲眼所见,在下就是因为看到他贪赃枉法的罪行才被他抓起来。他们还诬陷我科场作弊,严刑拷打逼我招供,罪恶滔滔,天理难容。我慕容方大难不死,有幸逃脱,就是要给大家作个证明。我们一定要讨个公道,为我们寒窗苦读的莘莘学子讨个公道!"

慕容方的出现激起秀才们更大的愤怒。他们纷纷围上来询问详情,举着拳头表示声援,要为自己讨回公道。

其实,慕容方一登上桌子,大仪就认出来。大仪悲喜交加,一边喊着"慕容师爷,慕容师爷,我找你找得好苦",一边挤过去。慕容方看见大仪,像是遇见亲人一样,悲情难抑,跳下来与大仪抱头痛哭。哭罢多时,大仪劝慰道:"我们回去告诉老爷,让老爷严惩他们!"

"张大人就是知道,还是要报告总督大人,不如直接找总督大人,人多势众,总督大人不能不管。"慕容方咬咬牙,"我们不但要告状,还要让全江宁城的百姓都知道这件事。此等贪官罪恶难赦,一定要让他们身败名裂,遗臭万年。"

大仪当即表示支持:"行,慕容师爷,你还能走路吗?我背着你。"

慕容方道:"不用,我能行。"

这时,杨绳武突然挤出来,从身边一个秀才手里接过一支长锋狼毫,在砚台里饱蘸墨汁后,转身在黄色"举人榜"的正中间画了一个大大的"×",又窜到榜右边在榜首的空白处"刷刷刷"写了几个飘洒俊逸的行书大字——"左丘明双目无珠"。

一个站在桌上的秀才给众人大声念了一遍,之后又问:"诸位同友,文叔兄所写的这个左丘明可是有所指啊……"

话音未落,下面就有人给出答案:"杨公子写得好,主考官大人左必蕃装聋作哑不管事,就得点他一点。"

"上联有了,下联呢?"众人一脸的期待。

杨绳武思忖片刻,窜到"举人榜"的最左边,在空白处又写下七个大字——"赵子龙一身是胆"。众人齐声叫好。

"副主考赵晋胆大包天,贪赃枉法,可恨至极。"

杨绳武转身向众人询问:"诸位同友,上联下联都有了,横批写什么? 大家说说。"

人群中马上有人想出横批:"大人们只认金银珠宝,不认诗文才学,就写上一个'唯财是举'吧。"

"好,就'唯财是举'!"杨绳武转身在"×"的上面写上"唯财是举"四字。

杨绳武愤怒得血脉偾张,把长锋狼毫高高举起来,向众人喊道:"诸位同友,在下有一个建议,既然大人们都唯财是举,那前面夫子庙里供奉的就不能再是孔圣人,他们供奉的应该是财神爷啊!"

"对,把财神爷抬到夫子庙去!"

"好,就这么办,把赵公明抬到夫子庙去!"

说干就干,一呼百应。群情激奋的书生们跟着杨绳武、慕容方几个人就往贡院外面走。他们向南出了仪门和头门,来到广场上。杨绳武回头看见主牌坊上的"贡院"二字,驻足不前。

"如此神圣的贡院竟成贪官老爷们卖官敛财的肮脏之地,我看这贡院也应该改一改名字。"

"怎么改?"众人问杨绳武。

"'贡院'改成'卖完'得了!"

杨绳武的提议立马得到众人赞同。但说起来容易做起来难,主牌坊三丈多高,任谁伸手踮脚也够不着,短时间内又找不到梯子,众人望着牌坊一筹莫展。

见此情景,杨绳武道:"我来,我来!"只见杨绳武来到主牌坊右边的柱子跟前,挽了挽袖子,伸了伸腿脚,把旁人递过来的长锋狼毫横咬在嘴上,双手抱住柱子就攀援上去。杨绳武手脚并用,十分敏捷,像嬉戏在大树上的猿猴,几下子就爬到最顶端。他两手抠住牌坊凸出的上沿,脚蹬在下沿上,一步一步沿至中间"貢院"左边。

杨绳武左手抠住上檐,身体紧贴牌坊,腾出右手抓过嘴上的长锋狼毫,"刷刷刷"几下子,就把"院"字左边的耳朵旁涂抹遮盖,"院"字只剩下一个"完"。他又在"貢"字的上面写下一个小小的"士"字。长锋狼毫毛笔墨水用完,墨迹干涩浅淡。杨绳武把它扔下去,有人捡起来饱蘸墨汁再次抛给杨绳武。墨汁在空中飞溅,下面的书生纷纷躲避。毛笔抛得方位有些偏,靠外一点儿,杨绳武身体往外一挣,才伸手接住。幸亏他左手有些力量,牢牢抓在檐壁上。众书生在下面"咦""啊"连声。

下面的书生们敛声屏气,都在为杨绳武担心。景考祥小声道:"文叔兄要小心啊!"蒋继轼说:"诸位请放宽心,文叔兄弟文武全才,功夫了得。不似我等无用书生,只会舞文弄墨,手无缚鸡之力。"

杨绳武在上面笑了笑,说声:"没事!"狼毫毛笔把"士"字下面的"工"字两边封住口,又在里面加一短竖,"貢"字就变成"賣"("卖"的古体字)。杨绳武纵身跳下牌坊,身体轻盈,落地无声,如一只雄鹰落栖于山崖。众人齐声喝彩,既为杨绳武敏捷的身手,又为他把"贡院"改成"卖完"。

杨绳武抬头看看主牌坊上的"卖完"二字,冷笑一声说:"卖完,卖完,他们把举人的名额都卖完了,咱跟他没完!"

蒋继轼说:"对,他们贪赃枉法,辜负皇恩,咱叫他完蛋!"

众书生穿过秦淮河上的长干桥,随杨绳武一起抬赵公明像,这下惊动的人就更多。街上行人见几百个书生一起赶路,一个个气势汹汹,怒发冲冠,就好奇地上前询问缘由。书生们也趁机宣讲自己的委屈,发泄自己的愤怒。市民百姓听了也对他们充满同情,纷纷同去助威。也有很多闲散人员,为看热闹而远远地跟在后面。不大一会儿,就聚集数千人的游行队伍,浩浩荡荡,声势浩大。

只是没人注意到,江南贡院东南角康熙帝"为考试叹"碑旁边,那个叫景考祥的孩子,独自一人抚着石碑偷偷抹泪。看到此情此景,大仪心中顿时一阵感伤。有心想上前去劝劝他,却又觉得无话可说。想着小孩子好好哭一场也就算了,忍住没有过去。

(二)顺治帝借机打压江南官员,确保大清长治久安

气愤之声此起彼伏,这一浪高过一浪的声响,彻底打破大仪对此次科考公平、公正、阳光、神圣的期盼。就像是张伯行那天有种不祥的预感一样,他现在也感觉这事恐怕要闹大,大到什么程度,他说不准,也不敢说。但他似乎闻到血腥气在空中蔓延,无处不在又无影无踪,不由得打个冷战。

大仪曾听说过前明弘治十二年,在江宁中解元的大才子唐伯虎,到京城会试时,因卷入科考舞弊案毁掉一生的故事。

1498 年,时值明孝宗年间,江南贡院发榜之日,居于榜首的不是别人,正是大才子唐伯虎。个性本来就张扬豪放的唐寅,丝毫不掩饰自己的得意之情,踌躇满志地写下一联——"一朝欣得意,联步上京华",还刻了"江南第一风流才子""南京解元"的图章,准备把自己的才名发挥在更大的舞台上。如果入仕之路真能一帆风顺,后世恐怕就没有"三笑点秋香"的故事。唐伯虎的才华得到朝中大臣程敏政的赏识。被权贵赏识本是好事,但没想到,程敏政当年是主考官,点了唐伯虎为头名解元,于是就有人向皇帝告发,说程敏政泄题给唐伯虎。这其实是朝廷中的权力倾轧斗争,可怜大才子唐伯虎无辜被牵连入狱。后来虽然得到昭雪,但这次经历让唐伯虎看透世态炎凉,皇帝封官他也不要,回江南老家做逍遥自在的风流才子。

而这次闹得这么厉害,又不知要牵连谁、毁掉谁。

其实,将近一个甲子之前,类似情景在江宁也曾上演,至今想起仍让人心惊胆战。顺治十四年,丁酉科乡试也像这样闹得沸沸扬扬。因取中的举人里面不少是贿赂考官所得,放榜之日,江南士子一片哗然。他们集体到文庙哭庙,殴打考官,在门两边贴上"孔方主试合钱神,题目先分富与贫。金陵自古称金穴,白下于今中白丁"。正、副主考官坐船离去,士子们沿河追着船,边追边骂,边往船上扔砖头,那场面比这次有过之而无不及。

事情接着发酵。江南士子写的《万金记传奇》被刊刻成书,讽刺主考、副主考。江南名士尤侗因应试不第,也创作一部戏曲《钧天乐》,抨击这次科举

考试的黑暗,在社会上产生巨大影响。他在顺治九年出任永平府推官,顺治十三年(1656年)被谪告归,在苏州葑门内尤氏旧宅新建"看云草堂"戏厅,培养十多位歌童组成家班,演出自编的剧作。其《草堂戏彩图》小序说:"予教小伶数人,资以装饰,登场供奉,自演新剧曰《钧天乐》。"《钧天乐自序》也说:"家有梨园,归则授使演焉。"

工科给事中阴应节将江南作弊案奏于皇帝,顺治帝知道后勃然大怒,传旨:"方猷等经朕面谕,尚敢如此,殊属可恶。方猷、钱开宗并同考试官,俱着革职。"并下令将主持"南闱"的全部考官绑来入京。来年正月,一道旨意又将江南此科取中的全部举人,统统召到京城,大冬天在中南海瀛台重新考试。

南方文人本就身单力薄,弱不禁风。不但经不起北国的猎猎寒风,何况还要披枷戴锁,在凶神恶煞的军校持刀监视下答题。面对身旁威风凛凛的武士,如临大敌,这哪是考场,分明是刑场!谁见过这种阵势,他们个个战战兢兢,在又冻、又怕、又紧张中,哆里哆嗦连字都写不好,更别说答题做文章。即便满腹经纶没有作弊者,发挥失常的大有人在,更别说那些大草包们。

顺治十五年,皇上亲自主持顺天科场复试。顺治帝以春雨诗五十韵为题,结果,只有一人三试皆优,准许殿试,七十四人准许参加会试,二十四人因文理不通被革去举人,多名中举者及家人被流放宁古塔。更惨的是考官,主考翰林院侍讲方猷、副主考翰林院检讨钱开宗被问斩,十八名考官除一名已死外,其余十七名全部处以绞刑。

就在这时,董鄂妃生的皇四子病死,不足百天,让深得顺治帝宠爱的董鄂妃很是伤心。董鄂妃因此一病不起,又让顺治帝内心变得极其烦躁,因此在处理江南科场案时,更加苛刻,再次大开杀戒,"杀鸡儆猴"。尽管顺治当皇帝后,重用汉人汉官,但南方依然有抗清的势力,这些抗清势力与江南才子有着千丝万缕的关系。而江南是历代王朝的交税大区,受到王朝重视,当时流行一句话:"江南安,天下皆安;江南危,天下皆危。"这次江南闱案发生后,顺治帝认为天赐良机。他迅速抓住此次案件,打压江南官员,确保清朝的长治久安。

此后数十年,江南考场风清气正。而此事离今还不到六十年,却有人胆大妄为,以身试法,真是让人不可思议。

大仪能感受到杨绳武他们此时的心情,他的脑海中又一次闪现黑妮儿。

只因黑妮儿父母嫌他家穷,贪恋大户人家的聘礼,硬生生将两小无猜的他俩拆散,将黑妮儿嫁到通许县城做填房。那时,大仪的心情应该与此时此刻杨绳武他们的心情一样。迎亲的马车载着哭哭啼啼的黑妮儿在前跑,他在后边猛追,越追马车越远。望着马车留下的两道车辙,他号啕大哭。那天,他对着黑里河肆无忌惮地咆哮,大喊,嘶叫,黑里河不言不语,只是默默地一路向东流去。

兔子急了还咬人呢!要不然,文质彬彬的杨绳武今天也不会变成这样。大仪心里为他叫屈,为落第的书生叫冤。他是那种路见不平一声吼的主儿,嫉恶如仇。再把情况摸一摸,这件事绝不能坐视不管,大仪要第一时间向老爷禀报,还书生们一个清白,想到这里他又重新挤回人群。

大仪刚挤到游行队伍里,忽听到外面人喊马嘶,有人大声命令:"把所有闹事的都抓起来,一个都不能走……"

有人跑进来报告说:"不好了,官兵来抓人了!"殿内顿时一片骚乱,很多书生神色惊慌地往门外跑。

杨绳武站定了厉声说:"跑什么?我们正要去总督府击鼓鸣冤呢,诸位同友,愿意同去的就留下来!"

杨绳武的提议只得到几十个人的支持,其余人都在拼命地往门外挤。慕容方手脚直颤,脸色惨白,用肩膀碰了碰大仪,说:"赶紧跑吧,我要被抓住就死定了。"

大仪说:"慕容师爷不必害怕,我保护你。"

院子里已经站了几十个官兵,逮住书生摁倒在地,拿绳子就捆。大仪拉着慕容方往大门外跑,大门外正有大队官兵往里面冲,几百名书生就在大门口与官兵挤成一团。大仪冲在最前面,三拳两脚打翻十几个官兵,硬是挤出一个豁口,率领着几个书生蜂拥而出。慕容方身上多处受伤,更跑不快,十多步后,他一个跟头栽在地上。情急之下,大仪背起慕容方继续跑。

迎面冲过来一队官兵,为首的一人骑红马,着官服,黑面孔。慕容方见是陈天立,忙用袍袖遮面叫大仪快跑。陈天立早已认出是慕容方,用手一指命令士兵:"抓住他,他是科场作弊的案犯。"

大仪背着慕容方往死里跑,数十名官兵快速追上去。大仪一连踢翻几个官兵,拉起慕容方,钻进江宁"皇茶苑"客栈的夹墙里,躲过一劫。

（三）苏州秀才抬着财神爷到府学明伦堂里供奉

江宁、扬州、常州、苏州,江南各地,士子对科举考试榜单的愤怒在持续发酵中。"上有天堂,下有苏杭。"自古以来,人杰地灵的苏州出过多少才子,谁能数得清?可这次乡试结果,却让苏州愧对"才子之乡"的美誉。姑苏城内,阊门之外,一时间如同炸锅一般。

一位老秀才在路边痛哭流涕地说道:"偌大一个苏州府,管辖九县一散厅,应举秀才上千人,却只中区区十三人。十三人,十三人啊!本科江南中举额度是多少,一百一十三名,比上次戊子科多出二十七名,这次苏州中举人数反而比上科还少。天理何在!天理何在呀!"

放榜之后,苏州士林波澜不断,落第秀才愤愤不平,要求重考的呼声一浪高过一浪。此时,秀才们的怒气好似一个憋了多日、越憋越大、一捅就破的大气球,从江宁传来的消息宛如一根尖利的银针。有人说,在苏州十三位新科举人里,竟有五人是靠贿赂所中。一石惊起千重浪,如给干柴烈火的苏州士林浇上油,大气球顿时爆破。

苏州玄妙观附近,人头攒动,密不透风,好似三月三大庙会一般热闹。与庙会区别的是,在此聚集的不是男女老少,而近乎全是士子。大黑随着人群来到玄妙观,只见一下子聚集一千多名士子,那是何等阵势,乖乖,全是读书人呀!这是大黑在向张伯行禀报九月二十四日这天情况时,发出的感叹。

大黑把所看到、听到的有关科考大案的情况,一五一十全数倒出:

起先玄妙观里乱哄哄的,谁想说什么,就说什么,还发生几起小范围的争吵。明理人一看,群龙无首,就推举位带头之人。喊喊喳喳老半天,在否决多位候选人之后,府学廪生丁谷宜被大伙儿推选为代表。

史载:丁谷宜,字尔戬,乃苏州有名的大才子,德高望重,众人皆服。康熙四十一年,重刻沈周、唐寅等十三人唱和诗集《落花唱和集》时,与叶燮、顾嘉誉等多人做序跋,一时传为佳话。

苏州玄妙观的主殿是三清殿,三清殿东西两侧是两列配殿,东侧第一个配殿是福缘殿,财神赵公明就供奉在那里。秀才们冲进福缘殿,不由分说抬起财神像就走。几个当值的小道士急忙"无量佛""无量佛"地追着阻拦,又被他们挡住。丁谷宜说道:"小道长不必惊慌,我等觉得财神爷在这里太委屈,想给财神爷寻一个香火更多更旺盛的殿堂。"几个书生索性把赵公明神像旁边的招财、进宝、纳珍、利市四尊小财神像也给抬走。小道士挡不住,急忙向福缘殿住持武极子报告。武极子见玄妙观院里院外、殿里殿外汪汪洋洋的都是人,其势甚众,也无计可施,只在原地跺脚大喊:"善人,大善人,你们抬走了让贫道吃什么啊? 无量寿佛,无量寿佛……"

书生们盛怒之下也无暇顾及道士,只一门心思地往前赶。他们抬着玄妙观中财神爷泥像,直奔府学。四个人抬着财神像,五十步一换人,一直抬到府学明伦堂中。后面四人一排,排成四队,一路上高呼口号,要求公平公正,反对徇私舞弊,并且提到主考左必蕃、副主考赵晋的名字,进行攻击,高呼冤枉。沿途百姓观看不断,还有好事者一路尾随跟到府学里。他们将财神爷放到府学明伦堂中,府学内乱作一团。有人高声演说,声伐考官;有人比着写诗做对、编歌谣,表达他们的愤怒;有人在一旁记录,将这些现编的诗、对子、歌谣写好后在明伦堂中四处粘贴。

丁谷宜率众书生朝府学之内的"大成至圣先师"孔夫子塑像深深一揖道:"大成至圣委屈了!"便将孔子像搬到东边空地上,又把孔子像左右配享的颜回、曾参、孟轲、孔汲四亚圣也搬过去,再将财神赵公明之泥像搬至正中,四小财神放至财神两侧。丁谷宜盯着财神像恨声道:"财神爷入主明伦堂,世风日下,人心不古,官风不正,礼崩乐坏,就让那些大人老爷们光明正大地来供奉财神赵公明吧!"言毕,眼圈发红,泪如泉涌。一时间,秀才们纷纷向着东侧的孔子像哭拜于地。哭声响彻云霄,经久不息,惊天地,泣鬼神,如惊雷炸起,震动整个苏州城;如海啸般铺天盖地而来,漫卷所有书生和有子孙读书的家庭;如地震余波般深远,一脉一脉直传至远方的紫禁城。

大黑绘声绘色讲,张伯行不言不语听。

(四)听到慕容方所言,张伯行陷入沉思

俗话讲,人配衣裳,马配鞍掌。

大仪等到天黑人稀，拉着慕容方从江宁"皇茶苑"的夹墙里悄悄走出，穿过乌衣巷，先到布衣店，里里外外为他置办一身新行头，然后直奔澡堂。澡堂内剃头、刮脸、掏耳朵、修脚、按摩、拔罐、刮痧、搓背样样都有。慕容方洗澡、搓背、剃头、刮脸、梳辫子之后，新衣服一穿，跟换个人似的，精神许多。

"走，下馆子去。"大仪看到眼前慕容方的模样，非常高兴，拉着慕容方出了澡堂门，径直往饭馆而去。

秋日午后的阳光照得人懒洋洋的。已过饭点，饭馆内没有几个食客，大仪与慕容方找张靠窗的桌子坐下。一碗加了大肉、雪菜的老卤面，两个香酥烧饼，外加半斤高粱酒、四样菜下肚之后，慕容方精神头十足。

其实，一碗梅菜扣肉、半只咸水鸭和两盘素菜几乎都被慕容方吃了。大仪看着他狼吞虎咽的样子，心里直难受，真应了苏州的老话"公子落难，大饼当饭"。原本吃饭慢条斯理、一碗面都吃不完、小饭馆里的菜几乎都不怎么吃的师爷，如今饥不择食的模样好似叫花子。慕容方这些日子经历了什么，不言而喻。

"走，回客栈睡觉去。"慕容方又被大仪拉到江宁"皇茶苑"。

慕容方不睡则已，一睡便从下午睡到第二天太阳升得老高。大仪练拳回来，看到慕容方炯炯有神的眼睛，从心底里高兴。嗯！慕容兄弟又活了！

吃过早饭，大仪对慕容方说："慕容兄弟，咱们先在这里住着，等老爷一到，咱们再搬到驿馆里去。"

慕容方听说张伯行要来，表情有些迟疑，一脸忐忑："仪爷，我现在被人追杀，恐连累到大人和你。"

"怕什么？咱没杀人，没放火，又没干见不得人的事。跟老爷把来龙去脉讲清楚，有老爷在，看谁敢！"大仪愤愤地说道。

慕容方"嗯"一声，脸上云开雾散。

其实，昨天在饭馆吃饭时，大仪就发现饭馆外有人鬼鬼祟祟不停张望，很像布衣店外转悠的那两个人。他估计已被人跟踪，思来想去应该是奔着慕容方而来。为了保证慕容方的安全，从昨天下午回来，他再没离开过客栈。慕容方睡觉，他就在房间里待着，早上也是在客栈院中练的拳。大仪心想，绝不能让慕容兄弟在眼皮底下出什么差错，等老爷过来慕容兄弟才会安全。

新科举人的鹿鸣宴，历来由本省制台主持。乡试放榜前一天，张伯行便坐上船,从苏州出发前往江宁。他此行的目的,就是要在江宁府衙主持宴请蟾宫折桂之人的宴会。

金秋九月,江宁驿馆的桂花香气,随着清爽的秋风飘入室内,沁人心脾。张伯行坐在书桌前,翻看着江苏学政呈来的新科举子名册,想起东坡居士的诗《鹿鸣宴》:

> 连骑匆匆画鼓喧,喜君新夺锦标还。
>
> 金罍浮菊催开宴,红蕊将春待入关。
>
> 他日曾陪探禹穴,白头重见赋南山。
>
> 何时共乐升平事,风月笙箫一夜间。

这时,屋外传来大黑与大仪二人的说话声:"这几天玩得得劲儿吧!"

"玩啥玩嘞,我天天都快忙死了! 老爷在屋里没?"

"在。咦! 慕容先生回来了。这些天你都跑哪儿啊? 把大家急得要死。"

听到慕容方回来,张伯行悬着的心才算放下。慕容方见到张伯行,双膝跪下,倒头就拜,泪水直在眼眶里打转转。

张伯行端详慕容方一番,笑道:"嗯,无隅消瘦不少,好在身体没什么闪失,好好调养几日便可恢复。"

慕容方把这些天的经历,原原本本讲给了张伯行。

"都是些讥讽、揭露之类的文字。记得有一副对子是:左丘明双目无珠,赵子龙一身是胆。对得挺工整的。"

张伯行微微点头。他明白,这副对联蕴含的意思,上下两联各取正、副主考左必蕃和赵晋的姓氏,影射他俩舞弊。

"秀才们直闹到太阳下山才散。"

听过禀报,张伯行陷入沉思,秋雨在窗外淅淅沥沥下个不停。

通过大仪从江宁带回的消息,和大黑在苏州看到听到的,以及慕容方所了解到的,包括慕容方只对他一人讲、从未向他人透露的重要情节,对于这次科考的来龙去脉,张伯行心中大概已有端倪。接下来的事他已盘算好,他已在心中谋划好一个重要决定。

窗外,雨越下越大。

（五）女子哭得梨花带雨，好不让人怜惜

话说乡试结束，慕容方自感考得还不错。他雇辆马车，高高兴兴地出城前往码头，准备坐船回苏州。人逢喜事精神爽，他心想解元、经魁先不说，中举应当没什么问题。一路上他面露喜悦，哼着小调："为救李郎离家园，谁料黄榜中状元。中状元，着红袍，帽插宫花好哇，好新鲜哪……"

行至半路，从离官道不远的小树林里传来女子呼喊救命声。慕容方乃侠骨心肠，怎会坐视不管？忙叫停马车，三步并做两步，前去一看究竟。

原来，树林中正有两位男子在捆绑一位年轻女子，女子边呼救边挣扎。

慕容方大喊一声："住手。"一个箭步跳到跟前。

其中，一位三十来岁的男子见状凶猛地吼道："休管闲事，快滚！"

慕容方厉声说道："朗朗乾坤，督抚所驻之地，怎容你等干此勾当，就不怕被人捉去见官？"

另一位二十来岁的人冷笑道："别说见官，见天王老子也不怕！"

此人边说边伸拳直奔慕容方而来。只见慕容方微微晃身，便躲过此拳。此人看拳落空，接着又是一脚，慕容方不但轻松闪过，还顺势一击，重拳狠狠落在此人左肩，打得他向后趔趄两步，差点跌倒。此人站稳后恼羞成怒，又奔向慕容方。于是，二人便你一拳、我一脚地打斗起来。没几个照面，此人就被慕容方一脚踢倒在地。他气急败坏，从地上艰难爬起，抽出腰间的匕首直刺慕容方。不要看慕容方一介书生，却也身手不凡，飞起一脚，把匕首踢飞，没几下就将此人再次打倒在地。那人爬也爬不起来，只剩躺在地上做痛苦状呻吟。

另一个见状，也顾不上女子，拿起短刀直奔慕容方。这人还真有些手段，慕容方赤手空拳，一直处在下风。好在趁这人一露破绽，慕容方擒住他拿刀手腕，用力一掰，那人嗷嗷直叫，刀也落到地上。慕容方顺势捡起刀，回手架到那人脖子上。

那人连呼："好汉饶命！好汉饶命！我家中还有八十多岁的老母要养。"

慕容方一听就知是江湖套话，拿刀的手稍稍往下一按，厉声说道："一派胡言！"

明晃晃的钢刀架在脖子上，慕容方只是这一按，吓得他魂飞魄散："爷爷饶命，爷爷饶命！我一家七口全靠我养活，千真万确呀，爷爷！要是有半点假话就让天打雷劈。爷爷，您就饶了我这条狗命吧！"

"以后还敢为非作歹吗？"

"不敢不敢！爷爷饶了我吧，我再也不敢了！"

"滚。"说着慕容方将刀一移。

那人赶忙连滚带爬，扶起地上躺的那位，跟跟跄跄地向北逃去。

跑出数十丈，两人站住回头，三十来岁那人气焰嚣张地嚷道："小崽子，你等着瞧，老子非杀了你不可。"

慕容方做个要向前追赶的架势，吓得二人连忙逃窜。

慕容方松开女子的绑绳，轻声问道："小姐没伤到吧？"

女子跪倒就拜："多谢大人搭救之恩。"

"小姐快快请起。"

女子起身活动活动身子。慕容方定睛一看，不由一愣，但见姑娘身材苗条，微微偏瘦，配着白底粉红碎花的衣衫、翠绿的裙子，瘦得又恰到好处；乌黑的秀发下是一张白皙的脸，脸颊泛着微微的红；一双杏眼不大不小，眼白泛着淡淡的蓝。双眸闪烁，如同秋波；鼻梁挺直，不高不低；小嘴一张，嘴唇薄薄，嘴角微微上扬。脸上带着一丝淡淡哀愁，也带着喜庆，好一个清秀脱俗的女子。看年纪也就十五六岁，却生得文静、优雅，如雨打小荷、孤山雾薄，说不出的空灵秀气。

"小姐，你家在何处？我送你回去。"慕容方问道。

听到"家"字，女子便开始抽泣，哭得梨花带雨，好不让人怜惜。

慕容方又问："姑娘为何伤心？"

女子边哭边回道："奴家姓孙，徽州人氏，伯父在淮安府城内开干果行。因伯父膝下有子无女，伯母又喜欢女孩，所以我自幼跟随伯父在淮安生活。伯父伯母视我为掌上明珠，哥嫂视我为亲妹妹。今年春天，我随伯母去扬州为姑母拜寿，不想清明踏青之时，在扬州郊外被坏人掳走，带到江宁大户人家做丫鬟。府中太夫人看我乖巧，就留我在她身边做贴身丫鬟。前几天，被三老爷看上，非要讨去纳我做侍妾。三老爷又老又坏又凶，看着就让人心惊。他已有好几个小妾，还要纳我，我死也不从。趁人不备，我偷偷跑了出来，打算坐船回家。不想我刚走到码头，就看见府中的人在码头转悠。于是，我就顺官道返回，想着先找一个地方避避，却远远看见刚才那二人，我就往树林中跑，谁知被他们发现，结果就被抓了。那年长的叫张盛，年轻的叫九斤，都是三老爷跟前的人。掳我的人中就有九斤的哥哥八斤，平日里他们没干过好事。恩公一看您就是好人，您发发善心一定要救我呀！我想回家！"话没说完，就又给慕容方跪下，边哭边连连叩头。

听到这里，慕容方心里很酸楚。唉，苦命的孩子！也罢，送佛送到西，好人做到底，谁让你遇见我呢！

想到这里，慕容方说道："姑娘请起，莫要悲伤，我送你回家便是。"

"多谢大人！"姑娘听后，又给慕容方磕了一个头，才起身站立。只见姑娘脸上雨过天晴，洋溢着过年般的喜悦。

（六）想起考试时的情景，慕容方恍然大悟

二人上了马车，慕容方却不再让车夫赶往码头，而是掉头回城。姑娘一听"回城"，心中一紧，脸上现出疑惑与惊恐。她刚张开嘴想要问，被慕容方做个手势制止。接着，他又指指车厢外赶车的车夫，姑娘心领神会。

马车前行半里光景，慕容方撩起车帘佯装向外看路，将小半个头伸向窗外的瞬间向后瞅一眼，果然看见刚才那二人在后边远远尾随。

于是，慕容方让车夫上车赶着马儿跑起来，车夫表示要加钱。

"放心吧，老哥，不会少你的钱。我有急事，只管快，我付双倍的钱便是。"慕容方笑道。

"爷，此话当真？"

"快行便是，君子一言，驷马难追。"

张盛与九斤眼睁睁看着马车飞奔而去，他俩站在官道上干瞪眼。

慕容方没让马车从最近的城门进城，而是转向东门进城。二人下车后，等这辆车走远，慕容方又另雇辆马车，奔向离江宁城有一个时辰路程的赵家集而去。到了赵家集，他又倒回马车，直到下午，在上元县地界的码头，确认没情况后才上了船，绕道向扬州驶去。

船顺流而下，一路向东，才两日工夫，便驶出江宁府管辖的地界。

仲秋的江风送来丝丝凉爽,江水拍击着船舷。天湛蓝,云煞白,水鸟在江面逡巡翱翔。

姑娘好似挣脱笼子的鸟一般快活。一场噩梦就此终结,马上就能见到家人,一路上姑娘有说有笑,掩饰不住内心的兴奋。她一会儿逗同船的小男孩,说小男孩与她三岁的侄子一样可爱;一会儿想着家人见到她的惊喜样子;一会儿又将手帕裹成布老鼠和小男孩一起玩。在船上,她只字没提在江宁的经历与家里的情况,这是上船前慕容方再三嘱咐好的。船上人多口杂,为安全考虑,不能暴露。可慕容方还是从姑娘口中听说一件天大的事。

船中途靠岸补给,慕容方下船采购完食品,陪着姑娘在江边散步。四下无人,她告诉慕容方,被掳到的人家姓张,那个叫做三老爷的人,以前是两江总督大人的管家张令涛。

慕容方吃了一惊,都说宰相门前七品官,没想到总督的管家竟干出欺男霸女的勾当,真是无法无天。

"听说张府做着很大的生意。前两年福建的粮食生意赔一大笔,三老爷连眼都没眨。他们家可有钱,有一天掌灯后,我看见几个家丁往府里搬箱子,一人不留神被三进院的门槛绊倒。箱子一歪,盖开了,里边全是白花花的银元宝!"说到这里,姑娘做个惊讶的表情。

她四下看看,接着说:"张府的钱来路不正。去年大老爷不明不白死去,现在还瞒着太夫人呢!也奇怪了,平日太夫人经常念叨大老爷,自打大老爷没之后,太夫人再也没问过。二老爷因此吓破了胆,整日待在家中不愿出门,连给太夫人请安都很少来。唉!太夫人整日再吃斋念佛,也对消不完他儿子做的孽。恩公,这是不是叫恶有恶报?"

"哦!有这等事?"慕容方问道。

"他们干的坏良心事数也数不清。听说他们在常州低价强买房产,人家死活不卖,张盛出主意把男主人灌醉,推到运河里淹死了。之后,他们又让土匪绑票那家的孩子,不掏银子就撕票。结果那家人只得将房子贱卖给他们,赎回孩子。还听说,三老爷听一个算命先生讲,钟山南麓山坡风水极好,能出大官。于是,八斤便巧取豪夺,逼着人家把坟迁走,张府即刻在那里盖一处深宅大院,里面家具全部都是从南洋运来的上等红木做成,一张床都花费上百两银子。"

听得慕容方咬牙切齿,愤愤不平。

"我还见过扬州的大盐商,大车小车往府里送东西。我无意间听见是什么,为养小狗和种橘子树的事。"

"养狗、种橘子的事也得送礼?"慕容方不解道。

"原话好像是小犬种橘。"姑娘细细想想,若有所思道。

"大盐商,总督管家。"慕容方猛地回过神道:"儿子中举?"

"不是儿子,盐商对三老爷说的是小犬。"

"小犬是对儿子的谦称。"慕容方解释道。

"他们还说了些什么?"慕容方忙问。

"我还听见盐商对三老爷说,事成之后定有重谢。"

姑娘的话让慕容方恍然大悟,他想起考试时的情景,突然明白很多。

(七)慕容方亲眼看见,副主考赵晋把一团纸放在东邻考棚

那日,慕容方正坐在"通"字排"岩"字号房答卷。这是第二场,考卷上的题目为"修己以安人"。考卷发下,他一看题目,才思泉涌。答吧,他拿起狼毫笔。笔是临行前张伯行送他的。他说,希望无隅能让这只普通的笔变为妙笔,生出花来。

慕容方刚写有不到百字,突然感觉一只蚊子在他耳边"嗡嗡"作响,闹得他心烦。慕容方用手赶了一下,没了响声。不一会儿"嗡嗡"声又起,当他刚想赶时,声音一下没了。紧接着他觉得脸上似乎落了什么东西,第一反应应该是蚊子。他的左手奔着感觉而去,"啪"的一声后,再看手掌,什么也没有。

突然,他感觉眼前一片金色的繁星闪啊闪,在乌云密布的眼前闪成无边无际的银河。接着,繁星在脑海里散开,头一晕,乌云越来越黑,最终变为伸手不见五指的黑云。

慕容方的身子晃了晃,头险些栽到桌上,幸亏脑子还算清醒。他极力正了正身子,还好云开星散。只是眼还模糊,还感觉耳边响起强烈的蝉鸣,头蒙蒙的,鼻子呼吸不畅,嘴发干,心发紧,他赶忙取出解暑的丹药含在嘴里。

秋老虎的威风在江宁这有名的大火炉,不会止步在中秋时节,幸好慕容方早有准备。在炎热与精神高度紧张的情况下,对于考生来说,什么不幸的

事情都会发生,比如,死亡。慕容方早听说过江南贡院发生过考生猝死的事,而且很多例。

不一会儿,解暑丹药将慕容方从死亡的边缘拉了回来,只是身体的不适还困扰着他。他喝点热水,昏昏沉沉坐在号房里,丝毫没有再写一个字的想法。在号房过道走动的守卫,不知是不是故意将手中的长矛重重顿在地上,长矛发出的声响和他们重重的脚步声弄得慕容方更加心烦意乱。

三天要进行九场考试,对考生的身体是极大的考验。昨晚,蚊子扰得慕容方一夜也没怎么睡。今天本来精神就不好,再经此一闹腾,他更是全身无力地趴在考桌上发呆。老母的叮嘱和期盼,张大人的嘱托和厚望,还有自己几十年的寒窗苦读,都无暇顾及,此刻他只想静静。

就在慕容方软绵绵歪着头趴在考桌上时,意外的一幕发生在他眼前。副主考赵晋面无表情地正站在他东邻的号房前,亲手把一张叠得很小的纸放在考桌上,尽管速度很快,还是被他看到。纸叠得很小,字也很小,黑色的字迹透过白纸还是一目了然。

史载:赵晋,字昼三,号二今,福建闽县人。康熙四十二年(1703年)癸未科一甲第二名进士,榜眼,授翰林院编修。康熙五十年(1711年)辛卯科江南乡试,任副主考官。发榜时因结果不公,引发考生闹事。康熙五十二年正月,九卿议定,赵晋等人被问斩。

赵晋转身欲走时,下意识转头朝慕容方这边望来。在他转头的一瞬,慕容方忙将眼闭上,并发出轻微的鼾声,好半天,他才将眼睁开。正庆幸自己反应敏捷时,一抬头,赵晋正站在他的面前。

赵晋笑道:"才子果然不一般啊!慕容无隅,不认真答题,竟睡起午觉来。"

赵晋笑得很冷,很阴险,让慕容方感到一股寒气扑面而来。这笑分明在说,小子,终于落到我手里来。慕容方对自己说,完了,完了,都说赵晋是记仇的人,看来此话不假。

慕容方与赵晋梁子结在七八年前。康熙四十二年,赵晋高中两榜探花。这年秋天,赵晋在京中与从江南来的文友雅聚,其中就有慕容方。他们二人一位在江苏、一位在福建,之前虽彼此听说过对方,却是第一次见面。

新科探花志得意满,春风得意之时,态度傲慢些,口气大些,大家忍忍暂且还算能接受,但赵晋不该借着酒劲儿说些"久考不中之人是庸才,朽木不可雕也"之类的话。打人不打脸,说人不揭短,臊得在座好几位未中之士脸一会儿青,一会儿红。慕容方听不过去,二人便起了争执,被人劝开后大家不欢而散。没承想山不转水转,二人再见面会在这种场合之上。

在慕容方入考场时,就有不正常的事情发生。

那天,他挎着装有笔、墨、砚、蜡烛、蜡台等考试用具的篮子,背着考试这些天要吃的干粮,排在参加科考生员的长长队伍中,准备进入贡院。

所有的考生都要在差役们仔细检查后方能进入考场。终于轮到慕容方。他所穿的长衫被命令脱掉交予差役,连内衣也不让穿。一位差役先翻看内衣上是否写有小抄,再熟练地将长衫夹层拆开仔细搜检,接着是检查鞋袜等物。另一位认真翻检着装考试用具的篮子和干粮袋子,差役将袋子中的馒头、大饼一律掰开,把装菜的罐子翻个底朝天。

差役们个个态度蛮横,而慕容方没有夹带,没有小抄。他严格按照考场规矩,穿拆缝衣服,单层鞋袜,皮袄不得有面,且毛翻到外面,毡毯不得有里;没有携带木柜木盒、双层板凳、装棉被褥,砚台十分薄,笔管也是镂空,蜡台空心通底,糕饼、馒头、饽饽都一一切开。慕容方都铭记于心,严格遵守。对于检查、对于凶神恶煞的差役,他心中无鬼,坦然面对。

人间百态,无奇不有。在等候入贡院时,他也看到不守规矩的考生被搜检出的物品,以及取消他们考试资格被驱离时的丑态。有的大哭,有的下跪,有的任你怎么拉、怎么拽也不离去。慕容方对于这些违纪违规者抱以鄙视,觉得他们咎由自取,自作自受。

但是,慕容方也分明看见,差役对极个别考生的检查,敷衍到只是让他们将外衣脱下,随便摸两下而已。公平不公平先不谈,这一幕若是与赵晋龌龊的行为联系在一起,让人不难想象,这里面肯定有黑幕。

姑娘的四叔在扬州府仪征县城内一家粮行做掌柜,将她就近送到这里后,慕容方便要离去。姑娘和家人心存感念,拦着死活不让走,慕容方只得稍住两日。这两日,四叔好酒好菜竭力款待。

慕容方走的那天,姑娘一家人一送再送,一直送到码头。姑娘满脸是泪,跪着对慕容方说:"恩公的大恩大德奴家一生不忘!择个黄道吉日,小女子为恩公立个长生牌位,早晚一炷香,晨昏三叩首,保佑恩公一辈子福寿双全,平平安安。"

慕容方没顺道去扬州,也没回苏州。他仿佛嗅到此次乡试猫腻的味道,于是,就掉头向江宁打探而去。"位卑未敢忘忧国",他觉得这是读书人的使命。冥冥之中,他觉得此去并非风平浪静。

离开仪征县后,慕容方一直在江宁,他一直在追查姑娘所说的那些人那些事。他跟踪过张令涛,甚至还偷偷进过张府,并且还摸到张家金库的位置。从四处得到的消息中,还真有些眉目。慕容方感觉到,这次江苏乡试没那么简单,他已经闻到与大小官员相关的气息。

(八)丁谷宜和秀才们商议集体进京城告御状

放榜当日,把"贡院"改为"卖完";在贡院中非法聚集;来总督衙门前游行示威……落第举子的一系列行为,并未引起各级官员的重视,官员们更没有想着去如何应对。

从县谕到总督,大家都以为,落第秀才不满情绪闹腾几日也就会过去。尤其是放榜那天,把领头闹事的部分考生拘捕归案,暂且看押。秀才造反,三年不成!没有领头雁,他们自然而然就散了。然而,这次与前几次截然不同。之前落第的发泄是以个体形式存在的,经人劝解疏导后,情绪也就逐步缓和。即便不缓和,也不会造成大的社会影响。

可是这次,断断续续闹腾半个月,而且人数如滚雪球一样越来越多,一闹就是上百人、数百人。不单有本次科举考试落第者,还有未能参加乡试的秀才,不少童生也参与其中,声势浩大,让人联想起顺治年间的那次江南乡试。更引人注目的,是苏州的秀才抬着财神爷到府学里供奉,真是天大的讽刺。

事情很快传到两江总督噶礼的耳朵里。行伍出身的噶礼大怒道:简直是没王法了。他下令江宁知府,把抓到的考生细细审问;下令苏州知府,在闹事之人中,挑一些领头的、闹得凶的、头上长角身上带刺的,让狱卒好好调教调教他们。并通令各州府,不管三七二十一,有人胆敢再闹,一律抓起来再说。

丁家堂屋内,聚集着十多位落第秀才,丁谷宜正在与人合计如何去京城告御状。说起进京城告御状,大家情绪激昂。

作为被大家推举的领头人,丁谷宜先说道:"考官贪赃枉法,徇私舞弊。我们寒窗苦读十多年,甚至二三十年,却换来这种结果。看来,只在地方上呼吁不行。当今皇上乃英明之君,想要重新考试,只有让皇上定夺。"

"对!朝见天子去,请皇上为我们做主,把受贿行贿的统统抓起来。"杨绳武气愤地附和道。

"抓贪官不是目的,重要的是乞求皇上重新再考。"意见出现分歧。

"进京告状,我们去的人越多越好,这样才能引起朝廷重视。"

"对!我们都去。"

"我联系府学的生员。"

"我明天去动员无锡县的生员。"

"我明天也回松江老家做动员去,人越多越好。"

"去的人多,盘缠怎么办?到了京城吃什么?住哪儿?"

"只要进了京就好办,我们可以住到苏州会馆。"

"这个不愁,京城里我们苏州人当官、做买卖的多着呢!我表伯就在京城开丝绸店。"

"我家也有亲戚在京城。"

"盘缠的事我们大家凑,我出二十两。"丁谷宜举手示意道。

"我出四两。"

杨绳武积极响应:"我也拿四两,不,六两。"

"我出一百个大饼、一篮熟鸡蛋,做路上的干粮,再拿一吊钱。"

"我拿三吊钱。"

"我出一头猪,卖了做路费。"

"我拿三两,我还可以再找人捐助些。"

大家见丁谷宜慷慨地拿出二十两做盘缠,也纷纷踊跃凑起钱来。

油灯将要燃尽。夜已深,事未完,杨绳武等几个就留宿在丁谷宜家。

次日凌晨,睡得正香的丁谷宜被猛烈的砸门声惊醒。他听见仆人应声而去,就匆忙起床。正要推开屋门看个究竟,被五六个捕快逮个正着,吓得丁谷宜的妻子蒙着头在被窝里瑟瑟发抖。

"你是丁谷宜吗?"捕头厉声喝道。

"正是在下。"丁谷宜摸不着头脑,迷迷糊糊地应声道。

"县太爷命我们来,带你到大堂上回话,跟我们走吧!"说着,捕快已将铁链套到丁谷宜身上。

丁谷宜义正词严地说道:"我又没犯法,凭什么抓我?"

"哼哼!犯没犯法,你说了不算,县太爷说了才算。"众捕快边说,边狠狠地拉拽铁链。

"姓丁的,你放老实点,看你是读书人,老子不给你动劲儿。若你犯浑,老子有的是办法。"说着,一脚踹到丁谷宜的腰间,丁谷宜倒在地上,前边捕快拉着就走。

见父亲被铁链锁着拉出,丁家年幼的儿女吓得哇哇大哭。

"他们昨天在此议事,你们四处搜搜看还有没有余党。"

一同被带走的,还有另两位在丁家留宿的秀才。亏得杨绳武反应快,在捕快抓人时赶忙翻后墙,光着一只脚,一颠一跛地逃走了。

抬财神大闹苏州府学的丁谷宜等一大批生员,以"聚众闹事、亵渎圣贤、诬告考官"的罪名,被投入苏州府治所在地的吴县大牢,等候发落。苏州士林不满的呼声被暂时遏制,苏州生员上京城告御状的事也化为泡影,江南士林的心跌入冰窖之中。

跑出丁家后,杨绳武听说官府正四处抓闹事的生员,他没敢回家。躲在暗处的他,亲眼看到学友被捕快捉去时尊严尽失的狼狈样子,心如刀绞。气愤中的他决定去江宁,要把吴县知县下令乱抓生员的事告到制台那儿去。制台若是不管,他就独自上京城告御状。他就不信天下没有王法了!

杨绳武跪到两江总督府的辕门外,头顶状纸刚喊两声冤枉,几位把守辕门的衙役二话没说,上去就是暴打,打得杨绳武嗷嗷直叫。一阵拳打脚踢之后,一个衙役把他的状纸撕得粉碎,四个衙役将他抬到远处,重重地将他扔到地上,狠狠地说了句:"滚!再来打断你的腿。"其中一位临走时还不忘向他吐了口唾沫。

挣扎两次,浑身是伤的杨绳武均没能站起。路人远远地看着,小声议论,可谁也不敢过来。

杨绳武躺在地上,无助地低声呻吟。

这时,一个影子挡住阳光,轻声问道:"兄台,没事吧?"

杨绳武听口音有点熟悉,忙抬眼一看,见是蒋继轼,顿时浊泪横流。

蒋继轼看看四周,见没有官家之人,就向前方挥挥手,景考祥便从房子后面跑过来,两人倍加小心地将杨绳武抬到客栈。

杨绳武将苏州发生的事情讲与他们二人听,蒋继轼对天长叹,景考祥默然无语。他们为杨绳武请来郎中医治,还好只是皮外伤,没动及筋骨,擦几次挫伤药,休养几日,并无大碍。

毕竟是"锦城虽云乐,不如回故乡"。杨绳武怕连累蒋继轼和景考祥,便不辞而别。

站在扬子江畔,凝视江水东流,杨绳武低声吟道:

> 竖儒瞻拜旧山陵,落日平芜百感生。
>
> 欲奏通天台下表,只怜才谢沈初明。

四

龙颜大怒

（一）曹寅把科考大案第一时间秘奏康熙帝

绵绵不断的秋雨，下起来没完没了。一场秋雨一场寒！秋雨不仅下寒江南的天气，也下寒江南读书人的心。十年寒窗苦读，竟抵不过铜臭来得快。悲观之气横扫江南士林，就像几场雨之后的冷风在江南四处游荡。黄的和未黄的树叶，像雪片般被风吹落，在地面横冲直撞地翻来滚去，找不到归宿。望着高高的树杈，它们知道，那里是它们再也回不到的地方。于是叶子更加自暴自弃，在地面肆无忌惮地翻滚，在风的推波助澜中不知所措。

像秋风扫落叶般的诸多奏折、题本，从江苏、安徽，以至于江西、京城出发，奔向它们共同、也是唯一的目的地——康熙帝的案头。而第一个将此事呈报给康熙帝的是江宁织造曹寅。

康熙五十年九月二十四，观榜人群里不仅有大仪，还有两江总督、安徽抚台，以及江苏、安徽藩台、桌台、学政身边的人。也是，乡试这等大事，各方各面的地方大员，怎会放过第一时间得知消息的机会。曹顺在人群中意外看到江西桌台的长随在人群中一晃，便无影无踪。江西虽同属两江总督管辖，乡试却是独自举行，他的出现让曹顺感觉怪怪的。不要说两江三省大员身边这些贴己人，就连闽浙总督、浙江大员的跟班他也能认得差不多。这也不奇怪，每有打探消息，大员们不便亲自出面，都是他们这些身边人进行处理。在乱哄哄的人群中，曹顺也看到李二虎，李二虎也看到他。两人只是面无表情地用眼睛对视一下，之后便形同陌路。

要说曹、李二人平日相见却不是这般淡漠，两人只要一见面，那股亲热劲儿跟亲兄弟没二样。管他是真亲,还是假亲,至少在表面上要流露出多日不见十分想念的样子。不但曹顺这样想,李二虎也是这般认为。妹夫与大舅哥的嫡系亲随,遇见不亲能行嘛!谁让曹寅与李煦走得近呢?一位是江宁织造,一位是苏州织造,表面上干的都是为皇家织造丝织品的事,私底下干的也是同样秘不可宣的大事。而很多秘不可宣大事的消息源,就来自他们的亲信。

放榜这天,在贡院曹顺和李二虎不但看到大仪,也看到、听到慕容方所言所行。当然,大仪也看到包括曹顺在内的"同行"。大仪与曹顺同在苏州跟随各自的老爷,还算熟识。不要以为曹寅仅为江宁织造,其实他与钦差、总督、巡抚相差无几。大仪与曹顺接触,主要还是张伯行在江宁任江苏臬台期间。当大仪在这种情景中看到他们二位,不知为何他心中涌出一丝淡淡的笑。

江南贡院发生的一切,被曹顺看得真真切切。他大吃一惊,他被眼前景象惊得目瞪口呆,之前他从未见过这种场面。读书人在他心目中的形象一直都斯斯文文,没想到他们发起脾气来会这么凶。曹顺看在眼里,记在心中。他随着人群也到总督衙门前溜达一圈,大家散了,他也跟着散。曹顺觉得事情重大,必须赶快向老爷禀报。

掌灯前,曹顺回到江南织造署。这里是康熙帝南巡时下榻的行宫,雍容华贵自不必说。进府后曹顺听说曹寅在书房,二话不说就径直而去。

曹寅的书房宽敞明亮,陈设讲究,不但挂有宋元名家书画,摆着价值不菲的古董珍玩,还摆着满满两大架图书,其中不乏古籍善本,与他藏书数万卷的身份很匹配。曹寅不但诗文好,书法也极有造诣。屋内焚着香,此刻,他正在书案前习字。

"老爷的字越写越有米友仁的味道了!"曹顺走进书房,凑到曹寅跟前乐呵呵地说道。

曹寅没理他,头也没抬,继续写字。书童曹欣正为曹寅拉着纸,见曹顺进来抬头冲他咧咧嘴。字写完后,曹寅先在书案上端详一番,才示意书童挂到墙上,边看边说:"字好不好,上墙才知道,你这马屁拍得有点早啊!"

"我就是爱老爷字,我觉得老爷的字老辣,有味,越看越爱看。"说此话时,从曹顺的脸上丝毫看不出尴尬的表情。

"喜欢这幅就送给你吧。"

"谢老爷啦!"曹顺乐呵呵地给曹寅作了个揖。

曹顺这时定眼看书法的内容：

鹅湖山下稻粱肥，豚栅鸡栖半掩扉。

桑柘影斜秋社散，家家扶得醉人归。

落款注有改唐人诗一首。原来写的是唐代王驾的《社日》，曹寅将"春社"改为"秋社"。

"快要收秋稻了，老爷真是忧国忧民。"

"民以食为天。"曹寅又看一眼刚写的字，说道，"'苏湖熟，天下足。'皇上心里想着百姓的温饱，'先天下之忧而忧，后天下之乐而乐'，咱们怎敢怠慢呀！你怎么这么快就回来了，重阳节也没在江宁多逛几日？"

"老爷还不知道我，哪回公干在外地耽搁过？老爷心里想着皇上，我心里想着老爷。"

"混账话，我们心里都想着皇上。"曹寅口中这样说，脸上却微微浮上一丝满意的喜悦。

"是，是，老爷说的极是。"曹顺连连点头笑道。

"吃过饭了吗？"

"有要事禀报，我就从贡院直奔署上而来，哪敢吃饭啊？"

其实，这么多年，曹寅知道曹顺的脾气。每次公干回来，他都是先向他禀报后再回家。

"没吃，一会儿就在这儿吃吧。欣儿，把这幅字的章盖上，给你顺爷装好。去告诉厨房一声，让他们晚饭多加几个菜，再烫两壶陈年状元红，顺爷辛苦了，一会儿让他好好喝上几杯，解解乏。"

书童按曹寅的吩咐，应声照办。

"老爷就爱说笑，哪能叫我顺爷呀？"曹顺不好意思地笑道。

"他们不是都这么叫你吗？"曹寅坐下后，示意曹顺也坐。

曹顺拿起桌上曹寅的茶杯，将杯中剩茶倒入痰盂中，再拿起茶壶重新倒上，毕恭毕敬地端到曹寅面前，说道："他们是跟我开玩笑，老爷这样叫折煞我了。"

曹顺还没坐下，曹寅就问道："新科解元是慕容方吗？"

曹顺便一五一十地向曹寅讲起所见所闻。

"不要说解元,慕容方连皇榜都没登上。"曹顺语气夸张地回道。

"哦,没中?听说这位慕容才子对解元不是志在必得吗?怎么连举都没中?"曹寅吃惊地问。

"何止是他?好多有名有姓的大才子都没中。放榜那天,贡院都被落第士子闹翻天。贡院大门牌匾上的'贡院'两字,也被他们改成'卖完'。"

"落榜者骂几句娘是常事。这帮读书人平日里谁也不服谁,都觉得老子文章天下第一。骂上三五天,劲儿一过,他们就没脾气了。若是不骂才不正常呢!哦,那都是谁中举了?你见到慕容方了?"巡抚衙门的师爷渺无音讯一个多月,生不见人,死不见尸。曹寅一直考虑,向康熙帝报晴雨录时,要不要将此事捎上。

"我看榜单上有几个是扬州盐商的少爷。那几个人是出名的纨绔子弟。我也见到慕容方了,他穿得邋里邋遢,脸上还有伤,在贡院他对大家说,因知道科考作弊的细节而被人追杀。"

听到慕容方没中举,曹寅很意外。对于慕容方,虽私交不算深,他还算了解。他感到意外不单是因为慕容方有才华,还因慕容方是巡抚衙门的幕僚。世人都知张伯行是大清官,倘若他的幕僚中了江南解元,哼哼!他在世人心目中的地位会不会打折扣?曹寅派曹顺去贡院观榜的用意,就是要看看志在必得的慕容方中解元后人们的第一反应。如今,慕容方连举都没中,而士子们又闹成那样,张伯行在他的心目中的形象中反而高大起来。

听了曹顺的话,曹寅陷入沉思。不用说,这次乡试水太深,猫腻太大,甚至有可能涉及老虎,而且还不小。他知道这种事情的严重性,第一念头就是向康熙帝赶紧密报,以便皇上早做安排。

(二)张伯行送给曹寅的孙子曹霑一个号,曰"雪芹"

"曹大人,歇会儿吧,咱歇会儿,还有你这个乖孙子,叫什么,霑儿,也歇会儿。曹大人贵为江宁织造,前些日子在苏州屈尊降贵来帮我张伯行推磨,今日在江宁竟又帮我来采摘果蔬,我张伯行承受不起啊!"

"呵呵呵呵,张大人乃江苏巡抚,一品大员,你能采得,我为何就采不得?

再说,我等这般饱食终日,无所事事,只养一身膘肉,再不锻炼锻炼,将来有个病了恙了,还怎么报效朝廷啊,呵呵……"

曹寅领着他四岁的孙子霑儿来拜访张伯行,正遇见张伯行和大黑一起,在江宁驿站里采瓜摘果,一个个累得满头大汗。曹寅知道,张伯行主仆吃的粮食,都是从他老家河南仪封一麻袋一麻袋拉过来的。张伯行官做到哪里,粮食就拉到哪里,自己磨面,自己种菜,自给自足。曹寅很佩服张伯行这种粗茶淡饭、节俭自然的生活方式,就撸起袖子走进菜园,和张伯行一起忙个不停。霑儿看着十分好玩儿,也提个篮子跟着爷爷跑前跑后忙。

几个人坐在凳子上,以手作扇朝脸上扇着小风,微微喘气,喝着张伯行从老家带来的菊花茶,感觉很是惬意。这菊花茶是张伯行在福建任巡抚的同乡、同事、福建总兵杨辅鼎的母亲,在通许老家精心种植,经过精工细作而成,味甘性寒,具有散风清热、平肝明目之功效。每当口干火旺之时,张伯行总要饮上几杯菊花茶,既解风寒麻木,又解思乡之苦。

张伯行盯着跑东跑西摸这摸那一刻不闲的霑儿,十分高兴,说:"令孙相貌俊秀,筋骨结实,天资聪慧,日后必成大器。"

曹寅听张伯行夸自己孙子,不由得喜形于色,说道:"霑儿没有他老子小时候稳重,但论聪明伶俐却比他老子更胜一筹。"

张伯行道:"真不愧是美髯公之后也!"

"呵呵呵,不是下官夸口,霑儿在聪慧上诚实可爱。下官近期在编纂《全唐诗》,抽空也教他一两首,没承想他现今竟背会几百首!"曹寅向霑儿招手道:"霑儿过来。"

霑儿风风火火地跑过来问:"干什么,爷爷?"

曹寅指着张伯行问:"你可认得面前的这位大人?"

霑儿说不认识。

曹寅道:"这就是我与你说起过的江苏巡抚张大人,张大人的诗词文章可是名闻朝野啊!霑儿快把爷爷平日里教你的唐诗给张大人背几首,一会儿大人还要盛情款待霑儿呢!"

张伯行道:"子清兄说话太过虚夸,张某只是在周、张、程、朱理学上有些涉猎,诗词上实在勉强。"

霑儿双手背后,站稳身子正想炫耀一下自己的"才学",听到张伯行说话,小嘴一噘说:“你连诗词都不会写,我不与你背了!”话没说完,一溜烟跑远。

张伯行望着曹寅哈哈大笑。

曹寅也笑道:“这小孙子都让我惯坏了,大人莫怪!”

张伯行依然大笑不止。

曹寅叹道:“说来也奇,平日里在家也是只与我背,他老子让他背他总是不肯,吃了不少板子,也不知悔改!”

张伯行道:“这就对了,‘隔代亲’嘛! 爷爷总是慈爱可亲的爷爷,老子总是凶恶可憎的老子!”

曹寅道:“这小霑儿也是怪事,平日里最喜欢打扮,喜穿新衣,尤喜女儿装……”

“曹大人,这些微末小事宜从小改正,以免他成人之后影响性情和品格。”张伯行正色道,“我送孙子一个号,曰‘雪芹’,子清兄意下如何啊?”

曹寅欣喜地说道:“雪芹,雪芹,这个号好,我替孙子谢谢孝先兄。”

“子清兄平时忙得要命,今日里恐怕不是专程帮我采摘瓜果的吧?”张伯行道。

“风起于青蘋之末,止于草莽之间。”曹寅道,“江南乡试乱象纷呈,莘莘学子皆曰不公。‘贡院’改为‘卖完’,财神爷搬至学府,让江南官员们情何以堪?看来今年江苏乡试要出大乱子啊!”

张伯行咬牙恨声道:“有无问题,一查便知。”

曹寅道:“事关江南学子,又涉朝廷声誉,依下官之见,张大人还是先奏明圣上为好。再说,如果真有问题,绝不会只查一个左必蕃!”

张伯行点头称是,决定先去江宁找陈天立问个究竟。曹寅带着霑儿起身告辞。

张伯行赶到江宁知府陈天立那里,要求对书生们从轻发落,陈天立诡谲一笑说:“巡抚大人的指令下官理应照办,但是落第秀才无故闹事,实在可恶,总督大人授意说要严惩不贷,恕下官不能从命。”

张伯行就去总督府找噶礼。时值中午,陈天立欲设宴款待,张伯行虽饥肠辘辘,也无心用饭,告辞直奔噶府。

（三）噶礼梦见有只猫张着血盆大口吐着火苗扑来

"五月鸣蜩，六月精阳，七月流火，八月未央，九月授衣，十月获稻。"

此时的江宁，正应了它"火炉"的名号，天气燥热，直热，闷热，一如既往地热。

这两日，台风不但带来肆无忌惮的强降水，也带来难得的凉爽。对于生在北方、长在北方、难耐酷暑的噶礼来说，本应是心情舒畅的日子。可师爷周世荫发现，总督大人的心情有些不对劲。因此，他这几日格外用心，极力想哄主人欢喜。

一大早，两江总督噶礼闷坐在上房的太师椅上，若有所思。丫鬟菊香端的茶就放在桌边，他一口也没动。大家都知道他的脾气，见此情景，谁也不敢进屋打扰。

到了吃早饭的点，早饭已准备好，是端是不端，菊香没主意，八斤也不敢做主。看总督大人那张能拧出水的脸，不要说八斤和菊香害怕，就是两江三省的官员见了也怕。大家见识过他老人家的厉害，谁也不会去拿皮肉或身家性命开玩笑。倘若是军情大事打扰了他还好说，不要说像吃饭这等小事，此刻，就连向他禀报不当紧的公事，或是递两江三省官员的拜帖，惹得总督大人愤怒，拖下去就一顿棍棒。打得皮开肉烂是小，一句"照死里打"，等于判了死刑。哪个打手也不敢手下留情，饶你小命。

一刻时过去了，噶礼还在那儿一动不动地坐着。若是耽误饭点，饿着总督大人，总督大人因此动怒，后果不敢想。怎么办？猴精的八斤早跑前边找管家去了，他可不愿担此责任。

周世荫刚到上房门前，菊香看到救星，长舒口气。在门前停顿片刻，周世荫贴着竹帘往里一瞄，轻轻撩开帘，蹑手蹑脚来到噶礼跟前站定，轻声说道："老爷，早上想吃些什么？"

噶礼眼皮也没抬，眯着眼睛，平和地说道："哦，是老夫子。本督近日老是做梦，第二天总感身体疲乏，心神不宁，你来得正好，给本督解解。"

周世荫闻听此言，心中长出口气。兵来将挡，水来土掩，这下可好，知道病因，就知道如何应对。于是，他轻声轻气，试探性地问道："吉人必有贵梦，老爷都梦到些什么吉象?"

"乱得很,记不真切。前夜,梦见一只大白猫,足有老虎那么大。这猫躲在巨石后边,半隐半现。本督正在林中打猎,它'喵'的一声窜将出来,张着血盆大口吐着火苗奔我扑来。我一箭将它射中,谁知它又变作一团火球,点燃整片树林。情急之下,我跃到云端,不知怎么又出来一只白色的大鸟,展开硕大的翅膀扑向我,将我惊醒。吓得我出身大汗,浑身上下湿透,一直到天明都没能再入睡。"

周世荫大笑道:"大人,好梦,这是好梦呀!猫即是虎,虎乃百兽之王,武将的补服上绣的不正是兽呀!白鸟是仙鹤嘛,对了,老爷,文官一品的补服上不正是仙鹤!火为财呀,老爷,这老虎、大火、仙鹤都扑向老爷……老爷,这预示您马上就要升高官发大财。熊熊大火,跃上云端,那该有多大的财运。恭喜老爷,贺喜老爷啊!"

周世荫说得眉飞色舞,噶礼听得将信将疑。仔细想想,觉得似乎有些道理,但还不能使他心中乌云散去。

"你再给我解解这个。"噶礼说道,"昨晚这梦更奇特。我站在旷野之上,地面全是碎石。不知怎么,突然下起雨,眼前又冒出一座湖。雨滴在湖中,湖中开始有三条不大的红鲤鱼。当我走上前,三条鱼变成一条金黄色的鱼,又大又肥。不知怎的鱼缠绕在我腰间,闪着金光,非常好看。我正想去捉鱼,突然从鱼背处竟淌出好多血,血却往上流,这时我就醒了。"

"梦死得生,梦见血大吉呀!鱼和水都代表财,老爷想想,什么是黄色?金子才是黄色啊,皇帝的龙袍才是黄色啊!"

"对,那鱼的颜色和金子差不多,只是比金子亮许多。"噶礼回忆道。

"金色的鱼缠腰,犹如肥猪拱门,当是腰缠万贯之意。老爷这两日做的都是升大官、发大财的梦呀!"周世荫哈着腰,满脸媚笑地看着噶礼,又补充道,"士子科考中举有鲤鱼跳龙门之称,老爷梦见比金子还亮的黄色,那只有皇家才有。老爷,您老人家这是要升为一品大员啊!"

"切勿乱讲!"噶礼打断周世荫的话,"升什么官?发什么财?本督心中只有皇上。皇上让干啥,本督就干啥,从不挑肥拣瘦,哪知道什么金银之物,只知道在两江任上尽心尽力为皇上办事。快,让他们上早饭来,我快饿死啦!"噶礼厉声说道。

"喳!"周世荫忙退下,吩咐菊香他们快伺候老爷吃早饭。噶礼态度虽然蛮横,却心中暗喜,这几日笼罩在总督府的乌云总算散去。从噶礼洪亮的声音中,周世荫听出噶礼精神不但恢复如初,而且心情大好。

一阵凉风吹来,不知为何,周世荫心生几分不祥之感。

还没等饭菜上来,周世荫来报,张伯行求见。噶礼刚刚转好的心情瞬间又晴转多云。

张伯行跟着仆人进入噶府,过了几道门,来到西客厅外,里面传出轻柔舒缓的评弹妙音。仆人再次进去通报,出来说:"老爷有请张大人。"

美酒佳肴,时令瓜果,摆满一张八仙桌。桌后,噶礼斜靠着太师椅,正微闭双目,手敲着桌面给评弹打节奏,左右两边各有一个美姿伺候着。对面五步远一张案几后,端坐三个青衣少女,怀抱三弦琵琶,正咿咿呀呀地唱着《十美图》,吴侬软语,弦琶铮铮,抑扬顿挫,娓娓动听。

噶礼让张伯行左侧坐定,兀自又闭着眼睛品味一会儿美酒和妙曲,道:"张大人到江苏上任几载了?"

张伯行回答说将近两年。

噶礼冷笑道:"如果本督记得不错的话,张大人还是在上任江苏按察使之初出于礼节,光临过寒舍一次。第二次是你在福建巡抚任,说我越境拿人,前来兴师问罪。张大人,今日算是第三次拜访噶某,噶某真是荣幸之至,寒舍蓬荜生辉,哈哈哈!"

"下官公务繁忙,与大人有失亲近,还望大人海涵。"张伯行语调平静,"再说,现在大人任两江总督,乃下官之顶头上司,你我往来稠密,恐易贻人口实。"

噶礼道:"呵呵,张大人想得倒是周到。"

张伯行道:"圣上把总督府设在江宁,却把巡抚衙门设在苏州,其用意一目了然。我等做臣子的应当为圣上分忧才是!"

噶礼大笑道:"张大人不愧是御赐的'天下第一清官',依本督之见还应该再封张大人一个'天下第一忠臣'才是,忠心可与我等旗人官员比肩。本督准备来日上奏皇上,赐你个旗人身份。"

张伯行起身施礼道:"下官不敢高攀。"

噶礼道:"张大人,无事不登三宝殿,今日来访有何见教啊?该不是又说我越境拿人了吧!"

张伯行道:"下官听说秀才在贡院闹事,被大人抓起来了……"

噶礼面沉似水,说道:"哼,一群落第秀才,不学无术,胸无点墨,见别人中举心生嫉妒,寻衅滋事,胆大妄为,实在可恨!"

张伯行问:"不知制台大人打算如何发落他们?"

噶礼道:"关他个一年半载,先杀杀他们的戾气,等他们低头认罪,服服帖帖,外面也风平浪静,打他们几百大棒,再考虑放不放的事。"

张伯行道:"此事关乎朝廷的威严和声誉,更关乎学子们的前途和清白。依下官之见,还是上奏皇上派员调查为宜。"

"张大人说话真是不知轻重。顺治十四年,江南丁酉科场舞弊案,正考官曹本荣、副考官宋之绳、同考官李振邺、张我朴等十八人斩立决,家产被抄没,父母兄弟妻子都流徙尚阳堡,江南官场变成屠场。当年的血腥味尚未消尽,至今想起本督还头皮酥麻,心有余悸。张大人何苦自找麻烦,自讨苦吃!"

张伯行见噶礼一脸惊惧与恼怒,就拱手道:"制台大人,学子们之所以如此激愤,想必是见到一些蛛丝马迹,左、赵二人的嫌疑很大。不查一查,怎能服众,怎能封得住莘莘学子之口?"

噶礼道:"圣上前几日刚刚赐予本督'贤良方正'金匾,以表彰我江南乡试的公正清廉。张大人贸然上奏,岂不是让皇上下不来台?圣上一旦怪罪下来,你我都吃罪不起。"

张伯行沉思不语。

"此事张大人宜仔细斟酌,慎重行事。"噶礼又道,"还有,明日鹿鸣之宴还须张大人费心主持。本督公事繁多,就不再出席了。"

(四)康熙帝曰:京中早已闻知纷纷议论,可羞至极矣

曹寅、李煦不愧是康熙帝的千里眼、顺风耳。有了曹寅、李煦们,地方上稍有风吹草动,便能很快传到康熙帝那里。能被指定向皇帝汇报晴雨录的人,定是皇帝亲信无疑。他们既报当地雨雪、蝗旱,又报收成、粮价,同时也会奏些所见所闻。

九月二十四日,苏州因科考引发士子们不满一事,被曹寅密奏到康熙帝

御案。

之所以要报,是曹寅觉得不能再迟疑。有年初的前车之鉴,这次他很谨慎,不仅要及时,还得真实无误。

本年二月二十九日,曹寅上的《苏州米价甚平并进晴雨册折》,康熙帝在折上朱批:

"知道了。晴雨录如何迟到今年才奏,不合,明白回奏。"

看似不轻不重的十几个字,却让曹寅惶恐不安,头上冒汗,皇上认为报得不及时就是大事。于是,四月十二日,曹寅立即呈上《迟进晴雨录原因并请处分折》,就此事作了详细说明:

> 跪读之下不胜战栗,窃苏州冬季晴雨录,理应去冬奏闻。闻臣迟至今年二月启奏,蒙圣恩不即加罪,令臣明白回奏。臣闻命自天,感激无地。但臣去年十二月内,实将晴雨录携带赴京,因一时昏瞆遗忘,今年方始进呈。疏忽之咎百喙难辞,伏乞皇上即赐处分,臣无任悚惶待罪之至。

康熙帝回批:

"知道了。以后凡尔奏折到京,即当奏闻,恐京中久了,生出别事。"

当看到康熙帝并无再责怪之意,曹寅才将心放到肚里。可有些涉及官场中事,他心里很清楚,在没弄清情况之前,断然不敢乱奏。

九月二十六日,曹寅在《苏州士子因乡试有弊喧哗不服折》中,详细讲述九月二十四日江苏士林的动态:

> 臣曹寅跪奏:窃臣于九月二十四去苏州,见苏州阊城士子,以新中举人多属贿买,将财神抬入府学明伦堂上,喧哗不服。皆怨正主考左必蕃不识文字,怨副主考赵晋大胆贿卖,造有诗词对联与黄莺儿歌谣,四处遍贴。

为了使奏折详实可信,曹寅还把士子们张贴的诗词、对子、歌谣抄录于此,附在后边。

"闻臣谨将诗词对联与黄莺儿一并抄呈伏乞。圣鉴。"

姜还是老的辣。铁证如山,不会留下什么口实与错觉。

密奏写好后,曹寅放入专用的匣子中,次日一大早,就派最信任的长随曹顺送往京城,等康熙帝御批后,再由曹顺带回。

> 寒山十月旦,霜叶一时新。
>
> 似烧非因火,如花不待春。

深秋初冬,京城凉意已浓,也是红叶最艳的时节,京城红叶最盛之处当属京西香山。

紫禁城内鸦雀无声。康熙帝在乾清宫一口气批看一个多时辰的奏折,感觉些许疲倦。岁月不饶人,他觉得自己如香山红叶,正是"迁延迟暮、逸翮后尘"之时。

拿起江宁织造曹寅的奏折时,康熙帝想起纳兰性德的一首词《梦江南》:

> 江南好,何处异京华? 香散翠帘多在水,绿残红叶胜于花。无事避风沙。

不知此刻江南的秋叶红了没。从红叶康熙帝想起纳兰性德,不由得怜爱之情油然而生。想纳兰性德华丽、秀美的短暂一生,岂不正如秋冬之交红艳的叶子,来也匆匆,去也匆匆。国朝何时再出这般才华横溢之士,此刻,康熙帝心中不免有些惆怅。

当他看到曹寅的奏折时,本以为上的是晴雨录。曹寅和李煦一样,儿时常陪康熙帝玩耍,成年后尽心尽力为康熙帝办事,都是康熙帝信得过之人。江浙自古物产丰富,人口众多,这等富庶之地、人才辈出之所,自然要派亲信之人明里为他管着,暗中为其看着。

当康熙帝将奏折拿到跟前,仔细一看,《苏州士子因乡试有弊喧哗不服折》。真是不看不知道,一看吓一跳。

康熙帝看到"以新中举人多属贿买,将财神抬入府学明伦堂上,喧哗不服。皆怨正主考左必蕃不识文字,怨副主考赵晋大胆贿卖……"时,勃然大怒,将朱笔狠狠摔在地上,笔头落到砖板地上,开出一朵红艳艳的花。

御笔滚落在地,吓得在一旁服侍的小太监,忙将笔捡起,重新放回御案,不敢抬头,战战兢兢退到一旁。心想,能惹得皇上如此大怒,必定出了天大祸事。皇上正在气头上,今天我定要小心伺候,免得引火烧身。

康熙帝怒曰:"传李光地觐见。"

大学士李光地顾不得穿朝服,便急急忙忙赶到乾清宫,见到康熙帝便行跪拜之礼。

"唯财是举,唯财是举。"康熙帝曰,"李光地,朕且问你,你是'唯才是举'还是'唯财是举'啊?"

李光地匍匐在地,见康熙帝直呼自己的名字,便知皇上正是盛怒之时。在李光地的记忆中,上一次康熙帝直呼其名,还是康熙十三年靖南王耿精忠举兵造反,康熙帝决定平定三藩时,距今将近四十年。

四十年来,李光地伴君左右,甘苦自知。康熙帝的雄才大略,自是让人折服,有此明君,也是人生一大幸事!

"从善如登,从恶如崩。"未等李光地平身,康熙帝又说道,"文官不爱财,武将不怕死,此乃国之大幸,百姓大幸。然爱财之官却层出不穷,拿朝廷取士当作他们中饱私囊的工具,惹得百姓哗然,士子斯文扫地。羞也!耻也!"

李光地这才明白康熙帝盛怒的根源所在。

不仅仅是康熙帝,风言风语也从千里之外传到李光地耳中。满朝文武,各有渠道,一有风吹草动,瞬间便知。官场就是这样,只有各种信息源源不断,你才能立于不败之地。官场中人,最可怕的,就是被边缘化。看似满朝文武济济一堂,起作用的就那么几个人,其他都是跑龙套的。只是久在官场的李光地明白,这种信息,自有人禀报皇上,万不可越俎代庖,自找祸端。

"皇上,祸莫大于不知足,咎莫大于欲得。"想至此,没等康熙帝说话,李光地起身奏道,"国家挑选栋梁之材,自是从士林学子所出。自隋以来,科举考试便成主要渠道。唐太宗曰:'天下英雄,尽入吾彀中',道尽朝廷选士取材之用。江南科考,从小处说是徇私舞弊,从大处说是动摇根基。现如今,皇上仁德环宇,周公吐哺,天下归心。若是科考弊端丛生,恐怕会寒了江南士子之心啊!"

康熙帝从龙案前站起,怒气冲冲地说道:"朕对江南科考乱象亦有所察,京中早已闻知,纷纷议论,可羞至极矣!"

李光地说道:"皇上息怒。依微臣之见,可稍冷冷,且看江南如何处置。"

就在康熙帝与李光地君臣对话之际,江南科举考试之事还在持续发酵,搅得两江官场像一锅沸油。江苏、安徽两省官员的奏折、题本像被冷风扫落的叶子,持续飞往紫禁城。十月二日,李煦既报喜也报忧的密折也到了京城。《苏州织造李煦奏报江浙丰收并江南科场显有情弊折》中写道:

> 苏州织造通政使臣李煦,谨奏恭请圣安!今岁江南、浙江尽属丰年。大田秋收,新米价值六、七钱不等。今年丰收,来年无虞,百姓讴歌太平,优游无事。唯是,今年江南文场秀才等甚是不平。皆云,皇上洪恩广额,原为振拔孤寒,今中者甚是不公,显有情弊。因而扬州秀才扰攘成群,将左必蕃祠尽行拆去。后传闻是副主考赵晋所为,始暂停息。督抚俱有参章,目下已拿二人,俱是富商之子。传闻,榜中不通文理者尚多。所有地方情形并九月份晴雨录理合一并奏闻伏乞。

看过李煦的密折,康熙帝的怒火再次升级,服侍康熙帝的太监、宫女战战兢兢,如履薄冰。还没等康熙帝大开杀戒,江南辛卯科乡试文场主考左必蕃和江苏巡抚张伯行的上疏一前一后也到了康熙帝的御案。

(五)盛怒之下,秀才们扒了主考左必蕃家的祠堂

把守左府大门的家丁向左必蕃禀报:"禀老爷,秀才们见求见大人不成,全部从府门前离开,向东而去。都说'秀才造反,三年不成',依小的看一点都不假。他们定是惧怕大人的威严,闹了一会儿,就作鸟兽散去了。"最后衙役还不忘拍一拍大人的马屁,对秀才们冷嘲热讽一番。

左必蕃坐在书房中,看似正襟危坐,实则心乱如麻。听完禀报,他长出一口气,瞪一眼衙役,挥手示意他赶快下去,不要在这里没话找话,给他添烦。朝廷能选他为江南辛卯科文场主考官,本是件光宗耀祖之事。本科所中举人都会拜他为座师,凭空有一百多位门人,于名于利都是百利而无一害。放榜之后出现这种情况是他绝对不愿看到的,也是没料到的。他心里能不闹腾吗?

那一日,在江宁落第的士子,哭着喊着追着他的船投掷石块,搞得他万分

狼狈。今日，扬州的秀才们又来堵门。扪心自问，自己在任扬州知府时待他们可不薄呀，而今竟如此对待老夫，一群没良心的东西，白读那么些年圣贤书。

散了就好！散了就好啊！

站在一旁的师爷问道："大人，安排捕快查一下带头闹事之人吧？"

左必蕃点头说道："派人远远跟着，莫惊扰他们。先看看去往何处，带头之人是谁，闹得最欢的都有哪几个，然后再从长计议。"

西洋钟时针还没走一圈，被派出的家丁慌慌张张跑来，还没进书房门就在门外喊道："不好了，老爷！"

禀报的家丁掀开竹帘，慌乱中被门槛绊倒，直接趴到书房地面上。

"大胆！何事这么慌张，又不是死了亲娘老子！"左必蕃被士子们闹得心情本来就不好，气正没处撒，见家丁如此这般，厉声呵道。

家丁爬起后，满嘴是血地回道："老爷，那帮该挨千刀的泼皮秀才，正在拆老爷家的祠堂呢！"

左必蕃一听此言，猛地站起，大喊道："啊？一帮穷凶极恶之徒，他们反了！"话没说完，眼睛一黑，瘫到地上。

满嘴是血的家丁边喊人，边忙去搀扶左必蕃，众人乱作一团。老仆掐人中，丫鬟拍后背，管家喊人；快去请郎中，快请夫人、少爷来，家丁、丫鬟不住嘴地大声叫着。

众人一通折腾，左必蕃总算缓过神来。

丫鬟见他慢慢睁开眼，兴奋地喊道："醒了！夫人，老爷醒了！"

左必蕃用手抹一把脸上的水，弱声弱气地道："反了！他们反了！"

左府护院武师问道："大人，是不是把闹事贼子全数抓来？"

左少爷年轻气盛，气愤地说道："走！我与尔等同去，先让他们尝一番皮肉之苦再说。"说着，就要往外走。

左必蕃摆手制止。他并无言语，只是在缓着气。

"唉，那也不能任他们猖狂而不管呀！"左少爷气得五官扭曲，大声叫嚷。

左夫人拉一把儿子，指指左必蕃说道："小祖宗，你小声点。"接着对武师和家丁说："老爷没事了，你们都下去吧。"又对左少爷说："你也下去吧。凡事有老爷，无须你操心，你只管读书便是。"

左少爷气呼呼地与众人出了书房，屋中只剩夫人、师爷、管家留在左必蕃身旁。

这会儿左必蕃才算彻底缓过劲儿,冷静下来。他心里清楚,人不能抓,请神容易送神难!人抓回来如何处置?再说,这些秀才是好抓的吗?那样势必会惊动抚台、大帅,闹不好还会惊动朝廷。若是抓了他们,科考不公之事必定会全数算到老夫头上。本来身为主考官就难脱干系,一抓可好,事情全都坐实。可那也不能眼睁睁任凭他们拆自家祠堂呀?祠堂是什么地方,祭祀祖宗的地方。拆祠堂,比骑在头上拉屎更加恶劣。这可如何是好?愁煞老夫,急煞老夫啊!

师爷不愧是师爷,早看出主考大人的心思。他低声对左必蕃说道:"东家,依学生之见,不是还有副主考赵大人。可使人对闹事秀才们讲,一切全是副主考所为,与大人没有丝毫关系,不就还大人清白了嘛!"

左必蕃眼前豁然开朗:"先生此话甚是,本来此事就与本府毫不相关。快,叫他们快快说于天下人知晓,还本府清白!"

要想病好得快,还得对症下药。此话一出,便在拆祠堂的秀才之中四处传开,善良单纯的读书人信以为实。"原来都是那狗官赵晋所为,我们错怪左大人了。""虽与左大人无关,但他是主考,至少也有失查之责。""一定要找赵晋算账去。"秀才们边议论,边渐渐散去。

等秀才们散尽,左必蕃在管家与老仆的陪同下,来到祠堂。他站在废墟中痛哭流涕,久久不愿离去。他觉得愧对父母,愧对列祖列宗,更觉得自己窝囊,回府后便一病不起。待到病有所好转,面对愈演愈烈对科考不公的呼声,左必蕃决定要将责任全部推出去,不管如何先把自己撇清。他提笔向康熙帝奏道:

　　臣膺简命,典试江南,兢兢以搜拔人才为务。撤闹后,闻舆论宣传,有句容县知县王曰俞所荐之吴泌、山阳县知县方名所荐之程光奎,皆不通文理之人,臣不胜骇愕。或系传递代做文字,或与房官打通关节,亦未可定。乞将新中举人吴泌、程光奎或提至京复试,或发督抚严讯,以正国法而肃科场。至臣不能查出,罪亦难辞。

（六）江南科考让大清颜面何在，让皇上情何以堪

康熙五十年十月的一个晚上，夜色沉沉，空气都能扭出水来。微弱的烛光在江苏巡抚府的书房中摇曳不定，张伯行百感交集，趴在书桌上，提笔向康熙帝上疏道：

> 今岁江南文闱榜发后议论纷纷。于九月二十四，有数百人，抬拥财神，直入学宫，口称科场不公。臣不敢隐匿，相应题明。

折子的内容虽简单扼要，却字字触中要害，将江南士子对本科乡试的不满说得清清楚楚。究竟谁要为此事负责，张伯行没有写。他心里很清楚，科举舞弊闹到这种地步，谁是谁非，只有皇上才能决断。至于他会不会因此受牵连，他已做最坏打算。毕竟张伯行是江苏一省的父母官，风口浪尖上的人物。坊间都在传连巡抚衙门的师爷、江苏才子慕容无隅都没中举，科考舞弊一定与张大人无关，要知道慕容无隅可是抚台看重的人。皇上说抚台张大人是"一钱不要的清官"，果然不假。事实证明，抚台实实在在是位克己奉公的大清官。

奏疏区区数十字，张伯行却写得特别艰难。他的手不停颤抖，心在滴血，感到无比羞愧。自古江南乃文兴之地，才子辈出，是历代出状元最多的地方。乡试文、武场的科考他也不是主持一次两次，本科由他主持的武场被世人称道。辛卯科乡试皇恩浩荡，增加不少中举额度，本是一件提升士气的好事。万没想到江南文场榜单一出，一片哗然，让他这巡抚脸上发烧。他感觉愧对江苏百姓，愧对皇上对他的厚望。

张伯行想起本月前些天，他上疏康熙帝那个报喜的折子：

> 臣属七府一州，比来年岁丰登，家给人足。嗣后，臣更劝民积储、教民节俭，厚民生以复民性，行见户，庆丰盈。人敦礼让，黄童白叟，共乐雍熙矣！

当时,康熙帝看了张伯行的奏折,龙心大悦。"黄童白叟,共乐雍熙",岂不正是康熙帝所盼所愿?遂即下诏:

> 自古人臣事君,必令民生疾苦,具以上闻。劝善惩恶,摒绝私党,以爱民弭盗、革除恶习、敦厚风俗为务。张伯行奏称务期家给人足,仰报君恩,甚合吾意。凡事必速行完结,敦风厚俗,弭盗安民,催趱粮船,清理钱粮,以图报效。

康熙帝写得详实具体,面面俱到,苦口婆心,内容比张伯行上的折子多出几倍。从这道圣旨中,张伯行能读出皇上对江苏的重视、了解以及关注程度,也能看出皇上对民心的看重。"政之所兴在顺民心,政之所废在逆民心。"而江南这科文场……唉!大失民心,想到此处张伯行不由自主咳了起来。听到咳嗽声,在隔壁屋候着的大黑赶忙进到书房。

"老爷,咳得这么厉害,早些歇息吧!"大黑边给张伯行倒杯热水边劝道。

张伯行接过热水喝了一口,没压住咳嗽,反而被水呛得更厉害。大黑忙拍拍他的后背,说道:"唉!都是被科考舞弊给气的。肝还疼不疼啊?老爷,不能再动气了,气坏身子不值得。我去将冰糖红梨水给您再热一碗,里边有大枣,对肝好,还加着川贝、蜂蜜、冰糖,止咳效果好哩!"

张伯行看着案头上康熙帝的圣旨,想起江南贡院里康熙帝御笔"为考试叹"碑,上书五律一首:

> 人才当义取,王道岂分更。
> 放利来多怨,徇私有恶声。
> 文宗濂洛理,士仰楷模情。
> 若问生前事,为怜死后名。

下题:"为考试叹"。御碑底部龙纹边框下,刻着跋文。文末刻有"康熙癸未六月刊,提督学政臣张廷枢拜手稽首恭记"。

那是康熙三十八年(1699年)夏四月,康熙皇上第三次南巡到江宁,亲临江南贡院。主持己卯乡试的翰林兼编修张廷枢,以内阁学士提督江南学政。

张廷枢等跪请圣制颁赐臣等,勒石各省,垂训无穷。皇上俯允,命内廷钩临,各赐一卷。康熙帝有感于历史上科场弊案时有发生,乃手书"为考试叹"五律一首,要求"人才当义取",不许徇私逐利,破坏王道规矩。考官、考生都应以宋代理学大师周敦颐、程颢、程颐、朱熹等人为楷模,严格规范自己的行为,不要死后留下恶名。

张伯行也清楚记得,康熙帝手书并由内廷钩临的这一"为考试叹"诗碑,墨迹疏朗空灵,行笔流畅率意,自然平淡,美而不媚。

而今,墨迹未干,江南科考乱象丛生,让大清颜面何在? 让皇上情何以堪啊?

想至此,张伯行垂手顿足,哀声长叹,禁不住又咳了起来,咳得推门而进的大黑不忍去听。大黑端来一碗红梨水,碗里有三四颗大枣,和一个被捣成几瓣的大红梨。张伯行勉强喝了两口,又把碗重重地放到案头。

(七)噶礼对曹寅说道,此墨乃当年宋徽宗用过之物

江南的深秋要比北方来得晚些。

百花凋零之时,习习凉风吹着江宁城树木上黄绿色的叶子,它们打算用光秃秃的枝杈迎接冬季。

深秋午后,明媚的阳光照得人舒服、慵懒。从两江总督府的后花园中,传出愉快的交谈声。两江总督噶礼与江宁织造曹寅酒足饭饱,有说有笑漫步在花园的甬道上。花园内栽种的奇花异草,也没躲过春发秋凋的自然规律。这时节,连桂花也已过花期,园中唯有菊花开得正艳,黄的、紫的、红的,顶着深秋时节的风,在蓝天白云的映衬下,显得格外灿烂醒目。

二人驻足在栽种着菊花的花圃前,曹寅赞道:"大帅府上的菊花开得五彩缤纷,芳香袭人。"

"哈哈! 子清,你来得正是时候。此时正值菊花盛开,争奇斗艳,甚合吾心。我读书不多,素来不喜识文断句。子清是文人,我也附庸风雅一回。世人皆喜黄巢的'冲天香阵透长安,满城尽带黄金甲'之句,或者欣赏'他年我若为青帝,报与桃花一处开',而我却更喜黄巢的第三首诗。"噶礼随口吟道,"记得当年草上飞,铁衣著尽著僧衣。天津桥上无人识,独倚栏干看落晖。"

"皆曰大帅能征善战,想不到您还满腹诗文。佩服,佩服!"曹寅不禁击掌叹道,"黄巢的第三首诗,世人知者寥寥无几啊!"

"那些菊花都是府上花匠培育的品种,只有我府才有。这些菊花是从开封府运来的稀有名品,世上也不多见。人云'开封菊花甲天下',我这府上虽没有开封府的菊花品种多,但都是独一无二的。就说这大立菊,三千六百朵菊花同时盛开,柱形丰满,花朵匀称,排列整齐,叶片舒展,叶色浓绿,造型美观。大清版图上,只有三株:一株在紫禁城,一株在开封府,除此之外,就是老夫府上这株了。"噶礼得意地说道,"子清若喜欢,一会儿让小厮各种挑些,送你府上。"

"哈哈!卑职哪敢夺大帅之爱呀?"曹寅笑道。

"你我兄弟还客气?"

"岂敢岂敢!卑职恭敬不如从命。"

"哈哈!"

"哈哈!"

人逢喜事精神爽,这几日噶礼心情不错。前些日子,安徽巡抚刘光美送他一座西班牙产的自鸣钟。钟有一人多高,通体鎏金,镶有多种宝石。正点报时时,纯金打造的小人来回走动,噶礼很是喜欢。

今日噶礼请曹寅来赴宴,不为别的,只为加强感情。在两江所辖的江苏、安徽、江西三省的满汉官员中,极少有人能入噶礼法眼。不要说送他自鸣钟,就是送他座金山银山,噶礼也瞧不上他们。但对于曹寅与李煦,噶礼一直是另眼相看。不是说二人官有多大,也不是说二人能耐有多大,而是噶礼知道这二位皆是康熙帝的亲信。物以类聚,人以群分。何止他们二人,噶礼觉得自己也是。因为他们三人的母亲,或是康熙帝儿时的乳母,或是康熙帝幼时的幼母。再则,曹寅和李煦任所虽在江苏,不过是正五品的官员,却因织造都是由皇帝钦点的官员,属于钦差,并有直接向皇帝密奏之权,实际地位很高。曹寅父亲曹玺任江宁织造时,康熙帝就对他信任有加,又是赏蟒袍,又是赠一品尚书衔,还亲手写"敬慎"的匾额赐给他。况且,自康熙四十三年,两淮巡盐御史这个肥缺,一直由曹寅与李煦每年轮流兼任,可见皇上对他们宠信程度。所以,就连噶礼这样的封疆大吏、从一品大员,不但对他们二人高看一眼,还要让其三分。因江宁织造府邸与两江总督衙门同在江宁,所以噶礼与曹寅平日多有走动。

总督府的宴席，菜是好菜，酒自然也是好酒。席间，家妓歌唱得动听、舞跳得曼妙。曹寅是接过圣驾的人，康熙帝南巡都是由曹家负责接驾，平日里日常用度可谓奢华至极，这些酒食、表演对于他来讲不过是平常之物。只是见多识广的曹寅，今天在总督府被一个物件镇住。噶礼的书房内摆着一个硕大的红珊瑚，一人多高，三尺多宽，放在用紫檀木精雕细刻的底座上。红珊瑚色正，醒目，这么大、这么红的珊瑚恐怕在皇宫里也难见。这东西一定是噶礼新得的，上次来他书房时还未曾见有。

吃饭前，噶礼将曹寅请到书房不是为看红珊瑚，而是请他欣赏康熙帝新近御赐他的一锭老墨。

噶礼不无得意地向曹寅说道："子清，你来看看，这墨是不是比平常的墨条短去一截？子清，你再看看这里，是不是墨上的图案不完全？据传旨的公公说，这可不是平常之墨，此墨乃当年宋徽宗用过之物，连皇上也舍不得用呢！皇恩浩荡，想我噶礼何德何能，蒙皇上如此厚爱，真是诚惶诚恐！"

曹寅看一眼放在精美锦盒中的很有年代感的墨条，心想，北宋离今已几百年，你怎么能确定磨去的部分就是宋徽宗所用？我还不知你，平日不读书、不习字，这古色古香的书房对于你不过是摆设，这墨条对于你除了显摆，还有何用处？况且，皇上御赐之物，不要说平时，就是批公文、写奏折，为皇上、太后写贺寿的折子，也不敢用。

曹寅心里那么想，口里却这般讲："那是，那是！大帅镇守两江，整日费心费力，勤勤恳恳，功劳卓著。因操劳过度，大帅身体日见消瘦，卑职每次见了都心痛不已。当今皇上体恤民情，对臣子爱惜尤嘉。大帅对皇上一片忠心，世人皆知，真乃我等之楷模。皇上对大帅的恩赐，正是为我等树立的榜样。'再世起家调鼎鼐，中兴榜样更蝉联'，说的不正是大帅吗？"

噶礼听了曹寅之言更加得意，大笑道："哈哈！岂敢岂敢！子清你呀你呀，言重了，我觉得我做得远远不够。别的我不敢说，我噶礼只知道一心想着皇上。我自知，我噶礼即便肝脑涂地为皇上做事，也报答不了皇上对我的恩情呀。每想到此，我心中便愧疚不止。"说着，噶礼用衣袖揾了揾眼泪。

还假装有泪，噶礼也太会演了吧！这哪是向我显摆御赐之物？这分明向我炫耀皇上对你的恩宠，让我让你三分。仗着皇上的宠爱，噶礼什么事做不出来,先后弹劾走了江苏的巡抚于准、布政使宜思恭、苏松常镇太粮储道贾朴、江宁知府陈鹏年,又想着弹劾按察使焦映汉,将两江玩弄于股掌之中。素与现任江苏巡抚张伯行不和,这些日子江南文闱闹得风言风语,噶礼你还有心思炫耀这些,哼哼! 你心真大呀! 曹寅心中暗暗笑道。

曹寅转念又一想,哦,明白了,噶礼是想堵我的嘴。

(八)李光地向康熙帝奏曰:才再大若心术不正,也难堪大任

皇上心腹亲信貌似友善的微笑,与看似牢牢掌握在手中的两江三省,没有令噶礼冲昏头脑。他知道在迷人的秋色背后,隐藏着一夜便能让树叶凋落的秋杀之气。

乡试放榜以来,江南落第书生的怨气非但没有平息的意思,反而愈演愈烈。为了争取主动,作为两江的最高长官,噶礼觉得必须先下手为强。对于士子的哗然,他第一反应不是阻止事态蔓延、封锁消息,而是上奏康熙帝,令其知晓。毕竟乡试的正、副主考都是由皇上钦点的,这意味着乡试因不公允闹出乱子来,与地方长官无甚关联。即便要追究地方上的责任,还有江苏、安徽两个省的巡抚顶着呢,怎么也找不到他头上。噶礼心里很明白,目前,若采取堵的办法,只会激起更大的民怨。到那时,百姓矛头便会转向地方,他便会被推到前台。噶礼绝不愿替别人顶雷子,而引火烧自身。人不为己,天诛地灭! 在这个多事之秋里,事事都得为自己着想。他已想好,从目前形势看,这股民怨一时半会儿是停不下来的。与其被别人揭开盖子,不如他来揭,而且越快越好,越早越好。

想至此,噶礼一口气向康熙帝上了四封折子,其中就有《两江总督噶礼奏报乡试作弊折》,他在折中奏道:

> 江南、江西总督奴才噶礼谨具折奏,为奏闻事。
>
> 窃照今年江南乡试时,巡抚叶九思、正考官左必蕃、副考官赵晋同进科场后,奴才闻人议论,正考官左必蕃品行端正,出京城直至江宁,途次并未见人。惟副考官赵晋,沿途有欲见之人即见之等语。初奴才不信。后又闻得,在科场内以阅卷故,赵晋不时与左必蕃争斗,其声在外皆闻

之。发榜后,于入考人中有巨富,文章不能,反而入考,是以人心不服,议论纷纭。奴才密出亲访,确实人言,上榜之程光奎洪利进等二十五人,家俱大富,文章不通,副考官与内帘官作弊等语。奴才仰荷皇上格外体恤,天地高厚之恩,不能与他奴才可比。奴才职守在外,有一见闻,敢不奏闻。为此书写名单,谨奏御览。洪利进等会试时通与不通,难逃圣主明鉴。奴才谨具折奏闻。

四天后,作为前一道折子的补充,噶礼又上了一道《两江总督噶礼奏报知县等荐举富商入考折》:

> 江南、江西总督奴才噶礼谨具折奏,为奏闻事。
> 窃看江南乡试,适才发榜后,有人议论副考官赵晋与内帘官作弊等语。因二十五人俱系富豪,其中文章不通者有之,故奴才密访,即行具折,并名单俱缮写,于九月十七日奏览。现正官左必蕃前任扬州知府时,士民曾为彼修建祠堂,顷扬州生员等以左必蕃考试不公,将判堂内所有左必蕃牌匾尽行捣毁。左必蕃查出句容县知县王日俞举荐入考之徽州商人吴泌、山阳县知县方名举荐入考之徽州商人程光奎皆文章不通。因此参奏,并移容奴才守候论旨,等因前来。查左必蕃所参吴泌、程光奎,即系奴才具单所奏二十五人之内者。将左必蕃送与奴才之文,理应俱书,谨奏御览。又,奴才暗中遣人往各地听得士民议论,俱言圣主确实爱恤有德之人,深厌在科扬行弊。圣主明照万里,无不稔知者。奴才不敢不奏闻皇上,为此谨具折并奏以闻。

既然上奏就要写得有骨头有肉,他搜集一番消息后,在奏折里将赵晋抖了出来。的确,赵晋是士子们矛头所指。江南一科乡试才录举人一百一十三人,连文章都写不通的富家子就占去两成多,严重阻碍了士子们的出路,他们能不闹吗?

揭发辛卯科江南乡试作弊的折子,康熙帝接到的已不止一封,而且此类折子今后还会陆续有人呈来。科场舞弊就像老鼠洞,不管每次怎么严防死守,它都会不失时机冒出来。

康熙帝非常气愤,看到奏折上赵晋的名字,他想起老臣李光地的话。赵晋有大才,他是康熙四十二年癸未科的榜眼,与李光地同为福建人。

一次,康熙帝问李光地:"赵爱卿才思敏捷,字体飘逸,又中得榜眼,堪称闽地大才。李爱卿以为此人可为栋梁否?"

李光地摇头道:"才与德乃迥异之道,才再大,若心术不正,也难堪大任。以微臣看,赵大人做个翰林正合其德;若委以重任,恐德不配位矣!"

此时的康熙帝感慨道:"朕记得赵晋中癸未科一甲第二名进士,荣登榜眼,授翰林院编修时,李光地曾经说过'此人不正'。当时朕还以为是文人相轻,不可当真。现在看来,用人还得考虑德才兼备者。江南这次乡试错在没用对人,朕也有看走眼的时候。"

随即御批道:"赵晋是福建人,文好字好,李光地仍说此人不正,果然与伊言相合。"

曹寅的微笑还是靠不住,噶礼在曹寅面前的示宠也没达到预期效果。各为其主,在噶礼上疏九日后,同在江宁的曹寅,也向康熙帝上奏江南科考舞弊的密折。

五
钦差初审

（一）礼部初议应将吴泌、程光奎等人押解入京，进行复试

自小多才学，平生志气高。

别人怀宝剑，我有笔如刀。

朝为田舍郎，暮登天子堂。

将相本无种，男儿当自强。

读书人的事向来无小事，何况又是江南学子。南巡数次才与江南士林建立的互信，不能因此事化为乌有。一场有争议的乡试，若换作其他省份，也许在京城造不出江南科考这般沸沸扬扬的声势。朝中江南籍的官员众多，影响较大，不可小视。况且，朝中抨击舞弊之声不绝于耳。事实就摆在这儿，不能一拖再拖。康熙帝谕令礼部核议，必须将此事查得清清楚楚，像顺治年间的那次一样，杀一儆百，绝不手软。不然，后患无穷。

自隋唐兴起科举考试，自始至终科考就由礼部管理，最不愿看到科举考试出现差错和闪失的就是礼部。科举不出事还好，一出事就是惊天动地。既然皇上让礼部先拿出意见，圣命不可违，那就议议吧。因尚书王掞不在京、礼部左侍郎二鬲告病在家，新任礼部满尚书嵩祝刚上任没几天，就接到圣谕，丈二和尚摸不着头脑。

史载：嵩祝，赫舍里氏，满洲镶白旗人，官至礼部尚书、文华殿大学士、太子太傅。

前任礼部尚书贝和诺,因得报不查太原流匪陈四之众诡称去云南田垦一事被免职,礼部余震未消,个个心有余悸。嵩祝差人将礼部右侍郎胡作梅请到礼部上房,在核议之前,二人先碰碰头议一议。

史载:胡作梅,字抑斋,湖北荆门人。康熙二十一年(1682年)壬戌科进士,授任翰林院检讨,深得康熙帝赏识。康熙五十年(1711年)正月,出任礼部右侍郎兼翰林院大学士。

寒暄之后,嵩祝说道:“皇上手谕,让我们就江南乡试的事进行核议。兄弟刚来礼部,想先听听胡大人的想法。”

胡作梅忙说:“下官调任礼部两个月,尚在熟悉之中。且下官才疏学浅,历练又少,大宗伯站得高看得远,大宗伯的高见下官洗耳恭听。”

嵩祝笑笑,不紧不慢地说道:“科举自古为国家取材之大事,容不得半点疏忽。可就有那些无耻之徒,贪图小利,搞些蝇营狗苟之事。江南辛卯科文场之端,兄弟早些日子就听到些风言风语,只不知真假详实。既然事出,礼部就不能置若罔闻,置之不理。是谁的事,定要搞清楚。礼部声誉事小,大清选士事大。胡大人意下如何?”

贝和诺免职的事就在眼前,又有圣谕,自己才到任不久,嵩祝认为此事不得马虎。

“大宗伯此话甚是,下官与大宗伯意见一致。只是如何处置,还得大宗伯拿主意。”胡作梅附和道。

“江南正主考左必蕃上疏说,因众人认为中举者中,程光奎、吴泌等人不通文义,引起议论;江苏巡抚张伯行在奏折中说,因此事生员反响极大,情绪激烈。在下认为,当务之急要先搞清楚程光奎、吴泌等人是否作弊。”说到此处,嵩祝看着胡作梅。

嵩祝初到礼部,万事皆无头绪,又头一次与胡作梅搭帮做事,正好趁机试试这位副手对自己的态度。

胡作梅见嵩祝看他,便接道:“下官也是这样认为,此事关键在于中举者是否作弊。但是江苏离京城甚远,如何弄清楚呢?”

进门之前胡作梅早拿定主意,自己才来礼部,即便皇上因此事要追责礼部,也追不到自己头上。谁不知道科举惹出民怨是头等大事,此事处理不当,皇上定不会轻饶。不在其位,不谋其事。主意让嵩祝拿,反正天塌有大个顶着呢!有他在,处理好了功劳人人有份;若不合皇上心意,贝和诺这活生生的例子摆在那里,我怕啥。

嵩祝道:"正主考左必蕃言,或将中举者之中,不通文义者提到京城复试,或交督抚严查,有些道理。从张、左二人奏折上看,左必蕃对此事知道的要比张伯行更多些。若将此事交于江苏查办,张伯行势必要调查一番。张伯行是皇上亲自保荐的官员,皇上说他是'一钱不要的清官',交他查此事皇上信得过。再说还有噶礼在两江任上,皇上对他很是信赖。只不过江苏毕竟是事发地,人际关系错综复杂,谁能确保江苏官员不阳奉阴违,胡乱应付,查的结果南辕北辙?不但没能为皇上分忧,还给皇上添乱,到时皇上若怪罪下来,恐你我吃罪不起。兄弟倒是不怕,只是若连累到胡大人,兄弟实在于心不忍。"

嵩祝话到此处,胡作梅不无忧虑地说:"部中之事单凭大宗伯做主,倘若皇上有何怪罪,下官甘愿与大宗伯同进同退。"

嵩祝在心中暗暗点头,又道:"依兄弟之见,为免再生枝节,应当速请督抚差人将程光奎、吴泌等人押解入京。我等受些累,对他们进行复试,一考便知真伪。不知胡大人意下如何?"

"嗯!甚妙,大宗伯高见!到时清者自清,浊者自浊。"胡作梅点头道。

(二)康熙帝下旨委派张鹏翮为钦差大臣,严查江南科考大案

康熙五十年十一月初一,京城,带哨的北风猛烈摇晃着光秃的树干,寒风吹得街头行人稀少,店铺冷清。康熙帝移驾乾清宫,照例,他先上旨问仁宪皇太后安,接着阅批奏折。

当看到礼部对江南乡试科场不公的议覆:

江南正主考副都御史左必蕃疏言,新中举人吴泌等不通文义,外议沸腾。请将吴泌等或提至京复试,或交该督抚严审有无传递关节。又江苏巡抚张伯行疏言,有数百人抬拥财神直入学宫、口称科场不公等语。应行文该督抚将举人吴泌等速行解京,到日请上旨复试。如果文义不

通,即将情弊严审,究出定拟。

康熙帝对礼部作出的这种议覆很不满意,将议覆摞到御案上,怒曰:礼部糊涂! 江南文场之后,因录几个不通文理之人,士子不依不饶,其中一定大有问题,不能只将几个有异议的中举者解京复试就敷衍了事。光查考生不查考官怎么能行? 既查就要对此事查得清清楚楚,一定要一竿子插到底。既然礼部这种态度,你们也别再参与了。于是,他在礼部的议覆上用朱笔批道:

著张鹏翮会同江南江西总督及江苏、安徽巡抚,在扬州地方彻底详察,严加审明具奏。左必蕃、赵晋俱著解任,发往质审。

不是江南乡试出的事吗? 除了派武英殿大学士、户部尚书、一品大员张鹏翮做钦差,两江总督,江苏、安徽两省的巡抚,你们也别闲着。和钦差一同查吧,看你们哪个敢徇私包庇。本科不是扬州中的举子多吗? 中举者扬州盐商巨贾的子弟不是多吗? 那就放到扬州查,在他们眼皮底下查,也能起到敲山震虎的效果,就是让他们看看是银子大还是法大。

此刻,康熙帝听见窗外的风由远及近,由弱及强,越刮越大,呼啸而过。仿佛要把这北京城刮个天翻地覆,刮出来个朗朗乾坤。

大风刮了一天一夜才逐渐消停,紫禁城北边的后海湖面,居然让风刮出来一层冰。没隔几日,雪便悄然而至。京城十一月初下大雪并不稀奇,飘飘扬扬的雪花纷至沓来,半个时辰就给屋顶、树木披上厚厚银装。

大雪天正是喝酒的日子。"绿蚁新醅酒,红泥小火炉。晚来天欲雪,能饮一杯无?"生起一盆炭火,暖阁内暖暖和和,坐在热炕上,沏一盏香片,满屋弥漫着茶叶与茉莉花的香气。炕上支张桌,放上热气腾腾的铜炉火锅,摆上两大盘羊肉卷,白菜、豆腐、粉丝、白萝卜什么的各来一盘,再烫一壶好酒,两三老友蘸着芝麻酱,加上豆腐乳、小磨油、辣椒油、韭菜花、香菜、豆腐乳等调料,配着糖蒜,边吃涮羊肉边聊古谈今,好不痛快。

倘若换作往常,张鹏翮定会如此消闲,可现在他还哪有这般闲情逸致? 他已吩咐管家打理行装。此刻,张鹏翮在书房踱步想着心事。皇上的旨意昨天已传下来,由他任钦差去往扬州,与两江总督噶礼、江苏巡抚张伯行、安徽巡抚梁世勋三人同审江南乡试舞弊之案。担子可不轻呀！此去扬州，水深不可测。江南乡试闹得这么凶，里边一定不简单。张伯行，皇上说他是不要钱的主儿，倒没什么；梁世勋，荫生出身，却是位干材，刚由广西巡抚调任安徽不久，也没什么。两人应该不会与此事有什么牵扯。噶礼就不好说了，世人皆知他是皇上的亲信，在两江任上多年。他在山西巡抚任上的事谁不知道？早已声名狼藉。自己到扬州之后，只能走一步说一步。

对江南他不但不陌生，而且还很熟悉。早年他在江南任河道总督时，也没少在江苏等地修筑堤坝。康熙四十八年，江苏布政使司库亏空案，康熙帝就是派他为钦差来查的，那次差点要了他的老命。这次下江南，更是吉凶难测，福祸未卜，这让张鹏翮倍加忧心忡忡。

（三）钦差行辕外有多少暗探，谁也说不清

康熙五十年十一月二十七，这天阴雨蒙蒙，张鹏翮的官船抵达扬州。

扬州虽属南方，却在长江之北。江南的冬天虽不严寒，潮湿阴冷之气仍直逼人的骨缝。

张鹏翮将行辕设在扬州城内，将审案大堂设在盐政院。盐商子弟涉及的案子放到盐政院，对于揣摩皇上的心思，张鹏翮也算用心良苦。到扬州后他无心他事，随即着手准备审理江南乡试案。钦差如此，地方官员自不敢怠慢，左必蕃、赵晋等考官以及争议最大的中举者吴泌、程光奎早被锁到扬州候审。其间，两江总督噶礼、江苏巡抚张伯行分别从江宁、苏州来到扬州准备陪审，司、道、府、县等各级相关官员早早到扬州听命。另一位陪审安徽巡抚梁世勋向张鹏翮告假，处理完要事随后就到。

> 寒砧万户月如水，老雁一声霜满天。
> 自笑栖迟淮海客，十年心事一灯前。

张鹏翮想起元代诗人萨都剌的一首诗，禁不住感慨万端。来到江苏，张鹏翮当是故地重游。康熙三十三年，他任过江南学政；康熙三十七年，他又任两江总督，驻所均在江苏；康熙三十九年，他由两江总督改任河道总督后，没

少治理江苏的河道。因此,他在这里有很多故人旧部。这次他一到扬州便下令,督抚等地方官员及亲朋故旧一概不见。紧张的气氛笼罩着扬州,就像连日来阴沉飘雨的天气,使各级官员郁闷得透不过气,冷得心直打战。谁也不知道钦差想什么,对科考案掌握多少案情。除科举以外,又了解多少别的事情。对于官员来讲,没人知道下一步自己吉凶如何。反正钦差不走,他们就不能安心,就如油灯里的油,天天煎熬着。

钦差行辕外有多少暗探,谁也说不清,有官府的,也有江湖的。行辕出出进进的人,全在他们监视之中。钦差随员外出,后边必定有尾随。他们不远不近地跟在京城来人的后边,观察他们的一举一动。去过哪里,与谁接触过,每天都会将这些报与噶礼知晓。钦差在此是大事,谁也不敢掉以轻心。张鹏翮一入行辕再也没出来过,直到开堂会审的那天。

扬州籍的新科举人吴泌、程光奎早早被关入大牢。大牢里阴冷狭小,冻得吴泌瑟瑟发抖,潮湿的稻草散发出发霉气息,令他作呕。跳蚤、虱子咬得他身上直痒,牢饭更是令他难以下咽。幸亏牢房的关节已打通,家仆从昨天起可以将饭送来。因为是重犯,他戴着重枷独自关在一间牢房,沉重的枷锁压得他难受。吴泌沮丧地坐在大牢里潮湿发霉的稻草上,这辈子最后悔的事就是中举人。衣来伸手,饭来张口,家产百万,生意遍布江淮的大盐商家的大少爷,哪根筋搭错了非得参加科考? 在牢中这几天,他絮絮叨叨嘴里经常念叨着:"贾半仙误我。"

听他念叨多了,隔壁牢房的狱友好奇地问道:"贾半仙? 是不是城隍庙前看相的活神仙?"

吴泌气愤地回道:"什么活神仙,十足的大骗子!"

"他不是算得挺准的吗?"

"准什么? 想我吴大少爷,不缺吃,不缺穿,娇妻美妾样样不缺,要得哪门子功名? 要不是他,我也落不到这种地步。唉,贾半仙误我,贾半仙误我!"

贾半仙,自称姓贾,一身道士装束,人精瘦,身材中等偏高,两眼炯炯有神。稀疏的白发在头顶绾成一个发髻,白胡须足有一尺长,飘在胸前,谁看了都说他仙风道骨。因此,被人叫作"活神仙"。他却说,不敢,不敢,我乃半仙也。没人能说清他来自哪个道观,如今又住在何处,就连他是不是真道士,大家也搞不清。去年开春,他来城隍庙前摆摊算卦。他说,他下山云游至此,要点化有缘人。

老百姓算卦,他只收一枚铜钱。富人来算先付银子,银子付多付少要由他定。算卦之前,他先眯着眼看来人一眼,你拿一文,你付八钱,你乃富贵之人,本应收十两,给你打个对折,付五两即可。都传他算得准,扬州有的是富人,排着队让他算。要钱越多,算卦的人越高兴。贾半仙一天只算九位,而且找他算全凭运气。不要说刮风下雨他不来,平常他说不来,一连几天也没个人影。

他是主动要给吴泌算的。

那天是十五,吴泌来城隍庙逛庙会,贾半仙上前拉着他的袖,哈哈大笑道:"哈哈哈! 我远远看见一团紫气,以为是谁,原来是文曲星降临,贫道稽首了。"

"文曲星? 还武曲星呢! 去去去,牛鼻子老道。"

"哈哈! 不怪你,不怪你,如今道兄投了凡胎当然不认得我了。你我上次打赌,你输了,许我的紫金酒壶还没给呢。哈哈! 快快拿来。"说着,就上手要搜吴泌的身。

"滚一边去,疯道士,少给我来这套。"吴泌忙轰他。

贾半仙也不恼,又拉上吴泌的袖:"哈哈! 来,来,状元郎,这边歇歇脚,你我二人叙叙旧。"

吴泌觉得好笑:"状元郎?! 我连一封信都看不下来,你叫我状元郎? 呵呵……"

"怎么? 不信呀,我说你是你就是,文曲星临凡当然就应做状元郎呀。公子出生那天下大雪是不是? 来来来,这边说话。"说着就拉吴泌。

奇怪! 他怎么知道生我那天下雪? 吴泌鬼使神差地跟他来到卦桌前坐下。

"公子是二月生的对不对? 生公子那天扬州下着漫天大雪对不对? 在公子之前令堂生了一男一女,均没成,对不对?"

"你怎么知道?"

"哈哈! 我上知天文,下知地理,世间没有我贾半仙不知道的事儿,公子这点事儿算什么? 哈哈……"

"哦? 你就是传说中的贾半仙? 你说我是文曲星下凡,能中状元,此话当真?"

"当真!"

吴泌腰板一挺,抖擞抖擞精神,仿佛他是夸街归来的状元一般。可是他转念一想,立刻又塌了架,满脸疑惑地问道:"可我自小贪玩,没正经读过什么书,怎么中得状元呀?"

"哈哈!中状元和读书多少没关联,靠的是命。世上的事只有想不到,没有办不到。你拿一百两银子我给你唠叨唠叨,你便知晓。"

"一百两?拉倒吧,你就是个十足的骗子。一百两能买多少亩地,我拿它听你瞎白话啊!"

"一千亩良田又怎么样,地里能长出个状元吗?"

吴泌一想也在理,他早已被状元郎搞得心痒痒,便说道:"一百两太多,七十两吧。"

"中状元岂是打折的事,一两不能少!"

"卖个蛐蛐还能还个价呢,不能少就不算。"

"不算就不算吧!只是可惜文曲星白来世间走一趟,若回天界岂不惹众仙笑话。"说着,贾半仙把脸转到一旁。

"八十两!要算就算一卦,一文也不能再多。"

"唉!命中有时终须有,命中无时莫强求,八十两就办八十两的事。以后遇上山高水远,不要埋怨贫道便是。先把钱付了吧。"

"你个老道,这般薄气,刚还说与我是老相识,算过再给也不迟。"

"亲兄弟明算账,小本生意概不赊欠。再说,上次的紫金酒壶你还没给我呢!"

"去去去,什么酒壶不酒壶的,哪辈子的事,一码说一码。"

随即,吴泌吩咐站在身边的仆人吴利道:"回府取八十两银子来,快去快回。"

吴利将银子拿来,贾半仙收验后,小声对吴泌说了老半天。只听见吴泌一会儿说:"啊!""哦?"一会儿说:"可以这样?""我行吗?"一会儿说:"哈哈!好好好。"

吴泌按贾半仙所言,当年果然就打通关节花银子捐了个监生,取得来年参加秋闱的资格。于是,吴泌更加坚信自己是文曲星转世,信心十足地做起来年中举人、后年中状元的美梦。

吴泌突然想到,如今的境况是不是因少付贾半仙银子,他没给算全。唉!悔当初算卦时还了个价,区区二十两银子在我眼里算什么,吃一顿花酒另外给姑娘的赏钱都比这多。

当吴泌正因此悔恨时,隔壁另一位狱友说道:"贾半仙,我还不知道他,就是个江湖老骗子。"

"骗子?都说他是得道高人。"一位狱友问道。

"还得道高人呢,我还不知道他?根本就不是道士。他的胡子是粘上的,他就在我家附近租住。不摆挂摊时,他换身行头,扮成货郎,担个货挑走街串巷,单打听富贵人家的家务事,知道他为啥给有钱人说得那么准了吧!他就是个跑江湖的,在一个地方待上几个月就再换地方接着骗。从去年腊月你们都没见过他吧,欠着两个月房租跑了。"

"啊?"吴泌听到此话如五雷轰顶,差点晕死过去。

(四)江南辛卯科文场正、副主考全部投入扬州大牢

按皇上旨意,江南辛卯科文场正、副主考左必蕃、赵晋及所有房官,全部被投入扬州的大牢。

曾经的扬州知府,如今被投入扬州府大牢,对于左必蕃来讲,极具讽刺意味。在牢中,左必蕃不但没了趾高气扬,还对狱卒的工作非常配合。扬州人到底是厚道,没有落井下石,而是特意将这个前任扬州知府安排在好一点的牢房中,一日三餐也没委屈他。他常常静静地坐在新铺的厚厚干稻草上一动不动,谁也不知道他在想什么。与赵晋和其他考官相比,左必蕃算是最安静的。

赵晋一会儿在牢房中踱来踱去,一会儿呆呆地望着巴掌大的牢房天窗;一会儿跪在潮湿的地上哇哇大哭,一会儿又呆坐着不吭不响。曾经御笔钦点的大清榜眼,在全国数以万计的考生中,一人之下,万人之上,文字俱佳,才貌双全。而今,却为贪念,沦为阶下囚,让人痛心,让人惋惜。此时的赵晋,一定想着在闽南乡间的寒窗苦读,想着父老乡亲的殷殷期盼,想着春风得意的呼风唤雨,想着出将入相的似锦前程。可他独独没想到,那么多和他一样的莘

莘学子,也是十年寒窗,也是父宠母爱,也是人中龙凤,也是渴求功名。可就是因为他贪婪无度,私欲膨胀,目无法纪,没有底线,油锅里面的钱都敢抓,活生生地断了那么多江南学子的梦想,自己也落了个身败名裂、家破人亡。

房官们的表现大致分为两类,一类安然自若,一类焦虑不安。狱卒们不关心这些,只要科考案的嫌犯不出意外,他们就万事大吉。

钦差大臣、总督、巡抚先后驾临扬州,随之而来的还有大大小小的各级官员,可把扬州的官员累坏了,跑前跑后,小心伺候。衙役大老郭也没闲着,白天维护治安,晚上守门站岗,查夜巡街,整日两腿不着地地连轴转,连喝个闲酒的空儿都没有,天天盼望着快点审完,好喘口气。

开审前一天,天早已黑透,接班的才来。大老郭抱怨道:"你怎么这个时候才来,我俩在这站一下午了,快冻死了。"

一同当班的马大个没好气地接道:"再不来,一关城门你就进不来了。"

侯三气愤地说:"别提了,我家狗蛋只顾看书,把赵老爷家的牛放丢了。找到后,我赶紧往这儿来。"

"不是我说你侯三,你还叫你家狗蛋在张学究的私塾里念唄!将来也考秀才、举人什么的,给你光宗耀祖。"

"光宗耀祖?大牢里关的那些考官,哪个书读得少?左府台当这么大的官算是光宗耀祖了吧,不是照样也关里面吗?前些日子人家拆他的祠堂,他连吭都不敢吭。摊上这种事,不灭九族都是好的。"侯三感慨道。

"读啥读,认识两个字就行了。娼、优、隶、卒三代不能科考,衙役也在其中,还是老老实实过安稳日子好。走,大老郭,去喝一碗小酒暖暖身再回家。"马大个说道。

二人拐到府衙附近胡同里的一家酒馆。酒馆很小,只有一间门脸儿,三张桌子,钱掌柜夫妇一个主里、一个打外。还没过饭点,只有中间的桌子空着。二人让钱掌柜各烫二两花雕,又要一小碟五香煮蚕豆,便在那张桌子旁坐下,边喝边聊。

钱掌柜从柜台上的酒坛中打两角花雕,分别倒入两个烫酒的壶中,烫好后又倒入两只黑陶小酒碗。他边倒边问道:"两位爷好久没来了。"

大老郭无奈地说道:"唉!别提了,这一段儿衙门里事多,忙。"

"郭爷,听说钦差大人明天就开堂会审?"

大老郭瞪一眼站在柜台边喝酒的老沈道："老沈呀老沈,老毛病又犯了是吧,衙门里的事也是你打听的?"

老沈赔笑道："不敢,不敢。嘿嘿!我听说左大人也被关起来了?"

马大个撂到嘴里颗蚕豆,边嚼边说："好好卖你的菜吧,天天净操些闲心。"

"别看左府台以前威风得不可一世,这会儿在大牢里也怂了。"大老郭嘲笑道。

马大个不无感慨地说道："当初他从我身边过时,从来都把我当空气。我给他行礼,他连看都不看一眼。万万没想到,他会落到我的手中,真是三十年河东、三十年河西。他威风时,保准没想到还会有今天。"

钱掌柜道："从皇上上次南巡后,扬州城都没这么热闹过。"

"那是,官员多得都能从大堂排到衙门口。"马大个道。

大老郭说："看来这次皇上要动真格,明天有好戏看喽!"

钱掌柜问道："明天开堂会审,咱们的抚台张大人也来?"

"来。他是陪审,不来怎行?"

钱掌柜道："张大人可是个大好官。康熙四十二年山东闹饥荒,他任济宁道台,听说在我老家阳谷县开仓放粮救了不少人的性命。明天让老婆子独自看店,我得去盐政院瞧瞧张大人的尊容。"

老沈兴奋道："钦差大人做河道总督时没少为咱江苏修水利,康熙四十一年,他在我老家桃源县邵家庄修河堤、建大坝时,我还出过劳役呢,一晃都快十年了。明天菜我也不卖了,一大早就到盐政院门口听审去。"

二两小酒喝完,人也暖和不少,马大个从怀中摸出几枚铜钱放到柜台上,对大老郭说道："时辰不早了,走吧,明天一早钦差大人还要升堂呢!"

(五)江南士子怨声载道数日不止,闹得沸沸扬扬惊天动地

开庭会审这一天,扬州盐政院外一大早就车水马龙,大小官员陆续来到。阴冷的天气没能影响人们的关注度,盐政院门外挤满观审的百姓,其中能看到很多读书人的身影。大堂之上摆着四把太师椅,案桌后,正中一把,左边一把,右边两把。两班衙役早早在大堂站好,只等钦差大人升堂。

马大个正在打哈欠时,只听差官来到大堂前喊道:"升堂!"马大个打一激灵赶忙站好,同两班衙役一同拉着长腔喊道:"威——武——"

在"威——武——"声中,钦差大臣张鹏翮、两江总督噶礼、江苏巡抚张伯行迈着八字步,威风凛凛地走进大堂。

来到大堂,张鹏翮也不谦让,端坐正中,噶礼、张伯行陪坐两边,司、道、府、县等相关官员立于大堂之外的庭院中,随时等候钦差吩咐。

张伯行坐在书案一侧,看着堂上书案后威严坐定的户部尚书兼武英殿大学士张鹏翮,看着坐在对面和自己一起陪审的两江总督噶礼,看着两旁手执红黑水火棍如狼似虎高喊"威——武——"的捕快衙役,看着堂下黑压压站着的贡院主管科考的大小官员,以及跪着的前几日闹事被抓的百十位秀才,心潮起伏,思绪万千。

顺治十四年,江南丁酉科考案,主考副主考十多人被斩,家产充公,家人流放,官场变屠场。如今,康熙帝英明神武,治国甚严,不知又会掀起一场怎样的血雨腥风。感叹之余,张伯行暗暗下定决心,自古正邪不两立,有道是不是东风压倒西风,就是西风压倒东风,对贪官行善就等于对百姓行凶。为了大清官场的风清气正,为了莘莘学子的公平公正,为了江南百姓的民心所向,也只得如此,也必须如此。作为江苏一省之巡抚,我张伯行有责任协助钦差大人彻查此案,严惩涉事官员,铁腕铁心,绝不手软!

张鹏翮严肃庄严,不怒自威,猛地一拍惊堂木,厉声说道:"带嫌犯!"

左必蕃最先被带到大堂,他站在堂上还算镇定。

张鹏翮一拍惊堂木问道:"下站何人?"

"下官副都御史、江南辛卯文场主考官左必蕃。"

"左必蕃,你可知罪?朝廷开科取士,为国选拔人才。皇上看重于你,委以重任,而你却不尽心尽力,有违皇上信赖。江南辛卯乡试自开榜后,士子哗然之声数日不止,闹得沸沸扬扬,惊天动地。皇上动怒,下旨委派本钦差与两江总督,江苏、安徽巡抚同查处此事。你欺瞒皇上,做出舞弊之事,从实招来。"

左必蕃回道:"下官自为官以来,心中无时无刻不想着皇上、装着百姓。每日勤勤恳恳,谨小慎微,不敢有丝毫马虎,从未做过欺瞒皇上、鱼肉百姓之事。蒙主圣恩,自下官主持江南辛卯乡试以来,从来不敢怠慢,绝无贪墨之心,更未干出受贿舞弊之事。'石可破也,而不可夺坚;丹可磨也,而不可夺赤',请大人明察。只怪下官对下属监察不力,对考生与考官串通舞弊之事竟然一点不知,扰乱考试公允,造成民众哗然,惊动皇上。下官自知犯有失察之罪,辜负圣恩,罪不可赦。下官万分羞愧,甘愿任由大人发落处置,绝无怨言。"

"左必蕃,你当真没有受贿舞弊?"张鹏翮厉声又问。

左必蕃干脆利落地回道:"当真没有!苍天在上,倘若有半句虚言,天打五雷轰。"

"江南文闱之后,江南士子怨声载道,惊动皇上。身为主考官,你一句没有舞弊串通,就能蒙混过关?"

左必蕃回道:"秋闱放榜之后,下官才听闻中举者有不轨之徒。据传,句容县知县王曰俞所推荐的吴泌、山阳县知县方名所推荐的程光奎,皆文理不通。奈何下官无法辨传闻真伪,也无权限验证中举者的学识。下官之见,可将传闻中不轨考生传到大堂,当着钦差大人及列位大人一考便知孰假孰真。"

张鹏翮点头道:"好!先带下去。传赵晋上堂。"

左必蕃被带下,换来赵晋,从他貌似镇定的外表中不难看出慌乱的内心。

张鹏翮问道:"下站何人?"

"下官翰林院编修、江南辛卯文场副主考官赵晋。"

接着他又厉声问道:"赵晋,你可有欺瞒皇上,受贿舞弊之事否?快从实招来!"

赵晋回道:"下官自幼读圣贤书,平日只知尽心为皇上效力。下官读书时就懂得:'君子检身,常若有过。'来江南协办秋闱从未敢有妄为之想,更做不出龌龊之事。请钦差大人明察,还我清白。"

张鹏翮一拍惊堂木厉声呵斥道:"大胆狡辩,快从实招来,免受皮肉之苦。"

赵晋回道:"钦差大人明察。下官初来此地,与江南官绅、百姓从未有交际,可以说在江苏、安徽二省无亲无故,想收贿也没个亲戚、熟人送。市面上诬蔑下官的一些风言风语,下官早有耳闻,下官对此嗤之以鼻。身正不怕影斜,下官坚信自己没做的事,再诬蔑也没用。下官实在冤枉,正好趁此钦差大人驾临,为下官一洗污名。"

"一派胡言,为你洗去污名,如何洗清?"

赵晋答道:"对有争议的新科举人一考便知。若考生没问题,必是传言者造谣,将始作俑者抓来严惩,还下官清白。若考生有问题,作弊者必与考官有染,到时,钦差大人再将害群之马一一捉来审问,也能知晓下官清白。"

张鹏翮左右看了看噶礼、张伯行,看二人并无表态之意便说道:"先将他带下。带考生上堂。"

(六)杨绳武仰起脸,目光坚定,咬牙说道:"亦冤亦不冤。"

"啪!"张鹏翮把惊堂木重重地砸在书案上,大堂上所有人都惊了一下。

"下面哪个是生员杨绳武?"张鹏翮面色如霜,目光似剑。

杨绳武双膝用力往前挪动两步,叩首道:"生员杨绳武拜见大人!"

张鹏翮冷笑一声,问:"哪里人氏?"

杨绳武回答:"江苏吴县人。"

张鹏翮问:"年龄几何?"

杨绳武回答:"二十有二。"

张鹏翮问:"可曾婚配?"

杨绳武回答:"尚未成婚。"

张鹏翮问:"二十二了,为何没有成婚?"

杨绳武回答:"家中贫穷,无资娶妻。"

张鹏翮"哦"了一声,口气方才缓和一些:"杨绳武,本钦差听说你是江南才子,可有此事?"

杨绳武回答:"他人恭维之词,徒有虚名尔。"

张鹏翮猛拍惊堂木:"汝等狂妄书生,喝了几瓶墨水,写过几篇诗文,便胆大妄为,目中无人。贡院科场乃威严神圣之地,律令规章乃大清立国安民之根本,岂容汝等肆意践踏? 来人!"

两旁手执红黑刑棍的衙役齐声高喊:"喳!"

张鹏翮从案上令筒里抽出一支令牌掷于地上,厉声喝令:"把这般轻狂书生都给我拖出去,各打五十大棍。杨绳武乃祸患之首,再加五十!"

众衙役得令,便把跪在堂上的秀才们一个个拉到堂外大院里,摁倒就打。

几十个秀才,若干个衙役,棍棍都砸在屁股上。秀才们在堂外大院里乌泱乌泱趴一大片,一个个被打得皮开肉绽,都龇牙咧嘴鬼哭狼嚎地连连惨叫。院门外围观的百姓都"呀呀"地惊叫,很多人都拉袖子直抹眼泪。站在堂下的左必蕃、赵晋等人都掩面暗喜;张伯行倒手拈胡须,神态安然,如老禅入定;坐在张伯行对面的噶礼也漠然处之,如无闻无睹。

秀才们再次被拉上大堂,一个个痛苦万状,不能走路,不能站立,也不能跪下,只好趴在地上,低声呻吟,情形惨不忍睹。杨绳武更惨,脸色纸白,豆大的汗珠滚满额头,浑身被汗水浸透,臀部和大腿的肉全被打烂,鲜血流了一地,趴在地上,像一堆泥瘫在浅水里。

张鹏翮和噶礼、张伯行交换一下眼色,面无表情,轻拍一下惊堂木,用低沉有力的声音说道:"杨绳武,这一百大棒吃得冤不冤啊?"

堂下,杨绳武埋头不语,身后仍是一片"哎哟"之声。

张鹏翮猛拍一下惊堂木,声音顿时严厉起来,"大胆杨绳武,本官问话为何不答?"

杨绳武仰起脸,目光坚定,咬牙说道:"亦冤亦不冤。"

张鹏翮道:"你倒是说说,冤是为何?不冤又是为何?"

杨绳武使出全身的力气,扭头朝身后扫一眼,把牙齿咬得嘎嘣响,提高嗓门道:"夫子庙闹事,亵渎圣贤;贡院胡乱题字,触犯科条法令。冲这两条,受责罚不喊冤。"

杨绳武喘了几口粗气,接着说:"但是大人,此次乡试科选,官员受贿,组织混乱,有钱财者中举,有才学者落第。生员心中不服,至死喊冤!"

杨绳武的话马上得到身后秀才的声援:"大人,生员冤枉!""冤啊!"

几个秀才还双臂撑地想站起来,大喊:"至死喊冤!"但也有一部分秀才不敢发一语,只低着头浑身颤抖。

"啪!"堂上张鹏翮又拍响惊堂木:"杨绳武,诬陷朝廷命官可是死罪,你可知晓?"

杨绳武思忖一会儿,抬头答道:"只要大人能彻查此案,揪出受贿作弊之贪官,还读书人以公平,还贡院科场以清正,生员肝脑涂地,死而无憾!"

这一次,身后支持杨绳武的声音又少了,只剩下几个人,但声音却更坚定,颇有一种易水送别、视死如归的悲壮。

张鹏翮眼里突然闪烁出满足的笑意:"甚好,甚好,本钦差现在就给汝等一个机会。汝等有何冤屈,在考场中看到什么,听到什么,如实道来,速速道来!"

一直没有言语的张伯行这时站起身,面向秀才们,神情严峻地说道:"汝等诉词都有书记详细记录,如有一句不实,定要重责不贷。汝等可要仔细斟酌。"

"谢大人!"杨绳武眼睛突然亮了一下,说道,"大人容禀!开考那日生员在'验体房'沐浴之后进场,看见前面两个考生衣冠整齐。很明显,他们身穿的夹衣长衫没有被拆开。若不是使银子买通检查官员,他们怎能如此从容地进场?大人试想,我等守律生员见此情形,该作何感想?"

张鹏翮道:"你的意思是那两个秀才有夹带作弊之嫌?"

杨绳武回答:"正是。"

张鹏翮道:"杨绳武,那两个秀才你是否认识?"

杨绳武回答:"大人,生员认识其中一个。"

张鹏翮说:"他叫什么名字?"

杨绳武回答:"那个生员名叫吴泌,是扬州盐商子弟。"

杨绳武这一带头检举,后面的秀才都壮起胆子揭发起来,你说一个,我说一个,哼哼唧唧的,吵吵嚷嚷的,一会儿就说出来五六十个,都有怀挟作弊之嫌。只是能说出具体姓名的倒不多,大家伙只检举出来吴泌、程光奎等十几人,剩下四十多人都不大认识。

张鹏翮冷笑一声说:"不认识不要紧,顺藤摸瓜终会找出来的。来人,把吴泌、程光奎这些举人带上堂来!"

下面跪在左必蕃、赵晋身后的王曰俞、方名,渐渐地脸色变得纸白,手脚痉挛。

张鹏翮在升堂审案之前,已经将几百名中榜的举人召集起来,此刻正在堂外候审。这帮举人更不经折腾,方才在大院里看见那些秀才挨打时就已经心惊肉跳,这会儿大堂上钦差大人惊堂木一拍,虎着脸一声威喝:"如实招来!"两旁衙役们水火棍在地上一顿,"威——武——"声震天动地,他们一个个都吓得魂飞魄散。不等衙役们举起大棒,就竹筒倒豆子,有什么说什么了。这帮人交代得不少,但是有价值的内容倒不多。这一帮纨绔子弟,他们的老子不是盐商就是米商、绸缎商,要不就是开酒楼、茶楼、中药铺的,家里都有些钱财。他们平日里在家吃喝玩乐,不问油盐之事。只是知道家里使银子买通贡院的老爷,为他们夹带作弊提供方便。至于所托何人,中间经办者是谁,花了多少银子,都一概不知。

张鹏翮连下十几道令牌,命捕役们奔赴各地带这些举人的家人上堂受审。趁此工夫,张鹏翮决定提审丁谷宜。

"下跪何人?"张鹏翮厉声问道。

"学生乃苏州生员丁谷宜。"丁谷宜不卑不亢地回道。

张鹏翮一拍惊堂木道:"你带头抬财神像大闹苏州府学,你可知罪?"

"学生抬财神像到苏州府学事出有因,请钦差大人明察,替学生,不,替江南读书人做主。"

"大闹府学,你还闹出理了?"

"学生数十载不分日夜、不分寒暑苦读圣贤书,一心想着报效皇上,报效朝廷。考前,听闻皇上开恩,本科增加许多中举额度,大家欢呼跳跃,奔走相告,皆感念皇恩浩荡。可是,有些人却用卑鄙无耻的手段,哄骗皇上,哄骗朝廷,哄骗世人!正因学生等人对江南辛卯科乡试文场所中举人不服,才在府学聚会,讨回公道,没想到我等却被官府以聚众闹事、亵渎圣贤、诬告考官的罪名关入大牢。幸得钦差大人驾临,恳请钦差大人为江南士子做主,将舞弊贿考之人绳之以法,还考场公正!请钦差大人为我们做主!为江南读书人做主!为天下读书人做主!"说完,连连磕头。

"谁人舞弊贿考?你可有证据,据实讲来。"

"苏州新中举人马士龙、邵一珩、席玗、金圣基、徐宗轼,文才资质平平,又疏于用功,众人皆知。而此科中举者却有他们,我等苏州士子不服,恳求钦差大人对他们重新考验。"

"你可敢与他们当堂对质?"

"学生有何不敢?"

"好,来人,提苏州马士龙、邵一珩、席玗、金圣基、徐宗轼五人上堂。"

差官禀告:"回钦差大人,路途遥远,马士龙、邵一珩、席玗、金圣基、徐宗轼五人还未解到。"

（七）新科举人吴泌、程光奎居然连百家姓都不能背全

接着轮到新科举人吴泌。他上堂前早已崩溃，被两位衙役架到大堂后直接瘫软到地上。

张鹏翮一拍惊堂木，厉声问道："下跪何人？"

俗话说，惊堂木会吃人的胆，大堂之上专灭人的威风。吴泌哪见过这阵势，怯生生地小声回道："吴泌。"

"哪里人士？有无功名？"

吴泌回道："江苏江宁府句容县人氏，江南辛卯科举人。"

张鹏翮冷笑道："好一个江南辛卯科举人！自江南乡试放榜以来，众人对你中举颇多争议。皇上惊怒，下旨委派本钦差与两江总督，江苏、安徽巡抚同审此事。本钦差当场拿《孟子》，试一试你的学识。吴泌，你背出《梁惠王章句》，让本钦差与堂上列位大人听听。"

吴泌声音更加低道："学生背不出，早忘记了。"

不一会儿，吴泌如遇救星般突然抬高声音说道："大人，学生会背《百家姓》，赵钱孙李，粥无饭没，不，粥无正香。"

"混账东西，快快闭嘴。本钦差问你，你是如何中的举人？从实招来，省得受皮肉之苦。"一听吴泌背得乱七八糟，张鹏翮哭笑不得。

吴泌慌忙说道："钦差大人莫动刑，我说，我全说。学生虽然学识不行，但好交朋友。因家中有的是闲钱，结交朋友时从不吝惜财物，朋友多得数不清。因学生受江湖术士蛊惑，鬼迷心窍地一心想中状元。学生自知读书少，为中状元没少花心思，不惜本钱，将本县参加乡试的考生全结交到，就为考试时左右邻棚能照应照应学生。入考场后，学生许左邻考棚刘秀才一百两银子代我答题，怎奈遇上一个胆小怕事之人，说什么也不肯，枉了学生平日的那些好酒好菜。唉！全当喂狗了。右邻相秀才平日就讲义气，我便加码到一百二十两，与他达成协议，学生考卷全由他代我写。钦差大人呀，若不是遇上相权这个见钱眼开者，我也不会落到这般田地。"说到此处，吴泌不禁哭了起来。

"大胆！大堂之上怎能哭泣？"张鹏翮呵斥道。

张鹏翮一拍惊堂木，将吴泌的泪吓跑了。接着他又问："你二人如何

传递？"

"我将试卷偷偷传给他，他再悄悄传给我。"

"考场监督严密，你们就不怕被发现？"

"离得近不怕。再则，再则，有人事先帮学生安排过。"

"谁？"

"学生不知。"

"满口胡言。不用刑你就不老实，是不是要试试刑罚的厉害？"

"大人，学生真的不知。"一听要动刑，吴泌吓得脸都白了。他看张鹏翮一副不依不饶的样子，不说些什么恐怕是过不去，便说："哦！学生想起来了，朋友好像说，托的是安徽抚台叶大人与安徽藩台马大人的家人。"

"哦？噶大人，哪个叶抚台？哪个马藩台？"张鹏翮扭头向噶礼问道。

噶礼回道："安徽前巡抚叶九思，安徽现布政使马逸姿。"

> 史载：马逸姿，字隽伯，陕西武功人。历任刑部员外郎、兵部郎中、苏松粮道道台、江苏按察使、安徽布政使等职。曾搜求旧本，辑刻《对山全集》。

哦！不正是已故的户部左侍郎叶九思吗？他怎么也牵扯其中？张鹏翮心中暗想。

站在院中的安徽布政使马逸姿隐隐听到堂之上提到自己的名字，不由得倒吸一口冷气，心里咯噔一下，脸上却无丝毫变化。

"他们姓甚名谁？"

"学生真的不知道！"

"嗯……"

"钦差大人，学生真的不知道！学生有自知之明，本不敢妄想功名，全因他人蛊惑，朋友一手包办。至于他们所托何人，学生并不怎么知详情。"

"你朋友叫什么？"

"俞式承，贠星若。"

"他们二人是哪里人氏？家住何处？"

"学生一概不知，学生是在淮安酒楼与他们认识的。学生与他们只是斗蛐蛐的朋友,往来并不多。"

张鹏翮见他说的是实情,便没再追问下去,说道:"来人呀,让他签字画押。"

张鹏翮从户部带来的书办,上前将录好的口供,拿到吴泌面前。吴泌颤颤抖抖地将名字歪歪扭扭写到上面,然后对张鹏翮说道:"钦差大人,学生全招了。念学生是初犯,就饶了学生吧!学生甘愿除去功名,甘愿将万贯家产捐出,老老实实做个老百姓。钦差大人,行行好,就饶了学生吧!"

张鹏翮厉声说道:"混账东西,大清王法是随便就能用钱买的吗?来人,将吴犯带下去,将俞式承、贠星若、相权捕来候审。"说着,从签筒中抽出一个绿头令签摞下。

程光奎被带到大堂。与吴泌相比,他也好不到哪儿去。自幼娇生惯养,肩不能挑,手不能提,享受惯了的人,一到大牢他就病倒。亏得家里上下打点,药和食物跟着上,程光奎的小命才暂存着。他也是被衙役扶来,刚到大堂,见这阵势,自己直接就软在地上。

张鹏翮一拍惊堂木,厉声问道:"下跪何人?"

程光奎比吴泌更怂,带着哭腔回道:"程光奎。"

"哪里人士?有无功名?"

"江苏淮安府山阳县人氏,江南辛卯科举人。"

张鹏翮冷笑道:"江南辛卯科举人?好,今日本钦差当场试你一试,你将科考原卷默写一遍。衙役拿笔墨纸张来,再搬套桌椅。"

程光奎只得趴在桌子上默写考卷,写完后衙役呈予张鹏翮。

张鹏翮才看几十个字,便再也看不下去。程光奎不但字写得歪歪扭扭,还把"蚕"字写错了。气得他将纸往公案上一摞,说道:"如此水平,怎取得举人?从实招来!如有半句谎言,小心受皮肉之苦。"

"钦差大人,不要打我,我招,我全招。"

"好。本钦差问你,你是如何做的弊?"

"回钦差大人。学生中举心切,可自知能力有限,只得另想办法。于是将事先购买好的微版书籍,将可能考的文章,用极小的字抄到薄纱上,分别藏好,偷偷带到考场。"

"藏到何处,为何没被搜出?"

"书籍藏在提盒的夹层中,薄纱缝在衣领夹里。学生藏得严密,他们搜不到。"

"是否与考官、差役勾结?如实招来!"

"没有,学生谁也不认识。钦差大人,学生不过就是夹带些小抄,请钦差大人看在不甚严重的分儿上,就放了学生吧。"

"大胆狂徒,大堂之上也不老实,有胆量舞弊,却没胆量承认。若无打通关节,如何蒙混检查?默写考卷字竟能写错,还不从实招来,本官的板子可不是吃素的。"

"学生真的谁也不认识,学生只是求取功名心切,并无恶意。就饶了学生吧,大牢里的日子不好过,学生熬不住,学生不要举人还不行吗?"

张鹏翮看他所说不像假话,便冷笑道:"搅乱取士公正,引起公愤,还说无恶意。功名岂是儿戏,是你想要就要,不想要就不要的吗?如今知道牢里日子不好过,哼哼!早知现在,何必当初。来人,让程犯签字画押,押下去好生看管。"

马大个正在大堂之上看得起劲,只听钦差大人一拍惊堂木道:"今日退堂,择日再审。退堂!"堂上众衙役赶忙齐喊:"威——武——"

会审从上午一直审到将近申时,坐在大堂之上的噶礼等陪审还好,可把一直问案的张鹏翮累得够呛,就连一直站在大堂两侧的各级官员也都叫苦连天。堂上的马大个与侯三算是开了眼,一、二品的大员,钦差、制台、抚台这回全见到,能给钦差站回大堂,不仅仅是他俩,就连堂上的两班衙役都认为这辈子值了。

钦差开庭会审,最高兴的还是江南的士子。他们觉得皇上派来的不光是钦差,还有对他们的重视,他们有种扬眉吐气的感觉。何况钦差张大人又不是旁人,他任江南学政时,铁面无私,秉公主持科考,所选之才不少为贫寒有识之士,让权贵不能有机可乘。江南士子都深深感念张鹏翮的正派与操守,"每言及辄唏嘘流涕"。因此,会审时在盐政院门外挤着不少来听审的读书人。他们认为今天的审理是一个好的开始,并期待张大人能审出个大快人心的结果。

六
二次开庭

（一）噶礼借参焦映汉打击张伯行

自从来到扬州，噶礼的心情异常好。在扬州大大小小的两江官员，他是有求必见。如今，要不是因科考案汇聚在扬州，很多官员想当面孝敬总督大人难如登天，如此良机谁会放过？不到一个月，噶礼已命家仆运回江宁几船好东西。

开庭会审之后，张鹏翮端的架子也已放下。总督大人在行辕见到钦差大人，酒席中，张鹏翮拉着噶礼的手，好不亲热，宜思恭之案的阴影似乎洗涤一清。在这种情况下，老哥俩还有什么贴心贴肺的话不能说呢？

噶礼刚从曹寅在扬州的府邸赴过午宴回来。酒是喝多了一些，谁让江南织造的官家有的是好酒呢？五十年窖藏的上好状元红，在曹寅这里算不上稀罕物。美味佳肴用来下酒，绝色美人伴于左右，总督大人能少喝吗？心里美滋滋的他，这会儿正半卧半躺在榻上，边听评弹边醒酒。一位丫鬟为他捶腿，另一位伺候他吃水果。

经过两三年的苦心经营，两江三省已被他牢牢掌握在手。如今还有什么不满意的呢？他想起张伯行。一想起张伯行，就如同看到美食上落只苍蝇般恶心。张伯行自来江苏后，没少干让他堵心的事，早想找个茬参他，怎奈张伯行一直不给挑错的机会。而且，他又是皇上赏识的人，怕偷鸡不成再蚀把米，惹得皇上怪罪，得不偿失。如何才能将这根眼中钉、肉中刺拔去，噶礼在苦思冥想。

你不是"一丝一粒，我之名节；一厘一毫，民之脂膏。宽一分，民受赐不止一分；取一文，我为人不值一文"吗？正面攻击不行，就打侧路；拿不下张伯行,就拿他的下属。江苏按察使焦映汉着实可恨,他从未给本督送过礼。不但和本督不一条心,还顶撞本督。对,就拿他下手,参倒姓焦的,再追责张伯行个连带责任,不愁他不挪窝。这叫一石二鸟,说办就办。

从苏州带来的衙役来报,江苏按察使焦映汉求见时,张伯行正在考虑会审的事。对于第一次会审,张伯行感觉钦差审理时有不少纰漏之处。比如:正、副主考官左必蕃与赵晋避重就轻地一味推卸责任,张鹏翮也没拿出有效的证据去反驳他们;吴泌与程光奎的口供看似顺理成章,实则漏洞百出,明显能感觉到他们说话不实,细节处钦差又没追问;入考场时检查相当严格,带着夹带的程光奎,能像他说的那样轻易通过吗?一定有人与他勾结,只是钦差没有将此人追问出来。

第一天审理就涉及封疆大吏,这是张伯行没有想到的,看来这科场舞弊案的水深着呢。这两日钦差准备接着开堂会审,到时要看看他接着怎么审吧!

焦映汉急匆匆进屋,慌乱之中也忘了礼数,进门就气冲冲地对张伯行说,制台这回真把自己给参了。

> 史载:焦映汉,字雯涛,陕西武功人,监生。历任四川巴县知县、刑部员外郎、广西平乐府知府、广西庆远府知府、广东分巡雷琼兵备道。康熙四十九年迁江苏按察使,遇督抚互参,被诬陷去职。焦映汉重视教化,为了"勤宣德教,扶植士气",曾捐资筹建琼台书院。

张伯行一愣,心想,这个节骨眼上,制台还有心思想这种事,嫌江苏不够乱呀?他忙让焦映汉坐下,问道:"大帅何以要参兄?"

"目前还不知。他刚递的折子,估计参我贪污受贿、草菅人命之类的罪状,还能有什么?下官一个管刑律的官,不就是这些可泼脏水的地方嘛!抚台您说说,下官何时贪污过?何时屈打成招过?"

"雯涛兄莫急,皇上的态度还不知会如何。"

"他是皇上的红人,估计这次凶多吉少。自从下官去年调到江苏任按察使这一年多,他就一直看我鼻子不是鼻子,眼不是眼。把我叫到总督府申斥过不止一次,都是些鸡蛋里挑骨头的没影的事。身正不怕影子斜,人家怕他,我可不怕。那次把下官逼急,顶撞与他,从此,他便怀恨在心,老想找茬。参就参吧,他自从来两江,为了排除异己,参的满汉官员还少吗?下官自来江苏,就知抚台不与他同流合污。下官素来敬佩抚台,今日一来与抚台告个别,二来提醒不收财物、也不送财物的抚台要格外小心。"

张伯行还想说些什么,焦映汉便起身告辞,匆匆离去。看着焦映汉的背影,张伯行心中充满愤怒。

(二)听得"夹棍"二字,左必蕃腿都软了

过了数日,随着新的嫌犯和证人被带到扬州,会审继续在盐政院开堂。正值腊月,天寒地冻,盐政院外依旧挤满听审的百姓。

大堂之上,钦差大臣张鹏翮还是正中端坐,威严如故。噶礼、张伯行陪坐两旁,两江的司、道、府、县相关官员站立左右,两班衙役还是个个威武。不同的是大堂之上噶礼更显从容。

鸦雀无声的大堂,钦差张鹏翮猛然一拍惊堂木,喝道:"带嫌犯程光奎!"

之所以先审程光奎,是张鹏翮感觉他的案并不复杂。在众衙役的威武之声中,程光奎垂头丧气地被带到大堂,依旧瘫软在堂中。

张鹏翮问道:"程光奎,本钦差问你,你为何夹带入考场未被搜出? 哪个考官与你是同伙? 如实招来。"

因上过一次大堂,此番被提审,程光奎并无像上次那般惧怕。他心中早想好,只要自己避重就轻供述,就不会被判太大的罪。夹带作弊大不了关几年大牢,到时候再上下打点一番,应该坐牢与住客房无二。所以,他咬紧牙关回道:"学生只是藏得严实,侥幸过的检查关,并未与考官勾结。请大人明察。"

"好,本钦差再来问你,你学识浅薄,如何通过山阳县推荐?"

"这……"他没想到钦差会刨根问底,一时不知怎么回答,随口说道:"学生只是与中举一样,纯属考试时侥幸夹带成功而已。况且,生员被推举参加乡试的考试并不严格。"

"程光奎,大胆,一派胡言,侥幸? 好,今天本钦差就要看看你是如何侥幸逃过本钦差的板子。来呀,先打这个貌视本钦差之徒一百大板再审。"说着,

张鹏翮扔下一根绿头令签。

"喳!"几个衙役齐声喊道。

一百大板吓得程光奎魂飞魄散。但见两位彪形大汉搬来用刑的长条凳,另两位衙役凶神恶煞,二话不说像老鹰拎小鸡般将他架到刑具旁,摁倒在刑具上,之前的两位上来就要扒他的裤子。扒到一半时,程光奎才反应过来,哇地大叫:"大人饶命,我招,我全招!"

"你招的全是谎话,本钦差听它何用?"张鹏翮厉声道。

"大人放心,我再有半句谎言,大人就是当堂打死我,我也没有半句怨言。"

"好,且再给你一次机会,再不老实加倍地打。放他下来。"

两位衙役看他被吓得一时动弹不得,又像老鹰拎小鸡般,将程光奎从刑具上拎起,重重摔到地上。经此一吓,程光奎瘫得更像一摊泥。

"程光奎,快从实招来。"

程光奎心理防线彻底被打破,如竹筒倒豆子般,将自己中举的事全盘托出。

"学生家里主业是在淮安做的盐生意,也经营其他。因家中有几个闲钱,达官贵人也爱与学生交往,因此官场也交些朋友。学生与户籍地山阳县知县方大人一见如故,方大人与学生交往所有花销全由学生支付。想着学生家在山阳的田产、生意,平日方大人照应得也不错,学生经常送方大人贵重礼品。方大人知山阳这几年,逢年过节金银珠宝学生没少送,因此积下深厚友谊。对于推荐学生参加乡试这种事,当然不在话下。"

"大胆!你敢诬陷朝廷命官,知道这是什么罪吗?"

程光奎吓得忙说:"钦差大人明鉴,学生不敢。学生句句是真,若有半点虚言,任凭大人发落。"

张鹏翮怕他狗急跳墙乱咬人,牵扯到朝廷命官可不是小事,于是诈一诈看他所供是真是假。张鹏翮从程光奎的反应上分析不像是谎言,便问道:"那好,我来问你,山阳县知县叫什么?"

程光奎如实回道:"方名。"

"凭你学识单有举荐也不行,你又是如何中举的?"

"家父与副主考赵大人相识。学生家世代为商,商人无权无势,自然要依赖官员庇护。听说赵大人是今年乡试的副主考,而且今年皇上开恩,中举额度又多。于是,家父带着厚礼去见赵大人,没想到赵大人一口答应,还夸学生文采好,孺子可教也。赵大人拍着家父的肩说,高中后就是他的门生,以后定会好好栽培学生。家父将好消息讲给学生时眉开眼笑,听得学生心花怒放。"

张鹏翮没想到江南辛卯科乡试的考官这么快便被供了出来,而且还是副主考赵晋,怨不得落第秀才闹得凶,看来此科果然不公。

程光奎的话打开收不住,接着讲道:"我家虽有吃不完、花不完的银子,但有钱没地位,总是缺些什么。家父做这么些年生意很有感慨,万贯家财又如何,还是个民,站在官宦面前总觉抬不起头。倘若我有个举人的功名,再有个一官半职,不但光耀门庭,以后做起生意底气也足。县上有方大人,学生顺利通过推荐;乡试有赵大人安排,夹带、替答轻松自若。学生岂有不中之理? 于是学生就稀里糊涂高中了。倒是那些该挨千刀万剐的该死秀才,坏了学生的好事,不然也不会落到今日地步。学生说的句句实情,还请钦差大人看在学生全招的分儿上,饶过学生吧!"说完,程光奎向着张鹏翮磕头如捣蒜。

张鹏翮觉得程光奎说得不像是假,便说道:"自己不学无术,靠作弊中举,还不好好反省,反而诅咒他人,廉耻何在? 来人,让他签字画押,带回大牢好生关押。"

接着,他又撂下令签,一边传令捕快将山阳县知县方名捕来问话,一边接着传令将左必蕃带到大堂。

张鹏翮再次看见左必蕃,大怒道:"好你个左必蕃! 你为官以来,从蠡县知县一路升至副都御史,皇上对你可谓恩宠有加。你不思报圣恩,贿赂舞弊,还公然抵赖。今日,本钦差奉旨查办江南科举舞弊,看来不立威不足以服众。给你这犯官些脸面,就不当众扒你裤子打板子了。你为官多年,必知夹棍的厉害,那开审就先拿你立威吧! 左右,拿夹棍来。"

"喳!"

听得"夹棍"二字,左必蕃腿都软了。之前,他可没少把别人的双腿夹得血肉模糊。只听"扑腾"一声,左必蕃就跪倒在地上说道:"钦差大人莫动大刑,犯官知道什么,就说什么。"

"好! 你还算是个识时务之人,先说说程光奎的事。"张鹏翮点点头。

"据犯官所知,程光奎与赵晋是结拜兄弟,他们一共四人,另两位叫姚陶、杨绪。赵晋被点江南副主考时,程光奎正好在京,赵晋与程光奎同宿一夜,共商中举之事。他们后来又与方名等人串通。听说赵晋、杨绪各得程光奎四千两。还有人说,赵晋得了五千两,杨绪只得三千两。此事全为赵晋所为,犯官真的没拿程光奎的银子。"

"吴泌中举是怎么回事?"

"这个犯官的确不知。"

"老实讲来,莫耍花样!"

此刻的左必蕃如同斗败的公鸡,垂着脑袋说道:"吴泌的父亲吴荣赞要给犯官银子,犯官坚决拒绝,请大人明鉴。"

审完左必蕃,又将赵晋带上堂。

张鹏翮沉着脸训道:"赵晋,你身为朝廷命官,榜眼出身。皇上点你做乡试副主考,莫大荣耀。可你不是感圣恩,而是徇私枉法,将科场变为摇钱树。上次过堂还胡言乱语,欺蒙钦差。赵晋,你可知罪?"

赵晋大冬天一头冷汗,强装镇静地说道:"请钦差大人不要听……信外边的风言……风语。下官,自为官以来,一向清廉……绝无半……点贪墨之事,一定……是有人不怀好意……出于嫉妒下官的……下官的才学,诬陷下官,还请钦差大人明察,为下官做主。"

张鹏翮一拍惊堂木,厉声呵斥道:"大胆!说话吞吞吐吐,眼光躲躲闪闪,你不受贿谁人受贿? 还不从实招来,免受皮肉之苦。"

赵晋听此言更加胆怯道:"我……我……下官真的没有受贿……舞弊之事,请钦差大人明察呀。"

"好一个赵晋,江南此科举人恐有一大半都是你卖的吧! 给你脸面你不要,偏要本钦差动刑才肯招。来人!"

左右衙役应声道:"在!"

"不打你不足以平民愤,先打一百大板。"说着就要从条案的签筒里抽令签。

"钦差大人,不要听信谣言。莫打! 没有那么多,犯官招供。"说话间,赵晋像个泄气的皮球一屁股瘫坐在地上。

（三）再上大堂全招供，临死也要找齐垫背的

审完赵晋，张鹏翮休息片刻，又将吴泌提上堂。

人痛苦到绝望，心反而平静。与程光奎相比，吴泌还是有些见识。他被带到大堂前早已想明白，事情闹到这种地步，横竖是躲不过。伸头是一刀，缩头也是一刀，早晚都得招。与其受大刑之苦，不如自己早早将实情供出。花银子办事，一个愿打，一个愿挨。我花银子买功名，我乐意，关别人什么事？好端端一件事，硬是砸在那帮酸秀才身上。江南成千上万的秀才，而每科中举的额度也就这百十名，没有我你们这么多人也不可能同时考上。这科不行你们还可以考下一科、下下一科，考不上就一直接着考呗！反正你们这些读书人，除了读书、做官，别的什么也做不来。我满共就占一个额度，按比例来说也就是千分之一、万分之一的事。看你们闹得，那些恭谦礼让的圣贤书都白读了吗？

吴泌早已想好，再上大堂他全招，临死也要找齐垫背的。

人只要豁出去，什么也不再怕。这一次他是自己走上大堂的，连带他上堂的衙役都感到纳闷，吴泌与之前这么判若两人。吴泌来到大堂，立而不跪。

张鹏翮看嫌犯直挺挺地站在大堂，为给他一下马威，狠狠地一拍惊堂木，厉声说道："下站何人？"

"秉大人，学生句容吴泌。"

"为何见本钦差不跪？"

"本朝有举人上堂不跪的规定。"

"本官乃皇上亲派钦差，你哪有不跪之理？快快跪下，不然大刑伺候。"

众差役也发出"威——武——"之声。听闻"大刑"二字，吴泌吓得赶忙跪下。

"吴泌，本钦差问你，为中举人，你是如何托的俞式承？"

"回钦差大人。那日，俞式承等来我家斗蛐蛐。学生的'大将军'超常发挥，连赢他们三局，可把学生乐坏了，学生一高兴就爱请客。临近晚饭时，我打发家仆让扬州最好的酒店'醉仙楼'送来一桌上等酒席。因为高兴，学生特意开两坛三十年状元红，让大家敞开喝。酒过三巡，菜过五味，面对良辰美

景,高朋满座,学生那叫一个畅快。这时,学生突然想到,我要是高中状元,岂不更好吗? 想到这里,学生心中不免生出一丝哀怨。这份哀愁,正巧被钱三哥看到。他问学生为何不快,学生说想考个功名。钱三哥说,你不已是监生了吗? 我说,还想再提升一步。大家纷纷说,再进一步难比登天。俞式承说,这有何难? 包在愚兄身上。酒桌上的话学生没当真,说过也就忘了。谁知,过几天俞式承真来找我。"

吴泌啰里啰嗦讲半天,张鹏翮听得有些不耐烦,心想,果然才学不行,讲半天也没讲到点子上,便说道:"这是大堂,不是茶楼让你说书,拣重点说。"

"是,是,学生长话短说。俞式承说他有办法,学生心中大喜,就催促他快说。他说他认识个姓贠的朋友,神通广大,听说他与安徽抚台的亲信家仆关系密切。学生一听泄了气,咱一个江苏监生,托哪门子安徽的官呀? 他神神秘秘地说,天下乌鸦一般黑,老弟管哪里的官呢,能办事不就行了嘛! 你只管给愚兄银两我去办,贤弟在家坐等好消息便是。学生开始还半信半疑,结果事还真成了。最后,没想到却落得这样下场,不但空欢喜,还后悔莫及。钦差大人,学生的命真苦呀!"常言道,男儿有泪不轻弹,只因未到伤心处,此话不假。吴泌触景生情,说着说着,便在大堂之上哇哇大哭。

张鹏翮猛地一拍惊堂木:"住口! 这是大堂,怎由得你在此撒野?"

惊堂木虽镇住吴泌的大哭,却没止住他的泪,他继续跪在地上啜泣。

"早知现在,何必当初。将吴犯带下,提俞式承。"

俞式承有四十多岁,风风雨雨在外闯荡这些年,也算是见过世面的人。被差役带到钦差主审的大堂,腿肚还是不免有些打战。来到大堂之上,偷偷抬眼一看端坐在大堂之上的审官,腿一软扑腾跪下。

"下跪何人?"

"草民俞式承。"

"哪里人士? 现居哪里? 以何为生? 有无功名?"

"草民安徽池州府铜陵人,居无定所,这几年住在淮安,主要做些茶叶、布匹生意。草民年幼家贫,只读过不到两年私塾,白丁一个。"

"俞式承,本钦差问你,你要如实回话,免得受皮肉之苦。"

"钦差大人放心,草民如实回大人的话。"俞式承心想:吴泌这事我不过就是个中间人,银子我给下家,不过就挣点跑腿钱,我怕什么? 所有的事都推到下家的身上，大不了判我蹲几年大牢。

"吴泌科考中举之事，可托的是你？"

"草民觉得，吴泌的学识比草民强不到哪儿去，却一心想中状元。他求草民帮他运作，许事成之后定有重谢。草民知道，这是犯法的大事。草民不为钱财所动，死活不肯。怎奈他苦苦哀求，草民看他可怜，不知怎么一时心软，就答应了他。"

"吴泌给你多少银两？都有谁和你是同党？"

"为办此事，吴泌先后给草民白银八千两。本来说好事成后再付三千两，因榜单一出一片哗然，吴家也没再给。大人，草民先说明，这银子是吴泌主动给的，不是我向他要的，我全数给与贠星若，一两银子都没留呀，大人。别的草民就真的不知道了。"

"贠星若是何人？"

"贠星若在安庆做茶叶生意，与草民有业务往来，因此认得。"

"俞式承你好大的胆，敢对本钦差有所隐瞒。来人，大刑伺候！"

"喳！"

俞式承急了，边叩头边说："大人，草民不敢，草民知道的全说了，草民就是个牵线的。贠星若说他有安徽叶抚院的门路，还说与人家有多熟。他去找过叶抚院几次，叶抚院就是不见他。他以为自己是谁呀，草民说他吹牛，他说另有一条门路，包管吴泌稳中。还笑着说，让他中举后等着交银子。其他草民真不知道，大人有什么事可以问贠星若。"

看情景俞式承不像说谎，张鹏翮就让他签字画押后，带回大牢，接着审贠星若。

（四）安徽巡抚叶九思与安徽布政使马逸姿之家人涉案其中

贠星若被带到大堂。他偷偷抬眼相看，张鹏翮与陪审端坐在堂上，威严得瘆人，像神像一般，不由得让见多识广的他倒吸一口冷气，心中一发慌，头立马就耷拉下来。

张伯行看贠星若有五十岁上下，生得白白净净，富富态态，下巴花白短须，头戴黑缎瓜皮棉帽，帽前镶块羊脂玉，身穿黑缎棉长衫，外套黑缎面皮袄，门襟处外翻一溜羔羊毛。

捕快找贠星若时,他正在酒楼喝花酒。捕快推开包间,满屋人一惊,捕头黑着脸问道:"谁是贠星若?"

酒意正酣的贠星若大大咧咧回了句:"你家爷爷在此。"

"拿下!"

贠星若糊里糊涂、醉醺醺地便被套上铁锁链给捕走,连因为什么事都不知道。

这贠星若并非寻常之辈。他久在市面混,足智多谋,狡诈多变,交友广泛。家里开着十几处买卖,与人合开、参股的买卖也有几十家,乡下还有千亩良田。平日吃的是山珍海味,交的是达官贵人,吃喝嫖赌样样精通。往日左右逢源不可一世的他,此刻,跪在大堂之上却也不敢抬头。

张鹏翮审案还是老一套,一拍惊堂木厉声问道:"下跪何人?哪里人氏?以何为生?从实招来!"

惊堂木猛地一拍,吓得贠星若心头"突"地一颤。他定定神,不紧不慢地说道:"草民贠星若,安徽安庆府人氏,在家做点小买卖,勉强养家糊口,不知钦差大人将草民捕来为何事?请大人开恩放草民回去吧,一家老幼还指着草民吃饭呢!"

"贠星若,我来问你,吴泌科考舞弊一事可是你一手所为?俞式承交你的八千两银子你都给了谁?"

贠星若向上磕了个头,一脸无辜道:"大人明鉴,草民只是本本分分做小买卖的,没本事掺和那种大事,不认得吴泌。草民总共也没读过一年私塾,和不识字差不多,更不认识什么读书人。要说识字的,草民就认得街坊李秀才,看个书信什么的全仰仗他。叫什么式的人,草民从没听说过,怎会拿他的银子,还八千两,不带这样诳的。不怕大人笑话,草民家穷得连八十文铜钱都拿不出,我上哪儿弄这八千两呀?哦!一定是邻居陈老六诬陷我。他借我家二斤杂面,多日不还,我去找他要,他不但不给,还放狗咬我。我随口骂他两句,准是他记恨在心,跑到县衙诬陷我。草民冤枉呀,大人!"说完又对着张鹏翮连磕三个头。

贠星若的胡言乱语快把张鹏翮的肺气炸了,他大声吼道:"大胆刁民,竟敢装疯卖傻,满口谎言,哄骗本钦差,看来不用刑你不知道本钦差厉害。来人,先打他一百板子再说。"说完,他抽出一根令签,重重扔到地上。

衙役拿着刑具扑到贠星若面前,不由分说将他按到刑具上,脱了裤子就打。贠星若还没反应过来,板子就实实在在落到屁股上。生在富贵人家的他,哪儿吃过苦受过罪。贠家虽已打点过牢房与衙门差人,但衙役当着钦差的面也不敢太留情。一板子下去,贠星若的屁股就皮开肉绽,鲜血瞬间流出来,疼得他嗷的一声大叫,声音都直了。

"大人饶命!我说,我全说!啊!啊……啊……大人,饶了我吧!啊……"

十来板子之后,张鹏翮方才让衙役住手,贠星若差点晕死过去。这会儿他正扒在刑具上喘着粗气,屁股钻心地疼,动弹不得。他根本没想到张鹏翮会动真格的,这回他可领教了王法的厉害。就这个打法,倘若再来十几下,非把他小命给要了不可。还没等他缓过劲儿,两位差役来到他跟前,胡乱将他的裤子向上一提,像拖死狗似的将他从刑具上拖下,重重地扔到地上,疼得贠星若又是一阵嗷嗷直叫。

张鹏翮的气还没消,他狠狠地说道:"贠星若,本钦差看你上些年纪,板子先给你记着。你若敢再胡言乱语,一百板子一下不少!"

贠星若趴在地上弱弱地说:"草民不敢,草民不敢。请大人开恩,让草民缓口劲儿,草民全招,全招。"

他趴在冰冷的地上,缓好半天才开口:"俞式承的确托草民办过此事。草民与俞式承是老相识,他知道草民是安徽叶抚院门生。那日他来找草民,问有桩买卖干不干,就将他一个远房亲戚吴泌想中举的事告诉草民,俞式承给草民八千两银票。草民觉得此事重大,非高官才可为,于是草民将吴泌的八千两银子呈给叶抚院五千两,江防厅叶同知三千两。草民一两可都没留呀,全给了他们。"

张鹏翮一拍惊堂木,厉声斥道:"大胆刁民,竟敢诬陷当朝命官,你可知要担当何罪?"

噶礼也大怒道:"说他做甚,真是个大光棍儿!叶抚院已死,竟将脏水泼一个不能再开口的人身上。叶抚院之前的情况本大帅知晓,再若提起他,定要拿夹棍把你的两条腿夹折。"

史载:叶九思,汉军镶蓝旗,吉林人。曾任四川巡抚,康熙四十八年九月至五十年七月任安徽巡抚。

叶九思去世前的情况,不但噶礼清楚,就连皇上也知道。今年五月初一,噶礼给康熙帝上道请安折。康熙帝在御批中问到叶九思的事情:"安徽巡抚叶九思年迈力衰,不能行走,但不知虚实。"

属下一省之巡抚病重,连皇上都知道,而自己还不知道,这还了得? 接到御批后,噶礼找个理由就去安庆,见到叶九思,情况比皇上知道的还严重。

六月初四,他在给康熙帝上的《两江总督噶礼奏报漕船迟误缘由折》中,将叶九思的情况一并上奏:

奴才查得,安徽巡抚叶九思已七十八岁,实甚老衰。现奴才来查省城布政司库,观其行走,确实不灵敏,且两手颤抖,不能执笔。圣主明听者甚是。

还没等康熙帝把叶九思免职,叶九思自己先卒于任上。康熙五十年八月,梁世勋接替叶九思就任安徽巡抚一职。

贠星若养尊处优惯了,十几板子下去,早把他打得心惊胆战。屁股要多疼有多疼,伤口流出的血早将裤子浸透,又强打精神断断续续招许多口供。此刻,如即将燃尽的蜡头般,还剩一星点的火苗苟延残喘。本来鸦雀无声的大堂,突然响起张鹏翮猛拍惊堂木清脆、响亮的声响,和大声的问话声。此时,精神高度紧张的贠星若已再受不得半分惊吓,只此一声,连吓带疼,失血过多,头一歪躺到地上。

见此情景,张鹏翮感到有些意外。噶礼的身子轻微向前探探,又立刻恢复原状。张伯行投出关切的目光。大堂上的两班衙役表情各异,看着一动不动的贠星若。张鹏翮镇定地打发衙役上前一看究竟。

衙役来到贠星若身旁,轻车熟路地将手指伸到贠星若鼻前试试鼻息,回禀道:"秉大人,贠星若已晕过去。"

张鹏翮在心里松口气,对衙役道:"快将贠犯唤醒。"

不多时,一名衙役提桶水走进大堂,两名衙役扶起贠星若的上半身,提水的衙役从桶中舀瓢水泼到贠星若的脸上,衙役身上溅上许多水珠。不多时,贠星若慢慢睁开眼,看看张鹏翮,又看看噶礼,微微回道:"回大人,草民说的句句是真,请大人明察。"话没说完,头又耷拉下来,像个霜打的茄子,再也不愿抬起。

看他已成这样,张鹏翮只得让衙役将其带下,说道:"让他签字画押。倘若被查出有半句谎言,再加一百,不,二百板子一下也不能少。诬陷朝廷命官可是大罪,何况还是朝廷重臣。"那语气,小子你,就你拿着区区几千两银子还想见巡抚,鬼才信巡抚为这点儿东西见你呢!不老实,瞎咧咧,等着吧,日后查出你在编谎话,哼哼,看你有几个脑袋可搬!

书办给贠星若笔时,他手软得已握不住。一看这样,索性让他胡乱按个手印了事。

这时,贠星若抬起头,少气无力地说:"大人,草民有新情况要禀报。"

"讲!"张鹏翮一听,贠星若果然就范,心中暗喜。

贠星若眼巴巴看着张鹏翮:"恳请大人先恕草民一时糊涂之罪。"

"好,只要你实话实说,本钦差可以既往不咎。"

"谢谢大人。"

贠星若本来想将事情扯到大官的身上,显得自己有来头,云里雾里地谁也弄不清,钦差又奈我何?最后,不过是大事化小,小事化了。可一听张鹏翮最后那话,心里犯嘀咕,不能蒙混过关,不如实话实说算了。

"草民想起来。草民没给江防叶同知银子,也没能见到叶抚台。草民只好找马藩台书办李奇,李奇在草民几家店里有股份,因此熟识。草民给李奇十五锭金子,托他办此事。没过几天,李奇对草民说,已将金子交予马藩台的家人轩三。科考结束,俞式承来问我结果,我只得让李奇去找轩三问。轩三回话,放心吧,事办得非常理想。后来,果然高中第十三名。草民并无诬陷朝廷命官之意,这次草民说的句句是真,若有半句谎言,甘愿受罚。"

"哦?此话当真。"

"句句是真。"

"好,让他签字画押。"

"草民签字。"

贠星若歪歪扭扭地将名字写到供纸上,按了手印被衙役架下。

在会审时马逸姿就犯起嘀咕。吴泌说我府上轩三帮他舞弊,轩三有这能耐? 是他狗急跳墙,信口雌黄? 看他的神态不像,那就确有其事。好你个轩三,没想到你的能耐还挺大,背着我能干成这么大的事,而且还与抚台府上的人有交情。你说说,江苏士子托人怎么托到我们安徽来了? 回到驿馆,马逸姿考虑要不要去找制台说说此事,毕竟他能同钦差说上话。江南科考舞弊案是皇上盯着的大案,粘上就得掉一层皮。不管吴泌的话是真是假,还是预先做好准备。马逸姿转念一想,如今我若去找制台,算不算自投罗网? 制台绝非善类,被他咬上可不是一大块肉能打发的,不舍一条胳膊,恐怕完不了事。再说还有叶大人与钦差这层关系,还是看看再说吧。当务之急要先找轩三问问可有此事,将自己撇清再说。回到驿馆,他立即安排亲随马六赶在捕快之前偷偷赶回府上,找到轩三一问究竟,快去快回。他特别嘱咐马六千万不能声张。

开庭会审的情况,十二月中旬便呈送到康熙帝的御案之上,奏报人不是别人,还是曹寅。《江宁织造曹寅奏为现审江南科场案情形折》中奏道:

> 奏臣曹寅跪奏:窃户部尚书臣张鹏翮十一月二十七日到扬州,现在察审科场事务。臣闻审得新举人程光奎自认夹带文字入场,新科举人吴泌自认与相权连号代做文字,又买通关节。而口供内涉及原安徽巡抚叶九思与安徽布政司马逸姿之家人轩三经手其事,尚在对质,未经审明。又:苏州抬财神生员丁谷宜等指称,苏州新中举人马士龙、邵一珩、席玗、金圣基、徐宗轼等五人皆属不公,往苏州去提人未经解到。至于正主考左必蕃、副主考赵晋各自争辩,亦未审出贿卖实据。臣寅据目下所闻谨奏伏乞。

在京城的康熙帝也关注着审案的进展。

原来,巡视两淮盐课监察御史今年由曹寅兼任,两淮盐政的府邸便是扬州盐政院,会审所用的大堂是曹寅办公的大堂。因为钦差在他的地盘上审案件,所以他有时间、也有理由待在扬州,把科考案审理进程了解清楚。

（五）江苏秀才想中举托门路，怎么托也托不到安徽来呀

不到一炷香的时间，轩三便被带到大堂。他低着头规规矩矩跪在大堂之上，也不说话，更不抬头。

张鹏翮捋捋胡子问道："下跪何人？"

"草民轩三，安徽庐州人。"

"本钦差问你大名。"

"轩三就是草民的大号。草民自幼家贫，祖辈都是老实巴交的农民，父母也没给草民正儿八经起名字。因为草民排行老三，在家就叫三儿，在外大家将草民的姓加上，叫轩三，从小到大就是这么叫的。"

"为吴泌中举之事，李奇给你多少银子？你又是如何运作的？从实招来。"

"吴泌？草民不认识这个人呀！草民也没拿过他银子呀！李奇草民认识，去年因草民老婆生病，借过李奇六吊钱，连本带利草民早还与他。"

"嗯……大胆刁徒，不老实是吧，难道你也想尝尝本钦差板子的厉害？"

"草民不敢撒谎。哦！草民想起来了，大人问的是他那个亲戚的事吧！对，有这么一回事。"轩三一副恍然大悟的模样。

他眨巴眨巴眼接着说道："几个月前，李奇找草民，说是他江苏有个远房亲戚，书读得不错，可连考两次都没能中举人。本人和家里的人都很着急，想托托门路，多花点银子也没问题。大人您说说，江苏秀才想中举托门路，怎么托也托不到安徽来呀？科考舞弊，这可不是闹着玩的，这是掉脑袋的大事，落再多的银子也不值。草民虽没读过书，从戏台上草民也知道些做人的道理。草民打小就视金钱如粪土，怎么会为贪图人家钱财，干触犯王法的事？"

轩三咽口唾沫，抬头看看张鹏翮，又说道："再说李奇。他家在安庆很有势力，听说他的家族中好几个人是做官的。他都没办法，草民一个打杂的能有办法吗？即使有心，也没这个力呀！所以，草民当时就一口回绝。当时，草民看他就满脸的不痛快，想必因此事草民得罪他。后来，他就催草民还他那六吊钱，催好几次。草民家里孩子多，老婆又有病，一时半会儿也攒不了这么多钱呀。他要得急，没办法，草民只得找亲朋好友借些，连本带利还给他，光

利息草民都给他五百五十文呢。没想到他竟诬蔑我拿他的银子,我连……"

没等轩三说完,张鹏翮就大怒道:"大胆轩三,本钦差问的不是你这事,少拿这些无用的话搪塞本钦差。把你与李奇等如何勾结包揽吴泌科考舞弊一事从实招来,不然大刑伺候。"

一听要动大刑,轩三脸都吓绿了。他听说前日负若星被动大刑,他可不想步其后尘,就慌忙叩头道:"草民真的没有参与此事呀大人,草民冤枉呀!草民只是老实巴交的下人,从没做过亏心的事,更没犯过王法呀!"

突然,他挺起身跪直,一脸的无辜、委屈,着急地说道:"对了,大人,一定是草民举报吴泌舞弊的事,被他们所知,心怀记恨来诬陷草民。大人,您可要给草民做主呀!不瞒大人,草民与李奇没认识多长时间。他在布政使司多年,是个欺诈的小人,仗着他家在安庆有势力,强行入股人家红火的买卖。若是不从,他就指使官府或黑道上的人,搅黄人家的生意。他入小股、干股,分大份利,别的股东敢怒不敢言。他出于利用的目的,强拉我们二十多人与他拜把子,平日里作威作福,指使我们兄弟替他干这干那。其实,我与他并不熟,充其量也就是酒肉朋友。大人,李奇他不是好人呀!草民真的没拿他的银子,他诬陷草民呀!大人,您英明,您是青天大老爷,您是包龙图在世,您可要给草民做主呀!"轩三也是四十出头的人了,却边说边哭,头磕得如小鸡啄米似的。

"你可敢与李奇当堂对质?"

"敢!有何不敢?大人,草民什么都敢!"

"好!带李奇上堂。"

(六)扬州盐政院大门外,来听审的百姓今天算是开眼界

李奇刚上大堂,还没跪好,轩三上前就拽住他的衣领大声吼道:"李奇呀李奇,你为何陷害于我?不就是因为我举报你们吗?"

李奇就要与轩三动手,一旁差官见状厉声呵斥道:"住手!大堂之上不准撒野。"

轩三还是不肯松,李奇只是用胳膊一甩,轩三便倒在一边。

张鹏翮问道:"李奇,你可将十五锭金子交给轩三?"

轩三抢着说道:"没有!"

李奇连看也没看他说:"正是,学生将贠星若给的十五锭金子全数交于轩三。"

"他在说谎呀,大人! 十五锭,还金子,青天大老爷,您可要给草民做主,草民活了半辈子也没见过一锭金子呀!"说着,就给张鹏翮磕头。

"李奇,你在哪里将金子交给轩三?"

"是呀,青天大老爷问你话,你在哪里将金子给我的? 没词了吧。"

"回大人,在他家里,七月初三,学生记得清清楚楚。那天后半晌,学生带着金子,用蓝布包着,坐马车去的他家,在他家堂屋将金子给的他。"

"你个大骗子,你就编吧! 大人不要相信他的话,他诬陷草民。"

"住嘴! 本钦差没问你,不准说话。再敢说话,小心板子!"张鹏翮一拍惊堂木,厉声镇住轩三。

"那天,学生当着他的面,还特意将包袱打开,让他查看。他贪婪地拿起一个金锭掂掂,又拿起另一个仔细看看,才对学生说,老弟呀,你我跟亲兄弟般,我还信不过你吗? 那天他高兴,晚上非请学生在他家喝酒,他喝得酩酊大醉,最后是被他家佣人扶到卧房休息。学生若有半句谎言,天打雷劈。"

"你可有证人、证据?"张鹏翮问道。

"他家佣人和他老婆可以做证。证据……吴泌中举就是证据,因为再未托过旁人。"

知道张鹏翮的板子厉害,轩三不敢再插话,急得他满脸通红,吹胡子瞪眼,恶狠狠地用手不停指着李奇。李奇也不看他,只管自己说自己的。

"轩三,本钦差问你,他所说是否实情?"

终于能轮到轩三说话了,还没等张鹏翮的话说完,他就抢着说道:"大人,李奇血口喷人,草民从未拿过他的金子。大人,草民冤枉呀! 大人您想想,我一下人,家里哪来的仆人? 李奇,你这只挨千刀的疯狗,平日占我便宜也罢了,在钦差面前还诬陷我,我跟你拼了。"说着,起身扑向李奇,两人扭打起来,四个衙役拉了半天才将二人拉开。

张鹏翮使劲一拍惊堂木,怒斥道:"轩三,你再敢大闹公堂,本钦差定打不饶!"

他看了看气呼呼的轩三,问道:"轩三,你说你没拿金子,可有证据?"

张鹏翮的问话把轩三给急的,搓着手说道:"证据?草民没拿就是没拿,哪来的证据呀?哦!大人若不信可到草民家搜,若能搜到,草民情愿被千刀万剐。"

李奇冷笑道:"当然没有,早办事用了。要不,吴泌怎中的举?"

轩三被气得浑身发抖。他扭身用手指着李奇道:"李奇,你,你,这王八蛋,不得好死!"

接着,他又面朝张鹏翮无比委屈地说道:"大人,冤枉死我了,草民真的没拿他的金子。"

李奇还在一旁冷笑。

张鹏翮厉声道:"一个说有,一个说没有,都拿不出证据,让本钦差信谁的,必定有一人说谎。不如每人先打上五十板子,看你们还不老实。"

"大人别打,信我!"轩三抢着说道。

李奇冷笑道:"不敢承认,只怕是牵扯到幕后拿金子的官老爷吧!大人打他,一打他就招了。"

"你,你,李奇,好,好!"轩三气得,再次用手指着李奇。

"审案大人的头都长不住,还来问我。"接着,轩三面向张鹏翮,大义凛然道,"大人倘若真的不信,草民也不活了,愿意以死证明自己的清白。"

说着,站起身,快速朝大堂柱子撞去。众衙役还没反应过来,"噗通"一声,轩三倒在柱子旁,血从他头上流了出来。

这一撞也惊着张鹏翮和陪审大员。张鹏翮见轩三闭着眼正在抽泣,就示意衙役把轩三抬下大堂治疗。

贠星若被架下,李奇被带下,轩三被抬下。张鹏翮感觉有点累了,今天不想再接着审,于是宣布退堂,择期再说。

大门外来听审的百姓今天算是开眼界。架着出来一个,接着又抬着出来一个,街头巷尾都在纷纷议论,钦差今天审出了威风。美中不足的是,这次没审官员。如果钦差对贪官动板子,那才好看呢!

七
案件合议

（一）对在扬州过春节的各级官员严格实行"三不准"

扬州地处长江之北，冬天阴冷。一股寒流南侵，雪随后也跟着落下。从康熙五十年腊月二十八晚上，时断时续一直下到康熙五十一年正月初一凌晨。天一放亮，太阳也冉冉升起。阳光折射到大雪上，发出五彩缤纷的亮光。因科考案未结，噶礼等大小官员只得留在扬州过春节。

这可忙坏了现任扬州府知府赵弘煜。

自康熙四十七年三月二十六日就任扬州知府以来，赵弘煜就没有睡过安稳觉，整天忙得脚不连地。突然间来了这么多官员，更是让他叫苦不迭。这些日子，来扬州审案官员的吃喝拉撒睡，全由扬州府知府赵弘煜负责，把他搞得天天连轴转。还好，江南富庶，扬州繁华，后勤供应上没让他作什么难。眼下又遇上春节，这可是一年中最重要的节日。腊月十六，赵弘煜就去请示张伯行，这么多官员在扬州怎么过春节。张伯行明确表示：对钦差、督抚等在扬州过春节的各级官员，严格按照《大清律例》的规定，一不准超标准安排接待，特殊准备过节物资；二不准借过春节之机请客送礼，吃请请吃；三不准铺张浪费，奢靡享乐。

赵弘煜认为张伯行所说极为不妥。他觉得，不但要让各位大人在扬州过好节，还得让他们过得高兴。可抚台大人在此盯着，他也不敢过分造次。但又怕大人们怪罪他照顾不周，吃罪不起，就偷偷准备一些过年物品，供各位大人过节享用。

爆竹声中一岁除，春风送暖入屠苏。

千门万户曈曈日,总把新桃换旧符。

因为钦差大人也在扬州过春节,康熙五十一年正月初一一大早,大大小小的官员都拥向行辕,要给张鹏翮拜年,迎接他们的却是闭门羹。钦差大人早已下令,谁也不见,只有噶礼一人例外。张伯行也传下话,春节期间来访者一概不见。

大年初二上午,曹寅去给噶礼拜年,噶礼非拉着曹寅一起吃午饭。他见曹寅有些为难,佯装恼怒地笑道:"怎么,子清老弟,大过年的,你这有家之人,真就忍心抛下我这外乡人不管吗?"

曹寅赔笑道:"岂敢!岂敢!卑职怕大帅一人过节寂寞,今天来就是要好好陪大帅热闹热闹的。"

"哈哈!老弟不愧是有情有义之人。什么大帅、卑职,今天过年你我二人兄弟相称,本来我俩就是兄弟嘛!中午谁也不让作陪,就你我二人好好喝一场。一会儿我吩咐下去,今天再有来拜年者,一概不见,我俩不醉不休。哈哈!"噶礼大笑道。

曹寅也陪着大笑道:"哈哈!不醉不休,正合我意。"

仆人们出出进进,不一会儿碗盘杯碟满满摆一大桌,净是山珍海味、美酒佳肴。噶礼与曹寅分宾主落座,两个丫鬟在一旁伺候,添酒,布菜,倒茶。另有一位美貌女子在一旁,边弹琵琶,边唱小曲助兴。二人边吃边谈,聊得好不投机。

酒过三巡,菜过五味,噶礼兴致正酣,他不无得意地对曹寅说道:"子清老弟,你猜昨天我与运青兄喝了多少? 三壶!"

"二位大人海量!"

噶礼看看左右,示意丫鬟与歌女退下,对曹寅说道:"我想着运青兄从京城来咱这里这么长时间,正值佳节,能不思念亲人吗? 他又不方便与人来往,在扬州,于公于私我不想着他,谁想着他? 大年初一不去看他,我也于心不忍。运青兄见到我,那叫一个高兴,拉着我的手,非让吃过饭再走。这让我很为难,不能让旁人觉得咱有意接近钦差,是吧? 运青兄好眼力,一眼就看出我的想法。他说,举贤还不避亲呢,不就是在一起喝杯酒吗? 噶帅怕什么? 风言风语若是传到皇上那里,我张运青去向皇上解释便是。让他这么一说,我倒不好意思了。恭敬不如从命,既然来了,就客随主便。于是,我们二位外乡人,一同在异地过了个春节。"

噶礼说时,曹寅连连点头。等噶礼说完,他敬噶礼一杯酒,二人一饮而尽。曹寅又将二人酒杯倒满,说道:"卑职……"

曹寅刚开口,噶礼便佯装恼怒地拦着他的话,说道:"什么卑职不卑职,你我二人多年兄弟,别给我来这个。再卑职大帅的,老哥我真就恼了!"

曹寅笑道:"嘿嘿,大哥息怒,小弟我不是说顺嘴了嘛!大哥放心,小弟不再惹哥哥生气还不行啊,来来来,小弟自罚一杯。"一扬脖,将杯中之酒一口喝光。

噶礼大笑道:"老弟,这是干什么?快,满上。"

说着,拿起酒壶要为曹寅添酒,被曹寅拦下:"我来我来,怎敢劳哥哥大驾。"

二人争了争酒壶,噶礼放手后,又大笑起来。

曹寅倒过酒后说道:"昨日我来给哥哥拜年,听管家说哥哥到钦差大人那里去,我等好大一会儿也不见哥哥回来。想着一定是钦差大人留哥哥在那里久坐,估计还要留饭,今天再来给哥哥贺年吧!所以,我便早早登门打扰来了。"

"怎能是打扰呢?老弟驾临,我高兴还来不及呢!说实在话,两江这么一大摊子,家不好当。这几年,愚兄在两江任上没少得到老弟帮衬,愚兄都铭记在心中。以后仰仗老弟的地方还很多,老弟只管放心,亏了谁,我噶礼也绝不会亏自家兄弟!"说着端起酒杯。

曹寅心领神会,也忙端起说道:"哥哥与我是什么关系,自家人嘛!哥哥只管放心,有什么鞍前马后的事,哥哥只管支应一声,小弟去跑腿,保准哥哥满意。"

噶礼听后心中大悦,大笑道:"哈哈,老弟不但有能耐,关键是人品好。皇上看重的人,一定没错!"

曹寅谦虚地笑着摇摇头,二人碰一下酒杯,一扬脖,都喝得一干二净。

当轩三被抬下大堂,马逸姿也松一口气。他多么希望轩三当堂撞死,这样就不会再节外生枝。可惜轩三没死,案子没结,马逸姿的心还得继续揣着兔子。

春节他去给噶礼拜年。大年初一一大早，马逸姿去晚一步，噶礼没在驿馆，听说去到钦差行辕。下午，打发马六去打听噶礼回来没。马六去得快，回来得也快。他听噶礼的家仆说，中午大帅在钦差那儿喝上了，一时半会儿回不来。晚上，马逸姿又打发马六去打听，说是大帅喝多了，吩咐过谁也不见。大年初二，马逸姿一早又去，噶礼在是在，只是晚曹寅一步。曹寅在，他只好先回，让马六第三次去噶礼那里打探消息。马六回来禀报，大帅留曹寅吃饭，吩咐过，今天谁也不见，把马逸姿急得团团转。他为噶礼准备了份厚礼，不送出去他不安心。常言道，上天言好事，下界好过年。这个茬口，他想了又想，能给钦差递上话的除了噶礼，还是噶礼。

初三一大早，马逸姿终于见到噶礼，可他一副疲惫的样子。听下人说，噶礼认为张伯行对在扬州过节的众官员照顾不周到，心里憋着火。马逸姿与他见面时怕惹着他，陪着小心说话。噶礼一直板着个脸，只是看过马逸姿呈上的礼单，脸上才露出笑容。是的，马逸姿的礼单的确够丰厚。

一看礼单，噶礼就知道马逸姿什么意思。他慢条斯理地说道："隽伯，对自家奴仆一味地放任自流，早晚会给你惹出麻烦，这事你要向本帅好好学学。本帅世受皇恩，家里什么时候出过乱子？你呀，就是粗心大意，治家无方。"

"是，是，是，大帅所言极是，卑职一定牢记大帅教诲。"

"以后不要一心只扑在工作上，也多操心家里的事。"说着，噶礼端起茶杯。

马逸姿忙起身告辞。

出了驿馆的大门，马逸姿长出一口气。噶礼刚才的话，让他多日悬着的心总算落下。

（二）钦差大臣张鹏翮和两江总督噶礼、江苏巡抚张伯行、安徽巡抚梁世勋四人第一次聚齐

春节的假还没结束，会审又开始了。刚放松些的神经又被绷紧，把大老郭烦得就跟丢一吊钱似的。烦也没办法，再肚疼还得到堂上站班、听差。一大早，大老郭一走一滑地来到盐政院，看到侯三和马大个比他来得还早。

侯三搓着手说道："看钦差大人选的这天。"

大老郭道:"这么冷的天,刮着大风还升堂。你瞅瞅,前些天下的雪还没化完呢!"

"皇上关注的事,他们能不上心吗?你俩嫌冷,看看盐政院外黑压压听审的人,大过年的也不见少。咱们还站在大堂里,他们可是站在外边啊!"马大个道。

侯三笑着说:"是呀,咱们是当差没办法,门外那些看热闹的人可是自己来的。"

三人正聊得起劲,差官道:"大家快站好,大人们来了。"

说话间,钦差大臣张鹏翮、两江总督噶礼、江苏巡抚张伯行、安徽巡抚梁世勋四人第一次聚齐,威风凛凛来到大堂。

史载:梁世勋,字廷镛,号鹤汀,西安府三原县人。由一品荫生授知县,历任刑部员外郎、永平府知府、两淮盐运使,再迁山东按察使、布政使、广西巡抚。康熙五十一年(1712年)调任安徽巡抚,后入朝任户部左侍郎。曾亲率将士屯垦新疆,开荒种地,凿渠灌田。

梁世勋没到扬州之前就听说,吴泌的案子牵涉安徽原抚院的门生,安徽布政使的家人,还有安徽布政司的书办也卷到里边,很是闹心。安徽大员插手江苏科举,好说不好听。虽然他才上任不久,碗里锅里都牵扯不到他,但他还是觉得跟吃个苍蝇似的,怕一扯扯出一串来。这才刚开始审,第一天就涉及安徽两位大员,接着还不知道会审出什么幺蛾子呢,安徽官场恐怕要地震喽!

"提吴荣赞上堂。"审完贠星若、李奇、轩三,张鹏翮又将吴泌的父亲吴荣赞提到大堂。吴荣赞年逾七十,再白白胖胖的人也搁不住在冬天的大牢里关上一个多月,早变得面黄肌瘦,一直减肥减不下来的大肚腩也没了。等了许久,吴荣赞才挂个脏兮兮的木棍,颤颤巍巍地走上大堂。他跪在大堂上先咳老半天,差点没把肺咳出来。

张鹏翮见他这样,口气平缓地说道:"吴荣赞,本钦差问你,你要老实回答,小心皮肉。"

噶礼心想,这吴荣赞如今就是个棺材瓢子,打也打不得,吓也吓不得,提他上堂干什么。张鹏翮也不知道吴荣赞是这种情况,想着既然提来,随便问他两句了事。

"大人请放心,小老儿都这把年纪,一定老实回大人的话。"说完,吴荣赞又是一阵猛咳。

张伯行让衙役为吴荣赞倒杯热水。他喝几口,感觉身体好了许多,对着张伯行连连点头致谢。

张鹏翮问道:"吴泌买举人一共给出多少金银?"

"自打前年犬子听信个算卦的话,一心想科举,苦于没有门路。小老儿劝他没金刚钻,别揽瓷器活。咱没那读书的本事,就把生意做好,同样能得到社会的尊重,可他就是不听。几个月前,犬子的两个酒肉朋友俞式承、贠星若告诉他,想要中举他们有办法,只要肯花银子就行。犬子欣喜若狂,怕家里的银子不够,还四处借些金银珠宝,不知最后给他们多少。唉!举人是中了,几辈子积攒下的家业也因此败了。有朝一日,小老儿有何脸面去见九泉之下的祖宗呀。没想到,小老儿都这么大的岁数,竟遭此等大罪,真是教子无方呀!"说完,又是一阵咳嗽。

张鹏翮只得让他下去,换吴泌过堂。

吴泌供道:"草民一共交给贠星若和俞式承八千两银子。考前交了十锭金子、两千两银子,因家里金子不够所以给的银子。考后又给他们两千两银子,还有三千两说好中举后再交,至今没给。关节是俞式承给的,就是在头场首篇文章破题中出现'其实有'三字。"

张鹏翮令衙役提来吴泌的试卷当堂一验,"其实有"三字赫然在上。

张鹏翮稍稍松一口气。通过这段审理,他认为吴泌的案子大致已理清脉络,可以说基本上水落石出。

趁热打铁,接着又提方名上堂。方名一脸哭丧,施礼后也不跪,傻傻地站着。

"方名,你可认得程光奎?"张鹏翮问道。

"程光奎一直在淮安府城居住,下官在他中举前并没见过他,也没听说过他。只知道他家是淮安数一数二的大盐商,很有钱而已。"

张鹏翮一拍惊堂木,吓得方名一哆嗦:"满口胡言,程家在山阳有那么大产业,你竟然说没见过?吃人家花人家时,恐怕你不是这样说的吧。"

"下官……下官,一向清廉,从不鱼肉百姓,还望钦差大人明察。"

"方名,你还在狡辩,程光奎早已招供,难道还让本钦差给你拿出证据来不成?"

"钦差大人,下官真的不认识程光奎。"

"给你机会你不知珍惜,来人,拿夹棍好好夹夹这个贪赃枉法之徒。"

一听夹棍,方名蒙了,只见四个彪形大汉拿着夹棍上来就夹。

方名吓得赶忙跪倒磕头道:"钦差大人,不要夹,犯官如实禀报。"

"说吧,他们四个就站在你身旁。若再不老实,定夹不饶。"

"去年淮安大旱,粮食只收不足两成。本县开仓赈灾,本县大户也纷纷开粥厂施粥。程家是大户,程光奎之父程用昌独自设一粥厂。因程光奎在那里料理,犯官常去视察,因此认识,后来经常往来。我曾在他的书房,看到过一篇他写的《登东山而小鲁》,后在乡试阅卷时又看到此文,料定就是他写。想着我与他平日多有交往,况且,下官觉得他文笔还不错,所以就推荐上去。常言道,举贤不避亲,何况我与他只是泛泛之交呢? 中不中,那就看他的命,反正我的情意已到。事后想起此事,后悔莫及。犯官应秉公办事,不该心存私念,枉读那么多年圣贤书,辜负朝廷信任。犯官一念之错,罪该万死。只是程光奎之前没托犯官帮忙,之后犯官也没向程光奎说起,更没收他金银之物。望钦差大人看在犯官只是一念之差,本不恶劣,从轻发落。"

"事到如今,你还敢说不恶劣。方名,所供可有半句谎言?"

"钦差大人,犯官所说句句属实,绝无谎言。若有半句,甘当死罪。"

"好! 让他签字画押,下去好好悔过。"

(三)审出一个让皇上放心、让百姓满意、让士子服气的结果

常言道:"兄弟同心,其利断金。"

会审后第三天,噶礼与张伯行、梁世勋三人来到钦差行辕,参加由张鹏翮主持的新年之后第一次案件合议。

"皇上命我们审理江南科考舞弊,是对我等莫大信任。三位大人对本案有何想法,大家不要保留,畅所欲言。只有把案件审得一清二楚,将案犯绳之

以法,才能不辜负皇上信任。三位大人都说说吧!"三人落座,仆人上过茶后,张鹏翮笑呵呵地说道。

停了片刻,他见没人肯说话,笑着点将:"噶礼大人是两江大帅,你不说,恐怕他们二人也不便开口。和上次一样,还是噶帅先谈谈意见。"

上几次会审后的合议,噶礼并没有说什么实质性的东西,但他表达一个态度,无条件拥护钦差大人的审理。这次和上次的态度是否一样,噶礼一开口,在场的另外三人就听出来。

噶礼接过张鹏翮的话,先客气一番道:"廷镛兄先说说吧。"

梁世勋笑道:"大帅先请。"

噶礼接着又问张伯行道:"孝先兄,你先来。"

张伯行同样笑道:"大帅先请。"

"哈哈,那噶礼就先抛个砖,引二位大人的玉。钦差大人前天审了大半天,着实辛苦。钦差大人审案果然有手段,对付像负星若那样的狡诈之徒,若换我等,恐只能束手无策。可张大人洞若观火,一眼就将其看破,只几下板子,负犯就乖乖就范。在下认为,张大人的审案手段很值得我等研究和学习,不愧是朝廷仰仗的重臣。左必蕃、赵晋之徒更是被张大人一身正气所震慑,主动交代他们的罪行。张大人高明的审理手法,为审案节省很多时间。有这样的钦差做主审,是我等庸才的福音,是百姓之幸事。接下还望张大人在能者多劳的同时,一定要注意身体,不要操劳过度。"

张鹏翮笑道:"噶礼大人的话折煞运青。运青无才无能,全凭三位大人帮着支撑,才有如今的局面。下一步请噶礼大人多多担责,我等共同努力,早日让江南科考舞弊的案情大白于天下,审出一个让皇上放心、让百姓满意、让士子服气的结果。廷镛兄谈谈吧!"

梁世勋对着张伯行忙谦让道:"还是请张大人先讲讲。"

张伯行忙回个你先的手势。

梁世勋笑笑开口道:"在座各位就卑职最没发言权。钦差大人让卑职先说,实在勉为其难,卑职就先谈谈浅见,不当之处,还请三位大人批评指正。因卑职公务缠身,实在是走不开,因此晚来些日子。"梁世勋忙向张鹏翮做个抱歉的表情,继续说道:"钦差大人体察卑职的难处,并无怪罪,令卑职感激流涕。"说着又向张鹏翮拱拱手,张鹏翮向梁世勋报以微笑。

"卑职之前虽人未在扬州,可心早飞到此处,无时无刻不挂念案情。此案审得如此顺利,说明什么? 说明钦差大人能力强、水平高、作风硬。前日,钦差大人明察秋毫,将吴泌、方名等人审得服服帖帖,卑职敬佩万分!"说着,梁世勋向着张鹏翮拱拱手,张鹏翮依旧笑着向他谦虚地摇摇头。

接着,梁世勋一脸痛惜地说道:"安徽多人卷入案件里边,卑职一是震惊,二是痛心,三是气愤。作为安徽巡抚,这都是卑职的错,卑职没将百姓教化好。下一步,卑职一定要加大劝化百姓向德从善的力度,让百姓以守法为荣,以作恶为耻。"

张鹏翮安抚道:"廷铺兄不必自责。兄才来安徽不久,教化百姓也非一日之功。眼下我们首要工作是秉公审理,早日圆满完成皇上交付我们四人的任务。"

梁世勋连连点头称是。

"孝先兄来压个轴吧。"张鹏翮笑呵呵地看着张伯行说道。

"通过这些天的会审,不难看出,钦差大人审案果然名不虚传。前些日子,大人略施手段,便令负犯乖乖招供,不愧经验丰富,很值得我们学习。只是李、轩二犯相互推诿,企图蒙混过关,实属可恶。"

"李奇、轩三二犯所说孰真孰假,孝先是怎么看的?"既然张伯行提到案情,张鹏翮正好听听他的想法。

"从目前掌握的口供来看,卑职以为,轩三拿银子的可能性更大。"张伯行回道。

"哦! 孝先是这么认为的吗? 前天轩三为证清白,可是当场在大堂之上撞柱,差点没撞死。"噶礼不屑地说道。

张伯行道:"卑职以为,轩三撞柱只为掩盖真相,是为保护他幕后的大人物。"

"他幕后的大人物是谁? 你怀疑马逸姿就明说,藏着掖着干什么? 你怀疑他,你的证据呢? 你要拿出证据嘛!"噶礼带些情绪地说道。

张伯行道:"轩三说的'审案大人的头都长不住,还来问我',这是什么意思?"

噶礼气得一拍桌子道:"难道你还怀疑本帅吗?"

张鹏翮忙笑道:"噶大人消消气,孝先不是这个意思。"

张伯行道："贠星若供认将十五锭金子给了李奇,后又说八千两。前日,吴泌也说给了贠星若和俞式承八千两,李奇也承认拿过,并说交与轩三。如果李奇想抵赖,他完全可以承认没拿贠星若的金子。"

噶礼道："拿金子和供出金银的去向是风马牛不相及的两码事。他完全可以将金子私藏,再嫁祸给他人。"

"如果金银没给轩三,吴泌中举又怎么讲?"张伯行反问。

"吴泌或另托有他人,也不为奇。"噶礼道。

张伯行并不示弱道："一事不烦二主。他已将金银给出,恐怕不会再另托他人,八千两可不是小数。"

"吴家在扬州是数着的大盐商,有的是银子。"从噶礼的口气中不难听出气愤。

张鹏翮笑着打圆场道："哈哈!二位大人所说都有道理。"

为了缓和一下气氛,他看看梁世勋笑道："廷镛兄,不要干坐着,谈谈你对案情的分析。"

梁世勋本不想掺和进噶礼与张伯行的争论,既然钦差开口,他不表态也不行,可似乎向着谁都不好,只有另辟蹊径。于是,梁世勋说道："卑职觉得二位大人说的都在理。除此之外,卑职有一个不成熟的想法,我说出来请钦差大人、大帅和张大人听听,看看有没有这种可能性。"

噶礼不耐烦道："廷镛,有话直说,别啰里啰嗦不痛快。"

梁世勋向噶礼笑着抱歉道："会不会李奇将金子给了别人,他又不敢将其供出,于是就嫁祸轩三。"

"嗯!廷镛说的在理。"噶礼点头道。

张鹏翮点头道："有这种可能。我们只有接着再审李奇和轩三,才能知晓。"

张伯行也点点头。

(四)李奇妻子杜氏主动交出十五锭金子

上次合议后没几日,张鹏翮又将三位陪审叫到行辕,这一次是因为吴泌案情有了新进展。

"昨天就准备将三位大人请来，想着刚下过雪，路上泥泞，不好走。今天请大家过来，是因吴泌的案情又有新突破，我们在一起议议。前天，江宁县知县苏壎递来呈报，一个叫姚振东的到江宁县衙举报李奇家中藏有金子。苏知县便亲自带人到李奇家搜查，李奇妻子杜氏主动交出十五锭金子。事关重大，苏知县未敢审讯，连夜将李奇妻子杜氏，连同举报人姚振东和在李家发现的金子，押送到扬州，现已交与江都县。大家来看看呈报，谈谈意见。"说着，张鹏翮将呈报向噶礼递去。

噶礼赶忙双手接过，认真看了起来。看过之后，噶礼并未说话。

张鹏翮说道："噶礼大人意下如何？"

噶礼将呈报交与张伯行后说道："我早就觉得李奇供词有诈，看看，果不其然。钦差大人对这种狡诈之徒就不应该心怀慈悲，会审那日就该好好打他些板子，他才会乖乖讲出实情。"

张伯行看完呈报又交给梁世勋，思考片刻说道："李奇不过是一个仆人，他若将金子全部截留，他自己有何能力帮助吴泌中举？吴泌的学识，那日会审时钦差大人当堂也试过。卑职看来，杜氏交出的这十五锭金子恐与吴泌案无关。"

"不是吴泌的，又是谁的？他一个下人，家中何以有这么多金子？"噶礼没好气地问张伯行。

上次合议时，当着钦差与安徽巡抚的面，张伯行和他顶牛，气得噶礼回去午饭都没吃。这一次他感觉张伯行又在与他唱对台戏，气就不打一处来。

张伯行答道："这个恐怕还得审李奇夫妇二人才能知晓。从呈报中看，举报人姚振东只说李奇家中藏有金子，并没说是谁的。"

梁世勋见噶礼的脸色要变，忙和稀泥道："仆人之家有如此多的金子，想必来路一定有问题，会不会李奇还涉及其他案件？不多不少整整十五锭，与吴泌的金子数正好吻合，看来李奇夫妇还得严加审问。"

怕噶礼与张伯行再起争执，张鹏翮赶忙说道："三位大人所说都在理。择日我们开堂先审问李奇夫妇，再审轩三，三位大人意下如何？"

"哦！钦差大人，下官正有事要向您禀报。"

张鹏翮道："噶礼兄请讲。"

"禀报大人，正月十七，下官要赶往淮安与漕运总督赫大人共议清淤京杭运河之事。得给大人告一段时间的假,还望大人准予。"

"江南科考舞弊案案情复杂,耗时必定会久。一个多月来,这么多地方官员与本钦差一同全在扬州审理此案,连过年也没能与家人团聚,大家都很辛苦。本钦差看在眼里,疼在心里。修筑河堤是大事,河道安澜关系到两岸千万黎民的安危。噶礼大人是大忙人,两江三省百姓的丰衣足食全赖大人操心费神。大人有事先去忙,忙完后我们再接着一起审。"

"下官知道此案的重要性。倘若不是因为关系到河道治理,下官也不敢贸然告假。前年夏天,淮安、徐州、扬州三府共十三州县并徐州一卫惨遭水灾,百姓损失惨重。去年春天灾民无粮,惊动皇上,下旨赈济。下官不忍百姓再重遭水患,河道总督会商今春整治河道,造福百姓。去年冬天已与漕运总督议好,今年一开春一并将运河清淤加固。御批已下,只等户部银两一到就可开工。还望钦差大人怜悯百姓,救其苦海,早日拨银开工。"说着,向张鹏翮拱了拱手。

张鹏翮一听,怎么正请着假呢,立马改成当面找我要银子了,便打起官腔道:"漕运是大事,不但关系到京城补给,也关系到南北人货流通。修河筑堤也是大事,利国利民。本钦差治过几年河,深知其中利害和甘苦。噶帅放心,回去之后,本钦差会命户部按大帅之命行事。"

"谢谢钦差大人的支持和理解。下官不敢耽搁时日,好在淮安离扬州也近,下官一定速去速回。"

(五)酩酊大醉的曹寅仍然没有忘记自己心里面紧绷的那根弦

噶礼去了淮安,扬州的案子还得按部就班地继续审,张鹏翮已开始着手准备再审李奇。

在扬州,还有一个人时刻关心着案件进展。他不是旁人,正是江宁织造兼两淮巡盐御史曹寅。上至钦差大臣,下至两江官员,都知道曹寅是在帮着康熙帝操心。

二次会审后,曹寅正愁没由头到噶礼那里打探些消息。这不听说噶礼要去一趟淮安,机会来了。正月十五上元节,驿馆内已挂好各种各样的花灯,只等夜幕降临好供各位大人观赏。下午,曹寅提着二斤汤圆,带着厨子、食材、美酒,来到噶礼所住的驿馆。

一听曹寅来了,噶礼也没换官服,只穿着便装,乐呵呵迎出屋门。"哈哈!子清贤弟有些日子没来了,是不是忘记在扬州还有我这个哥哥呀!"

曹寅见到噶礼,忙请安施礼:"岂敢岂敢!卑职天天挂念着大帅,早想来给您请安。可是听说大帅最近日理万机,卑职不便过来叨扰。这不,听说大帅不日要去往淮安,卑职趁着上元佳节之际,一是来给大帅贺节,二是给大帅请安,三是给大帅送行。"

噶礼佯装恼怒道:"哈哈!子清的消息蛮灵的嘛!你呀,你呀,不是我说你,张口大帅,闭口卑职,什么大帅不大帅,就你子清规矩多,我们兄弟之间还用来这一套?你再这样,哥哥我就叫你曹大人了。哈哈……"

曹寅也笑着说道:"哥哥,勿恼,小弟以后只当着外人叫您大帅还不成?"

"成!"

"你看你,就是规矩多,来哥哥这里还穿着官服。以后再来看哥哥,不准再穿这么正式啊。"

"好哩,知道了。哈哈……"

二人手挽手有说有笑走进上房。

"今日是上元佳节,小弟将寒舍的厨子带来,给哥哥做几样拿手菜。小弟还特别挖出两坛五十年状元红,也给哥哥带来尝尝。"

"哦!记得大年初二,老弟来看哥哥,我留老弟在驿馆陪我喝两杯,以解思家之愁。今天是上元节,老弟特意来回请哥哥,好一个有情有义的子清贤弟呀!今日,你我兄弟二人定要痛饮一番,不醉不休。哈哈!"

"痛饮一番,不醉不休。哈哈!"

聊着聊着,二人就聊到科考案上。

噶礼气愤地说道:"运青兄是皇上委任的钦差大人、主审官,我们三人说是陪审,其实不过是陪衬而已。张孝先却总摆不正自己的位置,对运青兄审案总是提出不同意见,弄得钦差大人很是尴尬。"

"哦!张抚院想法还不少?他是个认真的人,听说还是直肠子,不会变通,有什么想法,不说出来心里就不痛快呗!"

"他心里痛快,你哥哥我可吃不下饭了。"

"哦,还有这种事?哥哥您是有名的大人有大量之主,都说您胸襟大得能行船,也能被他气得吃不下饭? 不至于吧哥哥。那张大人得做多出格的事,才能惹恼哥哥?"曹寅笑道。

"兄弟不信? 那日在行辕我们四人合议时,钦差大人与我和廷镛说东,他张孝先偏要西,还顶撞钦差大人。我当着钦差不便明说他,一再给他暗示,他不但装迷瞪,还越说越离谱,把哥哥我气得午饭都没好好吃。唉! 子清老弟呀,子清老弟,你说,哥哥我咋遇上个这样的下属,让我一点都不省心。"

"要说看着张大人也不像这种人,真是知人知面不知心! 谢谢哥哥告知,以后小弟见了他一定得躲着他点,免生闲气。哥哥也别生气,气坏身子可了不得。咱们大人不记小人过,不和他一般见识就是。"

二人正在闲聊,噶礼的师爷周世荫掀开门帘,轻手轻脚地进来,禀报酒席已准备好。

"走,子清老弟,不谈这些烦心事,咱们喝酒去。"

二人从掌灯直喝到将近三更才散席。噶礼喝得趴在桌子上一动不动,曹寅也喝得被随行的家人搀扶着上了轿。

酩酊大醉的曹寅仍然没有忘记自己心里面紧绷的那根弦。第二日醒来,他伏案斟词酌句,写下《江宁织造曹寅奏报会审科考案情形折》:

> 奏臣曹寅跪奏。窃闻会审科场一案,审得举人程光奎素与副主考赵晋、山阳县知县方名交好,是以取中。至于举人吴泌贿情由是俞式承包揽,托贠星若过付。据贠星若初供,安徽叶抚院得银五千两,江防叶同知得银三千两。后又供叶抚院不见,因另托李奇。即审李奇,供出金子十五锭交安徽藩司马逸姿的家人轩三。夹审轩三,并无承认口词。又据江宁县知县苏壋详报,姚振宗出首,李奇家中现藏金子,诬赖轩三。知县即到李奇家问伊妻杜氏,取出金子十五锭,连金子并出首人解大人审讯,尚未完结。但目下纷纷议论皆云,审事各大人意见不合。称江苏抚臣张伯行心怀多疑,必欲将金子问在轩三身上。督臣噶礼、安徽抚臣梁世勋谓从前李奇供金子交于轩三,今又在李奇家问他妻子取出,似属妄报,各执一见,竟不知和同。钦差户部尚书臣张鹏翮亦未有定见。而督臣噶礼,将于十七日赴淮安,因另有公事同漕臣赫寿会议,不在扬州会审。据目下所闻谨奏伏乞。

　　圣鉴

康熙五十一年正月十六日

　　噶礼万万没想到,在他离开扬州后,有一件翻天覆地的事情正等着他。

八
督抚互参

（一）选派张鹏翮做钦差大臣主审此案，康熙帝是经过深思熟虑的

新年伊始，康熙帝依然不得闲。大年初一凌晨，他起床盥洗、更衣，顾不得用点心，只喝几口奶茶，穿上蓝色衮服，便赶着到诣堂子行礼，拜祭苍天、神灵及祖先，祈愿新的一年风调雨顺、国泰民安。然后率诸王、贝勒、贝子、公、内大臣、大学士、侍卫等一干人等，到坤宁宫向皇太后行礼。接着，他与皇后一起主持新春祭司萨满仪式。皇后主祭，皇帝拈香行礼叩拜，按照上祝、献牲、宰烹、祈福、领赐等严格进行。康熙帝用完早膳后，更换最为正式的明黄色衮服，到太和殿接受王以下、文武各官、外藩王及使臣的三跪九叩礼。当康熙帝脚刚迈过太和殿门槛的一瞬间，太和殿两边各五千只蝈蝈齐声鸣叫，取"万国来贺"之意。午时，康熙帝在太和殿举行筵宴，同王公百官共贺新春佳节。

在接下来的几日里，他还要陪皇太后游畅春园，遣吏部尚书富宁安到太庙行礼。顺治帝忌日，遣官祭孝陵。上元节宴请王公大臣。

正月的京城，蜡梅开得正盛，枝头点点微黄，映着皑皑白雪，不时飘出淡淡芳香。虽然已是初春，但离河面的冰开化还有些日子，孩童们在后海水面上还能再滑几日。老话说，不出正月都是年，可正月十五上元节一过，年味也就淡去许多。

一年之计在于春，一日之计在于晨。天还未亮，康熙帝早已端坐在太和门，这是他新年的第一次"御门听政"。听完大臣的奏报之后，康熙帝移驾乾清宫批阅奏折。

康熙帝批阅时,户部右侍郎李仲极呈报上康熙五十年大清国的家底:

人丁户口:二千四百六十二万一千三百二十四。田、地、山、荡、畦地:六百九十三万三百四十四顷三十四亩有奇。征银:二千九百九十万四千六百五十二两八钱有奇。米、豆、麦:六百九十一万二千二百五十四石有奇。草:四百八十五万五千四百六十一束。茶:二十三万五千二百一十五引。行盐:五百零九万一千六百九引。征课银:三百七十二万九千二百二十八两有奇。铸钱:三万七千四百九十三万三千四百有奇。

看着折子上的一系列数字,康熙帝心里感慨万端:打江山易,守江山难!自从康熙六年六月,十四岁的他亲政以来,除鳌拜,削三藩,征漠北,统一台湾,驱逐沙俄。经过不懈的励精图治,才有如今的大好局面。这时,他意识到年复一年的忙碌,一晃自己登基已五十一个年头。

史载:李仲极,镶蓝旗,荫生出身,顺天大兴人。康熙三十年升任儋州知州,后任内阁学士兼礼部侍郎、户部右侍郎等职。康熙五十一年,因纵容家人受贿被革职。

在李仲极呈报去年人丁、税收折子时,康熙帝问道:"张尚书不在部中,最近户部可有什么状况?"

李仲极回奏:"因张大人奉旨去扬州前已将部中事务安排妥当,目前,在户部同僚的共同努力下运作如故。"

自张鹏翮去扬州查案之后,康熙帝一直挂念着江南科考舞弊案。张鹏翮走后已经一月有余,他始终没给康熙帝上报过案情进展。好在扬州有曹寅时刻关注科考案的审理,一直替康熙帝搜集有关科考案的消息。

康熙帝始终重视科举取士。自亲政以来,他秉承顺治帝的治国理念,重视对汉族文人特别是江南文人的选拔与任用。他大开科举,使大批汉族文人踏上仕途,参与国家治理。此时,国家政权巩固,社会和谐稳定,经济繁荣昌盛,百姓安居乐业。为进一步安抚民心,笼络士子,也为国家选拔人才,去年四月,他决定大幅增加辛卯科各省乡试中举的额度:

增直隶各省乡试中额。顺天生员十八名,南北监生十三名,满洲、蒙古四名,汉军二名,江南、浙江、湖广各十六名,福建十四名,江西十五名,山东、河南各十二名,山西、陕西各十名,广东、四川各十一名,广西八名,云南九名,贵州六名。

消息传到各地,士子满怀欣喜,奔走相告。本为大快人心之事,康熙帝万万没想到,却被地方官员办成弄巧成拙之事。让康熙帝最不愿看到的是,此案还发生在人才济济且富庶无比的江南。现在只能通过对案件的审理,来安抚江南百姓的心。

选派张鹏翮做钦差大臣主审此案,康熙帝是经过深思熟虑的。张鹏翮先后任过江南学政、两江总督,对江南的事情很熟悉。更重要的是,张鹏翮无论在江南、两江任上,还是在河道任上,颇有政绩,很得江南人心。至少派他去,朝中及在各省任职的江南籍官员都十分认可。江南的百姓,尤其是士林、盐商,都不会有抵触情绪。

审理案件是对士林的抚慰,审理地定在扬州也是对商贾财团干政的震慑和警告。配备两江总督,及涉案的安徽、江苏两省巡抚,三位地方大员作陪审,可谓面面俱到。三位陪审一位是康熙帝的亲信,一位是有名的清官,一位是才到任不久的官员。康熙帝对这个审案团队很是看好,他在宫中期待着案件真相大白,江南士林人心安定的时刻。等来等去,他却等来不让他省心的消息。

(二)这些话都会由曹寅总结梳理后密报给康熙帝

二月,京城中迎春花与红梅竞相开放,风也不再那么凛冽。仿佛一夜之间,河、湖就开化了,鸭子在冻了一冬的河面上戏水。噶礼与张伯行的折子,就在这个对未来充满美好憧憬的季节,一前一后送到京师,放在康熙帝的御案上。对于两个人折子里的内容,此刻,康熙帝更关心的还是江南民心。

他在曹寅正月十六日的奏折上御批道:

督抚不和,人所共知。巡抚是一钱不要清官,总督是事体明白勤谨人物。目前,参本到了尔。南方众论如何?再打听明白。速奏。

这种事情,眼下他靠不了旁人,也不相信旁人,他还是只能靠曹寅。况且,他很认可曹寅奏报的真实度。这种街头巷尾的事,曹寅要靠他身边长随去打听,尤其是曹顺。

人们都在说啥?如今,扬州街头巷尾的百姓议论最多的就是科考案的事,没有其他。

案件会审前,张鹏翮特别交代,将盐政院的三扇大门全部打开,任由百姓站在门外听审。这种开门办案,以前从来没有过,极大诱发了人们的好奇。虽然是冬季,刚下过雪,天气依旧寒冷,但这丝毫影响不了大家听审的兴趣;虽然盐政院大门与审案大堂还隔着很大一个院子,站在大门外不要说审案的问答声,就连坐在大堂正中四位主审、陪审的长相都看不清,但这丝毫影响不了大家听审的热情;虽然三扇大门外空间有限,能从大门往里望见大堂中景象的人只占很小的部分,但这丝毫影响不了大家来听审的劲头。有的人为能占据一个有利位置,早一个多时辰来到盐政院外。

站在盐政院大门前的人极其幸运。他们不但能看到当天审案的全过程,还能隐约听到主审拍惊堂木的声音。有时从大堂上还能传出几句不太清楚的审案声。虽然没有一句完整,但这也是值得炫耀的资本。因此,门前这一圈位置是抢手货,能值十几文,甚至有人愿意为此付上二十文。有买方市场,就会有卖方。每逢会审之日,就会出现专门来占位置兜售的人。

毕竟能来听审的人是少数,更多的人只能从他人口中满足自己的好奇心。什么人最了解审案全过程,自然是大堂上的人。不要说有哪位百姓敢向主审、陪审打听案情,就是站在大堂上听审的官员,普通百姓也没有机会接触他们。只有堂上衙役是百姓最常见的知情人。自从会审第一天,他们便成为人们眼中的香饽饽,在街头、饭馆、茶馆,甚至家中,总会出现向他们打听审案的好事者。

曹顺不用打听也知道,扬州府衙附近的小酒馆是参加会审的衙役常去之地。曹顺穿身打有补丁的粗布衣裳,换双草鞋,就能很容易混迹在府衙附近的小酒馆中,而不引人注意。

那日,曹顺在府衙附近转悠,见庆福酒馆里坐着两名衙役,就走了进去。

进到酒馆,只见邻门口桌子有空位,他便坐下,向着柜台说道:"掌柜的,来一碗阳春面,再烫二两黄酒。"

"好嘞!客官稍等。"钱掌柜应声后,又冲厨房喊道:"老婆子,下碗阳春面。"接着从坛中打二两酒为曹顺烫上。他忙归忙,耳朵可没闲着,继续听着侯三兴致勃勃地讲钦差审案。

"你们猜怎么的,吴泌听'大刑'二字,人都吓瘫了。别看这些富家公子哥平日牛气哄哄,其实胆子小着呢!"

"侯三爷,大堂上的惊堂木长什么样呀?钦差大人拍得那么响,我在门外听得杠杠的。"来给师傅打酒的鞋帽店学徒二柱好奇地问道。

钱掌柜将酒烫好后端到曹顺面前道:"客官先喝着,阳春面马上就好。"然后,边为二柱打酒边说:"你不在店里好好干活儿,跑这凑热闹,小心你师傅打你。"

"我师傅才不打我呢!那日,是他让我去盐政院给他占位,天没亮我就跑去。就那也没能占到最前面,可把我冻得够呛,师傅一去就让我回来了。"

"长什么样,比说书人说的长些、宽些、高些?惊堂木夺人的胆,能吓得犯人胆战心惊。张钦差是从京里来的尚书,手里物件能差得了?他这只惊堂木是上好的紫檀木,拍着声音脆,当然传得远,比之前左府台的强得多。"

"侯三爷,说说这十五锭金子到底去哪啦?"食客老鲁问道。

"这可不好说。李奇说在轩三那儿,轩三说根本没见,咱哪儿知道,反正没在我这。"侯三喝口花雕说道。

衙役马大个答了腔:"听他们说,大帅认为金子被李奇私吞,张抚院认为李奇交给轩三,二人为此还争起来。姜还是老的辣,合议时张钦差就是不表态。"

"我认为张抚院说得对,李奇不给人家好处,谁帮吴泌办成事的啊?"

"那也不一定就给轩三,也可能李奇给了别人。"噶礼与张伯行在钦差行辕争,老百姓在市街上争,都认为自己说得有道理。

"十五锭金子啊!我若是有一锭银子,这辈子也就知足了。"卖菜的老陈感慨道。

"老陈,你要是早改行卖盐,你不也早发了。"

"哈哈！说不定,你也会给你儿子弄个举人、秀才什么的。"

阳春面上来后,曹顺只管喝着、吃着、听着,也不答话。他暗记心中,回去好向曹寅禀报。

曹寅向康熙帝上报的消息,很多是曹顺从此搜集而来。

这次,曹顺领了曹寅之命,找间人多的茶馆坐下后,要杯六安瓜片喝了起来。小茶馆,大世界。人们在此谈天说地,聊家短邻长,谈生意,会朋友,歇脚,喝茶,好不热闹。茶伙计将茶送上来后,曹顺边喝茶边听大家聊。

"十五锭金子就能买个举人,读书还有什么用？读书人都去做买卖算了。"段秀才气愤地说道。

罗铁匠说道:"我天天出不完的汗,不吃不喝,几辈子也攒不下这么多金子。"

"不要说你,我也一辈子没见过这么多金子。"旗人那四爷正在喂鸟,听到罗铁匠的话,也气愤地说道。

"吴泌一个案就审出十五锭金子,整个科考案得涉及多少银两呀！"耿掌柜不愧是生意人,什么事都能和数字联系起来。

"上下勾结,有些人真是无法无天。皇上英明,及时派钦差来整治这些贪官污吏,大快人心。"李秀才说道。

"听说没？"段秀才四处看看,才又接着说:"我听说,制台想平科举案,向左家、赵家要五十万两银子,当场就把他们家人吓傻了。"

"这事我也听说了。你们说这事会不会拿过银子,到最后真就不了了之？"许老板也凑了过来。

耿掌柜道:"这可是杀头大罪,不会吧！"

"我看不一定。"许老板道。

"看着吧！有万岁爷督着阵,谁也不敢平。"那四爷说道。

众人连连点头。

这些话都会由曹顺传给曹寅,再由曹寅总结后密报给康熙帝,作为分析噶礼与张伯行互参奏折的参考。

（三）督臣擅作威福，卖朝廷之官，卖朝廷之法，后卖朝廷之举人

好雨知时节，当春乃发生。

随风潜入夜，润物细无声。

俗话说，八月十五云遮月，正月十五雪打灯。正月十五刚过没几天，扬州新年的第一场春雨不约而至，准确地说是雨夹雪。张伯行用过晚饭，本想在院中走走，掀起门帘发现下雨。他站在廊下看着"润物细无声"的春雨，思绪万千。张鹏翮素有清名，张伯行本想他会将此案查个水落石出。但是，通过一个多月的审理，张伯行对他彻底失望，没想到张鹏翮只会避重就轻。面对噶礼这个拦路虎，他一味地躲闪、避让。坊间疯传江南科考案的幕后元凶，不是别人，正是案件的陪审、两江最高长官噶礼。还据说，为摆平此案，噶礼竟向正、副主考左必蕃、赵晋要银五十万两。还有梁世勋，一到扬州就与噶礼往来频繁，并支持他的意见和想法。这倒也罢，更甚者，有一日，他来到张伯行寓居的驿馆，指责张伯行为何要诬陷他们安徽的马逸姿。他叫嚷着要参张伯行，还威胁要将奏折内容贴满全扬州城，让世人都看看张伯行丑恶的嘴脸。两位陪审是这样，主审又是那样，这案子能审出什么结果？看来，不上疏皇上不行。只有皇上才能治住这帮人，才能还律法之公正，还百姓之真相。说写就写，张伯行回屋酝酿良久，写下《劾总督抗旨欺君疏》：

为督臣抗旨欺君，营私坏法，请旨解任并审，以正国典，以彰公论事。

窃惟人臣之罪莫大于欺君，欺君之罪莫大于抗旨。我皇上临御以来，万几总归，圣断巨细靡遗，内外臣工孰不奉法惟谨，从未有抗旨欺君、营私坏法如两江总督臣噶礼者也。其受朝廷豢养不为不久，蒙皇上委任不为不专。稍有人心者，自当凡事恪遵圣训、仰体圣怀以图报效，而其大端无过于进贤、退不肖、养一代之人才，以培国家之元气。不谓督臣自到任后，辖两省大小文武属员，逢迎趋附者，虽秽迹昭著，亦可藏垢包荒；守正不阿者，虽廉洁自持，难免吹毛索瘢。此久在皇上睿照之中，无容臣再为渎赘。最可疑者江南今科乡试，盛传总督通同监临提调，揽卖举人。

臣以督抚藩司皆朝廷大吏,岂有病狂丧心至于如此之极。迨后众口难掩,正主考臣左必蕃不得已具题疏,内原有"或发督臣严审"之语,又风闻"总督要银五十万两保全伊等无事"之说。臣虽未敢遽信,固已心窃疑之,及至部覆奉旨这事情,著张鹏翮会同两江总督,江苏、安徽巡抚,在扬州地方彻底详察,严加审明具奏。左必蕃、赵晋俱著革任,发往质审钦此。遵移咨到臣,臣即自苏抵扬共同会审。

据左必蕃供:程光奎六月二十六日到京,二十八日赵晋已点江南主考,程光奎往见赵晋,说尔我谊同兄弟,中式不要谢礼,但与左家银八千八百两。赵晋起身到常新店,与程光奎同宿一夜,关节是他给程光奎著姚陶交与方名。程光奎原与赵晋、姚陶、杨绪结拜,四弟兄人人都晓得。传闻赵晋四千两,杨绪四千两,又闻赵晋得五千两,杨绪只得三千两。

程光奎供:并没有关节,场内文字实出己手。令默写原卷,稷泰讹稷委、丰稔讹丰稳、弃置讹器置、化成讹化诚、蚕桑蚕字竟不成字,其文非出己手可知。

方名供:程光奎从来并不识面。及再三严讯,又供去岁山阳煮粥赈饥,程光奎之父程用昌独设一厂,程光奎曾在厂中料理,因常去查赈才得认识。嗣后时常往来,见伊书房有孔子登东山而小鲁一节文字曾看过。后来场中遇着,料是程光奎之文,因荐与主考。即不中,也见得我的情,不意中了。这是自己一念之错,尚有何辩。

又据左必蕃供:吴泌中式是他父亲吴荣赞给他两万两银子买的。

据吴荣赞供:是余以介、俞式承、贠星若引诱小儿子买举。不知数目多少,中有金子珠宝,是向人家借来的。

吴泌供:原与俞式承、贠星若议买举人,银八千两。场前交金子十锭、银两千两,场后交银两千两。还有三千两未交。关节是"其实有"三字,系俞式承所给文字,系扬州府学生员相权所作,与他五十两银子。随验吴泌朱墨卷,头场首篇破题内果有"其实有"三字。

俞式承供:吴泌买举人是八千两银子,还有三千两因事发没交,是贠星若管的。贠星若说是安徽叶抚院门路,及去询问,叶抚院回避不见。小人怨他误事,他说另有一条门路,包管稳中,中后交银子便是。

贠星若供:小人是安徽叶抚院门生。吴泌八千两银子,是叶抚院五千两、江防厅叶同知三千两。督臣怒云："真乃大光棍,叶抚院已死,还说他做甚。若再提起,定要把两条腿夹折。"又供:十五锭金子交与布政司书办李奇,小人跟随到衙门前看着拿进里面去。李奇说,交与家人轩三,关节是轩三交与李奇,李奇交与小人。场后李奇向轩三讨信,轩三说荐得极高。后来果中第十三名。

李奇供:小人是安徽布政司书办本官家人。轩三向小人说,今年主子做提调,有买举人的揽来。后来遇着贠星若说吴泌要买举人,小人向轩三说知,轩三遂进去里面商量,出来说"做得"。小人往扬州验过银子,回到江宁,轩三叫小人在茶馆等着,他到承恩寺拿出一小红封,说是关节。小人交与贠星若是实。

督臣又大怒云,马藩司不是主考,亦不是廉官,那里来的关节,可实说关节是何人给的。臣随劝督臣云:"钦差大人奉朝命来,我等今日审事俨如至尊在上一般,不可动气。况且皇上旨意要彻底详察,岂可使众犯闭口不言。"督臣云:"我不曾说甚。"众犯口供凿凿,因安徽督抚尚未到扬,臣又系下江巡抚,不能行提上江布政使家人。钦差大人令督臣行提,督臣不肯去拿。钦差大人遂传马逸姿要轩三。据马逸姿回称,这都因本司揭报场屋事挟仇妄扳。贠星若供叶抚院要银五千两、叶同知要银三千两。今又供本司要银三千两,岂不是挟仇妄扳?

查先据贠星若供叶巡抚五千两、叶同知三千两之语,外边并无人知,马逸姿如何晓得?必有奸人暗通消息与马逸姿者矣。钦差大人云,把轩三送出来讯后便知虚实。

后复讯李奇。据供:初六日晚,吴泌向小人说,当把口供酌量改变,若不改将来夹棍恐吃不起。

轩三到案。据供:因小人主人揭报吴泌买举人,他挟仇买出光棍来扳着主子查此案。

正主考于九月十八日具题:马逸姿等于二十八日方详报到,臣如系挟仇,有不扳主考反扳马逸姿之理?

遂夹讯轩三。据供:谁使银子欲使我替揑夹棍。又供:审事大人的头都长不住,还来问我。

臣云:"毕竟问他是谁的头长不住,审事大人因甚头都长不住",督臣不答。钦差大人云："此时已交三更，可将夹棍松了。"遂俱散。

讫次日传马逸姿，问昨晚轩三说"审事大人头都长不住"是怎么说。马逸姿云："他没这话。"因着马逸姿去问轩三，饰辞云"正副主考"。

臣又诘马逸姿，正副主考是听审之人，并非审事大人。马逸姿无言。自比后一月有余，并不敢复审轩三矣。

及复审。据李奇供：发榜后到扬州取金银交与轩三。小人问他要议单，轩三遂将议单交与小人，回来交与贠星若。

审王曰俞。据供：泾县陈天立到我房里说，有"其实有"三字关节，卷子是他人托过的。遇着替我荐一荐，中不中凭他。后来此卷分在本房，看他文理顺通，遂荐上去。正主考先让副主考官看，副主考说，这就是易五房好卷子，就取中了。

又问陈天立是谁托尔来。据供，是副主考。

此案审取口供俱系钦差大人所带部中书办写录，臣原不随带书役，且年逾六旬，事多健忘，不能全记，惟择其要者为皇上陈之，则督臣抗旨欺君、营私坏法之罪昭然无可逃矣。夫国家设科取士，以供将来任使，科目之中有正士，斯朝廷之上有直臣。今贿赂公行如此！督臣者驻扎省城，若欲委为，不知彼素，矜明察非，聋聩比见。

据督臣向钦差大人云：今科举人有一大半是副主考卖的，知之最详且确矣，而不即据实入告，则督臣必有不敢言之隐，其弊不独在副主考可知。迨审贠星若、李奇供叶抚院、马布政使通同卖举情由，督臣两番大怒，不容直说。钦差大人令其提拿轩三，坚持不允，是诚何心？

且据轩三供"审事大人头都长不住，还来问我"，即应诘"审事大人是谁头长不住"，大凡臣非有欺君坏法之罪，不至头都长不住。臣查，彼时安徽抚臣尚未到扬，审事者止有钦差大人、臣与督臣三人，不知轩三所指何人。若指钦差大人，则奉皇上特简而来，断不肯作欺君坏法之事自干三尺。轩三辄敢妄言污蔑，使之不敢公审，小人之放肆已极，朝廷之体统安存？若指督臣而言，则督臣必有欺君坏法之事为轩三所深悉，故虽于大庭广众之前直言指斥，督臣不得不隐忍，付之不闻耳。若谓指臣而言，自问服官以来，虽才庸性拙，从未有欺君坏法足取杀身之罪者。久邀皇上睿照，此等情节皆不容不细加推鞫。

乃连日惟将李奇等屡加究诘,要犯轩三总置不问。臣若参酌一言,令缓问李奇,宜讯轩三,督臣即变色,以恶言相加。窃思此案关系匪小,奉旨彻底详察,督臣必不肯详察;奉旨严加审明,督臣必不欲审明。推其抗违圣旨始终庇护之,故则以前通同监临提调揽举人以后,要银五十万两保全无事之说情真,事实不为无稽之前舆论也。况监生乡试例由地方官查,取地保族邻甘结加结给文,由学臣录科送考以防顶替。今查程光奎本名程建常,原籍徽州,见住淮安地方行盐,系两淮巨商,乃顶冒苏州府吴县程光奎。姓名、籍贯不由地方官查明出结亦办,不由学臣录科应试,系督臣大收送考,则督臣之违例营私、监临提调之通同舞弊更彰明较著。虽百喙奚辞,若不请旨解任一并发审,将通同作弊之人仍为奉旨察审之人,真情何由得出,国法何由得伸哉! 自督臣震怒之后至今,要犯一名不能提;自吴泌令李奇改口供之后,至今真供一句不可得,皆由督臣骄横之气足以震慑人心。臣实有欲提不能、欲讯不得者,此虽臣庸懦所致,有负皇上付托,然事势处于无可如何,不得不大声疾呼,以烦渎圣听。至钦差户部尚书臣张鹏翮,素称耿直,岂畏强御,只因伊子张懋诚见任安庆怀宁县知县,系安徽属员,义子唐不语见呈瑞县知县,系江西属员。总督得而挟制之,布政司亦得而挟制之。父子天性,恐遭陷害,不能不瞻顾掣肘。督臣欺君坏法之罪又何能直达于圣天子之前乎?

督臣擅作威福,卖朝廷之官,卖朝廷之法,后卖朝之举人。其食残暴横,两江之人知之,在朝之人知之,天下之人无不知之。只缘权势赫奕,故默默以避祸耳。臣非不知比言一出,天下之人莫不为臣寒心。但自念一介竖儒,由候补中书科蒙皇上洪恩特授济宁道,由济宁道特升江苏按察使,由按察使特升福建巡抚后,蒙恩调补江苏,受恩之深无过于臣,图报之难亦无过于臣。故在督臣敢于欺皇上,臣断不敢顾念家身,畏避权势,同为欺君负恩之人,贻讥天下后世。是虽言出祸随,亦所不惜。况臣之功名予夺出自朝廷,臣之性命死生亦有定数,恭逢圣明在上,督臣即甚残险,亦未必能加害无辜也。臣又何惮而不言哉? 为此据实直陈,仰祈皇上大奋乾断,将两江总督臣噶礼即行解任,一并发审。俾狐鼠之辈失所凭藉,则承审之官亦无瞻顾,禀遵严旨,彻底审明,庶真情得出,国法得伸,培一时之士气,振千古之纲常,除两江之民害,快四海之人心。将见天下后世咸仰皇上除奸烛弊之神明,亿万斯年永享国家贤良喜起之福泽矣!缘系题参督臣抗旨欺君营私坏法事,理宇多逾格,贴黄难尽,伏乞皇上俯赐全览施行。

张伯行不愧是康熙二十四年殿试三甲八十名,赐进士出身,文章写得果然厉害。一篇洋洋洒洒三千多字的《劾总督抗旨欺君疏》,康熙帝一口气看完,沉思好久。对于噶礼,他是了解的,也是信任的。噶礼对他忠心耿耿,怎么会做出这种事?会不会是张伯行道听途说误会噶礼?况且,他折子中只是听说噶礼拿五十万两银子,没有证据,不能让人信服。会不会是张伯行多疑?他是个眼里揉不得沙子之人,性格又耿直,听到有此传闻,估计是一时书生意气,就匆匆写了折子递了过来。不是张鹏翮还在扬州吗,怎么一直未见他上奏折?曹寅密奏也没有提到噶礼涉案的事。督抚不和、相互弹劾是司空见惯的事,何况噶礼与张伯行的脾气、秉性、思维本来就不相同,起冲突也很正常。因此,不能听信一家之言。

康熙帝想是这般想,做却要那般做。毕竟是一省巡抚递上弹劾总督的折子,一定会闹得满朝风言风语。若朕没有一个像样的态度,让朝中大臣、天下百姓看了,也有失公允。更何况,很多人都知道噶礼与朕走得近。不是张鹏翮在扬州嘛,让他顺手也查查。若是查到问题必严惩不贷,若是查不出也好堵张伯行与天下人的嘴,还噶礼一个公道。他对张鹏翮有些不放心,一人为私二人为公,毕竟是涉及封疆大吏的事,而且,噶礼是满人,更不能草率行之。于是他想到正黄旗人、根正苗红的漕运总督赫寿。让他与张鹏翮一起查,有事两人也好商量。

史载:赫寿,舒穆禄氏,满洲正黄旗人,正黄旗乃八旗中的三上旗,为皇帝亲统之旗。赫寿初为笔帖式,先后做过礼部、户部、吏部的侍郎。四十八年,曾代表康熙帝钦差西藏。四十九年,升任为漕运总督。

于是康熙帝御批道:

噶礼著解任。此事著张鹏翮会同总漕赫寿,确审具奏。江南江西总督印务,著江西巡抚郎廷极署理。

张伯行正月十九写的折子,递到京城没几天,噶礼参张伯行的折子也到康熙案头。

（四）噶礼罗列张伯行七大罪状,条条直捣康熙帝心窝

正月十七,噶礼从扬州去往淮安。这是审科考案以来,他第一次离开扬州。钦差大人在,他能不在那儿盯着吗? 噶礼出了扬州如同出笼之鸟,感到浑身自在。虽说在扬州,知府赵弘煜照顾得很贴心,但噶礼心里无时无刻不感到压抑。这压抑来自钦差,也来自张伯行。他感觉似乎有一双眼一直在盯着自己,那双眼的主人,不是钦差张鹏翮,而是张伯行。此次,他原本打算拐到江宁府中休养两天,可是他不放心,决定快去快回。有张伯行在,他就不安心,冥冥之中他感觉张伯行随时都有可能给他捅出娄子,而且会是大娄子。

噶礼到淮安未先急着见漕运总督赫寿,而是先在驿馆休息。刚躺下,安徽怀宁县知县张懋诚来见。

怀宁县是安徽"首府首县",乃安徽省城安庆的城廓县。城廓县是省治或府治的所在地,看着是个好差事,其实不好干,这里见个官几乎都比知县大。张懋诚在此为知县有些年头,来淮安前几日,噶礼派人到安庆召张懋诚到淮安见他,说是了解大观亭维修情况。噶礼派的差人到安庆时,张懋诚正在维修大观亭工地,听说总督派人来一头雾水。他掸掸身上的土,跺跺脚上的泥,坐上轿直奔驿馆见上差。

噶礼见到张懋诚很是热情。先问生活,又问工作,说了一大堆不打粮食的闲话。最后,噶礼才说道:"运青兄在扬州挺好,贤侄无须挂念,本帅一定会尽心照料好他。贤侄回安庆顺道扬州时,可以看看令尊。早听闻贤侄老成干练,等过些日子本帅腾出手来,奏请皇上给你些重担压压。那样贤侄才能更好地施展出手脚,为皇上效更大的力不是? 哈哈!"

听到此处,张懋诚才明白噶礼召见的用意,忙施礼道:"谢大帅抬爱,下官受宠若惊。下官谨记庭训,踏踏实实办事,清清白白做人,全力报效朝廷。下官觉得,不求做大官,只求干大事,才能不辜负圣恩。"

噶礼微笑地点点头道:"果然虎父无犬子。"便端茶送客。

噶礼此次北上淮安与赫寿会面,他没有空着手来,特意让师爷周世荫回江宁总督府取件礼物。噶礼投其所好,早为赫寿备下一件宋代官瓷双耳瓶,瓶身雨过天晴的色彩。据说,瓷瓶乃北宋官窑所烧,只成此绝品。后为徽宗所爱,靖康之变后流落民间,此物乃噶礼出任山西巡抚时偶得。

赫寿见到此物,乐得合不拢嘴,爱不释手地又看又摸,嘴里不停地说:"好东西,好东西呀! 如今,宋徽宗时烧的官窑不太好找了,这件没磕没碰,精品,精品啊! 不瞒噶礼兄,兄弟找这么多年,手里就一件完整器。这件双耳瓶比兄弟家中的那件玉壶春瓶,多出两只耳,更是稀有珍品。"

他看着噶礼说道:"哎呀,兄弟不能夺兄之爱。"嘴上这么说,却不肯放下。

"赫寿兄哪里话,你我兄弟还是外人? 你我还分彼此? 哈哈! 我的不就是你的嘛,你的不就是我的嘛。有银子大家赚,有好东西大家分享嘛! 兄弟知道兄喜欢,早给兄预备下了,兄弟书信中不早就告诉兄,等哪天见面要给兄个惊喜,只是一时不得相见。这次趁来淮安之际专门给兄带来,它与兄有缘,此等美器就应归兄这等好人,兄不要客气。"

"哪里哪里,论起做人,我比噶礼兄差得太远了,噶礼兄才是世上十足的完人。兄真是太有心啦,还想着兄弟,兄弟恭敬不如从命。"

这次见面,二人除谈漕运,主要是谈清淤运河之事。过些日子,苏北、皖北、徐州、淮安、扬州、镇江四府要整治河道,此事总共涉及江苏、安徽两省北部二十几个州县。这一地区多条河流河道淤积,堤坝失修,夏季一遇大水,不是这儿泛滥,就是那儿决堤。年年头痛治头,脚痛医脚,小打小闹地修,银子没少花,可就是治理得不彻底。这些地方年年遭灾,朝廷年年赈灾,年年减免赋税,百姓苦不堪言不说,关键是皇上动怒。康熙四十九年夏的一场洪水,淹没苏北二十几个州县。夏天的水好不容易退下,秋汛一场大水又复淹徐州、淮安、扬州的十三个州县。去年开春青黄不接时,灾民无以果腹,只得逃荒要饭,苦不堪言。张伯行想上报朝廷,赈灾放粮,噶礼怕朝廷知道水灾的事不准他上报。张伯行一气之下,独自一人上疏,康熙帝准予赈济灾民。当康熙帝得知水灾一直没上报,十分生气,严厉呵斥噶礼。皇帝一生气,问题就严重。怎么办? 找银子继续修呗!

连通京城与江南的京杭大运河河道也在此次整治范围。因历年这一区域夏秋泛滥的洪水,时常流入京杭大运河,导致淤泥过多,河床上抬,影响航运。去年冬天,噶礼与赫寿就合计过,今春借此机会一并好好疏浚清淤。大规模修河可不是小事,需要大笔银子,这么一大笔银子得惊动皇上。工程预算去冬河道衙门已报给朝廷,过完年康熙帝就已批复,只等户部拨款就能开工。若换作往常,户部银子真还不好要,这次不同,户部尚书张鹏翮刚好在扬州。银子不是问题,就得抓紧时间修,省得夜长梦多。皇上哪会儿心血来潮,下道旨将其调离,到嘴的鸭子不就飞了吗?因此,二人过了正月十五就急着见面,详谈操作的具体事宜。这种大工程噶礼向来事必躬亲,不愿意让下边官员插手,赫寿也乐于和噶礼合作。

就在与赫寿会面的第三天,噶礼收到从京城传来的消息,张伯行居然把他给参了!

京中来人报信时,他正坐在逍遥椅上,一边盘玩淮安知府送他的和田玉,一边听歌女弹着柳琴唱泗水戏。当他拿着书信打开看时,肺都快气炸,随即便将手边茶盏摔得粉碎,破口大骂,吓得歌女瑟瑟发抖。周世荫也忙进屋一看究竟。

噶礼好半天才冷静下来,冷静下来就要积极面对。目前,还不清楚张伯行在参本中都写了什么,现在只知道是关于辛卯科乡试的事。这好办,立即派心腹到京中打听。他叫周世荫拿着他的亲笔信,带上银票,赴京想一切办法搞到张伯行的参疏,花多少银子都行。并特别嘱咐,想办法让张伯行的折子往后推推,再送到皇上面前。他已想好对策,他要争取时间,先下手为强。但最为关键的是,康熙帝对此事的态度会怎样,这个就没人能左右了,只能等御批下来才能知晓。

噶礼哪还有心思在淮安?第二天,他匆匆与赫寿又谈一次,便急急忙忙往扬州赶。在船上他也没闲着,噶礼明白,战胜敌人的最好方式不是防御,而是反攻。进攻是最好的防守,经过大风大雨的他深通此理。他要着手反攻,弹劾张伯行。

弹劾人,他精通此道。不说远,这几年在两江任上他没少弹劾官员,于准、宜思恭、贾朴、陈鹏年,前段时间还弹劾了焦映汉。但那是为了排除异己,而这次是绝地反击,为了自保。

没事他还想找人家的事呢,何况遇到事,他更不怕。用他自己的话说,第一不惹事,第二不怕事! 其实,他早就动过弹劾张伯行的心思,只是找不到一击制胜的下手点。噶礼向来不打无准备之仗,他一直派人搜集一切对张伯行不利的材料,这次都用上了。因此,在船上短短一个晚上,他就轻而易举地列举出张伯行七大罪状,条条直捣康熙帝的心窝,条条让张伯行翻身不得。对于合作伙伴噶礼谈得上大方,对于敌人他又是无比狠辣。对于弹劾别人他有的是办法,知道官员什么罪责是皇上最不爱听说的,最能触及皇上心理底线。满人官员最怕牵扯到皇上的家事,汉人官员最怕牵扯到对大清有异心。前五条先触怒康熙帝,最狠的是第六条,他放在后边,写上这一条,噶礼意图非常明确,将张伯行打回原形。轻则,削职为民,流放宁古塔;重则,哼哼,要他的老命。他知道只有这样才能反败为胜,也只有这样才能保住皇上对他的宠信。

官船还未到江苏,噶礼就已将参张伯行的奏折写好,在装到锦盒前,他最后又仔细看一遍张伯行这七大罪状:

一、张伯行诬良通贼,将人监毙;

二、上海知县诬良为盗,因是张伯行同窗,始终被袒护,久不开释被诬之人;

三、拒不执行两江总督"力行保甲,稽查匪类"的命令;

四、苏松道被盗七案,徇私舞弊,张伯行不肯追捕;

五、苏州、松江粮船迟误,奉旨明白回奏,张伯行饰词欺谎;

六、戴名世《南山集》案发,方苞曾为之作序,因方苞是张伯行好友,竟不派人捉拿,此书苏州印行三千册,其置之不问;

七、命盗案件苏、松最繁,但张伯行唯知卖书、著书为事,糊涂混事,且滥收词状,拖累株连。

噶礼看后很满意。于是唤来亲信,令他船行到最近的驿站立刻下船,马不停蹄地将奏折送往京城。他要赶在张伯行参他的折子前,将他这折呈给皇上。不过人算不如天算,噶礼的奏折送到康熙帝案头时,张伯行的《劾总督抗旨欺君疏》已经到康熙帝案头两天了。

(五)噶礼一封连一封地上奏康熙帝,意欲置张伯行于死地

这些年,噶礼仗着康熙帝的宠信很是狂妄,一言不合就弹劾对方,因此他

打小报告、参疏人很有一套。单参奏张伯行,这两年他就没少给康熙帝上折子。去年七月七日,他给康熙帝上道《两江总督噶礼奏讦江苏巡抚张伯行劣迹折》:

> 江南、江西总督奴才噶礼谨具折奏:为遵旨具类事。
>
> 窃奴才奏折内奉御批:在京城大臣内谁偏徇张伯行? 赵申乔向他何如? 南方汉人甚奸猾,张伯行必受骗,民人未必心服,今想是亦造种种谣言罢。钦此钦遵。
>
> 据奴才闻得,在京城大臣中,首徇张伯行者为张鹏翮,维之为陈元龙。此外,单职邱兆鑫、高夏常等先憎偏徇张伯行,又赵申乔无与张伯行来往之处。
>
> 南方汉人甚奸猾,圣主明知者甚是,张伯行被骗者亦属实。查张伯行到任时,王鸿绪遣其家人高玉栋往张伯行驻所,又往京城去。于去岁十月,张伯行去乍浦看米,驻松江府时,王鸿绪请张伯行二次,名则唱戏,实则两夜均未唱戏。但令随行人等回避,窃窃私语,坐空四更时分才散,不知私语何言。又居苏州城内闲员、原翰林院侍讲彭定求,原给事中程甲井、学房生员杨茂东等,皆时常出入巡抚张伯行衙门,任意倒置是非。此辈甚奸猾。起初办理词讼案,总督、巡抚止准每月告状两次,每次应行者止有数张。凡有告状,张伯行承接即交付贴心学房生员等,代为阅批。其年久旧案不能下发之状纸,妄行批发。每月准告者两次,且每次批发者百余张。承接许多状纸,妄行批发者,殊无先例之事。因此恶习蔓延,株连者甚众,苏州等地民心不服,无不怨者。今民人言张伯行昏聩、妄行作乱等语,又云伊为土木塑像等语。由此观之,圣主睿鉴,颁旨垂问奴才者,毫无差错,张伯行之巡抚犹如木偶一样。又,江苏按察使焦映汉、上海县降调知县许士贞、陈鹏年等于汉官中最为奸猾之人,任意挑唆张伯行,故一切事项及人命案、贼案,妄行驳回,肆行参劾。两江官员不仅不服,且亦实难忍受。况且,张伯行在展员中见旗人即憎恶之。奴才若为公事派遣汉官及来会奴才者,张伯行即背地里恨曰:伊为汉人,何不与我同心,反与总督一心? 等语。奴才不知张伯行用心何在。
>
> 张伯行惟图自己施恩于人,而并不宣告皇上之恩。张伯行于去岁三

月,先行出示晓谕民人缓进钱粮,其后直至六月才奏请分年兼征。又其
各属沿江岸倾倒田亩,屡以该项钱粮不可免等因具奏,奉旨在案。而张
伯行于去岁四月,仍令陈鹏年遍加晓谕,欲再行具奏,因奴才不肯,适才
停止。观此二事,张伯行之意是经具奏,倘奉命施行,则恩出自于伊。命
不准行,有怨则与伊无干。张伯行居心何在?奴才亦不得而知。张伯行
自以为廉吏,奴才观之不廉。现令其亲信闫姓潘姓人,住苏州养鱼街出
售其所刻之书。或州县官员不惜八十、九十、一百两银,以高价购其书。
闫姓潘姓二人即写文送信与张伯行,张伯行喜,若见购书官员,则优待
之。此乃张伯行巧取州县官员银两之计。

又纵其子时常居住武进县知县尹远福衙内,肆意靡费银钱。故武进
县知县倚仗此辈,迫征民人钱粮,较他州县多,乃至闲员、书生、民人等,
敢怒而不敢言。至于下江比年旧欠钱念,去岁特奉谕旨:准照张伯行所
类行,分年兼征,其新征钱粮若不能全完,著该部严查议奏。

张伯行理应奋勉遵行,但伊以皇上钱粮视为其施恩之物,于今岁四
五月麦子丰收,正应征收钱粮之时,不谨遵严颁谕旨,反发文各地停征各
府新旧钱粮,故除将四十九年奏销杂项不议外,尚未完银四十六万余两。
张伯行之所为,皆仗恃张鹏翮?奴不惧张鹏翮?奴才思之,苏州松江为
要地,张伯行行径如此悖乱,奴才甚恐为非所累,以负皇上之恩。谨遵旨
据实陈奏。

伏乞圣主睿鉴。为此奴才谨奏。

噶礼嫌前道折子力度不够,十天后,七月十七日,他又将张伯行与焦映汉
绑在一起上了道《两江总督噶礼奏讦巡抚徇庇按察使折》:

江南、江西总督奴才噶礼谨具折奏:为奏闻事。

钦惟皇上好生如天,无不慈爱民命者。因江南地方赋案多,遂谕奴
才曰:著速审结,人命所关重大,疑案则从轻。与其杀无辜,宁失不经。
钦此钦遵。按例江苏按察司在江宁省城,今按察使焦映汉心存奸诈,竟
去苏州久居,任意挑唆巡抚张伯行。张伯行亦喜,以焦映汉视为其心腹,
上下同谋,故对一切事项、人命案、贼案,不是妄意驳回,就是肆意纠参,

每案必有数人被监禁致死。焦映汉欲徇庇某一官员,贼犯虽被监禁致死,仍谎报尚存,送部具奏。又以每年审讯所用为名,私派州县,动辄多取数千两。官吏借端侵渔,民则蒙受妄驳之苦。去岁十一月,奴才遵旨出海搜捕盗贼,中经上海县时谘访得降调知县许士贞,徐均祥被贼抢劫一案,于四十八年四月,听信顽童张四妄供,便无辜捉拿民王三等十人刑讯,以致王三等八人殒命,余二人并无赃物干证。奴才回署后查得,于去岁五月,有署理按察使通报王三等已死之档案。念许士贞为张伯行之同学,张伯行徇庇焦映汉、许士贞,欲隐瞒其误良为盗,致死人命之罪,不行参劾。

况且今年二月,作文诳称已死之王三等八人尚在。以往报张伯行,并谘行吏部,免拟许士贞罪。将张伯行谘部所称王三等尚存之文稿,曾用印来与奴才商议,该文稿现在此。又,焦映汉报张伯行所称,王等现尚存之用印档册,并前报奴才所称,王三等已死之用印文书,皆已在案。奴才思之,苏州、松江赋案颇多,蒙圣详筹、特谕作速审结,孰敢不从?焦映汉身为按察使,敢将该案内已死之人诳称尚在,公然作弊。一案尚且如此,何况余案?该案原为焦映汉、张伯行同谋。张伯行为大臣,奴才若参焦映汉,则不能不涉及张伯行;倘不参焦映汉,但焦映汉奸诈至极。该案牵连张伯行,故奴才惟忍之。为此,奴才据实谨具折,一并奏闻。

康熙帝看过两道折子,并没觉得张伯行有何不妥。如果噶礼想弹劾焦映汉,让他先和张伯行商议。康熙帝在折子上御批道:

焦映汉著与巡抚商议后,当参则参之。

九
一清二白

（一）为官上不能直言敢谏，下不愿造福黎民，与朽木何别

噶礼回到扬州，就立即赶到钦差行辕。名义上是向钦差销假，更重要的是，要将张伯行弹劾他的事告知张鹏翮。

张鹏翮听说后，表情比噶礼想象的还惊讶，惊讶到让噶礼感觉假的地步，似乎还有些许幸灾乐祸的成分在其中。

张鹏翮不无关切地问道："总督与巡抚又不是外人，有什么事不能坐在一起好说好商量。张抚院也是，再天大的事也不能闹到皇上那里去呀！不知他因何事弹劾兄啊？"

"乡试的事。"噶礼道。

"乡试的事？"张鹏翮愕然地问。

听到"乡试"二字，噶礼感觉这次真的让张鹏翮大吃一惊。

"他都参了你什么？"

"现在具体内容还不清楚。"

"他的折子送到皇上那儿没有？"

"应该送去了，巡抚参总督的事谁敢压着。"

当张鹏翮知道已无挽回余地时，语气明显缓和许多，就像郎中刚为一位病入膏肓的人号过脉一样。刚才急切的语速不见了，他缓缓地说道："哦，事已至此，噶兄不要着急。兴许前些日子，兄与张抚院拌几句嘴，他一时意气用事，向皇上发几句牢骚，估计没什么大不了的事。皇上对噶帅一样是看重的，以前这样，以后也会如此。兄莫急，等几天看看皇上怎么说。皇上向来英明，不会只听他一面之词。兄才从淮安公干回来，一路舟车劳顿，这几日案子咱

们先不急着审,让兄好好歇几天。咱们这些人,闲不住,不干这个,就得干那个。呵呵!身体是自己的,公事是朝廷的。只有休息好,才能身体好;只有身体好,才能更好地为皇上效力。是不是啊老兄?"

噶礼听出张鹏翮的言外之意,在皇上对弹劾表态之前,这案子不会再审了。"人呀,就是这般实际。"噶礼在心里叹了一声,"不审更好,自己还落个省心,腾出手来也好处理自己的事。"于是告辞而去。

噶礼从行辕里出来,心里有些落寞。他没把他弹劾张伯行的事告诉张鹏翮,也没告诉他已知道张伯行参疏的内容。不是因为他发现张鹏翮对这件事的态度暧昧,而是他开始就没打算说。人心隔张皮,谁知道张鹏翮会怎么想?他会不会马上告诉给张伯行?噶礼只是想让张鹏翮知道,张伯行今天可以参他噶礼,明天他就有可能参你张鹏翮。也许你连哪一点惹他不顺眼都不知道,就被参了。若告诉张鹏翮自己第一时间已反攻,估计张鹏翮第一反应不是喝彩,也不是惊讶,而是被吓到。张鹏翮肯定会在心里盘算,反应这么迅速,材料哪来的?噶礼果然不简单,早搜集好张伯行的"罪行"。那时张鹏翮会觉得,噶礼能搜集张伯行材料,也能搜集别人的。因此,只会导致张鹏翮对他更提防。

毕竟张鹏翮是皇上派下的钦差,是代表皇上来的。除科考案以外,其他事他同样也能管。而他噶礼可是这里的最高地方长官。在他的地盘上,若是捅到张鹏翮那儿,只要张鹏翮心里没给他竖道墙,有些事还可以好商量,再说还有眼前这科考案的事。

自打张伯行差人将弹劾噶礼的折子送走后,大仪为张伯行着实捏着一把汗。噶礼是什么人,心狠手辣,贪得无厌,什么事都能干出来。街市中疯传为压下科举的事,他开口就向左必蕃、赵晋要五十万两银子。当大仪把在茶馆里听到的这个消息讲给张伯行时,他分明看到张伯行紧握一下手。想起轩三在大堂上讲的那番话"审案大人的头都长不住,还来问我"。他是不是在公然地威胁老爷?明枪易躲,暗箭难防!因此,大仪对张伯行的安危十分担忧,整天提心吊胆,寸步不离张伯行左右,并安排从老家带来的家丁在驿馆内外做好防范,晚上加派值夜人手,且嘱咐厨师严格检验食物,唯恐有什么闪失。

大仪把随行的家丁、厨师、轿夫都叫到一起说道:"平日,老爷对咱们不薄,工钱咱不说,就说四季的衣服、每天的伙食,大家吃在嘴里、穿在身上,这些大家都心知肚明。老爷为朝廷、为百姓做的那些事,大家也都有所耳闻。俗话说,养兵千日,用兵一时。老爷若遇上事,咱们怎么办?"

"老爷不但对咱们好,老夫人在老家对咱们的家眷也挺照顾。老爷若遇上啥事,咱们都没的说。仪爷,你就吩咐吧,大家都赴汤蹈火拼死去干。"

"也没那么严重,不需要大伙儿赴什么汤、蹈什么火。我大仪也不会让咱大伙儿干出格的事,大伙儿只需要把本职工作做好就行。看家护院的,这些日子打起精神看好门户。不需要大家进只耗子也要分出公母,只要白天看好门,晚上守好院,不随便放生人进来就行。尤其老爷住的那屋,晚上派双人轮班守护。"

"放心吧仪爷,我们一定打起十二分精神,确保万无一失!"

"厨房里的人,把好原材料关,决不允许闲杂人等进厨房。"

"放心吧仪爷,保证饭菜安全!"

"老爷外出时,抬轿的、随行的一定要时刻留神周围,有情况及时护卫好老爷。"

"放心吧仪爷,决不会让老爷有任何闪失!"

"好! 各位,不要单停留在嘴皮子上,一定要负好各自职责。大仪在这儿拜托各位!"说着大仪满含热泪拱起手,给大家作个长揖。

大家纷纷表示:"仪爷,你这是干什么? 伺候好老爷又不是你一个人的事,是咱大家的事,你这礼太重了,折煞大伙儿了啊!"

而张伯行却和往常一样,没有丝毫变化。该处理公务处理公务,该见下属见下属。闲暇时该看书看书,该写书写书。就像他老说的一样,为官上不能直言敢谏,下不愿造福黎民,与朽木何别? 他是这么说的,也是这么做的。也许,从他为官第一天起,就把身家性命置之度外了。

奏折送往京城后,张伯行便等着皇上的旨意将噶礼拘捕,还江南士子一个真相大白,还法律一个公允。从审理的过程及慕容方掌握的情况,还有大仪、大黑在外的了解,他早觉得这个案子没有那么简单。噶礼不配合,也不同意往深处查,当钦差大人问及重要问题时,他还阻挠干预审案。这说明什么? 说明噶礼与此案有染! 他在,这个案子永远审不清。当官不为民做主,不如回家卖红薯。他不上疏谁上疏? 皇上不知道真相,怎能将噶礼绳之以法? 于是,他一口气写给皇上三千余字的奏折,揭露噶礼的罪行。

（二）大清立国七十年，满汉大臣之间的关系一直十分微妙

皇上，您不是把他标榜成不爱钱的典范吗？我要参他贪污多少万两，您不但坚决不信，还认为奴才打您的脸。好！咱折子里不提一句钱的事。

不爱钱不等于就有工作能力吧？他活儿干得一塌糊涂，这个皇上心里不会抵触吧？您若不信他诬良通贼、草菅人命，您可以找人调查嘛！

不爱钱不等于不徇私开后门吧？秦桧还有仨朋友呢！他张伯行包庇下属，不就是因为他俩是同窗吗？您若不信，可以再查查上海这个案子嘛，看是不是属于违法乱纪。

不爱钱不等于就跟皇上您，和咱大清一条心吧？曹操对关羽好不？上马赐金，下马赐银，他不照样人在曹营心在汉吗？皇上，您别忘了，他可是汉人，而且是有文化的汉人。别的有文化汉人能干出的事，他也能干得出。

比如为《南山集》作序的方苞，因是他好友，他不但不捉拿方苞，还任其在苏州、在他眼皮底下印三千册。皇上，您知道是谁亲自刻印的吗？是您在济宁认的那个干女儿张玉秀的丈夫，叫王岚生，丙戌科进士，现为江南灵璧县知县。张玉秀一直都在张伯行的老家仪封住，和他的亲闺女一样。戴名世、方苞、张伯行、陈鹏年、王岚生，他们都是一丘之貉，沆瀣一气。皇上，这可不是小事，涉及咱大清的社稷，咱们可得把这事给弄清楚。他现在不执行我的命令，以后说不定也敢不听您的话。

皇上，如果这些还不足以说明他是只披着羊皮的狼，好，奴才这还有。您再看看这第七条，张伯行整天就知道卖书、写书、编书，不务正业，就他管辖的地界最乱。

康熙帝看过七条罪状，哪一条拿出来都能够将他就地免职。倘若这是其他官员，或是在张伯行弹劾噶礼之前，噶礼将这个折子呈到康熙帝面前，康熙帝一定会将折子往御案上一摔，好一个乱臣贼子，吃我大清的，喝我大清的，朕待你又不薄。你能力差，也就算了，我大清能干的臣子多得是，不差你一个，你就全心全意当好你这清官楷模也就行了。可你还徇私，拿朝廷的法律当人情送。这些也就罢了，你千不该，万不该，与那些反对我大清的人拉扯不清，干出对我大清不忠之事！你置国法何在？置朕何在？先免去一切职务，

投入大牢,调查清楚再说。

而这个折子是在张伯行参噶礼之后,噶礼上的,康熙帝就要好好想想。康熙帝知道,这个折子目的性十分明确,噶礼在反攻。他不但要对噶礼这个折子,就连张伯行上的那个折子,也要再考量一番。

督抚互参,是他不想看到,也愿意看到的。总督与巡抚同为地方大员,互不隶属,相互制约,相互监督。因此,督抚不和互参不可避免。弹劾其实就是举报的一种方式,若无大问题,不予追究。小问题,大不了调离;若查出大问题,免职常见,治罪的确不多。倘若二者一团和气、相互勾结,却是康熙帝最不愿看到的。"明主治吏不治民",把官员任用好,天下也就治理好了。

康熙帝仔细想想,张爱卿把噶礼爱卿说得恶贯满盈,贪婪无度;噶礼爱卿把张爱卿说得一无是处,而且还有思想问题。二人折子上都说得振振有词,每个人都想将对方置于死地,一个是受贿五十万两银子,一个与《南山集》有染,好像有包庇之事。无风不起浪,看来二人谁也不能不信,谁也不能全信。他们二人所参之事,从没听曹寅与李煦提过,不排除有捕风捉影的成分。怎么办? 不偏不倚,各打五十,噶礼不是免过职了嘛,张伯行先免了再说吧!

于是,康熙帝御批道:

张伯行著解任。此事著张鹏翮会同总漕赫寿确审具奏。江苏巡抚印务,著浙江巡抚王度昭署理。

接着康熙帝又御批道:

谕九卿等:噶礼、张伯行互参一案,噶礼有办事之才,用心缉拿贼盗,然其操守则不可保。张伯行为人老成、操守廉洁,然盗劫伊衙门附近人家,尚不能查拿。噶礼曾参原任知府陈鹏年。陈鹏年居官虽善,乃一胆大强悍之人。噶礼、张伯行互相不睦者,皆陈鹏年怂恿所致。据张伯行参疏云:噶礼得银五十万两。未必全实,亦未必全虚。即噶礼所参张伯行之事,亦必有两三款是实。至海贼一案,命江南浙江福建三省督抚前往,乃皆畏惧推诿,惟噶礼至尽缉拿贼盗。因此,各省督抚甚怨噶礼,此案察审实难。若命满大臣审,则以为徇庇满洲;若命汉大臣审,则以为徇庇汉人。至张伯行题参疏内,连及张鹏翮者,意欲审理此事时,使张鹏翮回避。故朕仍令张鹏翮前往,从公审理。

康熙帝继位五十余年,磨炼出敏锐的洞察力,他在思考噶礼与张伯行不只二人不和这么简单。一个陈鹏年案就能说明问题,这实质是满汉官员的矛盾。以张伯行为代表的汉人官员保陈鹏年,以噶礼为代表的满人官员查陈鹏年。大清自世祖入关已传二帝,近七十年,满汉大臣之间貌似一团和气,其实康熙帝知道一直存在微妙的成分。科考是汉人官员产生的主要方式,辛卯科江南乡试引起江南士子不满,噶礼认为是闹事,江南士子及一些汉人官员认为科考不公。听说噶礼关了不少人,结果此事不但没平息,还愈演愈烈,严查科考案正是他为缓和这种微妙的处理方式。

康熙帝怎么也没想到一科乡试引出这么多的事情,张鹏翮审这么长时间也没审出个眉目正式报给他。从张榜之日引起士子哗然到今已五月有余,派下钦差审理也有两个多月,不能再拖了。满朝文武、天下百姓都看着呢! 康熙帝责令张鹏翮、赫寿加快审理科考案,并将噶礼与张伯行互参所涉及的内容一并审理。

(三)扬州商人罢市,跪求钦差大人上疏留任张伯行

姜还是老的辣! 果不其然,张鹏翮等来想要的结果。三位陪审中两位被免职,在皇上派的另一位钦差大臣到来之前,案子绝不能再开审了,所有的事只等赫寿来了再说。

张伯行知道这个消息后很淡然,做好准备接受调查。他相信清者自清,浊者自浊!

噶礼却气急败坏地把屋里的座椅全推倒了。他嚷嚷着要上京面见皇上,申诉自己的清白。他没有错,全是张伯行陷害的。

两个互参的奏折与康熙帝的御批传到两江,安徽、江苏、江西的百姓欢呼声不绝于耳。人们为噶礼被免职而感到高兴,有的人家因此放了挂鞭炮,有的人家还包了顿饺子。人们纷纷赞扬皇上英明,张抚院有担当。江苏的百姓在高兴的同时,也黯然神伤,他们为自己的抚院被免职感到惊讶和难过。他

们不用想也知道，那是被坏人陷害的。陷害张抚院的人不用问，就是噶礼。他们憋着劲儿要为张抚院喊冤。

扬州城的茶馆、酒馆里，这下又有新的话题。总督与巡抚同时被免，这个消息不亚于听说哪里发了大洪水。

"不是不报，时候未到。制台，不，噶礼算是玩完了。"衣帽店蔡掌柜兴高采烈地说。

"小点声，别让官府里的人听到。"李秀才左右看看说道。

"我听见，也就当没听见。"衙役董二爷笑道。

捕快大老郭道："没事，我也没听见。"

"落毛的凤凰不如鸡，怕他干甚？他现在已不是总督，不是他欺负咱老百姓的时候了。腊月里，他跟班的到我店里看上一个貂皮帽，也不问价钱，戴上，撂下十几文铜钱就走。你们大家说说，一个上好的貂皮帽至少也值二两多银子，他就给这么点儿哪成？小伙计好声好气地与他讲理，他上去就给小伙计一耳光。他说他是大帅府的，跟着大帅来扬州审案，戴你家的帽子是看得起你，又不是不给钱。大家说说，哪来的理啊？"蔡掌柜气愤地说道。

李秀才说："你这才多大点儿的事啊？听江宁朋友说，他的管家看上常州一家的宅子，人家不卖，愣是把这家搞得家破人亡。"

肉铺马老板道："听醉仙楼的伙计说，送到制台住的驿馆里的酒席，从来不给钱。"

段秀才愤愤地说："醉仙楼掌柜的咋不去要呀？"

"听说去要过，总是让等着，就是不给。"肉铺马老板道。

李秀才道："要是我，就不给他们送。"

耿掌柜道："不给他送，生意还想不想干了？我邻居原来打烧饼的那家，不就因烧饼送晚了，被他们暴打一顿，回老家了嘛！"

李秀才道："听说，噶礼那老小子是被咱张抚院扳倒的。"

茶馆掌柜道："还是那四爷有见识，有万岁爷在，哪个贪官都跑不了。"

"唉！这下可苦了张抚院，被奸臣陷害罢了官。"许裁缝不无惋惜地说。

"准是噶礼干的。"

"张抚院来咱江苏，可没少给咱老百姓干好事。"李秀才道。

段秀才说："我表叔被人霸占的田产，就是张抚院当臬台时给判回来的。"

"去年夏初大旱,要不是抚台下令禁止稻米外运,涨上去的米价能落下来吗?"马老板感激地说。

"不说别处,前年夏天,咱扬州、淮安、徐州遭水灾,十三州县被水淹,去年春天百姓没吃的,咱扬州城来了多少讨饭的灾民,看着都可怜。谁上报朝廷赈济的? 这大家都听说了吧,咱张抚院。有了他,少饿死多少人,少多少妻离子散的家庭。"

"张抚台还亲自来咱扬州赈的灾,我还亲眼见到他。"

"张抚院可是位大好人呀,不少人家里还供着他的长生牌位呢!"

段秀才抢着说:"我表叔家就有。"

大老郭道:"我媳妇二舅家供的也有。"

"唉! 张抚台走了,咱们不知何年何月才能再遇上这么好的官呢!"蔡掌柜叹气道。

"咱们得把张抚台留住。"

"对,咱不能让张抚台走。"罗铁匠说。

"拉倒吧! 就咱小老百姓? 在这儿要要嘴皮子还行,万岁爷能听咱们的?"

"即便听,京城那么远,咱的话也传不到万岁爷耳朵里呀!"

"咱们可以罢市。"

"对,罢市,咱们都罢。到那天,我的皮货铺和茶叶店都不营业,把动静闹大,皇上就知道了。"罗掌柜说。

"我的干果行也关张了。"

"我的肉也不卖了。"

"那天铁我也不打了。"

"茶馆我也不开门了。"

"不开,我们上哪儿喝茶啊?"

"在家喝呗,咱们可得齐心协力,把张抚台留下。"

罢市一经开始,便在江苏很多州府蔓延开。扬州的商户跑到钦差行辕,跪求钦差大人向皇上上疏留任张伯行,有的还到张伯行寓居的驿馆进行挽留。

（四）临别扬州，张伯行只拿走一捆青菜、两块豆腐

张伯行起得很早，继续在书房写作。厨师准备好早餐，端到堂屋来请他吃饭。当大黑推开书房的门，见他又在专心致志地写书，心想，老爷的心真大呀！官都被一撸到底，还能写得出文章来。

大黑轻轻唤一声："老爷，早饭已好了。"

"好，这就吃。"张伯行头也没抬，边写边回道。

大黑知道他的脾气，写文章时最烦有人站在一旁打搅，便退了出来。

隔一会儿他又来请："老爷，先吃吧，汤就要凉了。"

"好，马上就好。"张伯行依旧没停笔的意思。

大黑知道，遇见这种情况，不叫上两三回，老爷是不会挪窝的。他停一会儿，把汤端回厨房，热一热又端回来。

"老爷，吃了再写吧，胡辣汤再热就不好喝了。"

"哦，今天做的胡辣汤啊！好，这就结束。"

"是的，老爷，胡辣汤、油饼、茶鸡蛋。这几日天寒，做点胡辣汤给你驱驱寒气。"

与大黑一来二去说两句话，把张伯行的思路给打乱了，他只得起身去吃饭。

张伯行边吃早饭边问大黑："行李都准备好了吗？"

"准备好了，船也联系好了，大仪今早已先行回苏州。只等这两天吏部来人交了官印，我们就可回苏州处理遗留事务。"

"好。"

守门的二壮在屋门外晃悠，看见大黑，二壮忙招手，大黑便出屋门。

二壮见大黑出来，忙说道："黑爷，门外又来不少百姓，吵着要见老爷。"

"你们好言劝走百姓不就得了嘛！"

"劝了，他们跪着不起，非要见老爷，怎么劝都不走，你快去看看吧！"

来到驿馆门口，大黑见门外聚着一百多位百姓。大家看到里边出来人，忙围了过来。

大黑劝道："乡亲们都请回吧！"

大家纷纷说:"我们要见张抚台!"

"我家老爷有很多事务需要交接,很忙,不能见大家,都请回吧!"

"不见,我们就不走。"最前边的老者跪下,大家也纷纷跪下。

大黑忙搀扶老者:"老爷子请起,众位乡亲请起。有什么事,跟我说,我转告给老爷。"

"我们不想让张抚台走!"说着,老者流出了眼泪。

"张抚台是大清官,我们希望他留任!"大家也纷纷说道。

"谢谢乡亲们的好意,留不留任是皇上的事,咱们不当家。我把大家的意思转告给老爷,我替我家老爷谢谢大伙儿,都请回吧!今天天冷,别冻着大家了!"大黑一边拱手作揖,一边说道。

大黑与家丁苦苦相劝,百姓们久久不愿离去,感动得大黑与家丁都流下眼泪。

过一日,百姓听说吏部周主事来了,这日要张伯行交出江苏巡抚的大印。这还了得?百姓奔走相告,直奔张伯行寓居的驿馆而来,人越聚越多,附近好几条街黑压压的全是人。驿馆外大家哭着喊着要见张抚台,不让张抚台交印。守门的衙役和家丁实在拦不住,大黑一看人太多,怕出现踩踏,伤及百姓,只得任百姓拥入驿馆。终于见到朝思暮想的张抚台了,人们既激动又伤心地流下眼泪。

最前边几位有身份的长者对张伯行说道:"张抚台,我们天天在门外等候,想见您一面,今天终于见到啦!听说,大人因奸人陷害,而被朝廷解职,大家知道后都很难过。我们都是些平头百姓,想为大人鸣不平,也没什么办法。因此,大家一起罢市歇业来表达我们的愤慨。"

"听说,吏部已来人,今天就要大人交官印,我们就都赶来了。一是给吏部来的大人说说,先让张抚台晚交几日,容我们上京城去见见皇上,求他开恩把我们的好抚台留下;二是求张抚台先不要交官印,等我们见过皇上再说。您看行不行?"

因为自己的事,一下子来了这么多百姓,张伯行心里也很感动。他深情地对大家说:"自从伯行到江苏以来,并没为大家做过什么。如今,伯行因被弹劾而解职,实乃皇恩浩荡。大家也别为伯行难过,其间是非曲直自有朝廷公断。国有国法,家有家规。若大家不让伯行交官印,伯行便犯抗旨不遵之罪,其实是害伯行。大家都回去吧,好意伯行心领了!回去后,大家一定都各安其业,千万不要去京城。路途遥远不说,若惊扰皇上还会被治罪的,这样伯行会更加不安。"

百姓哪肯离去,聚在那里不愿走,周主事被堵在驿馆外也进不来。官印迟迟不能交,可急坏张伯行与周主事。百姓着急,急的是怕张伯行交印;吏部着急,急的是收缴官印复命;张伯行着急,急的是交官印了事。

京城太远,百姓一时半会儿也无法赶到,大家不约而同地想到曹寅。盐政院曹寅是江宁织造,虽久驻江苏,但他也是身负重任的朝廷命官。他能够得着皇上,他的话皇上也一定能听到。大家想,不如将挽留张抚台的想法告诉他,求他八百里加急转奏给皇上。时间宝贵,说办就办,走,找曹大人去!

于是,一部分人像潮水般向盐政院涌去。可来的人太多,走一部分,张伯行的驿馆内外依旧人山人海,官印交接还是不能进行。

曹寅听说,成千上万的百姓堵在盐政院门外,因留任张伯行的事要见他。他本不想卷入督抚互参中,再说地方上的事他也不方便介入。可转念一想,百姓汇聚太多,恐引出民变,只得到大门外见上一见。

面对黑压压的百姓,曹寅说道:"谢谢乡亲们对本官的信任。本官只负责丝织与盐务,地方上的事大家可向本地衙门申述。请大家都回吧!"

"总督和巡抚都被免了,您让我们找谁去说呀?"

"我们嫌知府的官职小。"

"曹大人,您是皇上派的命官,我们就找您。"

"我们想让张抚台留任。"

百姓七嘴八舌地嚷嚷,情绪都很激动,场面越来越乱。

曹寅看推脱不了,又怕出什么乱子,便说道:"大家不要一起说,人多本官听不见,推举个代表讲。"

随后,便有一年长之人到曹寅面前,说道:"您是皇上派驻的命官,您够得着皇上。我们江苏张抚台是好官,曹大人久在江苏,想必也有所耳闻。自打张抚台来江苏后,没少给我们老百姓办实事。他被朝廷免职,吏部来人今天要让张抚台交官印,可我们不想放他走。我们想请曹大人替我们给皇上说说,把他留下来,还当我们江苏的巡抚。"

"乡亲们的心思,本官已知道。这有何难?本官一会儿就把乡亲们的想法写个折子递给皇上。若皇上知道大家这么爱戴张抚院,也许真就让他留任也说不定,大家就先回去等信吧! 至于官印的事,既然吏部派下人来,该交还得交,这也是人家吏部职责。交官印只是个手续,不妨碍以后留任。若皇上恩准大家的想法,让张抚院留任,到时吏部还会原封不动地将官印再交还给他。"

大家听信曹寅的话,陆续散去,张伯行才得以将江苏巡抚的官印交于吏部周主事。周主事将官印送往杭州,交于署理江苏巡抚的浙江巡抚王度昭。

张伯行回苏州时,怕惊动百姓,天没亮,一行人便早早起程。才走一道街,闻讯而来的百姓就将张伯行的马车拦住,人越聚越多。

百姓见到张伯行纷纷跪下,张伯行忙扶起身边的百姓说道:"乡亲们请起,乡亲们请起,伯行何德何能惊动大家? 乡亲们都请回吧,伯行还得赶路呢!"

"张抚台,您是大好人呀,为咱老百姓办实事,心里都是咱老百姓。您不要走,还给咱们江苏当抚台吧,我们舍不得您走啊!"

张伯行扶起老者流着泪说道:"伯行感谢大家,伯行也舍不得大家。当差不由己呀,老哥! 伯行被参奏,皇上让伯行先把手中的工作停下来,把事情捋清楚。若没有什么事儿,伯行还接着为咱江苏百姓服好务。"

"咱们可是说好了,张抚台,到时候不许反悔。"

"伯行一定不反悔,大家都请回吧! 听说,大家为了伯行都罢业了,这让伯行于心何忍呀!"说着,张伯行流出了眼泪。

"大家回去后都复业吧,一家老小全靠此生活呢! 不营业,大家吃什么、用什么呀? 是不是?"张伯行揾揾泪又说道,"只要大家日子过得好,伯行就高兴。"

百姓不由分说,纷纷拿着鸡蛋、烧饼、馒头、腊肉、活鸡、活鸭等物,往张伯行一行人手里塞,让他们路上吃。张伯行坚决不收,并说道:"乡亲们的心意伯行领了,大家也都不容易,都拿回去吧! 一丝一粒,我之名节;一厘一毫,民之脂膏。宽一分,民受赐不止一分;取一文,我为人不值一文。"

几句话说得大家热泪盈眶,纷纷赞扬张伯行是好官。人们死活不同意,就跪在地上哭。

不得已,张伯行只得拿一捆青菜、两块豆腐。他满眼含泪地对百姓说:

"乡亲们的心意伯行心领,可是,'不矜细行,终累大德'。我只取一捆青菜、两块豆腐,好比伯行为官的宗旨:一清二白。"

百姓们尾随在张伯行一行人的后边,一直送到码头。人们看着一行人装上船的行李,除了书,只有简单的生活用品。想扬州是天下数一数二的繁华之地,一省巡抚在此待了两月有余,竟没带走扬州的任何东西,人们从心底里更加佩服张伯行。

船开了,张伯行站在船上挥手与众人告别。大家看着远去的船只,还是久久不愿离去。

(五)得知噶礼被免,那些天天等着求见的官员顿时无影无踪

噶礼听说,百姓天天守在张伯行的驿馆外不愿他离任,天天还送他瓜果蔬菜。他张伯行不但不要,还对老百姓说:我在任,止饮江南一杯水;今将去,无却子民一点心。扬州商人还为他罢市了。罢市,罢市,看你们吃什么,一个个都饿死才好呢! 同样是被罢免,自己驿馆门口连个人影都没有,噶礼气得天天摔东西。那些天天等着求见的官员都跑哪儿去啦? 自从他们知道我被免,一个也不来,这些没良心的。自从他被解职后,连张鹏翮也闭门不见了。

他正在房中生闷气,周世荫轻轻走进来。他知道最近老爷郁闷,早想好治病方子,他有信心手到病除。噶礼抬起眼皮看看,便又把眼睑落下,继续盘玩手中的核桃。

"老爷,很多百姓听说老爷被人陷害,都愤愤不平。他们正在合计,准备以罢市的形式表达他们的不满呢!"

"哦! 是吗?"周世荫分明看到这次噶礼抬起的眼神与上次截然不同。这次他的眼中充满惊喜和兴奋,是那种扬眉吐气的兴奋,如同一位要去见皇上的凯旋大帅,进入京城德胜门时的趾高气扬,连语气都充满着洋洋得意。

"难得百姓这么有情有义。"

"不单如此,当他们听说老爷是被张伯行陷害的,都去找张伯行评理去了。"

"好! 好! 百姓这么爱戴本帅。"他迟疑一下,不知被解后如何称呼自己,再自称本帅是极不合适,会让人笑话的。算了,反正是在自己西席面前,不去

想它,怎么称呼都没事。"我也不能让有情有义之人吃亏,去派人远远看着。若张伯行的家丁驱散他们,就帮着他们一起打那些恶奴。"

"哦!算了,不要再派人去。"噶礼转念一想,若是张家家丁打上门说理的百姓,岂不更好,正好说明张伯行为人嚣张。这纵奴打人之事若传到京城,传到皇上耳朵里,哈哈,皇上会怎么想呢?就让他们打吧,打得越惨越好。

"百姓什么时候罢市呀,到时老夫也去看看。"

"老爷想他们什么时候罢,他们就什么时候罢。老爷不让他们罢,他们就不罢。"

"嗯?"

"我的意思是,他们这么爱戴老爷,您对他们一说,大家不要再罢市,他们准听您的就不罢市了。"

周世荫刚才话说得顺嘴,差点把实话说了出去。

噶礼心想,他们罢的时间越长越好,最好罢到皇上把我官复原职更好。可他嘴里却说:"唉,百姓都不容易,罢几天也就算了。罢市时你给我说一声,我到街上溜达溜达,看看爱戴老夫的人们。"

"听说是后天。"

"好,咱后天去。"

等到罢市那天,噶礼心情好极了,起个大早,吃过早饭就催着出去。周世荫对他讲再等等,店铺一般不开门这么早。真是度时如年!噶礼等不到半炷香的工夫又催,周世荫只得准备陪噶礼出去。

起身时,周世荫看噶礼一身绫罗绸缎,外加身上的玛瑙玉器,突然笑道:"老爷,您穿这身衣服可不行。咱们街市上步行,百姓一看您这气派、这风度,再配着这衣服,谁比得了呀?太显眼了。"

"哦!是吗?哈哈,这怎么办?"这话噶礼爱听。只要是夸他的话,他都爱听。

"老爷要是不嫌弃,要不换奴才一身衣服?"

噶礼一脸嫌弃说道:"那好吧!"

噶礼不但比周世荫高,还比他壮。周世荫的衣服穿在噶礼身上,怎么看怎么别扭。唉,将就穿吧,反正就一会儿。噶礼心想,要不是去看百姓拥戴他的情景,他说什么也不穿这身衣服。也是,噶礼家四代为官,家族显赫,母亲又是康熙帝的乳母。一个衔着金勺出生的人,一辈子锦衣玉食,哪穿过这么朴素的衣服,虽然周世荫的衣服也是绫罗绸缎。

噶礼由周世荫陪着,又带上两个随从,出驿馆坐上马车往闹市而去。四人一前一后在街面上转悠,果然市面冷清,店铺几乎都关着门。即便开着门,门前也挂着"今日盘点"的牌子。

没走多远,迎面过来两个人,一高一矮伙计打扮。看见他们,高个儿说道:"几位爷是来买东西的吧,别去了,店铺都罢市了。"

矮个儿说:"因为制台被罢免,百姓不同意。"

听到他们二人的话,噶礼心里美滋滋的,就问道:"两位小哥,百姓为何不同意呀?"

高个儿道:"制台好呗!"

"怎么好法呀?"噶礼乐呵呵地问。

见高个儿不出声,矮个儿忙说:"制台对百姓可好了,免赋减税,赈济灾民,修河架桥,劝农兴商,从不克扣兵士粮饷。百姓需要什么,制台就给百姓解决什么。"

"反正就是对百姓好,制台简直就是救苦救难的观世音菩萨。"高个儿接道。

矮个儿又说:"百姓可爱戴制台了,所以大家不想让他走。"

噶礼心花怒放。他想再听听人们怎么说他好,见路边有位老汉便凑了过去,假惺惺乐呵呵地说道:"老丈,怎么今天市面这么冷清呀?"

"别提了,昨天衙门里人来说今天让商铺都关门,说是大家都要配合反对制台被免职。"

旁边几个正在看下棋的人,接话道:"他免职跟我们有什么关系?"

"唉!别的店铺不用歇业,偏偏让我们这片罢市,又少挣一天的钱。"

老汉说道:"老爷,一看你就是个有身份的人,你给评评这叫啥理呀!"

弄了噶礼一个大红脸,他回头狠狠瞪了周世荫一眼,扭头就走,吓得周世荫赶忙赔笑,紧跟在他后边。

周世荫本想哄噶礼高兴就编了个谎,没想到噶礼还当真了。没办法,周世荫只得给知县些好处,安排一片闹市罢市,再将噶礼领到这里观看。

他还特意安排自家店里两个伙计,在街口等着,一见噶礼他们过来就一个劲儿地夸。之所以一大早没敢让噶礼出来，是怕商铺没歇业。周世荫派人到现场看一圈，觉得万无一失，才领着噶礼来，没想到事情还是被几个老百姓给搞砸了，周世荫已做好挨打的思想准备。

回到驿馆，周世荫以为噶礼会大发雷霆，没想到噶礼反而挺高兴。不合适的衣服也没顾上换，就把他叫到书房。

"以其人之道，还治其人之身。罢市这个方法好，张伯行不是鼓动不明真相的百姓罢市吗？你也可以安排有正义感的百姓，以不营业的方式与他们抗衡嘛！人心都是肉长的。老夫来两江以来，为百姓做了那么多事，他们总不会忘完吧！除了倡导好百姓罢市，还可以把老夫受的委屈，讲给八旗和绿营中的军士。平日老夫对他们不薄，连市井之人都晓得老夫从不克扣粮饷。再说，老夫虽被免职，皇上只是叫江西巡抚郎廷极署理，又没任命新的总督，老夫还是存在复职的可能。既倡导就不要只局限在扬州一处，各府都可发动发动。"

周世荫心中想，你为百姓做过啥？除了为自己，你还为过谁？连老夫人每次提到你都咬牙切齿。你没克扣过粮饷？你那些田地、宅院都拿什么买的？那话是我安排人教伙计说的，估计只有你一个人信。可周世荫嘴上却一个劲儿称："是，是，是，老爷说得极是！"

噶礼想得非常好。鼓动百姓因他被解职而罢市，再通过关系将百姓罢市的事传到京城，把为张伯行而罢市的百姓也算到自己身上。想想吧，江南各地百姓因不满总督被免，商人纷纷罢市，军士怨声载道，这何等的气势？若再传到皇上那里，岂不说明百姓与军士眼中的噶礼，与张伯行折子上写的截然不同嘛？谁在撒谎？不言而喻，当然是张伯行呀！

哪有商铺愿为噶礼罢市？据周世荫所知，人们高兴还高兴不过来呢！除了他提拔的参领、总兵、副将什么的，下级军士没几个拥护噶礼的。聪明反被聪明误，周世荫有一种搬起石头砸自己脚的感觉。

周世荫只得暗中将噶礼的意思告知与噶礼亲近的官员，逐一安排此事。又找八旗与绿营里噶礼的人，让他们在军中散布些拥护噶礼的言论，并到街上与百姓一起组织拥护噶礼的活动。同时，周世荫花钱每日雇些百姓，在噶礼住的驿馆外为噶礼造造声势。反正张伯行有的，噶礼也得有。

复职无望，总督事务还得交接，噶礼也得回江宁。当听说张伯行走时，老百姓拦车、送行,噶礼非常气愤。而今,自己也要走,总得有人送吧,他又叫来周世荫。

"老夫虽被解职,但百姓对老夫的爱戴一天高于一天,可见我为皇上办事多么尽心尽力。后天,我们回江宁时,一定不能像张伯行那样特意告知百姓,又是让百姓当街拦车,又是让百姓送至码头,很假、很虚伪嘛!不明事理之人,一定会觉得张伯行为百姓做了多少事似的。老夫一定不能这样,老夫要悄无声息地走,决不能让百姓知晓。倘若,百姓怕老夫悄悄地走,每日在城门守着,老夫出城时被他们发现,堵着城门哭着喊着不放老夫。老夫痛哭流涕,与百姓难舍难分。不知被哪位多事的大臣看到,将此情此景传到朝廷,传到皇上那里,到时不知老夫有多少尴尬呀!你认为呢?"

"不尴尬,不尴尬,学生认为绝不尴尬!这才说明百姓对东家的爱戴程度无与伦比。学生早想到,您为百姓做那么多好事,百姓全记着呢!不论东家何时走,百姓都会拦截。交官印时兵民的表现,学生不是都向东家禀报了嘛?"

"好,和交官印那次类似最好,也没让老夫白爱他们一场!"

周世荫下去后赶忙安排。

(六)朋友的朋友是朋友,敌人的朋友是敌人

就在曹寅向康熙帝密奏督抚互参之时,让曹寅万万没有想到的是,同为苏州织造的大舅哥李煦,却给康熙帝密奏两封与自己结论截然不同的奏折。康熙五十一年二月十九,李煦在给康熙帝的《苏州织造李煦奏报南方众论督抚情形折》中写道:

> 奏臣李煦跪奏。臣家人二月十五日赍回发下密折,臣叩头展读奉。御批督抚不和人所共知,巡抚是一钱不要清官,总督是事体明白勤紧人物。目前,参本到了,尔南众论如何?再打听明白,速奏。钦此。
> 钦遵臣打听得南方众论皆云,总督没有卖举人的事,抚院心性多疑,又恨总督参了他。如今,两人都解任。但是抚院虽系清官,事无决断,其实人多拖累。总督也并不曾要钱,办事勤敏,极得民心,于地方有益等

语。南方众论此。谨遵旨奏。

闻再江宁、镇江、扬州等府百姓为督臣噶礼罢市,纷纷赴臣衙门,求题请留任。臣奏明伏乞。

而在此之前,二月二十四日,李煦已向康熙帝上过一道密折《苏州织造李煦奏报绅衿呈请留任噶礼折》:

奏臣李煦跪奏。窃江宁、镇江、扬州等府百姓闻督臣噶礼解任,二月十八、十九等日,连日罢市。先则赴臣衙门具呈,求题请留任。及至二月二十二日,督臣委官送印江西抚臣衙门,岂知兵民竟将城门闭了,不容送去,不由委官做主。众人竟将印信捧赴安徽抚臣梁世勋公馆。抚臣因偶患足疾,不能见他们,又捧至臣衙门,禀称,求暂留下印,飞奏万岁爷请复总督原任等语。臣说,皇上爱你们兵民如保赤子,所以,特简总督到江南来的。目下因督抚互参是以解任候审,审明之日,皇上圣明,自有乾断,尔等不必如此。再三晓谕,众兵民方渐行散去。至次日,始听委官出城将印送往江西,众兵民仍将督臣公馆大门用木石堵塞,不容出来。兵民情行甚为皇皇。

看到李煦的两个折子与曹寅的密奏大相径庭,都是在为噶礼说好话,均未过多提张伯行,也未提张鹏翮的态度,康熙帝有些不满意。康熙帝站在更高的层次审视督抚互参,觉得李煦奏折的真实性还是应该大打折扣。康熙帝之所以成康熙帝,就是因为他高屋建瓴。康熙帝曾曰:

朕从不敢轻量人,谓其无知,凡人各有识见。常与诸大臣言,但有所知、所见,即以奏闻,言合乎理,朕即嘉纳。

短短五天,李煦一口气连上两份密折。差人送走密折后,李煦脸上浮现出诡秘的笑。

李煦从噶礼那里多次得到消息,自康熙四十九年,张伯行到任江苏巡抚后,与王鸿绪多有往来。

史载：王鸿绪，字季友，号俨斋，别号横云山人，松江府华亭人。康熙十二年进士，授编修，官至工部尚书。曾入明史馆任《明史》总裁，为《佩文韵府》修纂之一。一生精于鉴藏书画。书学米芾、董其昌，具遒古秀润之趣，著有《横云山人集》等。

张伯行是康熙四十二年进士，王鸿绪正是那一年会试正主考官，与张伯行有师生之谊。康熙四十八年，王鸿绪从户部尚书的位置致仕后，便到江南定居。师生之间有所往来，本无可厚非，却连这个也在噶礼的监视范围之内。

李煦之所以要袒护噶礼，不单因噶礼的敌人张伯行是王鸿绪的门生，更因为王鸿绪与李煦的父亲李士桢有过节，而且还是大过节。

康熙二十六年三月，王鸿绪升任左都御史，当年七月，他就把时任广东巡抚李士桢给参了。理由是李士桢昏聩贪劣，曾从吴逆之潮州知府林杭学保举清廉。林杭学任潮州知府十多年，多有建树，对举荐者本无可追责，而在"谈藩色变"之时，这确实是个冠冕堂皇的由头，李士桢便以年老体衰辞官而去。

礼部对此事的议覆，也说因李士桢年纪大，照例理应退休：

> 左都御史王鸿绪，疏参广东巡抚李士桢，贪污不法，年老昏聩各款。除事在赦前，及款无确据者，毋庸议外，李士桢六十九岁，昏聩是实。应照年老例休致。

礼部议覆呈给康熙帝，他便直接就准。李士桢与鳌拜交往过密，或许这才是他真正被参的原因。而王鸿绪则是康熙帝的亲信大臣。

因此，李家便与王鸿绪结下梁子。事情过去二十多年，李家始终耿耿于怀。康熙四十二年，王鸿绪刚致仕回江南，李煦两个月内上两个折子，密报王鸿绪言论有问题，而且王鸿绪还妄议太子之事，这可是皇家的大忌。本着朋友的朋友是朋友、敌人的朋友是敌人的原则，他们自然也视与王鸿绪多有交往的门生张伯行，为其一党。所以，在督抚互参这个张伯行人生关键的茬口，李煦在言辞上对噶礼有所袒护，也不为怪。

和偏向噶礼的李煦一样，江西巡抚郎廷极、镇守京口等处的汉军将军马

三奇等人,也都一而再再而三地为吹捧噶礼而打击张伯行。四月十八日郎廷极所上密奏称:

> 窃奴才自入江南境以抵江宁,据绅士军民人等纷纷具呈恳请,题留督臣噶礼。又奴才于江西起程时,亦据兵民环绕,呈恳入告,何敢雍于上闻。但镇海将军马三奇已将下江军民爱戴之情由奏闻,安徽巡抚梁世勋复以上江之民情会疏具题。奴才不敢冒昧重复,以渎圣聪。且奴才到江宁未久,诸事实未周知,惟在江西,深悉督臣噶礼之控制江右地方宽严并用,咸切畏怀,是以政务不繁而民安兵辑。

康熙帝看到,这件密折对江苏士民为张伯行解任而罢市请愿等事只字未言,却提到马三奇与梁世勋曾分别奏闻军民爱戴总督噶礼事。可见,马三奇与郎廷极等满人均偏向噶礼。这种局面让康熙帝忧心忡忡,压力倍增。从督抚互参,康熙帝明显感到,满汉大臣之间隔阂甚深,满汉矛盾依然尖锐。以苏州织造李煦、江西巡抚郎廷极、江宁将军马三奇等为代表的满人官员明显偏袒噶礼;以大学士李光地、苏州知府陈鹏年为代表的汉人官员则基本上站在张伯行一边;江宁织造曹寅、致仕吏部尚书宋荦、浙江巡抚王度昭则不偏不倚,保持中立,相对客观公正一些。大清立国七十年,满、蒙、汉、藏、回,皆为大清子民。康熙帝多么希望,这些子民能携手共进,图强报国!

第十章

一

二次会审

（一）张伯行在《沥陈被诬始末疏》中将噶礼诬陷他的七条罪状答辩得清清楚楚

张伯行在离开扬州前已上疏康熙帝，反驳噶礼对他的诬陷，在《沥陈被诬始末疏》中将噶礼诬陷他的七条罪状答辩得清清楚楚。浊者自浊，清者自清。这篇数千字的《沥陈被诬始末疏》，张伯行用一晚上的时间一气呵成。他相信康熙帝会派人查得水落石出。

文中他写道：

多命等语！

臣准部文，今带领官兵搜缉海贼。臣即专差赍咨驰赴江宁，与督臣会商。据该差回称，督臣于十二日已往镇江坐艍犁船出海矣。臣标并无战船水师，正与本标将弁酌议作何速往搜缉。又闻督臣从镇江由运河来苏，臣遂出郊远迎。

十六日，督臣到苏，臣问所往，督臣云：往上海出洋。臣思由江入海，则尽山花鸟，一帆可达；若由上海出口，实属迂远。未知督臣之意何居？

十七日，督臣开行，臣亦于是日带领官兵随往。是臣本欲出洋，岂有反止督臣之理？

于十九早，同抵上邑，提臣师懿德亦即继至。据提臣云，接到部文即委苏、狼二镇总兵出海。已据苏镇穆总兵报文，于十五日出洋矣。督臣又将穆总兵差人赶回，臣与提臣俱不解其何故。自至上海，每日在出海船内摆设品物，直至十二月初六日，始由吴淞江出口，即闻其欲由浙江宁波入口。

臣以出海缉贼之船，何须铺设华美？江南之官，何必由浙江绕道？心窃疑之，只得向牙行雇募民船同往。而民船只可装货物，不堪用以捕贼，会商之督臣。据云，船上既无器械，又无水师营兵，驾此出洋，岂不有损国威？因无船可乘，又恐沿海内地或有奸党潜藏，巡哨亦宜严密。臣与提臣分头侦缉，当经具折奏明在案，何为违旨逗留？

至张元隆，名张丰，系监生，考授州同之职。伊弟张令涛夤入督臣内幕，多将洋货贿赂。其督臣在上海十数船所铺设者，皆元隆所馈也。伊弟张令涛押船护送至宁波入口，运赴江宁，臣始悟督臣之不由镇江出海，而先至上海；不仍由上海入口，而又至宁波，以及停泊上海半月有余，铺设多船之故。皆借出洋缉贼之名，为装运货贿计耳！

其所拿之贼犯，人皆传其从宁波定海得来，通省官民无不知之。第以事属风闻，未敢轻为入告。比时，先有崇明水师营兵在洋盘，获余元亨等赶缯船一支。在船耆舵水手俱系福建人，所与执华亭县照票内姓名籍贯互异。

讯据供张元隆代领，臣饬署上海县事常州府通判周莩、常熟县知县章曾印提讯，元隆托病不出。周莩、章令亲赴元隆家取供。至伊书房，元隆公然上坐，两官侧坐其下。臣闻之骇异，严饬拘拿。两官见元隆与督臣交好，止据周莩出具收管申送，内称收管在家。臣以为既然收管，即应拘禁，何得听其在家！遂经驳回，令其另具收管。收管虽换，元隆仍悠游在家。

夫一牙行，而能制地方官不敢提问，则其所恃之大有力者，已可概见！迨臣回署之后，行提余元亨、张元隆等解苏发审，始据周莩申报，元隆在家病故。臣因元隆往来海洋，党援甚重，其时郑可心等虽经闽省获解，而其伙盗尚未全获，仰体皇上宁谧海疆至意，恐系两相认识，故又题请敕部审取余盗确供，以便定案。

今见查出元隆自置船只，皆以百家姓为号。头号赵元发，二号钱两仪，三号孙三益，四号李四美，五号周五华之类，则其立意要洋船百支之说不虚矣！

又经臣亲审华亭县经承，据开出元隆在该县冒领照票之船，有杨日升等二十八支,俱非华邑民人。一处如此,其在别县,移甲换乙,冒领照票,当又不止百支矣!

此等船只共有若干,何人撑驾?何处贸易?因何久留外洋,并不回县换照?必须彻底清查,庶无隐情,是以不能遽结,并非无故迟延。其案内张思永、张藻文等,皆元隆手足腹心。元隆平日妄为,实思永等附和助恶。元隆已死,安得置思永等不问?何为牵累多人、淹禁不释,至元隆病故。

据报,有医生王禹九及亲属地邻人等供,该犯先于四十九年七月内染患吐血病,医治不痊,延至十二月二十四日身故,有该县印文可据。而思永等见俱在案,并为报故,案内又并无张五姓名。不知督臣何据污臣以逼死元隆、拖毙张五?

二款称,原任上海县知县许士贞系臣同窗好友,将徐君祥失事一案,拖毙王三等八人,于上年二月,尚以见在咨题,冀免士贞处分。案内止存一稗子张四,仍淹禁不结等语。

查徐君祥失事,在康熙四十八年正月,至四月内,拿获盗犯张四、王三、潘四、盛长生、王才、王五老虎、东王四、王连、潘满九名。督臣于四十九年九月间咨参武职年限,先据革职按察使焦映汉,盖作四十八年十一月事儿等日获犯具详。臣不知督臣核咨之时,许士贞等若何弥缝。而乃徇情捏饰,据详咨部。迨后十一月内,据该司详题承审迟延,于五十年二月内,曾同督臣咨参文职年限。俱照督臣原咨所改月日。臣因巡抚应听总督节制,不能据实觉察,扶同咨题,固臣庸懦所致。而捏改获犯日期,并以拖毙盗犯称为见存。实由督臣作弊于前,何反污臣为冀免士贞处分也?至此案据报获犯十一名,内王三、潘四、东王四、王连、王才五名,系四十八年间取供后病故。在臣未经到任以前,而盛长生、王五老虎、潘满三名,于四十九年正月内报故。俱在臣甫经莅任之际,稍傅、徐贤二人,审非真盗,即已省释。其已死八犯,有无污拿致死灭口情事。邵傅等是否官捕污良,或系盗伙妄扳,经臣严檄按察司逐加究明,例应随招附参,并非徇庇隐讳。至张四一名,审系上盗时年仅十四,前据臬司招解,经臣提讯,供词与司招不符。臣仰体皇上慎刑至意,驳饬覆审,并非淹禁不结。臣与许士贞虽同籍河南,臣系开封府仪封县人,士贞系归德府虞城县人,相去二百余里。何得捏称同窗?

三款称,谓督臣严饬保甲,臣与陈鹏年扬言总督查富户,竟寝不行,以致盗贼充斥。镇江府同知施世骅捕获盗首,臣因嘱陈鹏年不行究贼,致毙在狱,反参施世骅为诬良,指臣纵盗殃民等语。

臣查保甲之法,为靖盗安民善政,屡经奉旨饬行。凡属臣工,敢不奉行惟谨,不特督臣循例通饬,即臣莅任之后,亦经严饬举行,至今各属奉行无误。

江苏系水陆通衢,五方杂处,最易藏民,至长州县陆鸣钦被盗,获犯夏麻子。据臬司详,系施世骅访知该犯素行不端,檄行长邑关获,迨审非真盗。解府覆讯,苏府不即转详保释,以致监毙。开列施世骅访拿不实、与陈鹏年不即审释,各职名通详。臣与噶礼曾会疏题参,续准部覆,以夏麻子到案并为刑讯,自认同伙陈四等行劫。复审改供监毙,或有灭口开脱伙盗,令将真情查出,题参再议等因。

臣随檄行按察司遵照,续据革职按察司焦映汉详覆:夏麻子拿获到案,所供伙盗陈四等姓名数目,前后不一,历经查拿,并无其人。供认劫分钱数衣服,亦于失主原报不符,实非行劫陆案真盗。其供出伙犯陈四,称系镇江水手,而夏麻子原系镇江府同知施世骅访拿。如果有陈四在镇,则镇捕多人,何难就近拿解? 历经严缉无获,则其畏刑妄扳可知。只因前任知府陈鹏年不即详释,以致夏麻子病毙在狱,委无灭口开脱伙盗情弊。臣以部驳严切,未便据题,覆驳确查在案,是陈鹏年不即详释,致毙夏麻子在狱。臣已疏指参,如谓臣嘱鹏年不究,臣何以覆参鹏年? 鹏年又安肯甘心默受?

四款称,苏松道臧大受于上年四月二十八日尚在松江,五月十一日始到淮安,有报明文案。谓臣徇情作弊,将大受所属三四月内贝二、吴煜、汪服周、叶阳河、汪瀚文、赵弘臣、施霖等被盗七案,尽捏坐大受往淮催运。因公出境,混饰具题,冀免大受处分等语。

查盗案疏防,道员兼辖,例止罚俸停升。贝二等被盗各案,据革职按察使焦映汉开报,兼辖苏松道臧大受因公出境,臣因比时正值该道催攒漕船过淮之候,据以叙稿,移送督臣噶礼尽题,移回合词拜疏。前据噶礼于特参焦映汉贪劣案内,将此款列为映汉徇庇大受,奉旨敕臣究审,见在行提映汉讯明捏报实情。俟审明之日,检举臣从前失于驳参之咎。第此等案件,督臣与臣曾题,同为失察,则当同受处分。若谓臣徇情作弊,何以通详曾题之时?督臣不即指明驳饬,乃于连名入告之后,先参臬司为徇庇,今又称臣徇情作弊,则督臣之自相矛盾,信口污蔑,于此概见。

五款称,苏、松粮船过淮迟误,非镇帮开迟阻压,指臣捏饰欺罔等语。

臣查苏、松、常、镇四属四十九年分漕白粮过淮逾限,奉旨令臣明白回奏。据苏粮道臧大受详称,该年镇属漕粮,先因截留账闽,已运至狼山对渡徐六泾地方候船交兑。后又奉文起运,详候漕院派单、拨船、修仓、受兑,于五十年三月初三、初四、十七等日,始得兑竣开行。镇属丁船为江南首帮,必得镇船出口,苏、松、常三府之船方得跟帮前进。又因带运四十七年灾漕,民间完纳不前,尚俟征完,剥送受兑,以致过淮迟滞等情。

臣查江省粮船定限二月以内过淮,今苏、松等属船粮既已过淮逾限,咎有何辞?当于回奏疏内,臣自行引咎,声请敕部察议,并将粮道、监兑等官过淮运限职名,应听漕臣赫寿汇疏题参。今督臣以镇帮粮船于三月二十四日以前已尽过江,而苏、松粮船催至四月二十八日方始兑足离次,指为臣之捏饰。查各属起运漕船,例系头帮受兑先行,尾后帮船。或因前途重运阻压,或因支给行月等米未完,续后赶帮交兑。故尾船开行,较之头帮稍迟,是四月二十八日离次,系就尾船而言,非通帮皆然也。若谓苏、松之船非因镇帮开迟所致,何各属粮船过淮日期皆先后紧接,挨次过淮,并未脱帮攙越,又何虚捏欺罔之可以陷臣耶?

六款诬臣与进士方苞友善,延请在署著书,已非朝夕。昨刑部行文查提方苞,并《南山集》刻版,并未差一员一役提拿。且《南山集》刻版藏于苏州宝翰楼沈明玉家印行,方苞著书,伯行署内,张伯行岂得讳曰不知等语。

查上年十月三十日酉刻,部差笔帖式王六齎到刑部等部咨文,严拿方苞、尤云愕解京。时值前任按察使焦映汉在苏,臣即飞传该司,密行严拿。眼同王六在坐差遣,并经咨会督臣噶礼,署安抚臣噶礼各在案。续于十一月初五日,据该司、府呈报,拿获方苞,并获云鹗之兄尤云鹏。臣随缮给咨文,于初六日,专差苏州府库官王鸿,齎交江宁府知府刘涵,将已获方苞及尤云鹏一并转交笔帖式王六解部,并经咨明刑部,此系有案可考。及笔帖式王六可询,何诬臣并未差一官一役提拿?

其刑部咨取戴明世、方云旅两家所藏滇黔纪闻书并刻版,查臣衙门未准有此案部文。而督臣噶礼于署安抚任内准到部咨,亦未移会臣衙门。迨于桐城县戴名世、方云旅两家搜查无获。据方云旅供出,刻版在江宁伊故弟方溥家,始准部臣咨会。臣即刻专差飞檄臬司并江宁府,督同该县印捕各官,严加搜查。又檄江苏按察使焦映汉,会同安徽布政使马逸姿,公同会讯究追。据详覆,《南山集》等刻版已经方苞交出,并未有藏于苏州宝瀚楼沈明玉家。之语见有咨部,原案可查,何诬臣隐讳?

七款称,臣专以卖书著书为事,情多猜忌,心更糊涂。一切命盗各案,混行翻驳。滥准词状,拖累株连,鲜有案不毙命,屡奉言纶,恬不知改等语。

查江省地方狱讼繁多,人命盗案关系重大。臣据各属详报,批行按察司确究实情,无不严催速审招解,以期及早完结。及至解臣亲审,臣必平心静气,虚公细鞫。见有疑实,不得不饬行严审,期无枉纵。但刑名事件,例由臬司审详,而该司衙门驻扎江宁,距苏五百余里,非别省臬司与巡抚同城者比。如有情醉未符之案,一经驳审,由院发司,由司发府;府县审明之后,再将人犯解司,司复解院覆勘;合计发回复解往返程,途共有二千五百里。辙致逾限,此亦事势使然,何诬臣混行翻驳,不能清理归结?至江苏官民狡猾,臣身在地方,分宜伸冤理枉,照例开期放告,检阅词状。内有情关重大,或下属审断不公者,酌量批准数纸。何谓滥准词状?谓臣拖累株连,鲜不毙命,则题报有案,在部可考,非臣所可掩饰也。

若臣卖书著书亦有缘由。臣叨中乙丑科进士,蒙皇上传喻,新进士回家照旧读书,不要荒废学业。臣恪遵圣训,到家之日,即闭户读书,犹虑博而无当,思科场功令,恪遵程、朱。且见程、朱之言,与孔、曾、思、孟,实相符合,遂朝夕诵习,觉日有进益。故于服官辨事之余,亦未尝释卷。又新奉功令,文闱论题出周敦颐之《太极图说通书》,张载之《西铭正蒙》,故将周、程、张、朱之书刊刻,以广其传。并将诸儒之有合于周、程、张、朱者,亦为刊刻,此皆仰体圣贤之书不可读。读其书,率其教,入为孝子,出为忠臣。遵皇上崇儒重道之至意,而仕不废学,欲万一有补于治道耳。又因闽中书院工匠到苏,无以资其饮食,曾令刷卖已刻书集,稍助其费。

此实臣鄙陋之见，有失大臣之体，然实臣取与不苟所致，非有他罪。至谓臣情多猜忌，心更糊涂。臣自问衷怀坦直，从不忌人。而与贪残暴横之人同处，又不得不留心瞻顾。臣自服官以来，不能为身家计，实臣之糊涂而愚忠，自矢奋不顾身，此心又必不敢糊涂也。

又称臣与马逸姿旧有嫌隙，被逸姿一面遣家人叩阍，一面通详部、院、督、抚臣欲呵督臣挽和等语。

窃思，臣与逸姿既无统属，又无交际，有何嫌隙？今李奇乃逸姿书办，轩三乃逸姿家人。其受金银通关节情事，当公同会审之时，供证确凿。臣不过据实入告。逸姿罔顾法纪，架虚叩门，圣明自有洞鉴，臣亦何惧而欲噶礼挽和？

若臣果欲挽和，方将恳求噶礼之不暇，又何敢声言恐吓？其词已自相背谬。总之，噶礼之蓄怨积怒，起于臣之发觉张元隆一案。臣与元隆本无私怨，不过为地方起见，冀除滨海巨蠹，为皇上宁谧海疆，使商民无扰。不意噶礼嗜利忘义，恣肆毒螫，以封疆大臣而党护张元隆，摭拾前款，欺君陷臣。且云难与臣俱生，其意必将置臣与死而后快。

臣忆前冬，与提臣师懿德在上海会见噶礼时，据伊备述，家世赫奕，圣眷崇隆，在朝无出其右，固知石卵不敌。幸荷皇恩宽厚，不忍遽加罪戮，理合逐款据实陈明，仰祈鉴察。

再，安徽抚臣梁世勋至臣寓所，指臣挟仇诬陷安徽布政使马逸姿，已据逸姿通详，将臣题参。并云该司见有详评稿刊布扬城。臣随查觅批阅，不胜骇异。据评称，逸姿前任苏松道，臣任江苏臬司，曾经劝勉招尤，恭逢圣驾南巡，臣推委退避，规谏触怒。又，臣蒙皇上超擢福建巡抚，逸姿升补臬司，急于交代，理论成衅，辞驾赴闽，逗留月余等语。

查臣于康熙四十六年正月内，促赴山东济宁鲁桥地方，跪迎圣驾，扈跸南行。驾至松江，蒙皇上特恩，放臣福建巡抚。随驾至杭州，及回銮至苏州，臣在虎丘跪请圣训，荷蒙温旨询问，不啻家人父子。臣感知遇隆恩，未能报称，面奏送驾至山东。皇上以闽省连荒四五年，令臣速行赴任。臣又奏请送过黄河，皇上不允。臣复请送至扬州，便道回江宁，星驰赴任。复蒙，谕臣送至镇江，由镇回省是正路，不必又到扬。随遵旨在镇江西门北河沿送驾，于四月二十五日回江宁，于五月初四日启程赴闽，何诬臣违旨在省逗留月余？

逸姿虽与臣同官半载，相会叙谈之顷无几，有何劝勉成仇、规谏成仇、规谏触怒、理论成衅？

乃诈称，吴泌夤缘事露，臣乘机阴使扳害，将伊家人轩三酷炙逼招等语。

查此案于上年十二月初四日审起，即据吴泌之父吴荣赞供出员炳等引诱伊子贿买举人，左必蕃亦供，吴泌买举人是他父亲给与两万两银子，供三十六蒲包，人人无不知道。随据员炳供出安徽布政司书办张舜臣、李奇过付，李奇供出马逸姿家人轩三进衙商量，给与关节。奇得之于轩三，炳得之于李奇，历历如绘。此系公同会审时，各犯落膝初供，并未动刑，何诬臣阴使扳害？斯时，安徽抚臣尚未到场，钦差大人随令督臣拘提轩三，谆谆再四。督臣坚执不允，又令臣拘拿。臣以下江巡抚，不能提拿上江藩司家人，钦差大人随传逸姿令其自行送出。自十二月初九日，审问轩三之后，督臣即托病停审，至十六日，安抚臣到扬，连日止将李奇穷究。臣若参酌一语，督臣即发怒挟制，何反诬臣破面拦阻？马逸姿素为督臣牙爪腹心，蔑法狂噬，固已欲盖弥彰。在安抚臣梁世勋自应查究虚实，秉公折断，何得据逸姿妄捏偏词，徇私具题？况科场一案，上年十二月十六日以前审过情节，安抚臣并未与闻。如臣果有诬陷逸姿之处，逸姿即经通详，督臣参臣疏内，自应详细指出，又何必安抚臣另行题参？明系朋党构陷，随耳附和。

我皇上至圣至明，自必洞察瞩群奸阿必情形。第恐党附之渐一开，万一人人趋势营私，必至公道尽发。如臣孤介独立之人，何足以当多人排挤？此亦不得不亟陈于圣明之前，以求监察者也。今督臣与臣，已蒙圣恩同著解任质审，若仍命朋比附势之抚臣梁世勋会审科场作弊一案，恐案犯之向籍督臣庇护者。今又传而凭依于安徽抚臣，则此案交通贿买之情节终难毕露。而臣被诬捏陷，又何能伸雪哉？相应一并据实陈明。仰祈皇上乾断，将此案专敕钦差户部尚书臣张鹏翮，总漕臣赫寿公审。勿使徇私附势之抚臣，得以颠倒是非，阻挠国法，则真情得而公道昭矣。缘系补陈诬陷始末，字多逾格，贴黄难书，伏乞皇上睿鉴，俯赐全览施行。

噶礼与张伯行均被解职,二人已离开扬州,吏部也给出张伯行降三级调用的处理意见。而康熙帝认为,督抚互参的事还得审。另一位钦差大臣赫寿因漕运繁忙,于二月二十六日才到扬州。

(二)钦差大臣会审科考大案变成会审督抚互参

赫寿稍事休息,便与张鹏翮开始审起案来。

科考案还好说,督抚互参在哪儿审呢? 张鹏翮与赫寿犯起难来。虽说互参的二人都予以免职,对噶礼吏部还未提出意见,对张伯行吏部议的是降三级调用,但皇上不满意这个结论,让他俩再审。以张鹏翮入仕近四十年的经验看来,审来审去,这二位将来不论官大官小还会是个官。噶礼不但家世显赫,还颇得皇上青睐;张伯行不但被皇上器重,还是皇上标榜的清官榜样。即便目前降了级,不代表等风声一过,皇上不再将二人调任到更有权势的位置。再说降级不降职,戴罪留任的有的是,如范时崇降五级还留任闽浙总督呢! 如今,噶礼是总督,再一调就是尚书,总不能在盐政院的大堂审吧,盐政院的二堂更不合适。想来想去,张鹏翮想到行辕内的上房。

张鹏翮便与赫寿商量道:"以兄弟之见,督抚互参就在行辕上房的堂屋内,先问问噶礼、张伯行他们二位就行。形式和之前几次科考案合议一样,你我坐在正面八仙桌旁的太师椅上,他俩坐在两旁的椅子上。也不要什么衙役,升什么堂,更不让梁世勋陪审,叫户部或漕运的书办在旁边记录就得了。赫寿兄意下如何?"

赫寿初来乍到,对具体情况还不十分了解。再说因没有审案经验,大案面前不免心里有些发憷。张鹏翮既然这么说,他当然顺水推舟,便说道:"兄弟认为极好,就按运青兄说的办吧!"

于是,二人择日,命噶礼与张伯行从江宁和苏州即刻出发,重回扬州,赶赴钦差行辕。

噶礼与张伯行前后脚来到行辕,张鹏翮、赫寿二位钦差非常热情地将二位让至上房。但见堂屋北墙正中挂了一幅古画《春山晴霭图》的中堂,两旁是米芾的行书对联:"琴伴庭前月,衣无世外尘。"字画下摆着一张条案,条案正中摆着一座西洋自鸣钟,钟两侧各摆一对青花帽筒、五彩花瓶。条案两头的花案上各放一盆名贵兰草,条案前的八仙桌两侧各放一把太师椅。太师椅前各有一排三把圈椅、两张茶具,屋中家具均为红木打制,东西二墙各挂有字画。

世上之事瞬息万变。之前,或许还是共同审案的同僚;之后,也许会成为对簿公堂的仇人。之前,或许还是心心相印的朋友;之后,也许会成为公堂之上的主审和被审。至于谁坐左,谁居右,张鹏翮与赫寿二人相互又谦让一番。最后,在赫寿一再要求下,张鹏翮在八仙左侧的太师椅上落座,而赫寿屈居右席。张鹏翮明白,左边是主位。赫寿让他坐在那里,意思是审案要以他为主。噶礼与张伯行坐在对面两侧的圈椅上。在靠墙的位置加了套桌椅,吏部的书办在此负责记录。屋内气氛无比凝重,如同阴云密布的天,暴风骤雨说来就来。仆人上过茶,四人寒暄数句,见噶礼与张伯行话语间火药味十足,张鹏翮忙进入主题。

"本钦差与赫寿钦差今日将二位老兄请来,不为别事,只为二位老兄自己的事。"他说话的口气不像审案,更像合议或聊天。"前段时间,两位可能产生些误会,还闹到皇上那儿去。皇上对此很重视,安排本钦差处理。所以,今天本钦差与赫寿钦差就请来二位了解了解。咱们本着'知无不言,言无不尽'的态度,将问题和想法摆到桌面上,理清楚,谈透彻,争取消除误会,化解矛盾,化干戈为玉帛。哈哈!岂不更好?"

为缓和紧张的气氛,张鹏翮很不自然地笑两声,赫寿赶紧附和地笑笑,噶礼与张伯行也礼节性地跟着皮笑肉不笑地咧咧嘴。

"二位谁先说说呀?要不和以前一样,还是请噶礼兄先谈谈吧!"

这次噶礼也不再谦让,直截了当地说道:"我噶礼向来行事光明磊落,从不干背后放箭之事,也最憎恨背地里捅刀子之人。我噶礼世受皇恩,先祖跟着太祖打江山是有功之臣。我母亲乃皇上的乳母,我怎么会干出辜负皇恩、辱没祖宗之事?我自小锦衣玉食,什么没见过,什么没吃过,家里有住不完的屋,花不完的钱。自为官以来,勤勤恳恳,任劳任怨,不该吃的不吃,不该占的不占。我清如水,廉如镜。不说别处,单说这两江百姓、军士,哪个不说我噶礼好?哼哼!说我贪赃枉法,岂不是可笑之谈?还编瞎话到皇上那儿告我,哼!"

看噶礼气呼呼的,张鹏翮忙笑道:"呵呵,噶礼兄莫生气。谁不知道老兄向来兢兢业业,克己奉公?你为皇上,为朝廷,为百姓做的事有目共睹嘛!消消气,哈哈,消消气!"

科考案会审噶礼与张伯行言语起冲突时,张鹏翮总是从中斡旋,不偏不向,左右调和,唯恐事情闹大伤了和气,而今天却不尽相同。张伯行不知不觉中把张鹏翮得罪了,起因还是那篇《劾总督抗旨欺君疏》。这篇奏折御批后流出,在朝野产生非常大的影响,世人风靡传抄,张鹏翮自然也要仔细看上一看。不看还好,看后张鹏翮非常生气,对张伯行的印象来了个大转弯。这篇奏折中不但提到他,还提到他的长子,现任安徽怀宁县知县的张懋诚;提到他的义子,现在江西呈瑞县知县唐不语。张伯行说,因为张懋诚在安徽为官,唐不语在江西为官,两人均受噶礼挟制,张鹏翮为了儿子和义子,对噶礼有所顾忌,所以有意袒护噶礼。看到这里张鹏翮一拍桌子,说道,这张孝先枉被世人称为清官。我素来推荐他、帮助他、敬重他,没想到他以小人之心度君子之腹。我张运青为官半辈子啦,素来耿直,不畏权贵,怎会有此私心?所以,这次张鹏翮审督抚互参跟张伯行拧上了。你不是说我袒护噶礼吗?好!这次我就向着他。我怕什么?即便我不向着他,你也会说我偏袒他。因此,张鹏翮在言语中有意向着噶礼。

"孝先兄,你也说说吧!即便做些小小不言的事,也没关系,只要主动说清楚,也没什么。到时本钦差在折子里给兄讲讲情,呵呵,想必皇上也不会怎么责怪老兄的。"张鹏翮又道。

张伯行气愤地说道:"浊者自浊,清者自清。我张伯行无愧于皇上,无愧于百姓,无愧于内心,从不做贪赃枉法之事。大帅折子上所言之事都是子虚乌有。"

"什么大帅呀,不是被你参没了吗?"噶礼听张伯行叫他大帅,便打断张伯行的话,没好气地怼道。

"哈哈!参没了也是大帅!噶礼兄莫恼,孝先兄不称你大帅,称你什么呀?一日为总督,终生是大帅。莫恼,莫恼,叫孝先兄把话说完。孝先你接着说。"为缓解气氛,赫寿插科打诨了几句。

张伯行接着说道:"大帅折子上列的七条罪状,严重背离事实,伯行看后很震惊。伯行已将事实原原本本上疏陈述给皇上。"

"那就好,那就好,这样皇上就会派人核查清楚。那孝先兄就一条一条给我们二位钦差说说吧,我等也好例行个公事,再向皇上报一报。"

"这是对七宗案子的陈情,请钦差大人过目。"说着,张伯行将很厚的一个折子交予张鹏翮。

张鹏翮接过后一看好几千字,心想:这张伯行果然是著书立说的料,这么能写。

张伯行接着说道:"因捕快发现海盗张元隆与大帅有交情,不敢将其收监。到审案时,据报,张元隆已病死。到底死没有,还不一定呢!如果真是死了,也是在家病死的,他的同党张令涛还活着。案件中没有叫张五的,怎么能说是我逼死张元隆,打死张五? 伯行是开封府仪封县人,许士贞是归德府虞城人,两县距离二百多里,怎会是同窗? 伯行与他向来公事公办,从未因同籍一省偏袒过他,大帅何以诬陷许知县? 伯行因受大帅节制,没有再核对,所以案子审理中重新出现已经死去的罪犯,这是伯行信任大帅所致。伯行严格执行保甲之法,向来无误。伯行所属七府一州,盗窃案逐年大幅减少。大帅篡改案件年限在先,苏松道臧大受去年四月还在松江。此案乃大帅与我二人共同审理,若审案有误应当我二人同受处分,何谈伯行徇私? 伯行去年差人拿获方苞、王岚生,将其押解到刑部,有案可查。据查《南山集》版是在江宁所刻,并非是在苏州所印。伯行虽与方苞见过一面,并未提著书之事。皇上义女张玉秀跟伯行家眷同在仪封老家,并不知丈夫王岚生涉及方苞案。且王岚生与方苞是康熙四十五年同门进士,有交集实属正常。伯行是用别人喝酒、打牌、泡澡、聊天的时间著书编书,公务一样也没有落下。"

"行,我和赫大人刚听孝先兄大致一说,又大概翻了翻兄写的材料,很具体、很详实。一会儿我俩再仔细研读,将兄写的内容如实上疏皇上,想必皇上一定会有一个公正的处置。至于噶礼兄的事情,我二位也会如实奏明皇上。"

没等张鹏翮说完,噶礼便嚷嚷道:"我噶礼是被诬陷的!说我拿左必蕃、赵晋五十万两银子,不是噶礼小看他二人,就是算上他们全部家当,再把他二人的骨头砸了卖成钱,连五十万两的一半也不值!说我不让审罪犯,刚会审时,我问罪犯话,张孝先说我说话不妥当,我若与他争论恐失了体统,因此,我索性不说话。不是我不审案,是我噶礼大人有大量,不想与他张孝先一般见识。又传说我卖举人获五十万两,市井之中的风言风语也能信?你有真凭实据吗? 还奏与皇上,坏我名声。皇上最知道我噶礼的脾气秉性,皇上会相信这般鬼话? 可笑至极! 迂腐至极!"

"噶礼兄,莫激动。审科考案时本钦差也在场,具体情况本钦差清楚,本钦差会向皇上如实奏明。有关五十万的传闻,我二位钦差会查明后奏与皇上。至于科考案中涉及本钦差的,你二位大可放心,本钦差到时自然会回避,由钦差赫寿审明。"

张鹏翮与赫寿对督抚互参的第一次审理就这么结束了,接着要将噶礼与张伯行互参的内容进行繁琐的调查、取证。

(三)各种各样的小道消息都在茶馆里汇集

审过督抚互参,二位钦差还要会审科考大案。这回陪审只剩梁世勋一人,大堂还设在盐政院。

还没开审,市面上又嚷嚷起来。曹顺刚在盐政院附近的"清香轩"茶楼坐下,就被熟识的茶客围住。"清香轩"茶楼比一般茶馆高档些,茶资相应也贵点儿,因此,来这里的人相应有些身份。

"曹三爷,吉祥! 有一段没见,今天怎么得闲了?"

曹顺一看是当铺老板李保福,便笑着回道:"哦,李五爷吉祥! 回江宁一趟,这不刚回来。"

"你们盐政院又要热闹了。"

"热闹什么呀? 四儿,来壶碧螺春。"曹顺笑道,并对茶伙计郭小旺喊声。

郭小旺撂着高腔报道:"好嘞! 洞庭碧螺春一壶。"

"四儿,曹三爷的茶钱算我的。"围过来的荣泰盐行大掌柜朱蔚对郭小旺说道。

"好嘞! 刚才的洞庭碧螺春一壶记到朱六爷账上。"

曹顺忙顺声音望去,一看是朱蔚便道:"咦! 哪能算六哥的?"

"你还跟我外气,咱俩谁跟谁。"

"呵呵,那就谢谢六哥,下次小弟请。"

"行,下次三爷你请,哈哈!"

"三爷,给大家讲讲后天会审的事呗!"

"呵呵! 这我哪会知道,我不才回来嘛。再说审案是人家官府的事,向来也不让咱盐政院的人靠近呀。"曹顺笑道。

"后天听审去不去？"

"当然去呀！为了听审,后天的事儿我都推了。"

"听说审案子的人换了,又来了位钦差,漕台赫大人。"

"噶制台与张抚台还陪审不？"

"二人都被免职了,还陪什么审呀！听说,陪审的就剩一位梁抚台。"

"这次厉害,审案的是两位钦差。看来万岁爷对这案子更加重视了,等着看好戏吧！"

"两位钦差审案,能不去看热闹吗？一位是户部尚书,一位是漕运总督,满汉两位钦差同审,力度一定大。看来万岁爷是决心已定。"

"听说噶制台现今还在扬州候审,后天会不会大堂之上提他问话？"

"这个可不好说,大家不是都在传他收五十万两银子。因这事,制台的职务还被免了嘛。"

"唉,张抚台这么好的官可惜也被免了。"

"拉倒吧,制台多大的官呀,会被提上堂？"

"怎么不会？钦差可是代表万岁爷来的。戏文里不是说,拿着尚方宝剑来的,哪个不敢审？哪个不敢问？而且还能先斩后奏,遇到贪官'咔嚓'就给砍了。"

"要说也是。这下科考案要真相大白。"

"唉！说来说去,吴家那么大的产业算是完了。"朱蔚叹气道。

"可不是。金山银山说不定也保不住吴泌的小命。"

"曹三爷,你说呢？"

"那是。"曹顺只管喝茶,听他们讲,也不答话。听见有人问他,便顺嘴应一句。

李保福端着茶碗,提着茶壶,凑到苏和泰的桌上,神秘地问道:"苏二爷,你见的世面多,官场上、八旗军里朋友多。你说说,这噶制台和张抚台还能官复原职吗？"

李保福问过此话后,好几位茶客都竖着耳朵,看着苏和泰。曹顺看一眼,只见这桌有两人,一位是八旗军的军校,另一位也是旗人,跟着臬台来的按察司笔帖式。

旗人苏和泰端起茶碗喝了一口,慢条斯理地说道:"人在做,天在看。万岁爷心里跟明镜似的,就看他们的造化了。"

同桌的按察司笔帖式诡秘地笑道:"命里有时终须有,命里无时莫强求。但行好事,莫问前程。喝茶,喝茶!"

李保福似懂非懂地点点头。

其实,前些日子曹顺去京城送密折了。之所以对外说回江宁,因为密折是天知、地知、康熙帝知、曹寅知的天大机密。一回来,他便跑到茶馆干起"老本行",帮曹寅搜集消息。市面上的百姓舆论还好说,只是张鹏翮、噶礼、张伯行、梁世勋私底下的言论不好搞到手。曹顺边听,边喝茶,边想着办法。

(四)句容县知县王曰俞、江宁知府陈天立——过堂

故人西辞黄鹤楼,烟花三月下扬州。

孤帆远影碧空尽,唯见长江天际流。

李太白的一首《黄鹤楼送孟浩然之广陵》,千百年来,让烟花三月的扬州令无数人向往,科考案也在三月初的扬州继续会审。这天,盐政院门外依旧被围得水泄不通。大大小小的官员也早已在院中候着,快班衙役一早便将今日要审的犯人带到盐政院看押。两班衙役早早地站立在大堂,单等三位主角来到。

只听差官老冯喊道:"大人到。"

张鹏翮与赫寿一左一右,梁世勋紧跟其后,三人来到大堂。张鹏翮与赫寿并排坐在公案后,梁世勋陪坐一旁。大堂鸦雀无声,掉根针也能听到。

张鹏翮猛地一拍惊堂木,沉着脸喊道:"升堂!"

众衙役拉着长腔齐声喊道:"威——武——"

张鹏翮猛拍惊堂木时,赫寿突然一惊,没做过地方官的他,这场面还真没怎么见过。

接着张鹏翮又喊道:"提犯官王曰俞上堂。"

"喳!"

不多时,王曰俞被两位衙役押到大堂。在大牢内关了两个月有余,前任知县王曰俞早没了官威,蓬头垢面,脸庞消瘦,面容憔悴,垂头丧气地一瘸一

拐来到大堂,大牢中阴冷潮湿让他的风湿病越来越重。

王曰俞来到堂上老老实实跪下磕个头,轻声轻气地说道:"犯官王曰俞叩见钦差大人。"

"王曰俞,你曾为知县,大堂上的事应当晓得。本钦差问话你要如实回答,不然小心皮肉之苦。"

"犯官晓得,犯官晓得! 钦差大人只管问,犯官一定如实回话。"

"好! 本钦差问你,身为江南乡试房官,推荐吴泌收了多少银子?"

"回钦差大人,上次审时犯官已讲,阅卷时,江宁知府陈天立来到犯官房中,闲扯半天。最后看似不经意,却是有意说道,若是看开篇有'其实有'三字的科考试卷,则是他的熟人,烦劳贤兄给推荐推荐,中与不中由他的命。只要贤兄推荐,小弟必有重谢。果然,在阅卷中犯官看到这样一份卷子。犯官看着文笔还挺好,就做个顺水人情推荐上去,仅此而已。当时我连考卷是谁的都不知道,钦差大人可以查。不要说银子,犯官连一文铜钱也没收呀!"

"陈天立不是说'必有重谢'吗?"

"哪有什么谢呀! 钦差大人可以问陈天立,到现在犯官见过他一文铜钱没有? 若是犯官说谎,甘愿双腿被钦差大人夹断。犯官只想着同僚之间帮个小忙,再说犯官认为卷子答得确实不错,没想到陈天立拿了人家的银子。若知道他拿人家银子,这忙犯官说什么也不会帮呀! 钦差大人,天地良心,犯官向来遵纪守法,为官以来从未干过出格的事,别说贪赃枉法了。"

站在大堂之上的衙役马大个心想,你就装好人吧! 这是发榜后案就发了,若案子没发,陈天立不给你银子你会饶他?

"左必蕃和赵晋可与你说过,或暗示过,让你推荐带有'其实有'关节的考卷?"

"没有,两个人都没有说过,也没暗示过。"王曰俞想了想又补充一句,"确实没有。"

"看到这张卷子,左必蕃和赵晋是怎么说的?"

"容犯官想一想。哦,记起来了,当时这张卷子是副主考赵晋先看的。赵晋看后说,卷子答得非常好。他便交给正主考左必蕃看,左必蕃看后点了点头。最后,这张卷子果然就中了。钦差大人,犯官真的不知道他们中间有勾结呀,犯官是上了他们的圈套。"说着,王曰俞哭了起来。

王曰俞被带下后,张鹏翮与赫寿耳语道:"赫寿兄,下一个陈天立由兄主审吧!"

赫寿一听此言,心中没底,便说:"兄弟才来扬州不久,对案子熟悉不够,今天抱着熟悉案件和向运青兄学习的态度来的。还是请兄能者多劳,今天都由兄主审吧!改天再审时,兄弟多出些力。呵呵!"

"赫寿兄那就再熟悉熟悉。"张鹏翮微笑道。

赫寿面露愧色地笑着点点头。

陈天立被带上时更没人样。只见他人极其消瘦,两颊塌陷,目光呆滞,眼窝很深,不到六十岁的人头发全白,苍老得像七十多岁似的。头顶大大小小少了好几处头发,是疥癣所致,看着神色还有些恍惚。他步履蹒跚地来到大堂,慢慢吞吞地跪了几次,才跪了下来。

张鹏翮问道:"陈天立,本钦差问你,可是你主使王曰俞推荐吴泌的卷子?"

"钦差大人,犯官自幼从来只读圣贤书,不问窗外事,所以高中举人。吴泌若是和犯官一样,自己一定也能中举。王曰俞和犯官本不熟悉,犯官多大年纪,他才多大呀。不瞒钦差大人说,我大女儿还比他大一岁呢。我大女儿是我和贱内的头一胎,生下来时七斤八两呢,生下她的第二年我就高中举人。我说什么王曰俞敢不听?他若不听我就教育他,我能一连骂他两个时辰不重样。本官在大堂之上就骂过一个刁民整整一上午,骂得他……"陈天立说话有很重的福建口音,他这次比上次过堂时更絮叨,更语无伦次。正在他说得起劲时,被张鹏翮打断了。

张鹏翮猛地一拍惊堂木,怒斥道:"陈天立!你少在大堂之上装疯卖傻。看你也一把年纪,本钦差本不想给你动刑,你是不是想尝尝本钦差夹棍的厉害?"

陈天立忙叩头道:"钦差大人,不要夹,不要夹。犯官一直在如实回话呀。"

"好,你要老老实实地讲。本钦差问你什么,你就回什么,没问你的你不要啰嗦。"

"是,是,说重点。我,不!犯官刚说到哪儿啊?哦,犯官想起来了,想起来了!犯官没有向王曰俞提过吴泌的事。"

"嗯？你是否撒谎？"

"犯官从在娘肚子里起都没说过谎。"

"大胆刁徒！衙役把王曰俞提来与他当堂对质。"

"喳！"

衙役侯三应了一声，就要下去提人。陈天立突然说道："哦，犯官想起来了，犯官确实向王曰俞说过一件事。去年秋闱时，犯官与王曰俞都是房官。科考期间，有一天吃过晚饭，犯官吃得有些撑，想着散散步吧，就在院子中溜达。院里蚊子多，咬得犯官难受，钦差大人想必也知道秋天的蚊子最咬人。正好看见王曰俞的房中亮着灯，我就走进去。他也正好在屋里没事，我们就聊呀聊，聊着聊着犯官想起一件事，就向他说道，若是改卷时看到'其实有'的卷子，就推荐上去。不知钦差大人说的是不是这档事。我，啊不，犯官不知道卷子是谁的。所以，钦差大人一说吴泌，一时把犯官给说蒙了。呵呵！"

赫寿见陈天立啰嗦得张鹏翮没脾气，心中暗气。陈天立就这样，大堂上居然还笑得出，真有他的！这号人看着疯傻，其实心里明白着呢！刁蛮得就像身上的脓泡，不挤它就不出来。看没办法了，才絮叨半天说到正题。这人真不好对付。

张鹏翮没好气地说道："就是这桩事。本官问你此事是谁安排你告诉王曰俞的，从实招来。简明扼要，不许再有半句谎言。"

"赵晋。"

赫寿心想，这个老油条这回供得倒干脆。

张鹏翮没想到他供得这么利索，又问道："赵晋何时何地安排与你，还有他人在场吗？"

"哦，钦差大人容犯官想一想。最近犯官休息不好，吃得也差，又一把年纪，记性不好。"陈天立想了一会儿，道："是在入考场之后，他差人把犯官叫到他的房中，对犯官说，你是句容县的知县吧。犯官回道，大人搞错了，下官是江宁知府。他说道，那是本官记错了，句容的知县是谁？犯官回道，王曰俞。赵晋又说，有一份带'其实有'关节的卷子是本官一个亲戚，他是句容县的考生，你去给王曰俞说一声，让他看到这份卷子就推荐上，以后有他的好处。哦！千万不要说是本官安排你的。官大一级压死人，犯官不敢得罪赵晋，只得应下此事。"

（五）无论科考大案，还是督抚互参，赫寿都亦步亦趋

已是掌灯时分，张鹏翮终于喊退堂，这一天下来把赫寿坐得腰硬腿直。中午，一干人等就在盐政院简单对付一顿。一天茶是没少喝，只是越喝越饿，他的肚子早饿得咕噜起来。退了堂他还哪有心思与张鹏翮、梁世勋寒暄，随便应酬几句，忙让轿夫回驿馆。走没多远，不知从何处飘来肉包子的味道，把饥肠辘辘的赫寿馋得实在不行，就唤亲随魏奎买几个肉包子，坐在轿中边走边吃。三下五除二，几个包子瞬间吃完。

第二天下午，赫寿刚午休起来后，正在房中发呆。魏奎拿一个锦盒进来禀道："老爷，这是刚才噶制台派人送来的。"

赫寿一愣，忙接过打开，锦盒内装的是件北宋官瓷。但见此物精美绝伦，看得赫寿爱不释手。猛地，赫寿将盒盖一盖说道："赶快把它还给来人，让他带走。让来人对他家主人说，这么好的东西我这里没地方搁，等我回淮安时再亲自登门去取。"

魏奎为难道："来人早走了。他来时老爷正在午休，没敢打搅您。"

"走了？你不会给他送回去嘛？榆木疙瘩。"赫寿生气道。

魏奎灰溜溜地拿着东西刚要出去，被赫寿叫住道："回来！告诉门房，噶礼派人送的东西一概不收。不单是噶礼，以后不管谁送的东西都不收。谁要是敢收，我就打断他的腿。噶礼来也不见，就说我身体欠安。下去吧，赶快把东西还回去，你亲自去，回来后给我说一声。这是什么时候呀，一群蠢货，不动一点脑子。"

噶礼这老小子猴精，这时候给我送东西，什么意思我还不知道？我不上他的当。经过这次审案，赫寿意识到钦差不比往常他干过的差事，这活儿不是好干的，事事得小心。他已想好，无论是科考案，还是督抚互参，都以张鹏翮的意见为主。审好功劳算两人的，若达不到皇上满意，主要责任也是他张鹏翮的。再说漕运的事我也离不开，往京城运粮这事能耽误吗？

赶赴扬州审案前，赫寿奏称："漕粮事重，是其专责，不便委托他人核查米谷。扬州乃漕船经过之路，审案如有空闲，拟出查船只，丈量米谷，催促起行，使审案、漕船两不耽误。"

抵扬州后,赫寿又奏称:"于二月二十七日前至扬州,正值漕船抵达,奴才早出,一俟查实钱粮,立即前往审案处,一直审至一二更,岂敢稍微闲暇!"

这时,亲随程文俊来报道:"禀老爷,据报,今晚有一批漕粮要在扬州码头停泊。"

"哪里的漕船?"

"苏松督粮道的船,据报一共三十五只。"

"好,你下去安排一下。明日一早,随我去河边验粮,事先不要惊动他们。"

"老爷明天一早不是还要会审吗?"

"验粮是大事,验过再来审案也不迟。"赫寿生气地说道,"你下去准备吧!"

"喳!"程文俊应声而去。

扬州不愧富甲天下之地,码头上停泊的船一眼望不到头。天未大亮,运河上已是炊烟袅袅。行船的生活很是辛苦,船家都在忙碌地准备早饭,好尽早出发。

漕船也不例外。水手二勇正在船尾做着一船十来个人的早饭,边煮饭边在心里念叨,别的船上都是八名水手两人一班轮着做饭,可他们的船可好,就固定给他,就因为大家一致认为他做饭的水平高。天天做,天天做,大家还在睡觉我就得起来做,不就是因为我当过两年厨师嘛。一抬头,他看见一群穿着官衣的人,下马的下马,下轿的下轿,正往这边走来。这群人还没到岸边,押船的李道台与袁同知便带着几个人慌里慌张地迎上去。李道台他们还向来人行大礼,行过礼又将他们接到李道台的船上。不用问,二勇猜想,领头的官职一定不小。

饭还没做好,他就看见几位运军、运副匆匆跑下李道台的船,挨个通知那些漕船:"快,快准备,漕台要来验粮!别做饭了,快准备,快收拾好,快打扫卫生!"二勇和船上的人一起赶忙收拾停当,准备迎检。

不一会儿,李道台他们陪着那群人验粮过来。二勇远远看见,走在最前面的这位有六十来岁,长得很有气势,给人一种不怒自威的感觉。这是二勇第一次跑船,因为运粮可以免赋税。因此,之前没见过赫漕台,想必这位就是。

按惯例,粮不是每船都验,而是抽查。因此,老水手并不紧张。运一次粮有二三十只船呢,顶多也就抽查十来只,还不一定查到谁呢！不知是二勇这船运气好,还是点儿背,查过四只船,一行人走到二勇这只船前停下。

只听领头那人说道:"验验这只船上的粮。"

两名军士便拿着工具上船验粮,军副跟在二人之后。军士各查一遍装稻子的麻包数,二人互报数目一致后,又将扦样器随机插入稻包中取样。二人先看看取出样品的成色,接着又闻了闻,最后将样品放到验谷器中轻松一碾,谷壳就被碾去,露出白白的米粒,新米陈米一看便知。一会儿,二人就验了一二十包。

军士在船上验米,岸边领头那人问道:"船上装稻多少石?"

二勇这只船的运军赵虎赶忙答道:"回漕台,二十三号船装晚稻四百五十石。"

李道台忙将账本翻好递给赫寿,赫寿查看账目,二十三号船晚稻四百五十石,又看看船的编号,二十三号。

过了一会儿,验粮的两个军士拿着取样来到船尾,向站在岸边的赫寿回禀道:"禀漕台,经查本船装稻四百五十石,取样饱满稻粒达到九成,未发现秕稻粒,未发现霉变稻粒。请漕台过目。"

赫寿接过取样仔细地看了看,又闻了闻,再用验谷器碾一碾,看看碾出的大米,便领着人去验其他船只。

站在船上的二勇心想,这帮人粮验得极是认真。

赫寿一行人刚走,便有运军来传李道台的命令,船队准备起航。

二勇抱怨道:"饭还没做呢,就让开船呀！"

赵虎说道:"你第一次跑船,还不懂,漕台来验粮耽误这么长时间,误了行程可不行。吃饭不忙,你先做着,一会儿在路上大家轮流吃。"

二

疑案重重

（一）曹寅在饭桌上只添酒布菜，只字不提案子的事

今日，在大堂上当值的有衙役大老郭。别看衙役站在堂上，随时留心听审案官员的吩咐，却是那种"无事忙"。若大堂上不动刑，衙役们也没什么事可做，只是干站着。他们不过是升堂时喊声"威——武——"；审案官员对罪犯发怒时，为彰显官员的威严，烘托一下气氛，再喊声"威——武——"；主审官叫他们时，齐声应个"在"。至于提犯人、送犯人，这些都是事先安排好的，有活儿大家轮着干。因此，在大堂之上，只要他们愿意，有的是时间和精力开小差。

大老郭正在想，今天会审怎么就来一位钦差，那位呢？是两人闹矛盾了，还是赫钦差有病了？唉！要说也是，都六十多岁的人了，初来个新地方不服水土，有个头疼脑热的也正常。再说，他来不来都一样，反正他就是个聋子的耳朵——摆设。上次会审时，赫钦差就像个木偶似的，一句话也没说。

大老郭正在胡思乱想时，赫寿走进大堂，在张鹏翮右边落座。

原来，赫寿离开运河码头时已日上三竿。他先回行辕胡乱吃些早饭，便匆匆坐了轿子直奔盐政院。此刻，大堂之上，张鹏翮刚提来程光奎。

此时的程光奎，在牢里关久了，人也想开了。他明白，摊上这种事，横竖都是一死。愁也是一天，乐也是一天。该吃就吃，该喝就喝。因此，他反而比刚关时淡定许多，回起口供来也从容不迫。

张鹏翮问道："你姓甚名谁？籍贯哪里？如何取得参加乡试资格？从实讲来。"

程光奎一脸纳闷道："钦差大人，学生就叫程光奎呀，大人已审过学生多

次,应该认识学生啊!"

张鹏翮一拍惊堂木,厉声道:"刁蛮之徒,事到如今你还不老实。哼哼!不要怪本钦差夹棍无情。左右!"

"在!"众衙役齐声回道。

"拿夹棍来,给本钦差往狠里夹,看他老实不老实。"

"喳!"

大老郭与马大个站在大堂上正闲得无聊,一听要动刑,二人立刻来了精神,心里乐呵呵地忙下堂拿刑具。

程光奎见此情景,心想:好汉不吃眼前亏。上夹棍可不是闹着玩呢,轻则皮开肉烂,重则筋断骨折。张钦差既然这样问,必定有他的原因。想必是他已掌握情况,不然今天不会揪着此事不放。看来这件事实在糊弄不过去,只好实话实说吧。

于是,程光奎只得供道:"不瞒钦差大人,学生本名叫程建常,原籍徽州,现在淮安府居住。为考取功名,特改名程光奎。"

"程建常! 为何改名程光奎? 没你说的这么简单吧? 如实招来。"

"学生……学生……"

"快讲! 学生什么? 不要吞吞吐吐!"

这时,马大个、大老郭二人已将夹棍拿到大堂,重重地撂在程光奎身旁。

不要看只是几根普通木棍,却对大堂之上的程光奎极具震慑力,吓得他胆战心惊,看也不敢正眼看,只得老老实实地供道:"为中举,学生是冒了苏州吴县程光奎之名。"说完,程光奎羞愧地低下头。

"这不就完了嘛,不就核实一下情况,实话实说不就得了,非得让本钦差费这么大的劲。来人,让他签字画押。然后,带下去好好反省。"

听到"带下去",赫寿感到很奇怪,为何张鹏翮不趁热打铁,接着审出帮程光奎冒名顶替,以及帮他运作参加乡试的人,而就此打住呢? 他本想就此事审一审程光奎,话到嘴边又停住了。想必张鹏翮自有他的道理,还是不要打乱他的审案思路为好。

审完程光奎,已接近午时。曹寅很会办事,每次会审盐政院都准备有午饭和晚饭,至于你们吃不吃悉听尊便。

张鹏翮笑着对赫寿说道:"赫寿兄,已是正午,不如我们吃过午饭,休息片刻再审。"

"行,运青兄做主便是。"赫寿笑道,"早上没吃,还起得早,这会儿巴不得吃饭呢!"

张鹏翮又对坐在一旁陪审的梁世勋道:"廷镛兄,我们先休息休息吧!"

梁世勋连忙点头称"是"。

于是,张鹏翮正襟危坐,一拍惊堂木,喊了一声:"退堂!"

众衙役心情愉快地齐喊道:"威——武——"

听见喊"威——武——",盐政院的人赶快报与曹寅:"禀大人,会审刚已退堂,三位大人正要出厢房休息。"

曹寅忙问道:"赫钦差来了吗?饭可备好?"

"赫钦差早来了。饭已备好,凉菜已上桌,热菜正在做。绝对上等酒席,山珍海味都有。"

"再让厨房添几样奇珍佳肴。"

"喳!"

曹寅摆摆手,示意他先下去。自己整整衣冠,便奔张鹏翮他们休息的厢房而来。自从赫寿来扬州后,他们二人还未见面。前天会审时他在江宁,昨日才处理完公务回来。趁此机会,他正好与赫寿见上一面。

曹寅人还没进房门,先乐道:"呵呵!两位钦差大人辛苦!梁抚院辛苦!"

张鹏翮一看是曹寅进来,说道:"哈哈,曹大人辛苦!"

"下官干的都是边边角角不重要的事,哪像三位大人,都是朝廷的栋梁,皇上仰仗的重臣,不分日夜劳神劳心。"

赫寿笑道:"咱们都是为皇上,为朝廷尽心尽力办事,干起事来从不知疲劳。"

"下官因公务外出几日,赫钦差来扬州,下官没能去给钦差大人请安,请钦差大人莫怪!下官这厢给钦差大人赔礼了!"曹寅赶忙给赫寿施礼道。

"哈哈!本钦差知道子清兄是个大忙人,子清兄请勿多礼。"赫寿笑道。

"礼多人不怪嘛!"张鹏翮也笑道。

曹寅道:"薄酒已备好,请三位大人移步饭厅,下官陪大人们边吃边谈。"

"好!又让子清兄破费了。哈哈!"张鹏翮笑道。

"哪里,哪里,都是些粗茶淡饭薄酒而已,不成敬意。三位大人请!"

来到桌前,四人分尊卑就座。丫鬟添茶倒酒,仆人上菜。

"酒就不要喝了,下午还要继续审案。"张鹏翮拦着丫鬟不让倒。

"酒哪能不喝,春寒之时喝些暖暖身子。再说三位大人都是海量,断不会耽误下午的事儿。三位大人辛苦一上午,喝点小酒解解乏。大人们天天操劳,自己不心疼自己的身体,下官还心疼大人们的身体呢!"曹寅边说边示意丫鬟倒上。

"哈哈!你呀,你呀,子清!好!恭敬不如从命。那就每人只喝三杯,只三杯!"

曹寅很懂规矩,饭桌上只添酒布菜,只字不提案子的事。酒足饭饱之后,三个人继续审科考案。审完一个,提下一个,一直审到一更。从天不亮就去码头验粮,到一更审案结束,赫寿一整天都没闲着,可把他累坏了。盐政院早把晚饭准备好,曹寅正等着陪他们吃饭呢。赫寿哪还有精力应酬饭局,此刻,他只想吃碗可口的面条赶快休息,便寒暄几句告辞而去。赫寿累,张鹏翮更累,下了大堂,他连话也不想多说,就打道回行辕。梁世勋本打算在此吃,见二位钦差都走了,他留下也不合适,也告辞而去。

客走主安,曹寅倒落个清静,省心。

(二)关键是噶礼卷入废立太子这种敏感之时敏感之事

张鹏翮审案确实有经验。除开堂会审外,堂下他还安排大量的人进行很多调查、取证的工作。程光奎的真实姓名,和他冒用他人名字的情况,就是调查出来的。不但对科考案,对噶礼参张伯行的七项罪,也在紧锣密鼓地一项一项调查之中。

到目前为止,科考案已审理三个多月,康熙帝对这个案子一直没给出具体的处理方案,哪怕意向也好办。张鹏翮等曾拟通过马三奇代奏军民百姓保留噶礼、张伯行一事,以探明康熙帝的态度,摸清康熙帝的好恶,或俟康熙帝明确表态,以便顺应旨意,审断此案。

史载:马三奇,号乾庵,汉军镶黄旗人。封一等侯,官至潮州总兵。时任镇守京口等处汉军将军,有专折奏事之权,是康熙在江南地区的重要耳目。

康熙帝只是表达出一定要一查到底的决心,张鹏翮认为这还远远不够。只有揣摩到皇上的心思,科考案才好审;科考案审出结果,督抚互参的事自然就有结果。因康熙帝既不表态,又不给予暗示,故张鹏翮在审理中拖延不决,打算再观望一阵。他正在揣摩皇上的心思,这个案子直接关系到噶礼,所以不能操之过急。张鹏翮是这样想的,也是这样做的。而赫寿同样也是这么想的,皇上没给具体方针,事情还真是没法查下去,且看张鹏翮下一步怎么处理吧!

噶礼这一段时间心情极差。自打被免职后,除回江宁几日交接公务,就一直在扬州候审。看来,张伯行弹劾他的案子一天不结,他就一天不能离开。候审!候审!除与张伯行一起被叫到张鹏翮的钦差行辕问过一次话,也算作过堂吧,之后两位钦差一直再无动静。他派人送赫寿一个喜欢之物,其实是投石问路,二位钦差的调查直接关系到皇帝对他的判断与处置。只要赫寿收下,事就好办。可是噶礼得知赫寿将瓷器退回,气得他将瓷器摔个粉碎,骂道:"老子刚被解职,白送你东西你都不要。势利小人,都是些势利小人!"

摔个瓷器他还不解气,又连摔几样,才算拉倒。张鹏翮避而不见,如今赫寿又是这般,皇上还没做处理呢,他们就这样,难道真以为我噶礼失势了吗?山西那事比这回厉害得多,我噶礼不照样升迁嘛!我就不相信皇上会听一个迂腐书生的一面之词。尽管噶礼充满自信,但两位平日都有走动之人对他的态度,还是让他感到世态炎凉。

噶礼正坐在屋里生闷气时,仆人拿着拜帖进来禀报道:"禀老爷,门外有人求见。他说,他是从京城为回礼而来。"

噶礼纳闷道:"回礼?回哪门子礼!他说他叫什么没有?"

"没有。"

噶礼没好气道:"不见!"

"他说,只要向你家老爷提'黄二公子',你家老爷必见我。"

"黄二公子?回礼?京城?哦!快快有请!"噶礼心头猛然一惊,难道是他?心中顿生惊喜。

噶礼嫌穿的这身衣服太随便,仆人正要下去,被他唤住:"且慢,让他先等会儿。你下去给我拿身衣服换上,再去把师爷叫来。让人把上房收拾好,我在上房见他。"

仆人心想,来人衣着打扮、精神面貌也无过人之处,为何惹得老爷这般重视?看来这位"黄二公子"定不简单。

其实,周世荫就在院内。刚才他听说噶礼把赫寿退回来的北宋雨过天晴色的官瓷给摔了,心疼得跺脚。瓷器价值连城先不说,那可是他费挺大力气才淘来的。听说噶礼找他,忙进屋中。

噶礼见他说道:"你先安排人,让门外之人到门房等候,不得怠慢他。把后院的人清空,你亲自守在门口,谁也不让进来,吩咐丫鬟上过茶后赶快离开。"

周世荫赶忙下去安排。噶礼这边准备就绪,刚到上房门口,那人已到。

来人有四十多岁,眉宇间透着精明能干。那人见噶礼先施一礼,噶礼忙将其让进屋中,落座,上茶。丫鬟退下后,二人方才说起话来。

来人说道:"小人叫阿克敦,殿下府里的人。殿下知道近些日子制台动气,特派小人送制台一棵高丽老参,补补身体。"说着,打开肩上的布包,拿出一个锦盒,递给噶礼。

噶礼受宠若惊,忙起身双手接过,说道:"亏得殿下还挂念着奴才!亏得殿下还挂念着奴才!"噶礼激动得老泪纵横,就像受了委屈的孩子见到娘似的。

阿克敦又道:"殿下对中秋节制台送的礼物很满意,对你收养干泰甚是赞赏。殿下让奴才给制台捎两句话。"噶礼赶忙聚精会神地听着。"好好照顾干泰!目前的困难是暂时的,无需多虑。"

噶礼道:"请阿克敦兄弟代为转告殿下,奴才万分感激殿下惦记奴才,殿下的话奴才全牢记在心,奴才一定谨遵照办。"

"好,制台的话小人记下,一定带到。"说完,阿克敦告辞而去,他并未在扬州停留,当天便离开。

阿克敦行色匆匆,噶礼谨慎安排。噶礼或许以为太子派人而来之事,神不知鬼不觉呢!可他万万没有想到,他与阿克敦短短不足一炷香的会面,还是被曹寅密报给康熙帝。因为,曹寅早将储君的宝押在八阿哥身上。

阿克敦走后,噶礼好长时间难掩心中的激动。如今,他这个境况大家都躲着他,而太子却派专人前来。太子送的哪是人参?太子送的是定心丸!现在看来,领养干泰这步棋是走对了。干泰是太子舅父常泰的儿子,噶礼与常泰交往密切。自从康熙四十七年常泰获罪去世后,他便收养了常泰的儿子、太子的表弟干泰。收养族中孩子为满人习俗,不足为奇,关键是干泰乃罪臣之子,噶礼卷入废立太子这种敏感之时敏感之事。

(三)"诗人讽咏,各有寄托,岂可有意罗织,以入人罪?"

窗外雨声淅沥,张鹏翮正在行辕的书房内翻阅有关张伯行的调查材料。张伯行有两个案子已调查得基本清楚:海盗一事结果与噶礼所参的内容大相径庭;噶礼所参张伯行包庇同窗好友上海县知县许士贞的事,可以说是张冠李戴。

张鹏翮看着关于张伯行包庇许士贞的调查。许士贞自康熙四十五年任上海知县以来,素以"廉洁清正,狱无沉冤"著称。噶礼说他篡改案件,致八名犯人死,张鹏翮本来就认为可信度就不高,结果证实了他最初的判断。

调查报告中写道:据查阅上海县原始卷宗、大牢入狱登记等,可知所捕获徐君祥失事案的犯人,入狱时间是康熙四十八年四月,按察司登记时间为康熙四十八年十一月。已死的八名犯人张伯行不知内情,也未参与,不存在张伯行包庇许士贞的事情,而这件事反倒噶礼从头到尾都知情。调查结果与张鹏翮早先看过的张伯行申辩词基本一致。

陈鹏年与噶礼是老冤家,张伯行的事情竟又扯上陈鹏年,真是不是冤家不碰头。张鹏翮查看案宗得悉,康熙四十七年,陈鹏年任苏州知府。上任之初,他在府门上大书"求通民情,愿闻己过",一个月断积狱三百余件,无一错判,被人称颂为"陈青天"。因陈鹏年性格耿直,看不惯噶礼强势,署理江苏布政使时,与噶礼闹得那一出戏满朝皆知。

那是康熙四十八年,陈鹏年由苏州知府署理江苏布政使,接替刚刚因亏空案被噶礼参倒的布政使宜思恭。作为新任布政使,陈鹏年去拜见两江总督噶礼。按惯例,新任藩司初见大帅理应摆出欲跪状,装装样子,大帅赶忙作扶起状。然后,藩司改为向大帅行"三作揖"礼。而陈鹏年打心里看不起这位大帅,不肯对其行叩拜之礼。噶礼问道:"你的性命在本帅手心里攥着,为何见到本帅不跪?"陈鹏年回道:"我又不犯罪,何来你手中攥着?"噶礼一怒之下罗织陈鹏年一些罪名,欲将他革官囚禁,摘印下狱。

　　为置陈鹏年于死地,噶礼又重新翻出他在康熙四十二年写的《虎丘》两首诗,向康熙帝诬告陈鹏年写反诗。他以陈鹏年阴有异志,非徒以文字讪谤而已为由,以原稿呈进,而逐句笺其旁。于是密疏弹劾,罗织周纳,极尽能事。首章之"万松",寓"由崧",即南明弘光帝;"红叶"指"明裔","红"即"朱"也,"叶"为"裔"也。尤其是第二首,他诬指"代谢已怜金气尽",是陈鹏年诅咒大清国运不长,因清廷入关前国号为"后金";他诬蔑"一任鸥盟数往还",乃陈鹏年阴通台湾郑成功之明证,因郑氏偏居海岛,鸥者,海鸟也。噶礼这次的确打错了算盘。康熙帝看到这封告密信,并没有偏听偏信,而是明确表明不信:"朕阅其诗,并无干碍,诗人讽咏,各有寄托,岂可有意罗织,以入人罪?"康熙帝先是将陈鹏年诗作交给朝中大臣传看并指出:"陈鹏年稍有声誉,学问亦优。噶礼欲害之也久矣。朕阅其诗,并无干。朕纂辑群书甚多,诗中所用典故,朕皆知之。即末句'鸥盟'二字,不过托意渔樵。今与尔等公看,可知朕心之公矣!"张伯行、曹寅联名保举,苏州百姓也四处呼吁。最后,康熙帝感觉陈鹏年为人耿直,不适应官场这一套,那就编书吧,下旨将他调京城担任武英殿修书总裁官。张鹏翮还听说,陈鹏年清廉到在京城竟没钱租房,整日住在办公的房子里。

　　张鹏翮细细翻阅陈鹏年的诗作:

其一

云艇松龛阅岁时,廿年踪迹鸟鱼知。

春风再扫生公石,落照仍衔短簿祠。

雨后万松全遝匝,云中双塔半迷离。

夕佳亭上凭栏处,红叶青山绕梦思。

其二

尘鞅删除半向闲,青鞋布袜也看山。

离宫路出云霄上,法驾春留紫翠间。

代谢已怜金气尽,再来偏笑石头顽。

楝花风后游人歇,一任鸥盟数往还。

张鹏翮心想，说陈鹏年这样的诗也能算反诗，噶礼要么心怀鬼胎，要么借题发挥。亏得皇上英明，陈鹏年才算逃过一劫。这次督抚互参，皇上又对大臣说起当年处理《虎丘》诗案的想法："噶礼曾奏陈鹏年诗语悖谬，宵人伎俩，大率如此。朕岂受若辈欺耶?"可见，康熙帝对噶礼参疏张伯行的罪行开始就不认同。

噶礼在参疏上说，张伯行、陈鹏年在任上包庇盗贼，任其盗抢富户，这事更是无稽之谈。陈鹏年任上的苏州，张伯行管辖的江苏，盗窃案总体呈逐年下降趋势。江苏七府一州在康熙四十八年共报盗窃案一百一十件，四十九年为八十二件，五十年更少，只报五十一件。而且，大都是多伙惯犯，这些都有案卷可查。

只从这两件事上看，张鹏翮对噶礼参张伯行的这七件事心里就有基本判断。另外四条从目前掌握的情况看，治不了张伯行的罪。其他六件事都好说，有一件十分敏感，查起来一定要谨慎，那就是因张伯行与《南山集》作序的方苞是好友而不予捕捉，以及《南山集》在苏州，在张伯行的眼皮底下刊刻、售卖一事。

康熙四十一年，尤云鹗把自己抄录老师戴名世的一百多篇旧文刊刻成书，命名为《南山集偶抄》，即《南山集》，书一付梓便风靡江南。康熙四十八年，戴名世高中探花。次年，左都御史赵申乔因发现《南山集》中有南明的年号，便以"倒置是非，语多狂悖"，参疏戴名世。皇上大怒，遂将戴名世投入死牢。因此，牵连到包括为《南山集》作序的方苞在内一百多人，也先后被投入大狱。张鹏翮心里很清楚，现在正是《南山集》案的风口浪尖上，而且江苏又是此案刊印、售卖的重灾区。噶礼就是抓住这一点，揪着张伯行的小辫。从目前调查的情况来看，张伯行在捉捕案犯、查抄此书时还是尽心尽力的。倘若自己也对噶礼举报此案没查清楚，不知道谁又会揪着自己不放。树大招风，如果戴名世不高中探花，会不会还有人翻他近十年前的旧事呢? 想到这里，张鹏翮不由得满身起鸡皮疙瘩。

张鹏翮正在看着卷宗，仆人来报，赫寿差人送来书信一封。张鹏翮拆开来看，信上说，因漕运事关重大，一点也马虎不得，松江、苏州、常州、镇江是产稻大府，现在正值种稻的关键之时，他要到镇江、常州等地查看数日，速去速回，请张鹏翮见谅。

张鹏翮看过,无奈地将信往旁边一摞。他赫寿种稻子关键,我户部里的事小吗?大清的人吃马喂,都要跟户部说事。户部那儿重要的工作,我都暂且放置,他赫寿就不知道哪轻哪重吗?张鹏翮本想这两日再开堂会审一次,科考案不能再拖,看来只能等赫寿忙完再说。张鹏翮又接着看起噶礼的卷宗。

其实,张鹏翮心里很清楚,噶礼的卷宗看不看都一样。科考案不结,噶礼的案也不好结;噶礼的案结不了,张伯行的案也没法结。两人的案子相辅相成,一环套一环,套得张鹏翮喘不过气。也许没人知道,其实他的心理压力非常大。为科考案,扬州汇集来这么多官员,大牢里关着那么多涉案之人,他唯恐审案期间有什么闪失,不好向皇上交代。可真是应了那句老话:怕神有鬼,越怕什么越来什么!

（四）科考大案的重要案犯陈天立在江都大牢自杀身亡

赫寿回扬州的前一天,一大早,江苏臬台卢询慌里慌张地来到张鹏翮的行辕外,说有急事要见钦差大人。

史载:卢询,汉军镶红旗人,监生。康熙五十一年接替焦映汉任江苏按察使。后任云南布政使、甘肃巡抚。

行辕守门差役二盛慌忙往里报,来到内宅院门时,与张鹏翮的亲随广福撞个满怀,吓了广福一跳。

他稳稳神,见是二盛,开玩笑道:"老弟一大早慌里慌张,急着去捡金元宝呀!"

二盛一看是他,抱歉道:"福爷,不好意思,江苏卢臬台有急事要见钦差大人,正在辕门外等着呢!"

广福道:"老爷正在吃饭呢,这会儿不好禀报吧!"

"那怎么办?"二盛下意识地往里望一眼。

"要不这样,二盛老弟,你把拜帖给我,一会儿我禀报老爷,老爷这也马上要吃完了。你先去门外给卢臬台说一声,让他稍等片刻。"

"那太好了,先谢谢福爷。"说完,二盛转身出去。

张鹏翮正吃着早饭,见广福在门外伸头伸脑地时不时往屋里看,便知他有事,就高声问道:"广福,有事吗?"

广福听见老爷问他,忙进屋回道:"老爷,江苏卢臬台在辕门外候着呢,说有急事求见。"

"一大早有什么事,让他到上房见我。"说着,张鹏翮就站起来。

"老爷,您吃完饭再见他吧!"广福看了看张鹏翮没喝完的小半碗粥。

"不吃了。"说着就出房门。

原来天刚亮,扬州知府赵弘煜便去找卢询说,江都县知县王铣刚告诉他,关在大牢里的江宁知府陈天立夜里死了!卢询觉得事情重大,不敢拖延,忙来向张鹏翮禀报。

张鹏翮听后大吃一惊:"怎么会死了?什么时候死的?前几天过堂时不是还好好的吗?"

卢询回道:"说是夜里死的,是自杀。下官也是今天一大早听扬州知府赵弘煜报告,今早江都县知县王铣报给他的。下官觉得事关重大,就来先报予钦差大人知晓。具体情况下官已派扬州知府前去调查了。"

"一群没用的东西!官都当腻了是不是?怎么看管的啊?这可都是在皇上那儿挂了号的钦犯啊!好端端地就让他自杀了,你们自杀了也不能让他自杀啊!你们真是活够了,你们都是猪吗?让你们看好,你们都当耳旁风。这下可好,皇上马上就会知晓,本钦差也保不住你们。作吧!你们就往死里作吧!"张鹏翮越说越激动,"砰"的一声把手边的茶碗摔个粉碎。

卢询头上直冒汗,连连应承道:"是,是,下官该死!下官该死!"

"来人!快来人!"张鹏翮冲外边喊道。

在门外候着的广福赶忙进来。

"去传本钦差的话,把扬州知府、江都知县赶快叫来。"

广福见老爷急得上火,赶忙一路小跑到前院传话安排。

张鹏翮正在气头上,阴沉着脸坐着,一句话也不说。张、卢两人同坐一室,卢询觉得屋内气氛异常压抑,他感觉浑身不自在。想缓和一下气氛,可是又觉得自己说话也不是,不说话也不是。想来想去,就眼前的局面还是保持沉默,老老实实坐着最好。扬州知府与江都知县总算是来了。短短不到一个时辰,卢询真正体会到什么是度日如年!

先到的是扬州知府赵弘煜。一个科考案,扬州一下拥来大小官员一大堆,吃喝拉撒睡、治安、看管犯人等大小事务他都得操心。这三个多月把他累得疲惫不堪,再加上吃不好、睡不安,人都瘦了好几圈,头发也白了许多,连眼袋都是黑的。如今,他最大的心愿就是科考案赶快审完,也好让他省省心。

昨夜,赵弘煜又失眠了,在床上翻来覆去大半夜,鸡叫二遍时他总算才睡着,睡得正香时却被人给叫醒了。他听江都知县王铣说是这事,睡意顿时吓得无影无踪。陈天立怎么会死?这可怎么办?瞒恐怕是瞒不住,当务之急是赶快报上去,反正人是死在江都县大牢里。赵弘煜心里很清楚,事情追究下来,他顶多是个连带责任。可若不及时向上报,那他的罪责就大了。向谁报告呢?这可是个难事。若是之前,直接报给在扬州的张抚台就行。如今,张抚台虽在扬州,可已被解职,署理的浙江巡抚王度昭又远在杭州。钦差虽然在本地,但自己的级别太低,不好隔级言事。那报给谁呢?对,江苏按察使卢询在扬州,全省刑狱正归他管。说去就去,赵弘煜安排王铣去了解死因,自己坐上轿直奔卢询的驿馆。

赵弘煜人来是来了,对于张鹏翮来说,和没来一样。他一问,赵弘煜了解的情况与卢询说的没什么区别,只不过是让张鹏翮又在另一人身上发顿火而已。张鹏翮教训得赵弘煜低着头也不敢说话,他脾气发完后也就不再吭声,屋内又恢复死一样的静。张鹏翮脸阴得能拧出水,屋内气氛沉重得也能拧来水。卢询庆幸的是,与刚才相比,有赵弘煜陪他一起拧水。

江都知县王铣终于来了。还没等他磕完头起身,张鹏翮就急匆匆地大声问道:"你怎么来得这么慢?本钦差叫不动你是不是?给你们说多少次,看管好,看管好,你们就是不听,这下好了吧!陈天立是怎么死的?"

王铣站起身,哆里哆嗦地回道:"回钦差大人。自从科考案的案犯关入江都县大牢,卑职从不敢马虎,每天早晚都要去大牢查看。卑职唯恐有闪失,特别嘱咐要留心犯人的动向,改善犯人的伙食。为防止疾病,卑职还要求狱卒加强卫生。另外还加派双岗看守,增加查监的次数。"

"本钦差不是让你在这摆功的,你给我少啰嗦这些没用的。本钦差问的是:陈天立怎么死的?怎么死的?再啰里啰嗦,你信不信,本钦差现在就上奏皇上,免你的官!"张鹏翮气得拍着桌子大吼道。

张鹏翮这气势把王铣吓蒙了,身体哆嗦得更厉害了。他吞吞吐吐地回道:"昨天掌灯前,卑职见他还好好的,谁知半夜就自杀了。"

"蠢材! 笨蛋! 你们是猪吗? 本钦差知道是自杀,本钦差问的是他怎么自杀的。"

"哦! 上吊。发现时他的身体已凉了。"

"上吊? 他是怎么够到牢房里的屋梁的?"

"站在床上。"

"上吊用的绳子是哪来的?"

"他把自己的衣服撕了接成的。刚让仵作验过,的确是上吊。"

"那好,本钦差现在就安排人去查。江都知县你回去把眼睛大了,大牢里再有闪失你就提头来见!"

王铣信誓旦旦地向张鹏翮表决心道:"请钦差大人放心! 卑职回去就安排县衙的三班衙役全员上阵,充实到大牢,轮流值班。卑职没公务时也去大牢看着,绝不会再发生意外。"

张鹏翮对赵弘煜说:"抽调府衙的精干衙役到江都县大牢,派去的人越多越好。"

"是,是! 下官回去就安排。"赵弘煜道。

张鹏翮将三人打发走,先叫从部里带来的随从去牢房查验,又派人去看赫寿回来没有。一切安排停当,他才稍微冷静下来。

人死不能复生。当务之急是加强江都县牢房的监管,绝对不能再有此类事件发生。与此同时,迅速查清陈天立的死因,赶快把赫钦差找回来商量对策。

回去的路上,王铣坐在轿中,心里难受得眼泪吧嗒吧嗒地往下掉。我这是招谁惹谁了,一大早就被府台骂得狗血喷头,刚又被钦差大人教训老半天。说我来得慢,我不得等仵作验完尸再来吗? 死因没搞清怎么回话? 没话可回你钦差大人的喊声不得把屋顶震翻? 你们说说,好端端地咋就闹出个科考案? 扬州又不是省城,更不是总督驻地,皇上偏偏将科考案选在扬州审。虽说我也是个七品命官,可来的官十个有九个半都比我官大,剩下的那半个虽说官阶低,可人家的衙门口高呀,咱照样惹不起。这三个多月我闲过吗? 天天小心伺候这帮老爷,没日没夜地干。就这,掏力还不落好。科考案捕来的犯人不关到扬州府大牢,偏偏关在江都县牢房里,还不给加派人手,这事我上哪儿说理去？难道是县衙大牢比府衙的更安全,条件更好？这下好了,闹出人命了吧。陈天立他想上吊,我有什么办法,总不能十二个时辰都在跟前看着吧。咦！回去真得派人十二个时辰看着,再出问题我这顶乌纱帽还真就没了。

王铣在轿中胡思乱想,张鹏翮也在屋中想着心事。从户部里带来的人,去江都县大牢查看过陈天立的尸体,回来也说是自杀。自杀？张鹏翮心里极不认同这种说法,他冥冥中觉得这里一定有问题。可发现时陈天立明明吊着,不是自杀又是什么,不言而喻。问题是:陈天立为什么要自杀？有一点是肯定的,他不是畏罪。若是畏罪,他早自杀了。是心理压力大、抑郁造成的？存在这个可能。除此之外,就是谁想要他死。他供认的赵晋、王曰俞都在大牢里,他们已被他供出来,就不可能再有杀人灭口的动机。再说,他们现在也在牢里关着,不可能有机会。不是他们又会是谁？其实他心里已有答案,但他知道不能再往下想,至少现在不能。他只是纳闷,为何要灭陈天立的口,而不是赵晋、左必蕃或别人,难道是杀鸡儆猴？一想到赵晋、左必蕃,张鹏翮不由得打一激灵。他叫来差官,让他去江都县衙传他的话,必须加强大牢的安全保障,一定要做到万无一失。现在,他要做的是看另一位钦差赫寿对这件事的反应。其实,他不猜也知道,但还是得从赫寿嘴中说出来才能算数。

（五）"倘案不公,朕亲自带来审问时,自然水落石出矣"

赫寿回扬州后,听说陈天立死了,不顾旅途劳苦,马上赶到张鹏翮的行辕商议。

张鹏翮对赫寿说道:"前日一早,江苏卢臬司来报,陈天立在狱中暴死,兄弟随即叫来扬州府知府赵弘煜和江都县知县王铣问话。据江都知县讲,仵作已勘验过陈天立尸首,种种迹象表明其确为自杀。"

赫寿道:"昨晚兄弟才回到扬州,听闻此事。兄弟认为,我们不能只听江都县的一面之词,最好让江苏臬司与扬州府的仵作也分别去仔细验查验查。再安排扬州赵知府严审狱吏和当班狱卒,务必将口供问实。我们不要草草结案,免生枝节。"

张鹏翮没想到赫寿是这个态度,便说:"赫兄所说极对！案发当日,兄弟随即派户部的随从到江都大牢验看陈天立的尸首及案发现场,他俩回来禀报,也认为是自杀。让臬司与扬州府的仵作去验看,要比户部的人专业。命扬州府赵知府严审狱吏和当班狱卒极其重要。此案关系重大,万不可草率。"

赫寿连连点头。张鹏翮接着说:"前日,卢臬司与赵知府、王知县在这里时,兄弟已要求赵知府速派精干衙役充实江都大牢,日夜严加看守,确保万无一失。"

赫寿笑道:"还是运青兄有经验,安排得极佳。看来在审案上,兄弟天生不及贤兄一二。若没兄在,兄弟真还不知如何处置才好!"

张鹏翮也笑道:"赫兄过谦了,是兄弟不及赫兄万一也。"

张鹏翮本以为江都县报陈天立自杀,赫寿听后会认同,并不做深究。没想到他竟不许草草结案,并提出要扬州同知严审狱吏、狱卒,臬司与扬州府的仵作分别验看。赫寿不再是草草了事的态度,张鹏翮怎会知晓,赫寿态度的转变,是因为康熙帝的御批。

康熙帝开始派他来审案,他就有情绪。一是漕运上的事确实是忙不过来。扬州短短这段时间,他到码头验过一次粮,到扬州邵伯、瓜洲等地催过粮船,这不才从镇江、常州等地看过稻子插秧回来。二是他从干笔帖式开始入仕,一直干的都是诸如给事中、内阁学士、礼部侍郎之类的官,的确在处理地方政务上没经验。三是他从未接触过审案,更别说是在皇上那挂号的大案,还涉案人员这么多,而且一审就是两件,把他搞得有点头蒙。虽然作为钦差大臣到过西藏,但和审案是两码事。

三月二十七日,他在给康熙帝上疏的《漕运总督赫寿奏请调补苏松粮道折》中,关于科考案的事奏道:

> 科场舞弊一案,钦遵彻底查明之旨,奴才会同张鹏翮、梁世勋,务得实由,定逐一详审。仍有未明之处。

康熙帝在御批中写道:

> 尔今惟追随张鹏翮,亦步亦趋。江南之人不可欺压,日后如何见朕?无聚集之事,地方员弁应作速返任,上紧理事。倘案不公,朕亲自带来审

问时,自然水落石出矣!倘案情复杂,尔声言漕粮事大,难审此案,一面推辞,一面缮明本具奏,日后似可摆脱困境。

赫寿五百多字的折子中关于科考案的事不足十分之一,其余的内容讲的全是漕运的重要,如何缺他不行,又如何没有时间,言外之意是想康熙帝另换他人。康熙帝在御批中关于科考案的内容占了三分之二,就是要他将工作重心放在科考案上,不准有畏难情绪。康熙帝强硬的态度吓他一大跳,使他对怎么当钦差有了重新认识,所以对处理案件他更慎重、更积极、更主动。

赫寿又谈到了督抚互参的事。他说道:"督抚互参,我们才审过一次,并且没有开堂正式审理。总督与巡抚乃封疆大吏,毕竟不比寻常官员。若皇上知道我们如此草率,恐会动怒。即便皇上不说什么,朝中大臣会对我们的行事也有微词。不如放在盐政院开庭审一审,让江南百姓也知晓皇上对此事的重视,岂不更好?"

张鹏翮笑道:"哈哈!赫兄高见,这个想法极佳,兄弟也有此意。在盐政院审,也可向百姓表明朝廷对此案的态度,又能造出皇上重视地方官员廉洁的声势。非常好!那我们就准备准备,择日开庭。"

其实,张鹏翮心里认为此案不好开庭审理。一是噶礼与张伯行见面就吵。两位刚被解职的封疆大吏在大堂吵吵闹闹成何体统?其次,这案也没法当面锣对面鼓地审。噶礼参张伯行的事很清楚,七条白纸黑字摆在那儿,按条索据,一条条调查就是,再说现在也已调查出眉目。况且,上一次张伯行还进行申辩。张伯行参疏内容看着很多,其实很空泛。没有真凭实据,你让噶礼承认,他会承认吗?噶礼的事只能和科考案结合在一起审理。既然赫寿提出来,审就审吧,造造声势也行。再则,当务之急不在督抚互参上,而是弄清陈天立的死因,也好亡羊补牢。

于是,二人着手择日开堂会审督抚互参案。

听说要开堂审理督抚互参案,扬州城算是炸了锅。有的百姓铆住劲儿要去看热闹,有的要去给张伯行助威,也有的要去看噶礼的哈哈笑。街头巷尾全在议论此事,人们对它的关注度远超科考案。

在扬州候审的这段时间,张伯行一直在驿馆埋头写书,写累了就看书,看累了就继续写。钦差派人来通知他后天开堂,他也没在意,继续写他的书。

自从张伯行被解职后，大黑为老爷感到不公，心里憋屈，总在驿馆里待着心里发闷，再加上明天老爷要去盐政院过堂，他心里也替老爷紧张。吃过午饭，大黑想着到大街上遛遛，散散心。一路上，时不时听见人们在议论噶礼与张伯行的事。他心中好奇，想凑到跟前听听，可又找不到搭讪的由头。正巧看见街边有人下棋，观棋与下棋的正在聊张伯行，大黑便也凑了过去。

观棋的老高说："张抚台可是大好人呀，这一审，估计钦差大人能还他清白。"

下棋的余老汉道："好人一定有好报，老夫有预感张抚台能官复原职。"

"余老爷子，您能预感出来？"旁边干果店的小伙计问道。

老高道："余老爷子是秀才，有学问，他过的桥比你走过的路还多，看得一定准。"

"咦！我都十四啦，年龄可大了，他过的桥能超过我走的路？"小伙计不服气地向老高撇撇嘴问道，"高大叔，我们老板明天还要去听审呢！你去不？"

"我当然去，钦差会审哪回我也没落过。"

"唉！可惜我去不成，我得看店。老板说他要去给张抚台助威，要去给抚台喊好。嘿嘿，若是制台过堂他就喊倒好。"

"还喊好呢，呵呵，你老板以为是去看戏呀？"下棋的李老汉笑道。

"反正他说他喜欢张抚台，烦噶制台。"

李老汉道："这张抚台好比戏台上那红脸关公爷，那噶制台就是那白脸的曹阿瞒。"

观棋的赵七笑道："哈哈，这个比喻形象。"

老高问道："余老爷子，你预测预测噶制台能官复原职不？"

余老汉想了片刻说："他嘛，就像这过河的卒，回不去了。咦！只顾说话了，你咋把我的马给吃啦？"

大黑和大家都笑了。

三

庭外拆析

（一）扬州盐政院内，张伯行和噶礼被轮流传唤

会审这一天，让百姓失望的是盐政院大门竟然关闭。百姓们不愿意，吵嚷着要听审，不满声一浪高过一浪。声音传到休息室，张鹏翮与赫寿一合计，又让差役将门打开。

过堂是大事。大黑和大仪都紧随张伯行，陪着他在屋里等待。他俩看起来心里发慌，张伯行却表情平静。噶礼比张伯行来得稍晚些，带着很多随从，在另一间屋干坐着。

二位钦差端坐大堂之上，赫寿一拍惊堂木喊："升堂！"

堂上衙役随后齐喊："威——武——"

喊过威武，站在堂上的马大个纳闷，今天太阳从西边出来了，赫钦差咋喊起升堂。

正在这时，张鹏翮喊句："带张伯行上堂。"

只此一声，就解除马大个的疑问。这就对了，案子还得张钦差审。马大个哪里知晓，张、赫二人之前已商量好，今日开堂以张鹏翮为主，由他们二人共同审问。

张伯行从容自若地来到大堂。大门外的百姓见张伯行上堂，高喊着："张抚台！张抚台！"

守门衙役忙制止道："不准高声喧哗！"

张伯行神态自若地站在大堂之上，向二位钦差行作揖礼。

张鹏翮说道："来人，给张抚院搬把椅子。"

衙役搬来椅子，张伯行便坐了下来。

张鹏翮道:"今日,我们二位钦差请张抚院来,是要问问噶制台向皇上所奏之事。请张抚院将情况如实讲来。"

张伯行道:"二位钦差请问,伯行定如实回答。"

张鹏翮问:"许士贞可是你的同窗?他任上海知县时你可替他包庇隐瞒?"

"伯行与许士贞虽同籍河南,但伯行是开封府仪封县人,他是归德府虞城县人,两县距离百里,何谈同窗?毙死盗贼谎称还活着,乃噶制台所报,何谈伯行帮其隐瞒?"

赫寿问道:"保甲执行不力,张抚院又怎讲?"

"保甲之法是保境安民的好方法,伯行向来不遗余力地执行。江苏乃水陆通衢之地,又临大海,因此盗贼比他省要多许多。自伯行到任后,加强治安防范,盗窃案件年年下降。"说着,张伯行从怀中取出一个折子,翻了翻念道,"江苏七府一州,四十八年盗窃案为一百一十件。自四十九年伯行上任后下降为八十二件,去年又降至五十一件。何谈伯行保甲执行不力?"

张鹏翮心中暗想,张伯行果然是张伯行,有备而来呀!

赫寿又问道:"包庇好友方苞,不将其捕捉,《南山集》刻版藏于苏州,又是怎讲?"

张伯行道:"这更是一派胡言!去年十月三十日,部差笔帖式王六拿着刑部等部咨文捉拿方苞、尤云鹗、王岚生押解京城。伯行派臬司焦映汉、苏州知府孟光宗、江宁知府刘涵全力配合王六,臬司将方苞及尤云鹗之兄尤云鹏抓获。伯行差库官王鸿交刘涵,由他转交王六押解上京。这些都是有案宗可考的,也可问王六是否属实。至于《南山集》的刻版,已由方苞交出,藏在苏州宝翰楼沈明玉家。"

张鹏翮又问道:"张抚院漕船迟误又当何讲?"

张伯行道:"说苏松粮船过淮河迟误,真是没常识,漕运之事赫漕台最为清楚。一般都是头帮先行,后帮依次前行,所以最后边的船当然要比最前边的船出发迟,到目的地的时间自然也晚。"他又拿出折子念道:"镇江的船于四月初四日起航,十五日过完;常州的船四月十六日起航,二十日过完;苏州的船四月二十一日起航,五月十六日过完;松江的船十六日起航,六月初六过完。船船相连,先后紧接依次过淮河,之间并无脱节,怎么会有延误之理?这些伯行都详细地写在给皇上的《沥陈被诬始末疏》和上次交于二位钦差大人的申辩中。伯行又新誊抄两份申辩,请二位大人过目。"

说着,张伯行从怀中掏出两个折子。张鹏翮示意衙役呈上来,张、赫二人各手持一份看了看,二人耳语几句。

然后,张鹏翮说道:"张抚院先下去休息休息,一会儿退堂再走。"

书办拿来笔录,张伯行签字画押后,便走下大堂。

大门外的百姓见张伯行从大堂里出来,激动地拍着手,热烈欢呼。张伯行向着门外百姓笑着挥挥手,百姓情绪更激动。

守门衙役又忙制止道:"小声点! 小声点!"

大黑与大仪一直在大堂前的院子里站立不安。正在二人心急火燎之时,见老爷出来忙迎上去。

大仪埋怨道:"怎么问这么长时间? 可把我们急坏了。"

张伯行气定神闲地说道:"咱们身正不怕影子斜,任凭风浪起,稳坐钓鱼台,他们随便问。"

大黑神气地说道:"对,咱们身正不怕影子斜,什么也不怕!"

轮到噶礼被传上大堂。他向张、赫二人拱了拱手,大大咧咧地坐在张伯行刚坐的椅子上,犹如在自己家一般随便。噶礼向上望望,那上边不久前还有他的位置,如今他却成为被审之人,坐在下边。上边那二人不久前还与他拍着膀子,笑嘻嘻地称兄道弟,而今却面目威严地看着他,心中不免有些失落。

张鹏翮与赫寿事先已商量好,因噶礼的案子涉及科考案,张鹏翮为避嫌,审问噶礼由赫寿为主。

赫寿很严肃地问道:"噶制台,我二人奉圣旨审理张抚院弹劾你一案,望噶制台配合审理,如实回答我们所问,不得撒谎耍滑。"

噶礼回道:"问吧,问吧,有什么我就说什么。我又没犯王法,我有什么不能说的?"

赫寿便直入正题,问道:"江南辛卯科乡试,为助考生作弊,你共收多少银子?"

噶礼没好气地回道:"我不但没收一枚铜钱,还往里搭不少银子呢!"

"此话怎讲?"赫寿疑惑地问道。

"秋闱前我去江苏贡院看望监生,正值五黄六月,骄阳似火,热得人难受,而监生们衣服都湿透,还在用心苦读。作为三省的最高长官,我看后于心何忍? 于是,我马上派人买来西瓜,一位监生发两个。又命人买来五百斤绿豆,嘱咐山长每日为监生煮绿豆汤降暑。这买西瓜、绿豆的钱,全是我自己掏的腰包。"

"左必蕃、赵晋为开脱罪责,没给过你五十万两银子吗?"赫寿又问道。

"我噶礼世受皇恩,哪有贪墨之理? 再说,我自小锦衣玉食,别说五十万两,就是一百万两我噶礼也看不到眼里。皇上赏赐我的,我还吃不完花不完呢,要他们那点银子做甚? 再说,我不是小瞧他们,哼哼! 他俩也配有五十万两银子? 大道理我也不讲,一句话,我噶礼没拿过任何人的银子!"

噶礼话回得这么满,问到这种地步也没什么好问。张鹏翮与赫寿之前已商量好,无论如何也不能让噶礼与张伯行同时上堂。若二人再在堂上大吵起来,让百姓听见成何体统? 因此,没有安排二人堂上对质的环节。张、赫二人又耳语几句。

张鹏翮说道:"噶制台先下去吧,以后有什么需要问的我们再找你。书办,拿笔录让噶制台签字画押。"

噶礼大模大样地走下大堂。

张鹏翮一拍惊堂木,喊了声:"退堂!"

衙役们忙喊:"威——武——"

马大个心想,督抚互参的案今天就这么草草退堂? 也太快了吧。二位钦差审问噶制台,这明显是应付差事嘛!

(二)考卷刚发下,张鹏翮就闻到一股臊气

张鹏翮初次会审时,经苏州生员丁谷宜当庭举报,苏州籍新科举人金圣基、马士龙、席玕、徐宗轼、邵一珩等五人,便从苏州押到扬州,投入大牢。可几个人仿佛被遗忘一般,一连数日无人问津。终于几个月之后,张鹏翮要在行辕对他们进行复试,是骡子是马,拉出来遛遛便知。张鹏翮亲自出题,亲自监考,考场气氛异常严肃。五张考桌前三、后二地摆在屋中,张鹏翮坐在正前方亲自主考,八位随员站在前后左右监考。还有十几名虎背熊腰、杀气腾腾的军士,挎着腰刀,站在屋内,随时听候吩咐。五位举人哪见过这阵势,坐在

考桌后,早如惊弓之鸟。笔墨用具一概不准自带,考桌上的笔墨纸砚均由行辕准备,入考场前他们均已被仔细搜过身。

考卷刚发下,张鹏翮闻到一股臊气,居然有人吓尿了。张鹏翮气得猛拍桌子:"大胆!读书之人,有辱斯文,成何体统?"

考生席玗吓得"扑通"赶忙跪倒,磕头如捣蒜:"请钦差大人见谅!学生见钦差大人一时紧张,没有把持住,请钦差大人恕罪。下次不敢,下次坚决不敢了!"

"瞧瞧你这点出息,倘若以后为官,如何为圣上效力?还不快坐好答题。你们若有问题,定不轻饶。"张鹏翮轻蔑地说道。

吓得另四位考生,写字的手也跟着颤颤巍巍,心也战战兢兢,就怕弄出差错,张鹏翮一声令下,自己被凶神恶煞般的军士拉到辕门,"咔嚓"一刀人头落地。

考试结束,张鹏翮亲自批阅考卷,席玗、马士龙考得最差。其他三人虽说字差些,从考卷上并未发现大的问题。字没写好,估计是被吓的。席玗不但考得最差,而且文理不通到一塌糊涂。更为严重的是,经仔细核对五人笔迹,席玗今日所答试卷与乡试时的笔迹截然不同。马士龙也好不到哪儿去,差到考卷根本没法让人读完。

"果然有问题!来啊,将席玗、马士龙带进来。将徐宗轼等三人交于江都县暂时看管,等候发落。"

一听钦差大人要见他,马士龙瘫到地上,任凭怎么叫也起不来。没办法,只得由两位高大彪悍的军士,像掂小鸡般,连拖带拎将马士龙带到张鹏翮面前。马士龙站也站不住,两个军士只得将他往地上一放,如撂在地上的一摊烂泥。

席玗更甚,直接就晕了过去。军士试试席玗的鼻息,然后提来半桶水,往他的头上猛地一浇,席玗这才缓了过来。两个军士也将他架到张鹏翮面前。席、马二人闹的这一通,把徐宗轼他们仨吓得够呛,老老实实地被衙役锁上铁链拉走了。

张鹏翮威严正坐,厉声喝道:"席玗,马士龙,你们两个胆大包天,皇上取士你们也敢作弊,快从实招来!"

席玗瘫在地上,大冬天被浇一身水,再加上惊恐,身体抖成一团,一句话也说不出。

马士龙支吾半天,也没能说出一句整话。他磕磕绊绊地说道:"学生自知天生愚钝,怕考不好,又想中举,绞尽脑汁想出一个笨鸟先飞之法,就是背那些与容易考的内容相关的文章,乡试时将其默写下来。"

张鹏翮问道:"你对所背内容理解吗?"

马士龙结结巴巴道:"不求理解,但求能默写下来就行。钦差大人,学生这不算作弊啊!"

"考试时默写他人文章,不算作弊算什么?只会死记硬背,胸无点墨,换作没背过的内容就写得一塌糊涂。你这也叫笨鸟先飞?好办法也被你用坏了。唉,迂腐,囫囵吞枣害死人呀!"张鹏翮叹气道。

接着他又问席玗:"你是怎么作弊的?快招!"

席玗还在地上不停地抖。

"大胆,钦差大人问话,还不老老实实赶快招。"钦差身旁的属官厉声催促道。

"给他一碗热水。"张鹏翮语气缓和些道。

随员将水递与席玗,他哆里哆嗦地接过碗,连喝带洒,总算是压住惊,身上也暖和许多。他又平静一会儿,才答道:"学生一时糊涂,恐考不好,开考前学生偷偷潜入贡院,将抄好的纸藏在号房中,以备一时想不起时查阅参考。只因学生中举心切,才出此下策。请钦差大人饶恕,请钦差大人饶恕!学生知罪,学生知罪!以后再也不敢,再也不敢了!"席玗边说边磕头不止。

张鹏翮冷笑道:"想不起时查阅参考?不就是抄吗?想斯文就不要干龌龊之事。你这行为比马士龙更恶劣。以后?恐怕是没有以后了吧!欺瞒皇上,考场作弊。来人,将席、马二犯锁上投入大牢,严加看管,等候处置。"

"钦差大人,冤枉啊!乡试时我没夹带纸张入场,不算作弊呀。"马士龙一脸无辜与惊讶。

"乡试时,考制策一项就是考理解、认知及分析能力,考的是你的见解与思想。你虽未夹带入场,却将旁人的文章牢记在心,默写出来,充作你的想法,还不算抄袭吗?这和夹带入场有何二致?不认罪悔悟,还在这狡辩,愚昧至极!"

军士拿着铁链,不由分说,上去就将席玗、马士龙锁上拖出。席、马二人连声大喊："钦差大人饶了我吧！钦差大人我冤枉呀！大人我知错了！冤枉啊！钦差大人！"喊声绝望、无助,凄凉得瘆人,令人深思！

（三）不如给噶礼和张伯行调解调解,大事化小,小事化无

陈天立之死最终还是被认定为自杀,结论是张鹏翮与赫寿共同谨慎做出的。

这个结果是大家都愿看到的,从江苏臬司卢询、扬州知府赵弘煜到江都知县王铣都松一口气。当听到这个结论时,赵弘煜与王铣的第一念头是,官职保住了。

两位钦差责令江都知县王铣严惩狱吏和当值狱卒,加强大牢管理。这个好办,王铣立即将他们辞退,再让狱卒和新派去的衙役当值时打起十二分精神便是。

陈天立的案子算是平息,张鹏翮与赫寿开始着手处理噶礼与张伯行的案子。

这一日,张鹏翮与赫寿审完科考案时间尚早。下堂前,赫寿示意张鹏翮留一下,梁世勋见状赶忙告辞先去。众人都走后,赫寿提议："你我二人连日审案身体疲乏,今日时间还早,贤兄若无他事,不如去兄弟那里小酌数杯。不知贤兄意下如何？"

张鹏翮笑道："甚合我意,正好运青还有话想向赫兄讨教呢！"

二人在赫寿的行辕推杯换盏。酒过三巡,张鹏翮示意赫寿,命在一旁服侍的丫鬟、歌妓退下,命小厮将门窗关好。

屋中只剩他们二人。张鹏翮说道："常言道,冤家宜解不宜结。以兄弟看,噶制台与张抚院原无冤仇,只是办事的理念不同,因此产生些小摩擦。要说本不算什么,只是无人帮其化解,越积越多,最终才闹到皇上那里,惹得世人皆知,贻笑大方。如今,二人顶上牛,各不相让,弄得咱们审案也挺为难。刚开审科考案时,他们二人作为陪审,当着我的面时常闹些意见不合。兄弟看不过去,也从中调和过。这事当时梁抚院在场,他知道。"

张鹏翮看看赫寿,赫寿点点头。张鹏翮接着又道："咱们调和虽不能令他们二位改变态度,却能将他俩劝开。照此情景,我们不如再为他们二人调解

调解,争取能劝他俩各退一步,大事化小,小事化无,不知意下如何?"

赫寿笑道:"哈哈!正合我意。他们二人闹出这事,让咱们处理起来挺棘手。一位是皇上的亲近之人,一位是皇上看重的官员,手心手背都是肉。他俩闹得这么凶,不要说我们,就是皇上处置起来恐怕也为难。不如我们替皇上分分忧,劝一劝他们二人。虽不能让他们冰释前嫌,但至少能令他们暂时偃旗息鼓,这样对谁都有好处。"

"好!既然大家想到一起了,晚办不如早办。要不赫兄负责劝噶制台,运青与张抚院还算熟些,我去找他。"

赫寿说:"嗯!这样安排周道,我们尽快分头试试看。"

谁不知道,酒桌上的话不能当真。赫寿留了个心眼。倘若张鹏翮只是在酒桌上随便说说,过后就算,而他去找噶礼谈了。噶礼不同意和解还好说,若是噶礼也有此意,而张鹏翮本来就没打算帮他们二人调和,那不把他赫寿给坑了吗?所以他没立即见噶礼,而是打发人去留意张鹏翮那边的动静。很快他就得到消息,张伯行还真去了张鹏翮行辕。

张鹏翮将张伯行召到行辕。衙役按张鹏翮的吩咐将张伯行带到书房,让张伯行意料不及的是,张鹏翮早在书房门前等候。

张鹏翮笑着与他打招呼:"哈哈,孝先多日不见,最近忙什么呀?"

张伯行忙笑着回道:"回钦差大人,伯行没忙什么,平时就在驿馆看看书而已。"他本想说看书、写书,但转念一想,噶礼弹劾他的七条里就有写书、看书,为免生枝节,他便将写书两字咽回到肚里。

张鹏翮拉着他的手说:"咱们是老熟人了,熟不拘礼,你就不要叫我钦差大人了。我虚长孝先几岁,还叫我兄,就叫我兄好!这里又无外人,我们都姓张,五百年前肯定是一家嘛。哈哈……"

"这哪行啊?钦差大人是代表皇上来的,伯行怎敢犯上?在官场我叫您钦差大臣,在私下我还叫您恩公!"

张伯行是张鹏翮发现并推荐给康熙帝的,张伯行一直把他当作恩人。平时里见面都是恩公长恩公短,只是现在情况太为特殊。

"孝先,此话差矣!今天请你来,不是谈公事,只为拉家常,说说咱们老张家的事。你再叫我钦差大人,我就真生气了!"张鹏翮又道,"手不离卷,对自己要求不放松,时刻注重充实自己。孝先做这么多年的官,还是读书人的做派。好,好,好!"

张鹏翮挽着张伯行的手进入屋中,丫鬟上过茶,他又介绍道:"孝先,尝一尝,西湖龙井,今年的雨前新茶。这可是我的体己茶,今日你来,我特意嘱咐他们为你沏的。不怕孝先笑话,若换作旁人,我还真是舍不得呢!"

张鹏翮出乎寻常的热情让张伯行感到纳闷。既然这样说了,张伯行忙端起来品品,赞道:"好茶!的确是好茶!谢谢钦差大人!不,谢谢恩公的厚爱!"

张鹏翮与张伯行说了好一会儿闲话,觉得气氛烘托到位了,才说到正题:"孝先老弟呀!常言道,在家靠父母,出门靠朋友。我们这些在外为官之人,看似风光,实属不易。远离故土亲人,全靠朋友之间帮衬。叹人生不如意事,十之八九,遇上不随心的,谁不是打掉牙往肚里咽?所以呀,我觉得事得往开里想,路得往宽处行。"

张伯行边听边点头。

张鹏翮看他听得很专注,便道:"人活一世,不过三万多天,万事何必都认真呢?只要觉得对得起良心就行。别人若干出损德之事,自有老天罚他。咱们这些平凡之人,和他们较劲干吗?就像科考案这事,也没证据表明噶礼拿人家的钱,不要一味听信市井的风言风语。再说,五十万两雪花银,平常人家又有几户能拿得出这么一大笔银子啊?孝先老弟,你也不仔细想想,这分明就是无稽之谈嘛!"

张鹏翮见张伯行没说话,又道:"多个朋友多条路,多个冤家多道墙。孝先若不参噶礼,他也不会弹劾你,是吧?冤家宜解不宜结。屋里没旁人,你我也不是外人,我说句体己话,孝先与噶礼二人各让一步,不就海阔天空了嘛!"

张伯行这才明白为何今天张鹏翮对他这般热情,原来为这事。他说道:"伯行自幼就读圣贤书,大道理伯行说不出,但做人的规矩伯行还是懂。我们吃朝廷的粮,就要想着为朝廷办好事。皇上委伯行为一方父母官,伯行就要体察一方百姓疾苦。如今,江南乡试闹得百姓人心不稳,士子怨声载道,蒙圣恩委伯行江苏巡抚,伯行就得为百姓发声。伯行知道这会得罪人,也会因此引火烧身。伯行自知这条路布满荆棘、坑洼不平,但伯行既然认定这条路,就要义无反顾地走下去。为了皇上,为了朝廷,为了百姓,伯行宁愿抛弃浮名利禄,无怨无悔!"

张伯行讲得很慷慨激昂,张鹏翮听得很佩服。他早预料到张伯行是一条道跑到黑的主儿,一两次肯定说不通他。想要他转过来这个弯儿,需凉水泡茶慢慢来,急不得。

于是,张鹏翮又说道:"孝先呀,不用急着表态。你是我举荐给朝廷的,我肯定会为你着想。你回去以后,把我刚才的话好好想一想。咱不能只为图个清名,图一时之快,而不考虑家人,不考虑孩子,是吧?我是过来之人,有些事比孝先清楚,听我的绝对没错!"

张伯行起身告辞,张鹏翮送到书房外,还一再嘱咐张伯行回去再考虑考虑。

(四)咱们俩都是旗人,人不亲土亲,犁不着耙着

赫寿见张伯行真去了张鹏翮的行辕,那也别闲着,当即就把噶礼叫来。

噶礼本不想去。自从上次赫寿将他差人送去的瓷器退了回来,他就对赫寿很有意见,觉得他人不地道。可人家是钦差大臣,叫自己去,不去也不成啊!噶礼心里一百个不乐意地来到赫寿的行辕。这是赫寿当钦差来扬州后,他俩第一次单独见面。正月里,他去淮安与赫寿商议修运河之事,也因他被解职而搁置。

赫寿见噶礼到来,很是高兴,说道:"自淮安一别,你我兄弟二人也没能好好唠叨唠叨。来扬州后,兄弟早想找你一起好好聚聚。可是,不瞒老兄,兄弟干这差使,树大招风,得避嫌啊!两江官员有几个不知道咱俩走得近?兄弟怕来扬州后,与兄交往多了,有些事替兄不好说话不是?哈哈!"

噶礼听他这般说,也随着笑了两声,只是心里跟明镜似的,赫寿不过是当面这样说罢了。他哪是避嫌?赫寿是要和他划清界限。今天突然叫他,赫寿肚里不知要冒啥坏水呢!

赫寿接着说:"噶兄落难,兄弟也跟着着急啊!自从奉旨来到扬州,兄弟为兄的事吃不好,睡不香。兄弟知道,光着急也不行,得想办法。于是,兄弟想个对兄很有利的法子。今日请兄来,就是要拆析拆析此事。兄弟让人准备几样小菜,走,咱们到饭厅边喝边说。"

说着,拉起噶礼就往饭厅去。噶礼心想,对我有利的事,不妨去听听。

来到饭厅,噶礼看到桌上果然摆着几样凉菜。二人落座,仆人出出进进,煎炒烹炸,焖熘熬炖,不一会儿就摆满一大桌。

酒过三巡,菜过五味。赫寿让斟茶倒酒的仆人退下,开始言归正传。

赫寿说道:"咱们俩都是旗人,人不亲土亲,犁不着耙着。咱近人不说远话,兄弟就不兜圈子了。噶兄与张抚院互参之事,闹得满朝皆知,市井之中更是风言风语,说什么的都有,皇上对此也不明确表态。大家也都知道,起因在张抚院。常言道,两虎相争,必有一伤。兄弟不愿看到兄吃亏,便找张钦差商量,想着由我俩出面为你们二人调和一下,你俩各让一步,在皇上那里我们再斡旋一番,争取大事化小,小事化了,搞个皆大欢喜。不知噶兄意下如何?"

噶礼听后火冒三丈道:"张伯行诬陷我,还叫我让着他?我参他的那七条罪状,条条有根有据,错在哪里?倒是他诬告我的事无凭无据,不知从哪里大风刮来的话,他张伯行又不是三岁小孩,也都当真?我就是不让,他能咋着我啊?到最后,皇上准听我的,不会听他的。将他打入大牢,我心里才痛快呢!"

"冤冤相报何时了啊?算了吧,噶兄,得饶人处且饶人!听兄弟一句劝,将此事圆满了结,画个句号,兄好官复原职,让兄弟们也不再跟着操心不是?"

噶礼嘴上强硬,心中早巴不得有人说和。其实,他早想找个将此事平稳了结的路子,只是一直没办法。而今,一波未平,一波又起。他听说原任江苏左布政使宜思恭,趁督抚互参案之际,翻出康熙四十九年时的老账,弹劾他索要银子,致使库银亏空。参他的折子已到刑部,现在正等着部议,之后会很快呈到皇上那里。而上次来审亏空案的钦差也是张鹏翮,案子审得让噶礼觉得很满意。他已意识到,督抚互参的事不赶快完结,不知还会冒出什么始料不及的幺蛾子呢!

噶礼说道:"我有什么可退让的?是他先到皇上那里告的我。他若不告我,我会告他吗?要让我往哪退让呀?真凭实据我早就白纸黑字上报给皇上了。谁怕谁呀!"

赫寿一听噶礼话里有缓和余地,心中暗喜:噶礼是多聪明的人啊,不识时务的事他绝对不会干。

赫寿道:"对!咱站得正,行得直,咱当然不怕他。一个读书人考上进士也不容易,咱不是可怜他嘛,给他个机会。咱大人不记小人过,是吧?张钦差与兄弟把处理结果向皇上一报,到时你二人各让一步,对我们呈报的内容不提出异议,你好,他好,大家好,不就得了嘛! 哈哈……"

噶礼不再接腔,赫寿认为他已默认,心中不由暗喜,又道:"只是天知、地知、你知、我知,两位张大人知就行,千万不要与外人说。"

噶礼表情诡秘道:"什么天知、地知,我什么也不知道。"

赫寿听过此言,顿时哈哈大笑。两人越喝越高兴,一直喝到二更才散。

事情没有张鹏翮与赫寿想的那么简单。噶礼这边好说,可到张伯行那边就是说不通。张鹏翮两次三番找他谈,赫寿也找他谈过,动之以情,晓之以理。可不管他俩怎么说,张伯行就是坚决不同意。张鹏翮长叹一声:"朽木不可雕也! 人事尽了,听天命吧!"只好遗憾作罢。噶礼知道后,破口大骂。

(五)曹寅和李煦向康熙帝连上四封关于江南科考案的密折

李煦在扬州已经待了一个多月,他是被曹寅请来的。去年入冬,曹寅得一场大病,经名医调理,病情虽有好转,却伤了元气,身体明显不如往前。二月,曹寅进京述职,南返时偶感风寒,本以为无大碍,谁知身子太虚弱,承受不起,一卧床就是好几天。经历过这次雪上加霜,曹寅的身体更差更虚。五十多岁的他,第一次嗅到死亡的味道。怕时日不多,风寒痊愈以后,他差人到苏州将大舅哥李煦请来,有些事他不放心,要向李煦交代。很少生病的曹寅,接连病两场,对他的打击除身体以外,更重要的还有心理。

李煦是二月二十六日到的扬州,住在自家在扬州的官邸。他来扬州的目的,不单为看望曹寅,还要为康熙帝搜集些科考案的情况。科考案是皇上关心的热点,作为近臣,能不投其所好吗?

大病初愈的曹寅拉着李煦的手,很是悲观地说道:"旭东兄,小弟以为再也见不到你了!"说着,曹寅的眼泪流了下来。

李煦看看他的气色,笑道:"子清大惊小怪了,没你想的那么严重。不就是偶感风寒嘛,就是不治,躺两天也能好。"

"唉! 小弟近段时间感到头蒙气短,走路发飘。小弟有预感,这次的病不比寻常,恐来日不多矣!"曹寅叹口气道。

李煦看他的精神确有些恍惚,知道曹寅害的是心病,想必是对病情太在意所致的抑郁。俗话说,病来如山倒,病去如抽丝,何况又是看不见摸不着的心病？

李煦劝道："子清不必伤感，趁春暖花开之际，没事多出来走走，到各地转转，散散心，病自然就好了。"

"借兄吉言吧！小弟从去年入冬后，身体就一直不好。这次进京述职回来时，我将颙儿从京城也带回了。他年纪尚轻，以后还要仰仗老兄多多关照他。"

"哪里话，自家外甥，照顾是应该的。再说颙儿自幼聪慧，以我看，稍假以时日，他的能力必然超群。"

"兄也知道，上次皇上南巡，兄与小弟鼎力接驾，耗费巨大。不但小弟家资掏空不说，至今亏空尚未补齐，我实在放心不下。因此，这次请兄来就是想将颙儿托付给兄。有兄调教着他，小弟若真有个马高蹬短，也心安了。"说着，曹寅的泪又流下来。

李煦见此架势，厉声道："子清，大丈夫何故如此悲观？不过生场病罢了，何况又已痊愈？若再静心调理一段，必将恢复如初，何出此不吉之言？"

三月初，曹寅回趟江宁处理一些事务，按李煦所说，又四处转转，心情才逐渐好转。

三月底四月初，在短短不到十天时间里，曹寅和李煦向康熙帝连上四封关于江南科考案的密折。曹寅上疏一封，其余三封全是李煦所上。李煦将在扬州整整一个月里，关于科考案的所见所闻，还有二虎他们打听来的小道消息，悉数报与康熙帝。而这些正是康熙帝想知道的。

在四封折子中，第一封是曹寅最先上的。他在《江苏织造曹寅奏报张伯行意有不平折》中写道：

> 江宁织造通政使司通政使兼巡视两淮盐课监察御史臣曹寅谨奏。
>
> 张鹏翮审讯举人吴泌、程光奎两人，其夤缘贿买情弊仍未决断。今人议云，大人胸中必有瞻顾，所以，游移不决，事审三月有余，茫无头绪。通省督、抚、司、道、府、县，逗留在扬，不能回去料理政务等语。

四月初三日，李煦在《苏州织造李煦奏报江南科考案内买举情形折》中奏道：

　　谨奏。科场自进折覆后,数日来,所审仍是吴泌买举,不问字眼是谁与的,亦不问主考、房考。只问撞木钟及出首之人,大约以撞木钟结吴泌之事。保留总督、京口将军马三奇奏,江南已见邸抄。臣到时,保留总督及保留巡抚者各衙门俱有,呈纸为总督者大半,为巡抚者少半。具乡绅及地方有名者,两边俱着名保留。兵为总督者多,秀才为巡抚者多,或是偏向,或是粉饰,借保留完其情面,或是属官各报答上司之情,纷纷不一。昨日,钦差才传说,不干科场事的官员,俱回去料理地方事。及至进见,只打发署苏按察司回江宁,北按察司回安庆,因熟审之期渐近,恐其误限期也。谨此具奏。

四
圣意难测

（一）中举后的林水晗走在京城大街，看到什么都新奇都喜欢

> 金榜高悬姓字真，分明折得一枝春。
> 蓬瀛乍接神仙侣，江海回思耕钓人。
> 九万抟扶排羽翼，十年辛苦涉风尘。
> 升平时节逢公道，不觉龙门是峻津。

曹寅、李煦的四封密折陆续被送到康熙帝的御案上，而此时的京城正热闹非凡。由各省举人参加的三年一度会试，已在二月举行。会试共考三场，每场三日。每场均先一日入场，后一日出场。及第一场初九日进场，初十日开考，考的是四书义三道，经义四道；第二场十二日进场，十三日开考，考的是论一、制五、诏、诰、章、表内科各一；第三场十五日进场，十六日开考，考的是经、史、策五。三场所试四书文、五言八韵诗、五经文、策略问，与乡试同。考试完毕，榜已于三月发过，今科被取贡士的名字全在上面。会试最高潮的部分，由康熙帝亲自主持会试，将于四月在太和殿前举行。

会试对于朝廷是大事。明崇祯十七年十月初一日，清顺治帝入主中原，定都京师，祭孔子，封衍圣公。马上打天下，马下治天下。十月初九日，顺治帝在颁诏的"合行条例"中涉及科考的部分有"文官三品以上准一子入监读书""生员仍给廪""赈济各学贫生""辰、戌、丑、未会试""子、午、卯、酉乡试"等一系列规定。

会试高中对于读书人来说更是梦寐以求的大事。"学会文武艺，货卖帝王家。"金榜题名的进士犹如跳过龙门的鲤鱼，读书人一朝高中，命运将从此

改变。秋闱得中的举人又有几人能高中进士？倘若辛卯科江南乡试放榜后，没出现落榜的秀才哗然，江南贡院榜单上的新科举人里，也会有人出现在这些被录取的贡士名单中。新录取的这些人，如今，还只能被称为贡士。只有通过由皇帝主持的殿试这一关，状元以及进士最后的排名将由此产生。因殿试由皇上亲自主持，进士也被称为"天子门生"。

康熙帝向来重视科举取士。科考是选拔官员的重要途径之一，必会引来鱼目混珠者。去年顺天考中的解元，因科考舞弊败露脱逃，康熙帝怀疑本科所录贡士中混杂着冒名顶替者。康熙帝传旨，三月二十日，他要在畅春园亲自对被录取者进行复试。

因科考案还未审结，被录取的贡士中，虽没江苏、安徽两省的新科举人，却有在福建鳌峰书院就读的林水晗。自那年考中举人后，进京赶考落第，他到吏部注册，被授候补知县。随后，回到福建，他就经亲友推荐，到巡抚衙门混了个差事。可他心里一直想的还是要高中进士，实现"学而优则仕"的最高境界。

为提升福建的教育水平，重振福建科举大省的雄风，将福建士子的心与朝廷拉得更近，张伯行任福建巡抚时，主持兴建鳌峰书院。近水楼台先得月。书院招生布告一经贴出，林水晗第一时间就报了名。通过考试后，他有幸成为鳌峰书院的第一批学员，为实现自己的梦想迈出坚实的一步。

贡士放榜后，皇上要复试，下个月还要殿试。福州离京城有数千里之遥，不要说来回，单是一趟也得走上几十天。殿试在即，回福建不现实，林水晗第一时间打发陪他来京的弟弟林水越回去报喜，特意嘱咐路过扬州时，一定要将高中的喜讯告诉张伯行。林水晗知道张伯行很快也会知道榜单，但那和他派人告知不一样。吃水不忘挖井人，没有张大人建的鳌峰书院，也许就没他的今天。督抚互参的折子康熙帝御批之后，上至朝堂，下至市井，立即成为人们热议的话题。当林水晗听说张伯行被弹劾而解职后，非常气愤。张抚台为百姓做了那么多好事，怎么会被解职呢？他相信张抚台是被冤枉的。噶礼是什么人，贪污成性，他在山西干的那些事人们都心知肚明。他相信英明神武、明察秋毫的康熙帝，一定不会被假象蒙蔽。

进士及第让林水晗心里比吃蜜还甜。他是鳌峰书院建成后的第一批受益者，不，是第二批。第一批是考中福建辛卯科举人的鳌峰书院学员。他这个补好几年的候补知县,这回最差的结果也能转正。若殿试考好,说不定还留在京城当翰林院庶吉士。况且,他在贡士榜单上的排名比较靠前。翰林院里全是文化精英,能进翰林院可是历代读书人最高的理想。如这样的话,就能将阿美接到京城,阿美要是知道自己能来京城,不知道乐成什么样呢!

林水晗心里美滋滋地走在京城大街,看到什么都新奇,都喜欢,在他心中不由生出一种"春风得意马蹄疾,一日看尽长安花"的感觉。人逢喜事精神爽,按他老家的规矩,遇上喜事要吃上一碗太平燕。可他在街上转了老半天,也没打听到一家福建菜饭馆。最后,只得退而求其次,买了碗馄饨代替。吃着馄饨,他想起夫人阿美。等阿美来京,就让她开家福建菜系饭馆,将台湾岛上的美食也带到京城。其实,阿美早就有雄心壮志,想把她的丝绸店开到京城。她刚从台湾府老家来福州时,她就对林水晗说想在福州城里开家绸缎店。

林水晗听后立即反对道:"妇道人家,就应该待在家里,老老实实地相夫教子。再说你当这是哪儿啊?这可是省城,不是咱老家凤山县城。在这里开店,你也有这能耐?"

林水晗记得真真切切。那天,阿美噘着嘴愤愤地说:"你怎么知道我没有?老爷能考中举人,在省城里当差,我就有本事在省城开店。老爷将来若是到京城做官,妾身还要将绸缎店开到京城去呢!"

那时,林水晗还笑她痴人说梦。没想到,如今阿美和自己的梦想,与现实离得这般近。

(二)皇上亲自复试新科贡士却极少见

皇上亲自主持殿试很正常,可对会试录取者进行复试却极其少见。三月二十日,新科贡士们怀着忐忑、新奇的心情走进宫。林水晗走在队伍中,虽然步伐整齐,却也忍不住用余光窥视着宫中景物。来畅春园之前,专门有官员对他们交代入宫的礼节,但他还是管不住自己的一双眼。他做梦也没想过,有朝一日能步入皇家园林。如今,已是暮春,正是花红叶绿之时,园中花团锦簇,亭台楼阁,碧池溪流。虽然这只是离宫的一角,却好不惹人陶醉。

一群人被带到九经三事殿。林水晗但见殿前整整齐齐摆很多套桌凳,为考试服务的官员正在忙碌地做着准备。手持长矛、腰挎配刀的御前侍卫如临大敌,个个威武、严肃地分列在考场周围,震慑得考生不寒而栗。

贡生按号入座。等有一盏茶的工夫,林水晗远远看见,一位穿黄色衣服、气场巨大的老者在众人簇拥下来到殿前。不用说,那一定就是皇上!林水晗激动的心就要跳到嗓子眼了。还没等他看仔细皇上长什么样,就听有人喊道:"皇上驾到!"林水晗赶忙跟着众人跪下,行君臣大礼。

开考前,由官员逐一核对贡生身份。为防顶替,念到谁的名字谁起立:"卜俊民、鲍开、白子云……"终于念到林水晗,他起身用浓郁的福建官话响亮地应了一声。听说要复试,令底气不足者闻风丧胆。经核查,一共有二十六名取中的贡士未敢参加复试。核查完毕,才发考卷作答。

复试时,考生在下边写,康熙帝不但坐在上边看,为防止优秀考生被遗漏,他还让人把礼部尚书李振裕推荐的云南、贵州、广西备录取的考卷也拿到畅春园,让大臣们审看其中是否还有答题较好的。对于之前李振裕的奏请,康熙帝考虑再三,云南、贵州、广西地处西南边陲,离中原有数千里之遥,且多大山,朝廷对这些地方的管理总感觉鞭长莫及。云南既是南明政权最后退守之地,又是叛将吴三桂的老窝。虽被消灭多年,但不乏残留下众多遗老遗少。如何加强朝廷对这些地方的统治力,教育感化相比征伐,仍然是低成本的办法。增加一名中举人、进士的额度,不知道争取过来多少心向朝廷之人。

随后,他在回复李振裕请求增加云南、贵州、广西三省进士额度的奏折中御批道:

> 朕先因此三省路远人少,每至脱科。念边陲穷士,跋涉山川,曾谕该部酌量增额,以示劝兴。故今三省文风日盛,士子俱各黾勉肄业考试者渐多。但取中额数尚少,宜更加增。

由此可见,康熙帝对科考重视的程度。因各省在人口和文化氛围上的不同,从全局出发,自古以来,不论是进士还是举人,各地录取的人数都是事先定好。所以,能争取到哪怕是一个额度都牵一发而动全局。皇上下旨,具体工作就好做了。最终,在众人的不懈努力下,为云、贵、桂三省每省各争取到一名宝贵的进士额度。

复试结束,考生们可以回去坐等消息。考官们依然还得忙碌,科考上的大事得皇上定,因此康熙帝也不能省心。殿试在即,考官上疏奏请录取进士的人数。经过康熙帝的深思熟虑,不但将录取人数定下,连这些人的去向他都想好。康熙帝要求,今岁考取进士额度无多,止一百六十一人;拣拔庶吉士者不过四五十人;其余俱挨次选授知县。知县与民切近,有刑名钱谷之责。未登仕以前,不知事宜典礼,则登仕之后,于地方民生、事务无有裨益。今岁考中进士,除拣选庶吉士外,其余勿使回籍,俱交礼部选翰林内学优品端者数人,派令教习文艺,从事典礼。

目前,录取额度是康熙的大致安排。从以往经验看,具体人数不到最后一刻,谁也说不准。在很多人的共同努力下,会试工作正在有条不紊地进行。

在殿试举行前,康熙帝看到曹寅与李煦的两个关于科考案的密折。

对曹、李二人,康熙帝一再要求"再打听",可见他对发生在江南这两件事的重视程度。虽然李煦奏折上审案的细节与之前曹寅报的有些出入,康熙帝也能理解,毕竟审案时他们二人并不在大堂之上。他们密报的材料,全靠他们通过各种途径打听来,能这样已实属不易。康熙帝看后,对张鹏翮与赫寿二人的审理极其不满。对于噶礼与张伯行被解职的民众反应,他很欣赏李煦的观点,真真假假、假假真真。具体民情的表现是真是假,从表面上看谁也说不清。他急于知道真相,毕竟涉及两位封疆大吏,涉及朝廷官员在百姓心目中的形象,但他现在没精力出来管这些。对于康熙帝来说,现在最为重要的是为国开科取士。录取的这一百多人中,将来会有不少成为国家官员体系的中坚,而且还有人成为朝廷中举足轻重的大臣。所以,康熙帝不敢怠慢,也不能轻视,别的事只能等春闱结束再说吧!

(三)康熙帝曰:大臣法则小臣廉,小吏廉则民生安

纷纷红紫已成尘,布谷声中夏令新。

夹路桑麻行不尽,始知身是太平人。

陆游一首《初夏绝句》把人们带到康熙五十一年四月。甲寅日,阳光明媚,壬辰科殿试如期在太和殿前举行。康熙帝摆驾太和殿,监试的王公大臣和应试的贡生们早已在殿前等候。

一群人跟在侍卫后边,不单是林水晗,这些应考的贡士几乎都是第一次走进紫禁城。大家激动程度与去畅春园相比,有过之而无不及。从他们绷着的脸上不难看出,个个心情紧张。十年寒窗苦读,成败就看此一朝。能走到殿试这一步,大家何止只读十年书?从童子试、乡试、会试到如今的殿试,他们个个如同杀出重围的勇士,手中的笔是他们战无不胜的法宝。很多人为此华发早生,心力交瘁。

入宫后,林水晗走在人群中,一双眼睛不停地四下张望。他要把在紫禁城中看到的情景牢牢记在心里,回去讲给阿美和孩子们听。红墙黄瓦灰地砖,墙是那般的红,那般的高;瓦又是这般的黄,是皇家才能用的黄琉璃瓦;连地砖都这么大,他头一次见这么大的地砖。宫中的大殿是那么的高大,金碧辉煌,殿前空地宽阔得可以跑马。眼前一切让他才明白什么是皇家气派!

殿试不设考官,与上次复试一样,还是由康熙帝亲自主持。除康熙帝挑选的王公大臣监试,监试人中还有四位御史。殿试现场还有内阁、翰林院、詹事府、光禄寺、鸿胪寺等处派来二十多人负责收发考卷、弥封。他们在接下来的日子里还要做收存、填榜等具体工作。阅卷官人选康熙帝已选定,由两位大学士、六位部院大臣担任。考试只一场,为制策,当日即交卷。康熙帝已将试题亲自定好。

殿试的制策就是贡生们将根据皇帝发问作答考试。康熙帝向众贡士讲道:

> 朕临莅天下五十余年,永惟所以仰答上天眷祐之厚,下惬四海望治之心。夙夜孜孜,久而弥惕。盖大业戒于鲜终,而远虑谨于防微。故日与内外诸臣动色咨儆,欲其以公正者居心,以恪慎者守职,庶几贤路有所鼓舞,而日开士习有所观,型而益励。然犹未能一德同风,以臻斯道者,其故何欤!唐虞之世,皋陶陈谟曰,同寅协恭,夫协同者,岂其朋党比周之谓欤!无亦寅畏恭敬,则精白无私,故能偏党不生,和衷共济欤!记曰,大臣法小臣廉,然则大臣者小臣之表也。吏不廉,则民生不安。大臣不法,则小臣不廉,今内而卿贰,外而督抚皆朕所倚为心膂股肱,望其率属阜民者也。其何以使廉法相承,永底盛治欤!夫荐贤受上赏,蔽贤蒙显戮古之道也。国家需人惟亟故常命九卿廷推,督抚保举,期得人才,以

禅实用。其或借此以援私徇请托,将何以称朕寤寐求贤之心欤! 然则古大臣以人事君之义、何道之操也。书曰:学古入官、议事以制。故士不学,则无以居官;学不正,则无以致用。夫六经四书,濂洛关闽,学之正者也。历稽往代莫不崇尚经术,兴数百年太平之基。今士行犹未尽修士业犹未尽醇。其将何以养育陶成,绍休圣绪欤! 夫国家有诚正之臣,则百僚师师而官方互饬;学校有端粹之品,则多士济济而贤俊并登。尔多士皆养成于庠序出而宣力国家者也。其各抒所蕴以著于篇,朕将亲览焉!

康熙帝讲完后,贡生们便进入作答时间。林水晗思考一番后,开始作答。他记得张伯行在鳌峰书院授课时,讲过为臣之道,张伯行的见解使他受益很深。之后,他又在鳌峰书院藏书楼里,读过很多这方面书籍。再加上他在福建巡抚衙门当差时,张伯行清正廉洁对他的熏陶,心中早有一番自己的理论见解,写起来得心应手。林水晗先草写一篇,经过多次修改后,他才工工整整用馆阁体楷书誊抄写在卷子上。殿试一直持续到太阳下山前才结束。

> 正位开重屋,凌空出火珠。
>
> 夜来双月满,曙后一星孤。
>
> 天净光难灭,云生望欲无。
>
> 遥知太平代,国宝在名都。

四月初五,乃壬辰科殿试公布名次之日。康熙帝端坐在太和殿,六部九卿陪立殿中。康熙帝在殿中逐一宣布进士姓名:"第一甲三名:王世琛、沈树本、徐葆光,赐进士及第;第二甲,五十名,卜俊民、曹鸣、李钟侨……林水晗……王时鸿,赐进士出身;第三甲,一百二十四名,乔时适、周彬……张坦,同进士出身。"共赐殿试贡士王世琛等一百七十七人进士及第出身。康熙帝每宣读一个名字,殿中御前侍卫便承接传于殿外,众卫士在殿外齐声高呼新科进士的姓名,美其名曰"金殿传胪"。传胪第二天,在礼部赐过新科进士琼林宴后,三年一次的会试才告一段落。

（四）科考大案审理半年有余,结果让康熙帝十分不满

五月的扬州正值盛夏,张鹏翮自去年十一月来此将近半年。他觉得科考案审这么久,是该给皇上个说法了。结论他已想好,只是审案的钦差还有赫寿,他俩商量后才能决定。张鹏翮来找赫寿商议此事。赫寿听张鹏翮说要结案,出于谨慎他没发表意见,他要先听听张鹏翮的想法。

张鹏翮道:"科考案关系重大,涉及官民较多,况且还与督抚互参案有关联,皇上绝不容儿戏。兄弟考虑,就按我们审问的情况如实结案。"

"嗯!兄弟与运青兄想法一致,按实情结案。只是量刑尺度,还是请兄先拿出个方案,毕竟这方面兄比弟更有经验。"赫寿点头道。上次康熙帝在御批中训斥之后,赫寿对审案不敢再掉以轻心。他考虑,量刑是大事。出于谨慎,他只是请张鹏翮拿出个方案,三人再合议,一同决定,并非只是由张鹏翮一人决定了事。

张鹏翮也认为由三人共同决定最好。虽说他们拿出的结论还要交九卿复议,皇上决断,但提出量刑是审案者的态度问题,马虎不得。他便说:"好,兄弟回去就先考虑考虑,拿出初步方案,你、我与梁抚军再一起定夺。"

赫寿说:"督抚互参案,我们也审两月有余,此案的来龙去脉搞得也差不多了。我看,两案一起了结比较合适,运青兄意下如何?"

张鹏翮道:"正合兄弟之意。不知兄对结案有何打算?"

"从这些天调查来看,张抚院参噶制台索银五十万两,查无数据。噶制台参奏张抚院的七项罪则,大罪没有,若说小错,严格抠一抠,似乎也能扯上点。依兄弟看,不如各打五十,也好上奏皇上交旨。打是好打,如何打法? 以何名义打? 咱们还得议个两全之策。"赫寿道。

"我们虽未审出他们的实罪,但封疆大吏因不和相互参劾,有失大臣体统,单此一点就是错,治他们的罪就不为过。倘若不做惩罚,恐其他官员效仿,岂不扰乱朝纲? 我们以此论罪如何?"

赫寿点头道:"嗯! 这倒是个好由头。"

张鹏翮接道:"兄弟窃以为,张抚院所参疏上司之事,查无实据,当以诬告论处,将其革职,可纳银赎罪;噶制台所参疏张抚院七条罪状,均不成立,降一

级留任。兄意下如何?"

赫寿笑道:"好! 运青兄处置得绝好,咱们就以此回旨。倘若皇上认为不妥,再由皇上定处。"

五月十一日,关于科考案的结案,张鹏翮、赫寿与梁世勋第一次在一起合议,地点在赫寿居住的钦差行辕堂屋。梁世勋来得比张鹏翮早。他知道,在两位钦差面前他算个陪衬。他有自知之明,一会儿合议时他不打算过多讲话。三人手中各有一份张鹏翮拟的草案,大家仔细阅看。

对于将正、副主考左必蕃、赵晋及王曰俞、方名等考官发配烟瘴之地,赫寿有看法。他说道:"左必蕃作为主考,理应对案件负责,但他对舞弊不知情,与赵晋他们量刑一样,是不是太重了?"

张鹏翮道:"左必蕃虽不知情,但他作为主考,出这么大的事,不从重处罚,不好安人心呀!"

赫寿想想,认为也对,即便拟判发配三千里,与烟瘴之地差别不大。他又说道:"将判吴泌拟绞,程光奎只判发配,是不是太轻了?"

"毕竟程光奎的考卷为自己所写,只是与考官串通推荐。而吴泌是他人替考,性质不同。"张鹏翮道。

赫寿点点头。

将马士龙、席玗二人革去举人,发配三千里,赫寿不认同。他认为马士龙虽属作弊,但只是将他人的文章背熟,乡试时默写出来,毕竟没有夹带文章入场,要与席玗的判罚区别对待。最后改为只革去马士龙的举人。

张鹏翮等三人经过三次慎重合议,最后拿出拟判,由张、赫二位钦差联名上奏康熙帝。

五月十九日,赫寿在向康熙帝上的《漕运总督赫寿奏闻科场舞弊案审结拟罪折》中奏道:

> 奴才赫寿谨奏,为奏闻事。
>
> 奴才等审毕科场舞弊案,将侵吞钱财、贿买举人、公中敛财之吴泌、于济中、恽冰、郝庆田、李奇,俱按钱财拟绞,候秋后处决。再据李奇供"记号之字,系布政使马逸姿之家人轩三给我,我转吴泌"等语。经将轩三夹讯,虽未承认,然从人之供既明,轩三拟以敛财未得之律条,发三千

里。知吴泌之记号字取举人,认识程光奎之文章,取举人之同考官句容县知县王曰俞、山阳县知县方名,再平素与方名交友往来,将文章出示方名之程光奎,俱发烟瘴之地。再按定例,革还举人三名以上,副考官革职。赵晋所取之举人,已革四人。而据王曰俞供:江宁知府陈天立,系副考官同乡,到我处称,如遇到"其实有"三个字之卷子请荐出。此系赵晋烦托我者等语。参陈天立严审前,畏罪自缢身亡。观之,情弊显明,故赵晋革职,亦发烟瘴之地。左必蕃虽然在交刻吴泌之文章时,将菩提内做记号之偈诗二字划掉,惟出榜后参劾吴泌、程光奎舞弊。既然俱审出是实,左必蕃拟照革还举人三名以上之例革职。管科场事务按察使杨宗义、驿站道朱作鼎、粮道李玉堂,俱交该部严加议罪。由九卿阅出,举人邵义航等五人经复考阅毕。邵义航、金盛吉、徐宗轼三人所写文章理通,仍准考进士。马士龙、席圩所写文章理不通。经审,席圩预先将小字文章藏于号房内,取阅抄写,故革还举人,照例治罪。马士龙将平时读熟之文章记住写出,议革举人。为此恭奏以闻。

当天,赫寿又上一封折子《漕运总督赫寿奏闻审案及办漕粮事务情形折》,他在折子中又提到审案之事。

他在后一封奏折中,极力向康熙帝表明他知错就改的态度。经上次康熙帝斥责后,他已经将审案当作头等事来办。看过赫寿的两个折子,康熙帝虽只在折子上御批"知道了",其实,他心里对审理结果极不满意。吴泌、于济中、恽冰、郝庆田、李奇,拟绞,候秋后处决;轩三发三千里;王曰俞、方名、程光奎、赵晋、左必蕃革职;杨宗义、朱作鼎、李玉堂,交该部严加议罪;席圩革去举人,照例治罪;马士龙革去举人。将几个作弊考生判绞刑,只将左必蕃等涉案官员判流放,张伯行参噶礼的事只字未提,这样能众服吗?他认为张、赫二人查得不够透彻,判得太轻,一味做老好人。对这个结果,康熙帝很失望。"善为政者,弊则补之,决则塞之。"只是术业有专攻,隔行如隔山。看来审案还得找有经验之人,他动了换人重审的心思。谁又能担此重任呢?

结案没令康熙帝满意,是张鹏翮、赫寿料到的事。其实,对于如何结案,张鹏翮心里没底。因为他一直在试图揣摩圣意,遗憾没能如愿以偿。保险起见,他就做个最为保守的结论。也许,它不能达到康熙帝的满意,但至少不会触怒龙颜,大不了发还重审。到那时就好办了,可根据康熙帝的态度再定案。赫寿为何在结案报部里的两天后,即五月十九日,一天之内向康熙帝连上两封奏折,因为他心里更没底。一封说的是科考案结案的事;一封虽然说的是漕运,其实有大量篇幅在说科考案的事,说自己审科考案多卖力,自己对于审案多没经验。言外之意,若案件审得没达到皇帝您的期望,也不要怪罪他。

当康熙帝看到"查审解任江南江西总督噶礼、江苏巡抚张伯行互参一案,应将张伯行革职、拟徒准赎,噶礼降一级留任",龙颜大怒,考虑再三后,御批道:

> 张伯行参噶礼索银五十万两,审属情虚。江南一省举人能有几何,纵尽行贿买亦不能至此数。噶礼若受赃,即五万亦当置之重典。噶礼原非清廉之官,但在地方亦有效力之处。张鹏翮等审噶礼参张伯行,并未审出一款。张伯行原参噶礼内有干系国家之语,亦未讯明审出。似为两边掩饰和解,瞻徇定议。大臣互相参劾岂可不彻底审明,乃两面调停,草率完结。况督抚等以极重之词参奏,及至审时,务必开脱消释者甚多。此亦陋习,断不可行。此案发回,著大学士、九卿等详看会议具奏。

对噶礼的为人处世,康熙帝心里一直有数。且不说噶礼有才,而且还爱生事,只因他是自己乳母的儿子,办事还有些能力,重要的是对自己忠心,所以对他一直迁就。这么大的案子,张、赫二人审得也太草率,一味做老好人,拿朝廷的王法做人情可不行。

批完这封,下一个是"将吴泌等拟绞监,候秋后处决。副考官赵晋,同考官王曰俞、方名俱革职充军。正考官左必蕃革职",康熙帝认为案子审得含糊不清,对涉案官员判决太轻。于是他又御批道:

> 大学士等曰:考试举人、进士,所以为国家遴选人才,关系甚大。世祖章皇帝谕旨炳明,即朕为此事屡有谕旨,亦甚严切。从前,科场有此等弊发,俱议军法从事。今,赵晋于考试时私受贿赂,暗通关节,张鹏翮等并未将伊拿问严审。且赵晋行止不端,举国无不知者。左必蕃昏愚已甚,被赵晋欺弄。今照革去举人三四名之例,仅以革职、军流,草率完结

可乎。此案亦发回著大学士、九卿等,详看会议,缮摺具奏。

御批由热河行宫送到京中,吏部尚书等九卿赶紧安排一起复议。朝中大臣久在皇上身边,自然吃透圣意。江南这两件案子皇上批得明明白白,有何好议? 众大臣心知肚明,坐在一起你发发言,他表表态,结果大家的想法与皇上高度一致。"处解任总督噶礼、巡抚张伯行,考官左必蕃、赵晋等一案,应仍交与张鹏翮等,再审具奏。"

九卿复议的结果放到御案之上,可惜这次大家没揣摩准皇上心思。康熙帝看后御批道:

> 此案不可仍交与张鹏翮等审理。著户部尚书穆和伦、工部尚书张廷枢前去再行,严加审明具奏。穆和伦等不必来请训旨,即带满汉司官速行。

其实,康熙帝心中早已有替换张鹏翮、赫寿两位钦差的人选,一位是满大臣户部尚书穆和伦,一位是汉大臣工部尚书张廷枢。派两位尚书去江南审案,可见康熙帝对这两起案件的重视程度。

(五)只是张伯行没抓住要害,参噶礼的事情大而空

六月的京城是一年中最热的时候。四月殿试后不久,由众皇子护驾,康熙帝陪同皇太后移驾承德热河行宫。此处,园内亭台轩榭,山水清秀,林木葱郁,奇木名花斗艳,环境幽静清爽,正是夏日避暑好去处。因此,也称"避暑山庄"。

在避暑山庄,康熙帝每日照常来万壑松风殿处理公务。一大早,太监们便在万壑松风殿忙碌起来。除打扫卫生外,为使殿宇凉爽,他们还要将宫殿窗子都支起来,将下边的窗子摘掉,以便通风。不仅如此,他们还要在屋檐中挂上帘子,不仅能挡住阳光直射,也可以起到通风的效果。为不使外面的热气进入屋内,到下午他们还会将支窗放下来。他们还要往殿中的"冰箱"内添满冰块,再放上新鲜的时令瓜果。"冰箱"排出的冷气,既可以起到室内降温

的效果,也能起到冰镇水果的作用。

早晨,康熙帝起床后,在寝宫烟波致爽殿用过早点,便移驾万壑松风殿。他接见完官员稍事休息,吃几块冰镇过的瓜果,就开始批阅起奏折来。

李煦在当日上疏的《苏州织造李煦奏报与官神观看奉发诗扇情形折》中写道:

> 臣李煦跪奏。五月二十二日,臣家人贲回奉发御制宸翰诗一柄、单条一副,又传宣旨意。臣煦即恭设香案望阙叩头谢恩。讫臣煦跪瞻宸翰伏见。

> 银钩铁画毫端聚,日月之光凤舞飞。
> 字里结云霞之彩,自昔帝王未有及。

> 我万岁之御笔而大哉王言,告诫叮咛凡属臣民俱当愧励。臣钦遵旨意。地方官员乡绅求看,即敬与观看。解任督臣噶礼叩头跪瞻说:我受圣恩高厚,平时怎么样教训,竟不能仰体圣心,以致同寅不和。今读主子御制诗,真惭愧无地,懊悔不及了。求臣代奏。解任抚臣张伯行跪读御制诗,说我上负圣恩,如今惟有愧悔等语。署总督臣郎廷极、总漕臣赫寿,因会审粮船一案俱在扬州,瞻仰宸翰,皆叩首赞颂。其地方文武官员、乡绅及生员络绎求看,未有虚日。臣煦知自今以后,当仰遵化诲南方风气,从此一变矣。至于立碑之处,苏州邓尉山、前虎丘千人石上与苏州城府学,以上三处皆为竖碑。再扬州乡绅、生员求立碑扬州府学,并金山山上。臣现在选石、选工择吉镌刻。谨先具折奏,谢俟工完碑竖之日,另折奏闻伏乞。

> 圣鉴。臣煦临奏可胜惶悚瞻依之至。

> 康熙五十一年五月二十六日

对于百姓争先目睹他的诗作,康熙帝很高兴。夏天送扇、元旦送福。初夏之际,他在折扇上题首自作诗,又写幅书法赐予李煦,没想到在扬州产生如此大的效果。以小见大,从小事上能看出江南百姓对他的爱戴,看来几次下江南没白下。

作为皇帝，他很在意百姓的看法。至于江南官员的态度，尤其是被解职的噶礼、张伯行，更需谨慎。从二人的情况来看，噶礼确实还和从前一样贪财、滥权。只是张伯行没抓住要害，参他的事情大而空，真应了那句"秀才造反，三年不成"！"万物得其本者生，百事得其道者成。"张伯行参疏之事，关键是没有抓住要害，仅凭豪言壮语和空穴来风就想扳倒封疆大吏，岂不是笑话？

想到张伯行，眼前仿佛浮现出他读书时的样子。康熙帝绝不相信这样一个至情至性之人，会干出徇私枉法之事。若说他办事死板较真认死理，康熙帝相信。

御用之物到了地方当属珍贵，何况又是当朝皇帝亲书。将诗刻石立碑，供百姓瞻仰，能拉近百姓与朝廷的距离感，碑刻成为当地一处名胜，也能增强皇帝的影响力。只是同一幅书法，碑刻得过多，效果反而不好，在何处立碑还得从长计议。于是康熙帝写道：不必刻碑。

其实，借御扇这一契机，噶礼也托李煦从中调和他与张伯行互参的案子，可惜事与愿违。

一日，张伯行正在书房写书，仆人来报：李煦来访。张伯行命仆人将其领到堂屋相会，自己撂下笔，忙迎至二门。张伯行与李煦虽同在苏州任职，其实走动并不多。

这是李煦第一次来拜访张伯行。他见主人迎至二门，如此礼遇，非常高兴，便道："抚台太抬举下官了，实不敢当。"

"是哪阵香风，将百忙之中的李大人给吹过来了？"

"知道抚台是当今大儒，早就想登门求教。只是为皇上办差不自由，哈哈，还望抚台见谅。"

"哪里，哪里，应该伯行去拜访李大人才是！"

李煦笑道："实不相瞒，今日造访有一件大好事。哈哈，咱们里边说话。"

二人在堂屋坐定，仆人上过茶后，李煦取出一把扇子道："抚台请看，这是皇上钦赐下官的御扇，特来请抚台观赏。"

张伯行"啊"的一声，忙跪地倒头就拜。见御物如见皇上，触景生情，张伯行痛哭流涕。情绪平静些后，他双手举过头，恭恭敬敬接过御扇，非常虔诚地仔细观赏。

李煦道:"请抚台上眼此句'银钩铁画毫端聚,日月之光凤舞飞',窃以为是皇上特为抚台与制台所作,圣意欲保全你二人,又恐你二人不和。抚台要领会圣意,不如认些小错,下官奏明皇上,再与两位大人之间做一番调和,使二位大人之前的误会得以解除。下官觉得,两位大人官复原职应该没有问题。"

张伯行看着御诗反复揣摩,觉得并无此意,便说道:"圣意高深,伯行参悟不透。开弓没有回头箭,既然伯行已上奏皇上,岂有和解之理?"

李煦见张伯行并无讲和之意,又道:"听人劝,吃饱饭。抚台一味一意孤行,有可能要吃亏啊!"

张伯行坚决地说道:"头上三尺有神灵! 我没做亏心事,我怕什么?"

李煦心想,张孝先呀张孝先,真是块茅坑里的石头——又臭又硬。

张伯行看着扇子说道:"李大人,见御物如见皇上。御扇既到此,伯行想焚香供奉供奉,不知可否?"

李煦道:"抚台有此心意,下官也很赞同。"

于是,张伯行亲手将御案供奉好,亲手焚上香,向御扇郑重其事地行叩拜之礼。

五
三次会审

（一）穆和伦、张廷枢到扬州三审科考大案

圣谕传到扬州，赫寿长松一口气。正瞌睡呢，有人送来枕头，赫寿求之不得，接旨他便一走了之，忙漕运的事去了。张鹏翮知道后也不意外，临阵换将很正常。审案的差事实在不好干，这半年来把他折腾得够呛，换了也罢。张鹏翮便准备回京复旨。

接到钦差江南的圣旨，穆和伦一愣，也许是天气太闷热，汗一下子都流下来。他心想，赫、张二人审得好好的，听说前些日子才上过结案的折子，怎么要换人？看来他们二人审的结果没令皇上满意。想到这里，愁云浮上眉头。

　　史载：穆和伦，喜塔腊氏，满洲镶蓝旗人。自兵部笔帖式四迁为御
　　史，又三迁为内阁学士。后任工部侍郎、礼部尚书、户部尚书。

穆和伦深知此去江南担子不轻。科考案开审半年多，这已是皇上第三次换审案班底。最初，由大学士、户部尚书张鹏翮为钦差大臣主审此案，两江总督噶礼、江苏巡抚张伯行、安徽巡抚梁世勋为陪审，审理过程中两位陪审噶礼与张伯行掐了起来，双双被皇上解职；又派来一位钦差漕运总督赫寿，与张鹏翮一同为主审，陪审只剩一位梁世勋；如今，张、赫二位又换成他与工部尚书张廷枢，而且还要连督抚互参案也得审，不认真对待不行。想审好就得人手够，老话讲，打虎亲兄弟，上阵父子兵。他准备带几位精干之人做他的帮手，不知皇上是否恩准。穆和伦这边上折子，那边做南下的准备。他还差人到另一位钦差张廷枢府中，沟通起程事宜。

史载：张廷枢，字景峰，陕西韩城人。康熙二十一年进士，选庶吉士，授编修。三十八年，以侍读主江南乡试。四十一年，以内阁学士督江南学政。四十四年，圣祖南巡，赐御书、冠服。后迁吏部侍郎、刑部尚书。五十一年，起廷枢工部尚书。

夏日出行绝对是受罪的事，尤其是北方人往南行，越走越热。如今，已是七月，立秋后京城早上、夜晚已没之前闷热，但南方不行。七月初，穆和伦比张廷枢早一步到了扬州，湿热的天气使他感到极不适应，不适应也得克服。张廷枢一到，二人便着手审案工作。

只是二人没想到，一到扬州，穆和伦和张廷枢的行踪就纳入李煦的视野，并迅速上奏给康熙帝。

在这一天，李煦还上奏一封《苏州织造李煦奏为曹寅病重代请御药折》。曹寅因感风寒已病入膏肓，请在扬州书局奉旨主持刻书籍的李煦代他向康熙帝求药。

康熙帝得悉之后，很是着急。曹寅是他的心腹，多年来，没少探听来重要消息。就说这次科考案与督抚互参案，他之所以坐在京城就对扬州情况了如指掌，也是多亏曹寅。康熙帝判断，估计曹寅病得不轻，倘若有一丝办法，他也不会请李煦代其讨药。曹寅正值壮年，一定不能让他有所闪失。于是，康熙帝派身边的太监即刻去太医院为曹寅取药，之后，马上将药交于有司星夜送往扬州。恐曹寅服用错贻误病情，康熙帝在李煦的折子上详细批道：

　　欲赐治疟疾的药恐迟延，所以赐驿马星夜赶去。但疟疾若未转泻痢还无妨，若转了病，此药用不得。南方庸医每每用补济，而伤人者不计其数，须要小心。曹寅原肯吃人参，今得此病，亦是人参中来的。此专治疟疾，用二钱末酒调服。若轻了些，再吃一服，必要住的。住后或一钱，或八分，连吃二服可以除根。若不是疟疾，此药用不得，须要认真万嘱！

写到具体如何服药时，在重要处康熙特意做了圈点。最后，康熙帝还不忘嘱咐"须要认真万嘱"，文末，又点几个点作为强调。由此可见，皇帝也是人，也有七情六欲人之常情啊！

（二）审案定要多多上心，以免惹得皇上动怒，百官非议

对于如何审案，在张廷枢的钦差行辕，穆和伦与张廷枢二人单独做了详谈。

"景峰兄，依兄弟看，这次来扬州，咱们担子不轻呀！"穆和伦表情凝重地说道。

张廷枢叹气道："唉！科场案审了大半年，案还没审明白，又闹出督抚互参的案子，还把马藩司的旧事也翻了出来。连审案的班子都换了三轮，真可谓是一波三折。"

"京中舆论早对张尚书、赫漕台审案多有微词。皇上之所以要换下他们，也是因对审案颇为不满。兄弟认为，皇上委我们为钦差，是对我们的信任，我们不能辜负皇上的厚望。审案定要多多上心，以免惹得皇上动怒，百官非议。"穆和伦道。

"确实如此，兄弟也有耳闻。只是这两件案子张尚书与赫漕台已有定论，我们若审个与他们二人大相径庭，恐大家都不好看。我们审理的路子该如何定，才既能使皇上满意，又不至于得罪他们二人，还不伤与噶制台、张抚台的和气呢？"张廷枢面露难色地说。

穆和伦胸有成竹道："依兄弟看，我们的主调与他们相比，只需求大同、存小异，但结案一定要皇上满意。不知景峰兄意下如何？"

张廷枢点点头道："穆兄言之有理。另外，窃以为，我们在审案态度上，要更胜他们一筹，给人耳目一新的感觉。"

穆和伦笑道："对！咱们来个新官上任三把火。哈哈！"

"把火烧得旺旺的。哈哈！"张廷枢也笑了。

新钦差仍将审案大堂设在盐政院。穆、张二人不敢耽搁，只待审案工作准备就绪，择日开堂会审。

科考案还没开庭就成为扬州百姓热议的话题。益丰茶馆里热闹非凡，茶客边喝茶，边议论着新鲜事，人们谈论最多的是关于新来的两位钦差大臣。

包子铺马老板问道："万岁爷新派的钦差都来好几天了，不知何时开审。"

当铺掌柜老林道："听说就这几天，大堂还设在盐政院。"

"嗯！据可靠消息，大后天开堂。"祥德堂药铺许掌柜神秘地说道。

"又是听你家大爷说的吧。"点心店尤老板笑道。

"胡说，这是机密，我大哥在家从不提衙门里的事。我是听来抓药的人说的。"许掌柜瞪了尤老板一眼说道。

"万岁爷派来的两位钦差全是尚书，对江南重视程度可见不一般。"马老板道。

"许三爷，听说祥德堂老东家与张钦差相识，可有此事？"坐在邻座的书店董掌柜问道。

提起此事许掌柜得意道："不只认识，我家老东家对张钦差还有恩呢！"

"哦！还有这事？给咱们讲讲呗！"尤老板饶有兴趣地催促道。

"康熙四十二年，张钦差还在江南做学政。他得一种罕见的病，访了多少名医也没看好。幸得太医院的刘太医回乡省亲，为他开个方子，说只需六服就药到病除。只是方子里有味草药药店很少有售，但缺它不可。张钦差的家人跑遍江阴城大小药铺，都没有这服中药。我家老东家知道哪里能采，不顾年迈，专程进山为其采得。果然药到病除，张钦差万分感激。为表谢意，他为老东家题了块'岐黄在此'的匾额。没想到几年之后，张学台变成张司寇、张司空，如今又以钦差大臣的身份来江南审案。"

许掌柜意犹未尽，喝了口茶，接着说道："后来，张钦差题匾之事一传十，十传百，吸引来很多百姓到祥德堂抓药。东家的生意越做越大，相继在常州、苏州、扬州开了分号。连张抚台的家人黑爷也爱到我们店抓药。黑爷来店里抓药时说，在苏州他就认祥德堂，药效好，没想到扬州也有祥德堂。"

"窃以为谁来不重要，重要的是要看他如何审理。"张秀才道。

"此话极对！不怕没好事，就怕没好人。若是万岁爷委派咱们张抚台为主审，这案子早审明白了。"董掌柜道。

林掌柜捋着胡子道："我看这案子只会往严里审，绝不会越审越松。"

众茶客纷纷点头。

这些都被坐在一旁喝茶的李二虎全数听见。第二天掌灯前，他把这些日子从饭店、澡堂、茶馆、街头，听到的百姓对新钦差的议论全归总后，报与主子李煦知晓。

（三）给左必蕃动刑是杀鸡儆猴，也表明二位钦差的态度

不觉初秋夜渐长，清风习习重凄凉。

炎炎暑退茅斋静，阶下丛莎有露光。

初秋的扬州，暑气虽消，但热气并未完全退去。即便如此，也阻碍不了人们一睹新钦差的热情。

开堂会审如期开始。两班衙役站定，穆和伦、张廷枢端坐大堂之上，梁世勋陪坐一旁，这是新钦差到任后第一次开堂。虽说穆和伦和赫寿的经历差不多，没在地方任过职，但他做过御史，对审案心中还算有数。张廷枢在康熙三十八年主考过江南乡试，康熙四十一年到四十五年间在江南任学政，因此，对江南情况并不陌生。俗话说，家有千口，主事一人。二人早已商议好，由张廷枢主问，穆和伦辅之。

张廷枢不愧做过刑部尚书，审案果然有气势。他坐在堂上面容平静，却有一种令人不寒而栗的杀气。张廷枢轻轻一拍惊堂木，说了句："升堂。"声音不大，却如一支射入半空的响箭。那杀气在众衙役低沉、绵长的"威——武——"声簇拥下，如奔腾的潮水，在溢满整个大堂后，急速从堂口冲出，往外冲过二门、大门，直至让大门外百姓变得鸦雀无声，方才为止。

紧接着，他声音不大地又说了句："带犯官左必蕃上堂。"

一位衙役爽快地应声："喳！"声音格外利索。

很快，左必蕃就被带上大堂。左必蕃与张廷枢之前有过几面之缘，相谈还甚欢。可如今，一位是上了镣铐的重犯，一位是皇上钦派的审案大臣。

左必蕃跪定，张廷枢不紧不慢地问道："下跪何人？"

"犯官左必蕃。"左必蕃心想，下跪何人？下跪何人？你又不是不认识我。唉！落地的凤凰不如鸡呀！

"江南辛卯科乡试，你共收受多少银子？违规录取多少名举人？"张廷枢冷冷地说道。虽说声音不大，这冷意却击穿左必蕃的后背，让他后脖颈冒凉气。完了！完了！做过多年知府的左必蕃，从问话中听出张廷枢动了杀心。

"回钦差大人。本科乡试发榜后，虽引起一片哗然，但犯官身为正主考，未收受过半两银子，也未照顾一位亲朋子弟中举。一切违规之事，全由副主考赵晋所为。在放榜后不久，犯官便将江南乡试的乱象上奏皇上。大人请想，犯官若心中有鬼，敢上疏朝廷知晓吗？"

左必蕃说完，张廷枢未说话，大堂内死一般静，静得让左必蕃心里发毛。

"身为皇上钦定的主考官，考试出现这么大的情况，竟说与自己无关？如今皇上委派钦差彻查此事，是给你个主动认错的机会。好，不珍惜可以，那就请王法同你讲吧。左右！"

"在！"两班衙役齐声道。

"请夹棍。"

"喳！"马大个与大老郭应声而下，屁颠屁颠忙下堂取来夹棍。侯三与周钢蛋上去，只一下就将左必蕃按倒，马大个与大老郭把夹棍套在左必蕃的腿上，一人拿着绳子的一头狠狠地拉。拉时，大老郭在心中念叨，左必蕃呀左必蕃，没想到你也有落到我手上的时候，哼哼！我叫你拿脚踢我，我叫你骂我。马大个心想，老左，你之前趾高气扬的劲儿跑哪去了，我叫你对我视而不见，我叫你扇我耳光。二人边拉边咬牙切齿。这下哪还有左必蕃的好，疼得他嗷嗷直叫。看得堂上被左必蕃欺辱过的衙役，个个心中乐开花。正应了：

休将奸狡昧神祇，祸福如同烛影随。

善恶到头终有报，只争来早与来迟。

"动刑了！动刑了！""给左府台动刑了！"左必蕃被动刑的嚎叫声传到大门外，听审的百姓闻听惨叫声，纷纷往盐政院门前挤，想一看究竟。守门的衙役忙边拦边维持秩序。

"大家不要挤！不要挤！"

"挤什么挤，再挤也看不见！"

越拦人群越骚动。

差官见事不好，怕引起踩踏，忙大声喊道："老少爷们，别再往前挤了，离大堂远着呢，再挤也看不清楚！"

差官喊了几遍效果不佳，一位年轻衙役灵机一动，喊道："各位爷，再往前挤就关大门了!"

这话真管用,只一嗓子,向前涌动的人流就恢复平静。

骚动是平静了,人们的议论更加热烈。

"万岁爷这次派来的新钦差果然有魄力,第一次开审就动刑。"

"给府台动大刑,我活这么大还是第一次见。钦差就是钦差,不同凡响。"

"呵呵! 这案审得有看头,新钦差就是比之前的那几班强得多。"

"皇上圣明,对贪官手腕真硬气。"

"这才是第一场,等着瞧吧,后边还不知道有什么好戏看呢!"

"万岁爷重视起来,钦差也不敢怠慢。"

"照这审法儿,依老夫看,张抚台官复原职有戏。"

"嗯! 我看也是。"

混在人群中的李煦手下将百姓的议论记得清清楚楚。

在左必蕃一再哀求下,张廷枢才让衙役撤下夹棍。左必蕃哪受过这个罪,没夹几下,腿上就血流不止,把他疼得浑身发抖,停好大一会儿才缓过劲儿来。他又将赵晋的罪状滔滔不绝地在大堂讲述一遍,同以前对张鹏翮、赫寿说得差不多,自始至终一口咬定自己没受贿。张廷枢一看动刑也问不出什么,怕时间长了左必蕃失血过多出现意外,就与穆和伦耳语几句,让衙役将左必蕃架了下去。

给左必蕃动刑是为了杀鸡儆猴,新钦差就要有新气象,也是向康熙帝、朝廷百官与百姓表明他们二人的态度。

趁热打铁,接着又提副主考赵晋过堂。赵晋在后院时早听到左必蕃杀猪般的惨叫声,他预感到今天自己难逃厄运,来到大堂上腿都是软的,"扑通"一声,耷拉着脑袋就跪了下来。

张廷枢问道:"下跪何人?"

赵晋小心谨慎地回道:"回钦差大人,犯官赵晋。"

"赵晋,你可知罪?"

"犯官知罪,犯官知罪,犯官有负圣恩,万万不该在国家取才时与人方便。"

"辛卯科乡试你共违规录取多少名举人?"声音不大却透着杀气。赵晋没做过地方行政官员,不像左必蕃对此气息那么敏感。

"犯官只是在同等条件下,优先录取一两位,谈不上违规。"

"好。左右!"

听见钦差喊人,众衙役齐声回道:"在!"有左必蕃之事在先,大家听见钦差喊人,精神马上就来了。

"取夹棍来。"听见"夹棍"二字,赵晋心中大慌。他扯着喉咙喊道:"钦差大人,犯官冤枉呀!犯官冤枉呀!"

马大个等人麻利地取来夹棍。

"你们帮他想想吧。"

"喳!"众衙役不管你喊什么,将赵晋撂倒就夹。大家早听说,这次乡试就数赵晋冒的坏水最多,恨得牙根疼,动刑时个个卖力气,夹得他叫得比左必蕃还惨。没多长时间人就昏死过去,泼半桶水赵晋方才醒过来。

等赵晋缓过些,张廷枢道:"你说说吴泌的事吧!"

赵晋龇牙咧嘴,断断续续地说道:"吴泌中举是主考左必蕃认可的,与犯官没什么关系。那日,江宁知府陈天立来求犯官,说他有一个叫吴泌的亲戚,文采好,人品更好,上次乡试因考官不公被埋没,望大人能珠海拾遗。犯官当即就厉声教训他,国家取士怎可徇私?陈天立道,大人一看吴泌的文章便知,一顶一的人才。犯官不答应,他软磨硬泡就是不走,好生讨厌。为打发他走,犯官只得骗他说,我只是副主考,并不做主,到时只要主考同意,我也没意见。但有话在先,必须要看卷子,确实写得好才行。没想到吴泌的卷子真就被推荐上来。在最后评定中举卷时,陈天立拿着吴泌的卷子让我看,我推托道,先请主考大人看。没想到左必蕃看后认为极佳,就将吴泌定为举人。因此,吴泌中举是左必蕃所为,与下官无关。"

接着张廷枢又问他程光奎、席玕、徐宗轼三人中举的事。问完徐宗轼,张廷枢看到赵晋实在疼得坚持不住了,便打消接着审的念头,让衙役将他架下治疗。

新钦差果然干劲足,稍事休息后,接着开庭。第一天开庭从一大早一直审到掌灯时分才退堂。

穆和伦与张廷枢吸取前任钦差的教训,利用几天的时间,突击将科考案所有涉案之人,从正副主考、房官,到作弊的举人及亲属、掮客一个不落全审一遍。连之前从未提审过的席玕、马士龙、徐宗轼等人的房官,溧阳县知县马柳、石埭县知县李颂也押解来过堂。对于不老实交代之人统统上了夹棍。因此,盐政院外听审的百姓,时不时就能听到大堂上传出撕心裂肺般的嚎叫声,纷纷拍手称快。对金圣基、邵一珩等审理后不涉案的人俱以释放,此举大快人心。

在大堂上站一整天,可把衙役们累得疲惫不堪。走下大堂,天已黑透,马大个叫着大老郭到附近酒馆,喝上一碗酒解解乏,歇歇脚再回家。二人出了盐政院,一头栽进附近一家小酒馆。老规矩,二人各让店家烫二两花雕,又要一小碟五香兰花豆下酒。

今天中午的梅菜扣肉有点儿咸,一进酒馆,大老郭就向店家要水喝。给钦差大老爷站堂有这点好处,盐政院管午饭,米饭管饱,顿顿有肉,这可叫衙役们乐不可支。大老郭一连吃三碗,马大个身材魁梧,一顿要吃四碗,二人把晚上的饭也一起吃过。

已过饭点,酒馆里没多少人。除他们二位,最里边桌上还有一位,店内油灯昏暗,连衣着也看不真切。

马大个他俩边喝边聊今天大堂上的事,说到给左必蕃动大刑时,二人十分激动,店家也不时插几句嘴。

马大个说:"钦差大老爷英明,今天真解气,好好教训教训这个昏官,左必蕃就是罪有应得。我看,照钦差大老爷这个审法,早晚要把老左给'咔嚓'了!"

大老郭喝口酒神秘道:"都说,善恶到头终有报。你知道那个知府是怎么死的吗?"

"怎么死的?"马大个忙问。

"我听说……"大老郭与马大个耳语道。

因为声音小,店里另一位食客没听清,他只听到马大个说一句:"咱不管他那些,反正不是自己死的呗!"

这位食客,正是钦差的随员、刑部主事舒琳。舒琳是北方人,吃不惯米饭,再加上胃不好,太阳没落山前他的胃就开始疼,退了堂,他饥不择食就近找家小馆子,让店家赶快给他下碗清汤面。北方人就是离不开面,几口汤,两口面下肚,舒琳顿感胃里舒服多了。舒琳没想到,吃饭时居然听到这些敏感的话。

（四）督抚互参的案子要审得恰到好处，不能把自己也牵涉进去

江横渡阔烟波晚，潮过金陵落叶秋。

嘹唳塞鸿经楚泽，浅深红树见扬州。

秋天的扬州别有一番风味。这是舒琳第一次来扬州，他早就听说扬州不仅景色好，美食也丰富。扬州人早晨有喝早茶的习惯。"早上皮包水，晚上水包皮。"早上起来，日头已高，扬州人就到茶馆里走一遭。拌干丝、翡翠烧卖、蟹壳黄、风味糕、蟹黄包、千层糕、三丁包，配上清汤面、脆火烧，再来壶龙井茶、魁龙珠茶，美滋滋地吃上一顿，一天心情都舒畅。

第二天一大早，舒琳到驿馆附近的春晖茶社。来扬州的这几天，早餐他几乎都是在此吃。茶社里好不热闹，因为人太多，没有空桌，茶伙计只得安排他与人拼桌。舒琳要一笼小笼包、一碟烫干丝、一碗虾籽饺面、一杯开胃解腻的魁龙珠茶。今天还得开庭，舒琳不敢怠慢，菜没上齐他就开始吃了起来。

他听见邻桌的三人边吃边窃窃私语。三人正说着汉话，突然改成满话，这引起舒琳的注意。舒琳是满人，自然听得懂满话。出于职业敏感，他想听听说些什么，只是声音时大时小，听不真切。不听不知道，一听让他倒吸一口凉气，原来是在谈噶礼和赫寿以前生意往来上的事，没想到噶、赫二人关系如此亲密。还说几年前噶礼贪污江苏库钱粮的细节，几十万两呀。他感觉事关重大，打算找机会将这两天听到的小道消息向穆和伦禀报。

一日，审案结束，穆和伦回到行辕不久，舒琳便来求见。

进了书房，舒琳很神秘地对穆和伦说道："大司空大人，下官这几次到江都县大牢提送犯人时，发现个秘密，特来报与大人知晓。"

穆和伦漫不经心道："小琳子，何事大惊小怪呀？"

"平常当日所审犯人，名单要在头一天交与大牢，以便做好提犯人的准备。审案当日，先将犯人押解到盐政院跨院，供以审问。这几次，下官头一日便将第二天要审的名单差人交与江都县大牢，可第二天下官亲自去提犯人

时,名单上的犯人总有那么一两个,典狱或说病了,或说身体弱不能提。"

"本官以为啥事呢,不就是这事吗? 本官每次审时都知道。"穆和伦手里转着核桃,不耐烦地说道。审了一天的案,我累得够呛,本想回到行辕好好歇歇,没想到芝麻大的事舒琳也来烦我,年轻人就是爱大惊小怪的,要不是我与他父亲有交往,我会带他来? 一点都不成熟!

"大人,据下官所知,没这么简单。"

"哦! 有多么复杂呀? 小琳子,别那么大惊小怪,你没在地方上干过。地方不能与京城比,条件差,哪个大牢每年不病死些犯人!"穆和伦就差说,快走吧小琳子,让我好好歇歇,都累一天了。

"下官吃酒时,听扬州府笔帖式说,江都大牢典狱不一般,他是噶大帅在科场案开始审时特意换的。犯人过堂前一日,典狱会挨个单独训示,不该说的话不能说,谁乱说回来就好好收拾他。若名单上所列犯人,他们不想让第二天提审,就将其整病。"

"哦! 还有这回事? 好好的人,怎么一晚上就能弄病呀? 不要听他们瞎说。"穆和伦做多年官,从未听说有这种事,狐疑地问道。

"下官也是这样问的。他说道,这还不好办,一夜之间把人弄病,办法多的是。比如说,冻他一夜,第二天一早准发烧;在饭里给他下巴豆,拉一夜肚子,第二天一早保证站不起来。"

穆和伦听过倒吸口凉气,嘴上没搭话。

"下官还听说,不单江都县,就连扬州府,以至于江苏臬司的重要差事,如今都被噶大帅的人把持着。有个风吹草动,噶大帅全知道。另外,下官还听扬州府的衙役说,江宁知府陈天立也不是自己死的。"

还没等舒琳说完,穆和伦便厉声打断他的话,说道:"你不要再说了。"

接着穆和伦语气缓和些地说道:"小琳子呀,我家与你家是世家,自入关前,我们两个家族便交好。这次皇上派本官来江南查案,你父亲特意修书与本官,让带上你见见世面。因此,本官才奏请皇上带你下的江南。你身为钦差随员,一举一动均代表着皇上,代表着朝廷。因此,遇事不能毛糙,凡事要多动脑。坊间的风言风语不要信,也不要传,好好干自己的。有些不相干的事,你看见也权当没看见。这事你还给谁说过?"

"没! 下官刚听说就报与大人知晓了。"舒琳怯怯地说。

"好！今天这事，切记，就是烂到肚里，你不要与任何人说。另外，你记着，今天你就是来给本官问安的，案子上的事你什么也没告诉过本官，本官什么也不知道。记住了吗？"

舒琳一听知道自己闯了祸，忙唯唯诺诺地应一声："下官明白。下官记住了！"

"平常没事，少和地方上的闲杂人等交往，下去休息吧！"穆和伦沉着脸道。

"喳！"舒琳像做错事的孩子一样赶忙灰溜溜地走了，连他听到的噶礼与赫寿的事都没机会说。他本兴高采烈地来邀功，没想到碰了一鼻子灰。

舒琳走后，穆和伦的心半天也没平静。他心想，早听说老噶手腕硬，将两江把持得严严的，没想到严到滴水不漏。现在才知道，为什么张鹏翮和老赫把案子审成这样，原来，老噶这么不简单，看来张伯行参他不是空穴来风。老噶是皇上的亲信，前面两位钦差都不惹他，我何必呢？再说我与老噶处得也不错。想到这里，他不由自主看了看大拇指上和田特级白的羊脂玉扳指，这是噶礼当着他的面，从自己手上摘掉送给他的。

话又说回来，多一事不如少一事。不行，我得和张廷枢说说，审督抚互参的案子得留个心眼，不能留后遗症，要审得恰到好处。

（五）曹寅面带微笑，头一歪便撒手人寰

八月初七一大早，李煦府上的厨师就开始忙碌起来。按照原计划，这天晚上，李煦要宴请穆和伦、张廷枢两位钦差和安徽抚台梁世勋。这是在张廷枢斋戒前就说好的事。

两位钦差来扬州后，李煦因在忙曹寅的事一直未能与他们见面。曹寅最终还是没能迈过这道坎。李煦代他向康熙帝讨的药还没等送到，便于七月二十三日驾鹤西去。曹寅在江南经营多年，又是内务府的皇商，并且在文学方面很有造诣，与很多文人雅士有多交往。他在江南的影响很大，来吊唁的人很多，其中高官、巨贾、大儒不乏其人，连张廷枢、穆和伦也派人前来吊唁。曹寅长子曹颙年幼，撑不起这么大的场面，李煦要帮其料理。

曹寅自七月初一染上风寒到病故不足一月，病情发展速度之快，令人难

以想象。曹寅弥留之际,看到病床前的李煦,禁不住热泪盈眶。

他预感自己来日不多,一只手拉着李煦,一只手拉着儿子曹颙,对李煦动情地说道:"旭东兄,小弟这病恐怕凶多吉少。犬子颙儿年幼,以后让他们孤儿寡母怎么过活啊?今日我将颙儿就交于兄,望兄对犬子一定要如自家亲子般看待。"

李煦流着泪道:"子清莫多想,我已上折子请皇上赐药,等服之后定能药到病除。"

曹寅又道:"小弟还有一心事未了,请兄一定要帮着成全。蒙皇上圣恩,皇上南巡多次由小弟接驾,接一次驾便银子花得如流水,早把小弟家产掏空了。蒙皇上体谅,由你我二人轮值盐差,补上不少亏空,但如今还亏欠着几十万两。小弟撒手而去,这亏空怎么办?兄不会忍心看着令妹孤儿寡母困顿吧!小弟恳请兄一定要代小弟上奏皇上,准予兄代小弟值完今年盐差,好再还些亏空。"

说到伤心处,李煦眼泪也流了下来。李煦怎会不知,他与曹寅一样,如今账上也是大窟窿,便点头说道:"子清自可安心养病,老弟不方便说的话,愚兄代你向皇上讲便是。"

曹寅心满意足,面带微笑,头一歪,便撒手人寰。

七月二十三日,曹寅病故当日,李煦向康熙帝上了道《苏州织造李煦奏报曹寅身故请代管差满今年以监余偿其亏折》:

> 臣李煦跪奏。奏江宁织造臣曹寅与臣煦,俱蒙万岁特旨,十年轮视淮差,天恩高厚,亘古所无。臣等虽肝脑涂地,不能报答分毫。乃天心之仁爱有加,而臣子之福分浅薄,曹寅七月初一日,感受风寒,辗转成疾,竟成不起之症,于七月二十三日辰时身故。当其伏枕哀鸣,惟以遽辞圣世,不能仰报天恩为恨。又向臣言,江宁织造衙门历年亏欠钱粮九万余两。又两淮商欠钱粮,去年奉旨官商分认,曹寅亦应完二十三万两零。而无货可赔,无产可变,身虽死而目未暝,此皆曹寅临终之言。臣思曹寅寡妻幼子,拆骨难偿,但钱粮重大,岂容茫无着落。今冒死叩求,伏望万岁,特赐矜全,允赐臣煦代管差满今年,以所得余银,令伊子并其管事家人,使之逐项清楚,则钱粮既有归着。而曹寅复蒙恩全于身后,臣等子子孙孙

永效犬马之劳矣!

康熙帝得悉曹寅突然病故,深感痛心。他为自己失去一位得力之人而惋惜,为曹寅临终前还为所欠银两不肯瞑目而伤心。唯一令他感到欣慰的是,李煦对曹寅的至诚至义。康熙帝沉思良久,决定子承父业,江宁织造一职由曹寅的儿子曹颙接任。他心情沉重地在李煦的折子上御批道:

曹寅与尔同事一体,此所奏甚是。惟恐日久,尔若变了,只为自己,即犬马不如矣。

(六)穆和伦与张廷枢万万没有料到,噶礼和张伯行二人见面吵得那么厉害

张廷枢乃礼佛之人。他多年来养成个习惯,每月初一到初六必沐浴更衣,斋戒六日。在此期间,他尽量闭门谢客,像审案这种事更不会做。审案乃刑律之类,属杀,是斋戒之时万不可做的。他在任刑部尚书三年多时间里,从未破过这个戒。因此,在江南审案期间,他也不想打破。张廷枢戒斋期间不审案,穆和伦也不想独自审。虽说还有位陪审梁世勋,但他在扬州陪审大半年,早陪明白了,少说为妙。再说,还有因审案闹出督抚互参的事在那儿摆着。六天不审案,穆和伦也缓缓劲,毕竟有一把年纪。前段时间高密度的审案,把他累得不轻。

在张廷枢斋戒的前一天,李煦在盐政院见到审案间隙休息的张廷枢。二人在张廷枢为江南学政时就相识,李煦非要尽地主之谊,为他接风洗尘,张廷枢满口答应,时间就定在七月初七,他斋戒后的第一天。为不厚此薄彼,李煦还邀请穆和伦、梁世勋作陪。张、穆、梁三人之所以给李煦面子来赴宴,看重的是李煦这皇上亲信的身份。而李煦请他们吃饭,不过是想搜集些审案的第一手资料,好向皇上密报罢了。

不愧是内务府的皇商,李煦府邸虽不大,建的却无比精致,连张廷枢、穆和伦看了都称赞不已。酒桌上的菜品,让张、穆二位见多识广的朝中重臣眼

前一亮,更别说梁世勋。

四人落座。李煦起身端起酒杯道:"今日卑职请三位大人屈尊寒舍,只为两位钦差大人接风洗尘,特邀梁抚院作陪。承蒙两位钦差大人与抚院不弃,大驾光临,使寒舍蓬荜生辉,卑职万分荣幸。其他的话卑职也不多说,千言万语尽在这杯酒中,卑职敬三位大人一杯,先干为敬。"说着,脖一仰一杯酒下肚,丫鬟忙将主人酒杯添满。

张廷枢笑道:"旭东兄太客气,专门设宴为我二人接风。张某回敬旭东兄一杯。"说着也将杯中酒一饮而尽。

穆和伦也笑道:"哈哈!旭东兄我们是老相识,还这般客气干吗?来,我也回敬老兄一杯。"

梁世勋笑着也端起酒杯道:"兄弟这作陪的也回敬东道主一杯。"

四人推杯换盏,喝得好不高兴。李煦很懂规矩,席间虽只字不提案子上的事,但他将话往这上面引。三位客人是什么人,混迹官场几十年,就不往这上面说。张廷枢、穆和伦只说些忠于皇上、臣工间友爱的话,不利于团结的话不说,不利于友爱的事不做。从言谈话语中李煦不难听出,这两位钦差要遵循张鹏翮与赫寿的路线走,看来不过是换汤不换药。酒宴气氛融洽,直到三更才散。

第二天上午,李煦便将他搜集的张廷枢与穆和伦审案情况密报于康熙帝。他在《苏州织造李煦奏报穆和伦等审理科场各案折》中写道:

> 臣李煦跪奏。科场一案从前,张鹏翮只究审举人吴泌、程光奎两人,其举人席玙、马士龙、徐宗轼等未经严讯,即扳取之本房房官亦未提审。今钦差大人穆和伦、张廷枢夹讯举人席玙、马士龙、徐宗轼,而其扳取之本房房官溧阳县知县马柳、石埭县知县李颂现经提到,与正主考左必蕃、副主考赵晋三面对质,尚未审出真情。据扬州众人皆言我皇上圣明,无微不照,另差大人复审。如今,大人将从前张鹏翮未提审之犯现经提审,又将案内干连无涉之人取口供后立行释放,这都是好处,但不知将来作何定案等语。众人议论如此。七月初一日至初六日,皆斋戒不理刑名日期,所以大人不审科场,将督臣噶礼、抚臣张伯行互揭一案每日逐款问供,亦未鲁审完。伏乞。

圣鉴

康熙五十一年七月初八日

的确,穆和伦与张廷枢二人在审理科考案的同时,也没放松对督抚互参案的审理。他们二人审督抚互参案,与前两位钦差风格不同。张鹏翮与赫寿注重派人实地调查、查卷宗、在当地问询涉案之人。而他们二人是将涉及噶礼参疏张伯行所有罪状的人,全都解来扬州,案宗全部调来,不厌其烦地一条罪状一条罪状地过,一个人一个人地问。张伯行参奏噶礼的罪状,让噶礼与张伯行在大堂上当面对质,穆和伦与张廷枢万万没有料到,二人见面吵得那么厉害。因此只让二人对质这一次,再也不敢有下次了。噶礼与张伯行在堂上这一吵,把势给造起来了。不但扬州的百姓、江南的百姓知道,就连京城的百官都听说,穆和伦与张廷枢办事就是认真,让解职的二位督抚当堂对质,哈哈!噶、张二人差点没把大堂的房顶给掀翻。这事也传到康熙帝的耳朵里,他点头道,穆爱卿与张爱卿事办得不错。

百姓见新钦差审案认真,便有人自发到钦差行辕、盐政院门前聚集,递万民书,央求钦差将张伯行官复原职。还有人编了赞颂钦差是青天、让张抚台官复原职的歌谣,在街头传唱。

噶礼知道后坐不住了,他叫来师爷周世荫,大发脾气。

“何事惹东家不高兴了?”周世荫丈二和尚摸不着头脑,边说边忙为噶礼倒茶。

“什么事?外边都闹疯了,你以为我不知道?”

“什么事惊动了东家?”周世荫松一口气,看来此事与自己无关。

“什么事?为张伯行请愿的人,都堵住两个钦差行辕与盐政院的大门。连街巷中的小屁孩都在唱‘钦差审案好,钦差审案妙,我家抚台官复原职了’。听听这破歌,定是刁民所作。”

周世荫一听原来是为这事,笑道:“东家息怒,这有何难?您老就放心吧,交给学生去办。”

噶礼转怒为笑道:“还不赶快下去,在这磨蹭什么!”

周世荫忙比葫芦画瓢。不一会儿,市面上便出现要求噶礼官复原职的声音。

第二天一早，还没开审，在盐政院门前，周世荫雇的人与百姓发生了冲突。之前，周世荫就说过，谁表现得好，除工钱外另有赏。被雇之人为了赏钱，个个卖力。他能雇到的全是些无赖和兵痞子，本分的百姓听说是替噶礼演戏，怕亲戚邻居看到戳脊梁骨、说闲话，给钱也不愿去。

卖菜的陈四说："像张抚台这样的清官，我们老百姓能不爱戴吗？"

杜木棍不愿意了，他在汉军营中是出了名的光棍。看他歪戴着帽子斜个眼，就不像好人。杜木棍的确坏，他喝酒不给钱，赌输了赖账，偷鸡摸狗啥坏事没干过？而且还软的欺负硬的怕，没少拿捏营中的兵士。他啐口唾沫道："呸！他好什么好，他能有我们噶大帅半点好吗？"

见陈四身体单薄，他上去就是一拳，陈四踉跄一下倒身在地。这拳正打在陈四的鼻子上，血立马就冒出来。围观百姓不愿意了，上前与他说理。

杜木棍气焰嚣张道："吵什么吵？拳头长在老子手上，老子想打谁就打谁，谁不信就来试试。"

跟杜木棍一起来的人也围过来，为其助威，更助长他的跋扈。

这时，一位书生模样的中年人走到杜木棍面前，笑呵呵地道："这位兄弟，拳头好硬呀！来，来，来，让哥哥我瞧瞧。"

说时迟，那时快，书生就拽着杜木棍打人的那只手，还没等他反应过来，手腕向后一翻，疼得杜木棍嗷嗷直叫道："哎呀呀！疼，疼，疼！好汉松手，好汉松手！"

见此情景，其他兵痞子支着架势上来要帮忙。可人还没到跟前，就被书生一脚踢翻。其他几人蜂拥而上，书生松开握着的杜木棍，三下五除二将几人打倒在地。那些人直喊"爷爷饶命，好汉饶命"，惹得众人哈哈大笑、拍手称快。守门的差役见人打斗，忙将其劝开。

路见不平的书生不是别人，正是慕容方。他听说明年要开恩科，二月要举行乡试，憋着一股劲儿要好好考。为不辜负张抚台的期望，他特请长假，回家闭门专心读书。今天，他正巧从此路过，听杜木棍说张抚台不好，还打人，怒从心头起，就教训教训这些痞子。

在督抚互参案上，穆和伦与张廷枢审来审去未查出噶礼、张伯行的问题，穆和伦就想结案，噶礼也好复官。噶礼已托人向他表示过这方面的意思，穆和伦也很想成人之美。他找张廷枢商议，张廷枢却说："不急。案子虽审完，先放放。等科考案完结,再一同回京复旨。"

穆和伦不解道:"我们若将此案了结,皇上看到我们判案果断,速战速决,岂不更加满意?"

张廷枢笑道:"皇上委你我审,就是想查出些问题。督抚互参案涉及两位封疆大吏,岂能草率马虎? 正因什么也没审出,更不能急于结案,这样才会使皇上觉得我们审案谨慎。"

"依景峰兄看,督抚互参案到时我们如何结?"

"和上任钦差结论一样。"

"结论一样? 皇上会同意吗?"穆和伦一脸惊讶地望着张廷枢道。

"窃以为等我们将科考案审完,回京前,我们将各案犯根据情况逐一定罪上奏皇上。至于督抚互参一案,我们只将审案情况仔仔细细地写个折子上奏,然后,比照上任钦差结论所报,张伯行革职、徒准赎,噶礼降一级留任。如何处置让皇上与九卿定夺,岂不更好?"

穆和伦豁然开朗道:"甚妙! 甚妙! 此等处置甚妙! 这样一来,我们也就不会再为揣摩圣意而犯愁了。盐放桌上,咸淡自便。哈哈!"穆和伦心中暗喜,这个结果,老噶总不能说我辜负他了吧!

"哈哈! 我们按部就班,既不留下口实,又好向皇上复命。"张廷枢也笑道。

六

革职留任

九日龙山饮，黄花笑逐臣。

醉看风落帽，舞爱月留人。

斗转星移，九月的京城秋高气爽，转眼又到九月初九日。重阳节乃敬老之日，康熙帝以孝治天下，每逢此日，康熙帝都要移驾慈宁宫，向孝惠章皇太后问安。

圣驾来到慈宁宫大门时，随行太监喊道："皇上驾到！"

慈宁宫的太监、宫女慌忙下跪施礼。声音传到屋中，吓坏一人，躲也不是，不躲也不是，此人正是噶礼的母亲、康熙帝的乳母。正值重阳佳节，噶礼的母亲也是来向皇太后请安。二人正在屋里唠家常，没想到这时康熙帝到来。既然躲闪不及，只得和众人一起下跪恭迎皇上。

康熙帝进入屋中，一眼就看到乳母。他向太后行过礼后，忙请乳母平身、赐座。康熙帝与乳母有些日子没见，近一段时间他心情不佳，今日偶遇，十分高兴。乳母无时无刻不在挂念着康熙帝，只是康熙帝公事繁忙，她不好去打扰，今天能遇上，自然万分欢喜。乳母看到，与上次相比，皇上头上的白发增多，便心疼得掉下泪来。康熙帝忙取出手帕要亲手为乳母拭泪。

乳母又惊又喜，一脸惊恐道："皇上，万万使不得，折杀老奴，老奴哪经受得起？"

"老人家是朕的嬷嬷，怎经不起？"康熙帝笑道，还是执意要擦。

太后笑道："皇上，算了，回去让她亲儿子代皇上擦吧。皇上擦两下不要紧,她不知道要愧疚多少天呢!"

康熙帝只得作罢。

提起乳母的儿子,康熙帝突然想到什么,问道:"如今,噶礼与张伯行互参闹得满朝皆知,朕均已将他们解职,派朝中重臣为钦差详查此事,不知嬷嬷对二人怎么看?"

"依老奴看,张抚院是一等一的大好人,乃我大清第一大清官,此事天下人皆知。我大清有这种人,是皇上大幸,国家大幸,百姓大幸。而我儿噶礼贪婪成性,鱼肉百姓,谁不知道?此二人起争端,不用问,错一定在噶礼。"乳母斩钉截铁道。

康熙帝听后,惊讶地看着乳母道:"嬷嬷这么有把握?就不怕诬陷你儿?"

"自家的孩子,自然知根知底。常言道,三岁看大,七岁看老。皇上还不知道噶礼?!天生霸道,从小就爱多吃多占。因此,他阿玛打他无数次,唉,屡教不改。为官以后,他贪婪的习性愈演愈烈。他阿玛与老奴多次唠叨,唉,一点用处也没有。不但他不学好,还把他弟弟也带坏了,老奴提起他就伤心。"乳母不无痛心地说道,说着说着眼泪又流下来。

康熙帝没想到乳母会这样评价自己的儿子,他宽慰老人道:"噶礼办事干练,很有才能,朕对他很是信任。"

"唉!能力再强,人品不行,有什么用呢?皇上不用再安慰老奴了。老奴知道,这些年他没少给皇上捅娄子。老奴心里清楚,要不是皇上看在老奴的面子上,早知怎么处置他呢!老奴为有这样的儿子而感到羞愧。请皇上以后不要再对他心慈手软,不要让贪墨之人因皇上袒护而有恃无恐。老奴不能眼睁睁看着他坏了朝廷纲纪,毁了皇上江山呀!"乳母说着,表情已扭曲变形。

康熙帝感慨道:"嬷嬷真是深明大义,噶礼不及嬷嬷万一。你都感到羞耻,看来噶礼罪不容赦啊!"

三人唠了很长时间,康熙帝才离开慈宁宫。其实,今日来慈宁宫,康熙帝是有话要向太后说,因乳母在一时不便,再则见到乳母,康熙帝心情大好。过几日,康熙帝来向太后问安时,二人谈了很久。

康熙帝看到李煦《苏州织造李煦奏报科场案尚未审明督抚互参案已审完折》的密折。通过折子上的内容,以及之前所听说到的,他对张廷枢与穆和伦审案还算满意,看来他俩案子快要审完。至于对噶礼与张伯行如何处置,他心中已有定论,尤其是见到乳母之后,他更坚定自己的想法。不仅仅是督抚互参,更重要的是,就在这个月,康熙帝突然宣布,皇太子允礽第二次被废。

自康熙四十八年正月二十二日,胤礽被复立皇太子后,没消停多长时间,次年四月,就闹出皇太子策划逼父皇尽早让位的事。康熙帝知道后非常生气,他对胤礽彻底失望,当时就动了再废皇太子之心。康熙五十一年九月三十日,康熙帝巡视塞外回京当天,即向诸皇子宣布:

> 谕诸皇子等:皇太子胤礽自复立以来,狂疾未除,大失人心,祖宗弘业,断不可托付此人。朕已奏闻皇太后,著将胤礽拘执看守。朕明日再颁谕旨,示诸王大臣。

(二)百姓纷纷跪在钦差行辕,请求准许张伯行官复原职

经过张廷枢与穆和伦快马加鞭细致审理,两件案子均告一段落,接下来就是如何对案犯定罪,这一点二人不谋而合。副主考赵晋拟斩监候,房官、山阳县知县方名拟绞监候,吴泌、程光奎、俞继祖等拟绞监候,房官、句容县知县王曰俞拟流三千里,正考官左必蕃拟革职……他俩认为江南科考案交出这份"考卷",皇上和满朝文武及百姓应该满意。

老话说,三六九,往外走。两位钦差回京复旨的日子选在九月二十九日。百姓听说案已审结,钦差要走,早早聚集在街头和钦差行辕门前。这阵势比张鹏翮与赫寿走时,人要多得多。其中,有的是为看热闹的;有的是觉得两位钦差案子审得好,特来相送的;有的是来恳请钦差代求皇上让张伯行官复原职的;有的是周世荫找来的军民,来肯请钦差代求皇上让噶礼官复原职的。周世荫找来的人与百姓见面分外眼红,在钦差行辕门外,又一次发生了冲突,在衙役的强烈干预下才逐渐平息。

吉时已到,见张廷枢从行辕中出来,百姓"呼啦"就围上去。衙役想要制止,被张廷枢拦住。

一位白胡子老者走到张廷枢面前,对他说道:"我等百姓听闻,今日钦差

大老爷要回京向万岁爷复旨,特来相送。三个月来,两位钦差大老爷在扬州审案不辞劳苦,一丝不苟,咱们百姓看在眼里,喜在心里。有你们这样尽心尽力为百姓办案的官,是我们的福分,两位钦差大老爷真是包青天在世啊!"

众人也附和道:"对,包青天在世!"

老者的几句话说得张廷枢心里美滋滋的,他说道:"老人家,此话言重了。本钦差奉旨查案,为民做主,乃是本分,不足挂齿。"

正说着,老者突然给张廷枢跪下。老者一跪,很多百姓也跟着跪下。

张廷枢见状,连忙去搀扶老者道:"老人家,快快请起。"

老者道:"我们百姓见钦差大老爷是实实在在的青天,有一事相求,请钦差大老爷了却我们的心愿。"

说着,他看看身边百姓,大家连连点头。

"老人家,有什么话咱们站起来再说。"

老者并未起身,跪着道:"张抚台和钦差大老爷一样,心里想着百姓,就是没有自己。自到江苏以来,他没少给百姓办实事。钦差大老爷见到万岁爷后,替我们百姓多磕几个头,求万岁爷让我们的张抚台官复原职。张抚台还做江苏抚台,是我们百姓的福分!"

说完,他带头,众百姓跟着,向张廷枢连磕三个头。

"老人家请起,众位乡亲请起,本钦差一定把大家的心思上奏皇上。"见状,张廷枢忙搀扶道。

常言道,邪不压正。周世荫找的那帮人心里还是没底气,见到钦差心里面发虚,没一个敢上前提噶礼的事。

穆和伦的钦差行辕前也是这样。穆和伦暗暗为张伯行叫好,没想到他为官一任,这么深得人心。

船行半路,就传来皇太子被废之事。穆和伦感觉,此时京城正是多事之地,出这档子事,皇上心情肯定不好,现在回京确实不是时候。触景生情,想起张廷枢的话,穆和伦更佩服张廷枢的高明,决定臣子命运的只有皇上,尤其是这个非常时刻。

穆和伦与张廷枢前脚离开扬州回京复旨,李煦后脚就上了《苏州织造李煦奏报科场案已审完并众议论情形折》:

　　臣李煦跪奏。钦差大人穆和伦、张廷枢科场一案已经审完,于九月二十九日起身进京复命。侯大人起身后,扬州人皆说,我皇上圣明,差大人复审科场案。钦差大人既奉严旨,不敢不秉公审问,从重定罪。今副主考赵晋拟斩,房官方名拟绞,贿买夤缘举人吴泌、程光奎等一班人并拟绞罪。有这番严处,将来科场自然好了。总赖我万岁圣明,士子得以吐气,天下无不感激。众人议论如此。谨具折,奏闻伏乞。

　　康熙帝看到这份奏折时,心情正糟糕透顶。都说十指连心,不要说帝王之家,就是寻常百姓家,摊上这事谁不闹心? 太子被废后,要做的事还很多,接下来就是剪除皇太子的党羽,让他的势力彻底灰飞烟灭,这样才没后顾之忧。

　　到目前为止,他还没看到穆和伦、张廷枢关于江南案子的折子,也没见二人向他禀告审案结果,更没见到吏部复议。从李煦打探来的消息看,对他们二人拟定的罪,在满意之余略感有些重。毕竟这内容不是出自两位钦差之手,或许会有些出入。

(三)康熙帝曰:满汉俱系朕之臣子,朕视同一体,并无区别

　　十月初四,吏部把穆和伦、张廷枢审案的议覆呈到康熙帝御案上。议覆中写道:

　　户部尚书穆和伦等,察审解任江南江西总督噶礼、江苏巡抚张伯行互参一案。张伯行所参噶礼各款,既经穆和伦等审明皆虚。张伯行畏缩不能出洋,反诬陷张元隆通盗,不审不结,拖毙多人,不能严拿盗贼,迟延命案。又妄行参奏,有玷大臣之职,应如所题革职。至噶礼所参张伯行各款,既经穆和伦等审明,俱系从前旧案,不于彼时参奏,亦应议处。但所参张伯行不能俱实,应如所题免议。

　　康熙帝看后,遂召李光地、张廷玉、鄂伦岱上殿。

　　“张伯行居官清正,天下之人无不尽知。噶礼虽才有余,办事敏练,而性

喜生事,并未闻有清正之名。伊等互参之案,皆起于私隙,听信人言所致,诚为可耻。"康熙帝说道。

"天下人皆知皇上公允之心,满汉亲如一家,从来不分彼此。"张廷玉道。

"朕临莅天下五十余年,遍谙诸事,于满洲、蒙古、汉军、汉人,毫无异视,一以公正处之。"康熙帝道。

"皇上,奴才以为,皇上对旗人官员更为严厉。"鄂伦岱小声说道。

> 史载:鄂伦岱,佟佳氏,满洲镶黄旗人,一等公佟国纲长子。初任一等侍卫。康熙二十七年,授广西驻防副都统。二十九年,迁镶黄旗汉军都统。十二月,袭一等公。三十一年,员外郎马迪奉命往谕策妄阿拉布坦,抵哈密,为噶尔丹属所戕。诏各旗兵备调,以鄂伦岱领火器营。三十五年三月,上亲征噶尔丹,议派中路兵,鄂伦岱统领汉军镶黄、正白两旗火器营出古北口。三十六年二月,擢领侍卫内大臣。四十七年十一月,与揆叙等先举允禩为皇太子,为上诘责。四十八年九月,鄂伦岱仍授领侍卫内大臣。五十九年,命料理蒙古驿站。六十一年十二月,召还,授正蓝旗汉军都统。

"鄂伦岱所言极是。四十一年九月,鄂伦岱以失察家人在古北口禁地放枪,就被革去领侍卫内大臣及都统。朕对满族官员从来都不袒护,更不能助长其不法之举。"康熙帝道。

"督抚互参,看似张伯行与噶礼不和,外界往往看作是满汉之争。若处置不当,恐致满汉有隙。"李光地不安地仰视康熙帝。

"朕也有此忧虑。噶礼屡次具折参张伯行,朕以张伯行操守为天下第一,断不可参,手批不准。"康熙帝道。

李光地接着说道:"皇上数次南巡,恩泽天下,德惠寰宇,尤其是江南士子,无不心服口服。而科考大案,涉及万千学子,他们盯着此案,等着结果,认为张伯行为其呼吁呐喊。若按穆和伦和张廷枢的处理结果,恐难以服众。"

"穆和伦、张廷枢所议,是非颠倒。著九卿、詹事、科道,据实再议具奏。是则是,非则非,面奏时即从直具奏,朕不但不加责,而且甚喜。"康熙帝道。

下过圣旨,康熙帝又曰:"朕听政五十余载,凡满汉大臣,皆当知朕之居心。满汉俱系朕之臣子,朕视同一体,并无区别。无知之辈,且谓朕为何不护庇噶礼。朕乃天下之主,凡事惟顺理而行,岂可只护庇满洲?"

谁知第二天早朝,九卿、詹事、科道面奏康熙帝,对噶礼张伯行互参一案会审情况,结论居然和折子上的一样,将张伯行革职。

康熙帝听后,神色凝重,一字一句地说道:"从古至今,凡治天下者,莫大于公。朕御极五十余年,凡内外大小之事,皆以公心处之。观近日满洲所参大抵多汉人,汉人所参大抵多满人,皆非从公出发。朕据理处之并无偏向。张伯行居官清廉,人所共知,其家亦殷实。朕巡河工时,彼适为按察使,知之甚悉。噶礼办事历练,至其操守,朕不能信。若无张伯行,则江南地方必受其朘削一半矣!语云:文官不爱钱,武官不惜命,然后天下安。又云,清官不累民。朕为天下主,自幼学问研究性理等书,如此等清官,朕不为保全,则读书数十年何益?而凡为清官者,亦何所倚恃以自安乎?"

李光地出列奏道:"上谕,清官不累民极是,张伯行居官果清。"

康熙帝道:"尔等俱系大臣。既知张伯行是清官,当会议时,何无一言?今朕既有谕旨,尔等方赞其清,亦晚矣!"

接着康熙帝又道:"如萧永藻、富宁安、张鹏翮、赵申乔、施世纶、殷泰、张伯行,此数人皆清官,朕皆爱惜保全。昔日赵申乔任巡抚时,居官甚清,但有性气,人皆畏其议论。伊与俞益谟互相讦参,彼时亦有以赵申乔为非者。朕细加察访,即俞益谟所辖武官,及同乡陕西人良心不昧,俱言俞益谟之非,无有以赵申乔为不是者。清官固所当惜,而其言之不可行者,朕亦不行。如赵申乔条奏黄河坍地免粮一事,朕不准行,虽所言未当,而并无私见。凡交与伊一应事件,皆实心办理,朕是以护惜之。至陈鹏年,稍有声誉,学问亦优,噶礼之欲害之也久矣。噶礼曾将陈鹏年《虎丘》诗二首奏称内有悖谬语,朕阅其诗并无干碍。朕纂辑群书甚多,诗中所用典故,朕皆知之。即末句'鸥盟'二字,不过托意渔樵。今与尔等公看,可知朕心之公矣!"

康熙帝说完,又命太监取出陈鹏年的那两首诗,让众大臣传看。

接着康熙帝又说道:"噶礼、张伯行互参一案,初次遣官往审,为噶礼所制,不能审出;及再遣大臣往审,与前无异。尔等诸臣,皆能体朕保全清官之意,使为正人者无所疑惧,则人俱欣悦,海宇长享升平之福矣!"

康熙帝对满人大臣说:"毋谓朕偏向汉人。朕至公无私之心,天下共见,断不肯让美于古人。"

九卿、詹事、科道等对督抚互参案回去继续合议。众大臣聆听圣谕,早已摸透康熙帝的心思,案件如何裁定,心中已有数。皇上说得很明白,他有留任张伯行之心。"如此等清官,朕不为保全,则读书数十年何益?"可是噶礼怎么办? 如果不对二人这种行为进行惩罚,就是变相对官员相互弹劾的鼓励,大家竞相效仿,成何体统? 只能将二人都革职,留不留任张伯行,由皇上定便是。

几天后,十月壬戌日,吏部等衙门遵上旨再商,重新复议:

> 解任江南江西总督噶礼、江苏巡抚张伯行,俱系封疆大臣,不思和衷协恭,互相讦参,殊玷大臣之职,应将噶礼、张伯行俱革职。但地方必得清正之员,方不贻累百姓。张伯行应否革职留任,伏候圣裁。

康熙帝看后,不假思索地批道:"噶礼著革职,张伯行著革职留任。"

(四)张伯行沐浴更衣,焚香而拜,朝北行君臣大礼

我家洗砚池头树,朵朵花开淡墨痕。

不要人夸好颜色,只留清气满乾坤。

康熙帝要保张伯行,这也是朝中很多大臣愿意看到的。果然不出所料,康熙帝力排众议,张伯行革职留任。让人大跌眼镜的是,被解职的是噶礼。漕运总督赫寿被任命为两江总督。

消息很快传到江南,江苏士绅、百姓一片欢呼。江宁、苏州、扬州等地不时传出鞭炮声,如过年般喜庆。

大黑知道喜讯后更是欣喜若狂,他猛不防抓着大仪的手狠狠咬了一口,疼得大仪"嗷"的一嗓子:"你疯啦?"

"你才疯啦!"大黑兴奋地说。

"你没疯,你咬我干什么? 你是属狗的啊?"大仪气愤地说。

"我才不属狗呢,嘻嘻! 我就是想试试是不是在做梦,我经常梦到老爷官复原职。"

说着,大黑激动地跪在地上,向上张开双臂,大喊道:"我的娘嘞! 老天爷,老爷官复原职啦!"

大仪纠正道:"不是官复原职,是革职留任。"

"有区别吗?"

"当然不一样啦!"

"我才不管呢,我认为都一样。我就不信,皇上那么英明神武,咱家老爷为百姓做了那么多好事,皇上真看不见?! 嘻嘻! 结果证明,皇上明察秋毫。"大黑骄傲地说道。

大仪自豪道:"看见了! 看见了! 你没听说嘛,这回是皇上力保的咱老爷。"

说过,两人哈哈大笑起来。这时,扬州城内,运河两岸,到处传来鞭炮的声音,

"这挂炮足有五百响呀! 这一定是庆祝咱老爷革职留任哩!"大仪道。

大黑道:"不,至少也有八百响。"

"走,大黑咱们也去买挂炮庆祝庆祝。"

"走,要买咱就买挂一千响的放放。"大黑道。

大黑拉着大仪刚要走,被张伯行叫住:"你们干什么去?"

"老爷不是革职留任了嘛,我俩想去买挂炮庆祝庆祝。"大仪道。

"宠辱不惊,看庭前花开花落;去留无意,望天空云卷云舒。"张伯行淡淡地说道,"君子视功名利禄为粪土,岂有庆祝之理? 亏你还是读书人,不要去买,咱不放。"说完,张伯行继续回屋读书。

二人知道张伯行的脾气,再争取也没用,只好怏怏回屋。二人无法掩饰心中的喜悦,晚上,自己捣鼓两样小菜,一样是五香花生仁、一样是凉拌萝卜丝,二人边喝边聊,每人美美怼了半斤白酒。

大仪道:"咱老爷不愧是当今淡泊名利的名士,对复任看得这么淡。"

"是呀,老爷确对荣辱得失看得很淡。自被解职以来,每日该散步散步,该看书看书,并且还依旧笔耕不辍,完成《小学集解》《三朝名臣言行》两本著作嘞!"

"不以物喜,不以己悲;居庙堂之高则忧其民,处江湖之远则忧其君。是进亦忧,退亦忧。然则何时而乐耶? 其必曰先天下之忧而忧,后天下之乐而

乐乎。"大仪背起了《岳阳楼记》中的章节。最后,还不忘感慨道:"噫!微斯人,吾谁与归?唉!我看这句说的就是咱老爷。"

大仪喝口酒,又撂嘴里一粒花生仁,接着道:"老爷为官时,心里装着百姓疾苦;解职后,还想着为读书人铺好路。小学乃大学之基础。朱文公著的《小学》,乃儒生入蒙的途径之书。咱老爷所著的《小学集解》,是他数十年诵读《小学》之心得。他不但将诸家对《小学》的注解汇编成书,另外,也有他对理学以至儒学思想的基础评价,很是实用。"

"《三朝名臣言行录》我也知道,记录了宋、元、明三朝共五百三十九位名臣的言行。这本书涉及人物众多,内容繁杂,老爷没少翻查资料,青灯黄卷,寒窗苦读,还如科考及第之前一般挑灯夜战。老爷在被解职后,还能不受外界干扰,一如既往地潜心研究学术,难能可贵呀!"大黑心中无限感慨,说完,他端起酒杯,仰脖喝下半碗酒。

自被解职以来,张伯行并没有灰心丧气,也没有怨天尤人。对于因揭发噶礼的贪婪所导致被诬陷而丢官,他更没有后悔。他相信正义永远都能战胜邪恶,事情总有水落石出的一天。十一月初一,革职留任的官文下到扬州驿馆后,张伯行叫来大黑道:"你去告诉他们烧些热水,庭院中摆上香案,我要遥谢皇恩。"

大黑一边去张罗,一边在心中暗暗佩服老爷的定力,在未见公文前,不为道听途说所扰。条案搬来,香炉摆上,张伯行沐浴更衣,恭恭敬敬,亲手将香点燃,朝北向着宫阙的方向行君臣大礼。随后,张伯行向康熙帝上道《谢复任疏》:

念臣一介儒生,至愚极陋,屡蒙圣恩,格外超擢,异以巡抚重任。在闽三载,未有报效。调抚江苏又经二年,以地剧才疏,亦涓埃无补,抚躬循省,抱愧实多。荷皇上如天之仁,不惟不加谴责,而且叠颁温旨,真千载未有之隆遇,何幸于微臣,身亲被之!每念圣恩深重,图报为难,惟有愚忠自矢而已,他非所计也。前以会审科场作弊一案,在臣本期同心并力,穷究根株,仰副彻底详察,严加审明之谕旨,是以不顾愚戆据事人告,致督臣撅词诬陷,烦渎圣聪。此缘臣之愚诚不足以服物,故未能和衷协恭,仰体圣明,期望至意,罪谴奚辞。两蒙钦差部堂审讯,已将臣拟罪议革矣。复叨我皇上乾刚独断,大沛恩纶,察隐洞微,明照万里,仍令革职留任。臣跪聆天语,恕其所不逮,奖之以未能,皇恩浩荡,感激涕零。从古君臣际会,未有如我。皇上之不徇众议,俯赐矜容,使微臣砭执之性、孤特之操,犹得保全于诬谤反噬之余者也。自今以往,臣惟有痛自刻责,益励驽骀。此生未尽之年,皆为勉图报称之日,以期仰答圣天子高厚之恩于万一耳!臣谨具疏恭谢伏乞皇上。睿鉴施行。

(五)她给康熙帝先当乳娘后当保姆,宫廷里的事她比谁都清楚

几家欢喜几家愁。噶礼比张伯行知道消息更早,他气得一脚将堂屋的茶几踢翻。穆和伦回京前,曾托人给他捎一枚铜钱,别的什么话也没说。他端详半天,只是一枚普通顺治通宝,并没什么特别,连半升米都买不到。直到晚饭前,他才恍然大悟,"铜钱"谐音乃"同前",就是说,这次他与张廷枢审案的结论,和之前赫寿、张鹏翮的结论一样。估计是老穆怕他不理解,特意用前朝顺治爷时的铜钱。

"哈哈!没想到如今老穆也学得如此谨慎小心,真是难为他了。"噶礼大笑道。

那时,他还满心欢喜,降一级并不算什么处分,范时崇不是降五级戴罪效力,还任着闽浙总督嘛。只等九卿复议后,早朝时再向皇上一禀告,到皇上那里还不好说吗?在山西时他折腾出那么大的事,皇上不也没说什么,照样给他升官。何况,这次张伯行也没抓住他的真凭实据。皇上随便说些不痛不痒的话,训斥几句,他就可以官复原职。他还想到之前做的那个梦,难道真会如管家解释的那样,能升任尚书吗?他越想心里越得意。

才过短短一个多月,满心欢喜做着美梦的他,被这盆透心凉的井水给彻底浇醒。在这几十天里,他收到两个糟糕透顶的消息。先是皇太子二次被废,接着自己被革职,这两者之间究竟有没有关联,尚不明朗。他要进京面圣,求皇上开恩,让自己官复原职。不是他多么看重这个破总督,主要是他咽不下被张伯行一个汉官斗败的这口气。再说,铁打的衙门流水的官。走了穿

红的,来了挂绿的,让他在哪儿干都行。可皇上只说革职,也没说给他再安排个位置,这让他有点坐不住。

来到京城,皇上不是谁想见就能见的,他得排队等。噶礼先在自己的府邸住下,想会会朋友,可大家都像避瘟疫般躲着他,这让他心里很失落。除感叹世态炎凉,又预感情况不妙。左等右等,只等来皇上的一句口谕:早知现在,何必当初!

听到这句话,噶礼顿时傻了。这些日子,他不是摔东西,就是打仆人,吓得大家见他就躲。这可怎么办?他挠着头。突然,一拍脑门儿,有了,找额娘去!

这是他回京一个月来,第一次来到额娘家。

见噶礼来,母亲颇感意外。她没好气地说道:"噶大帅这个大忙人怎么有空竟然想起他老娘了?"

噶礼哈哈大笑道:"这次回京一直都忙,今日才得闲,特来给额娘请安。额娘身体挺硬朗啊!"

"你老娘身体好着呢!你要是发发善心,少干些缺德坏良心的事,让人少诅咒我几次,我保准能活到一百岁!"

噶礼不好意思地笑道:"额娘,看您说的。是您儿子天天积德行善,所以您的身体才这么好的。"

"啊!呸!你干的那些事,不知道给我换回多少骂呢!要不是我命硬,又整天吃斋念佛,早被人诅咒死了。"

噶礼小声嘀咕道:"哪有额娘这样说儿子的,我可是你亲生的呀。"

"你阿玛活着的时候不止一次说,他一辈子最后悔的事,就是生下你后没亲手把你给掐死,看来你阿玛说的一点不假。先不说贪婪无度,你干事还不动脑子,你就往死里作吧,这一大家子人早晚要毁到你手里。"额娘越说越激动,气得她直用拐杖捣地。

听到这话,噶礼收住笑容,阴着个脸坐在那儿,一句话也不说。

"你今天来,有啥事,快说吧!"

"啥事都没有,就是来看看额娘。"

"哦!那好,亏得噶大帅有这番心意,看也看过,没事你就走吧!"

噶礼一听母亲撵他,忙说道:"额娘,再也不要叫我啥大帅,我被皇帝革职了。"

"呵呵！革职好啊，这样，你老娘又能多活几年。"其实，额娘早听说他被革职的事。她可不是一般的家庭主妇，她给康熙帝先当乳娘后当保姆，宫廷里明争暗斗她比谁都清楚。多年练就的敏感性，让她感觉事情没这么简单。

"额娘又在说气话。我想请您去给皇上说道说道，看能不能让您儿子继续干，不行了换个地方也可以。我就这么给革职不用，也太长汉人的威风，灭咱满人的志气。"

"我就知道黄鼠狼给鸡拜年，你没安好心。让你老娘去，你自己咋不去啊？"

"皇上不见我。"噶礼嘟囔道。

"我可没脸去见皇上，我的老脸都叫你给丢尽了。别看我老，天天不出门，你干的那些好事我全知道。皇上要不是看在你老娘的面子上，不知道杀你噶礼多少遍了。什么满人汉人的，我看都一样，都是咱大清的臣子、咱大清的子民。再说，张伯行有什么不好，连皇上都说他是天下第一清官，你一口气参人家七宗大罪。你惹别人也就算了，偏要惹他？人家可是受百姓爱戴的张青天啊！"

噶礼噘着嘴道："额娘，我可是您亲骨肉呀，您不能坐视不管呀！"

"唉！儿呀，不是你老娘不管，是你干的这事，你老娘没法管。我总不能由着你的性子干坏事，乱了咱大清的纲纪，毁了当今皇上英明神武的声誉。"说着，额娘伤心地流下眼泪。

噶礼见母亲执意不管，只得垂头丧气地走了。他手中握着的这一根稻草也不帮他，这可是他最后的希望。如今，他只得巴望着皇上早点消气，看在额娘的面子上，念他能干，再起用他。

噶礼回到自己府中，大夫人额尔瑾忙上前打听。知道额娘是这个态度后，她破口大骂道："疯婆子，真是个老糊涂！不把自己亲儿子当儿子看，却将那不相干的看得比亲儿子还亲，不就小时候吃过她几口奶嘛！"

"住嘴，不要命了你？"噶礼厉声道。

额尔瑾这才反应过来，吓得吐吐舌头，脸色煞白。

七
老家仪封

（一）听说还要株连四舍、家灭九族，整个张家就要遭受灭顶之灾

接连不断的江南大案，让大清江山又起些许波澜。江南亏空案、戴名世《南山集》案、科考大案、督抚互参案，一件连着一件，触动江南各级官员的神经。上至康熙帝，下至黎民百姓，都或多或少地卷入其中。

舆论旋涡中心，则是紫禁城乾清宫内的康熙帝。雪片一般飞来的各种奏折，从不同角度折射朝中大臣和市井坊间的立场。作为大清王朝这艘航船的总舵手，康熙帝的首要任务，就是要弥合缝隙，弘扬正气，重振朝纲。同时去职的两江总督噶礼、江苏巡抚张伯行，则成为矛盾中心。一方为满族官员，一方为汉人百姓，让人感觉到，督抚互参案渐成主角，而科考大案却反成其次。审理这两个案子的钦差大臣张鹏翮、赫寿、张廷枢、穆和伦，更是在油锅上煎烤。

张伯行被夺职三个月有余，慕容方也闷头过了三个月，他觉得这三个月度日如年。

慕容方整日一句话不说，躲在房子里，像个闷葫芦，心里面堵得密不透风。他憋闷、委屈，不知案件到底发展到哪一地步。

跟随张伯行的那些日子，张大人读书闲暇，还会抑扬顿挫吟哦唐宋诗人的几首诗句。要不，就把他看书的体会慢慢讲给身边几个人，大家有时似懂非懂，有时稍有领悟。伴随着窗外丝丝拂柳的风声，水塘里鸭儿鹅儿的欢叫声，也是难得的几多情趣。

张伯行一人在外做官多年,家眷几乎从不带身边,更别说亲戚朋友。夫人王凤仪和孩子们都在老家,各谋其事,各专其业。这样的情形,在历任官员中,恐怕也只有张伯行一人如此吧!

慕容方也是一人在外跑官差,尽管每天都有干不完的一应杂事,可一旦略微空闲,孤单孤苦的滋味就会泛上心头。难挨的情感,难抑的落寞,此时此刻的慕容方如失落队伍的大雁一样,感到阵阵心酸。他时不时为张伯行落下几行热泪,禁不住自言自语道:大人这是赌上身家性命啊!

街上的嘈杂声不断传进来。

慕容方本就烦躁,一声高一声低的声音自窗户汹涌而入,像一根根铁针刺疼双耳。对着窗外,他禁不住抱怨起来。

慕容方已经无法在屋子里坐下来,待下去。他起身甩几下袖子,跨过门槛,向外面走去。

大街上围着好些人,多是附近住民老户、商铺店家,还有十多个放下挑子的小贩。从打扮看,像是从乡下进城的庄稼人,不知道哪来的空余时间,也加入人群里,高一声低一声争执什么。

站在人群中央,慕容方被大家围拢,仿佛很多人都想从他的口里得到准信。弄得他说也不是,不说也不是。

"听说张大人的案子一直没有结啊!这事处理得怪蹊跷,麻秧子,也不知道啥时有个好结果,我白天黑夜都挂着心。"大街东侧糕点铺的聂老板,颇有声望,平时做事就像他的糕点,是个从外甜到心的人,格外受人尊敬。

"聂老板,你放心。我相信张大人绝不会有啥事,好人好报,自古皆然。"一个穿黑衣服的人自信地说。

"那也不一定,好人就一定不会……"接话的年轻人顿了顿,"这世道,谁能够说个准呢!"

"事情可不像你说的那么简单。"那个贩卖白薯的小贩道,"谁都知道,那早不是一个人两个人的事了。这次啊,卷进去的人太多,官太大。"

"到底为啥?大家都盼着张伯行张大人早点回来。他在这里主事,我踏实。"

"岂止是你,大家的心情不都是一样吗?"

在慕容方看来,这份担心不是他一个人才有,大家也都时时刻刻期盼着张大人尽快复任。

两个值勤的差役巡视过来,好言劝大家:各位,不要在这儿扎堆议论,各自干好各自事,张大人肯定会没事的。

街道上一下子空落起来。只有几只麻雀从天空飞过,在地面留下一个个滑动的影子。

张伯行和噶礼被同时夺职的消息,传到张伯行的老家仪封,不啻一个晴天霹雳。听说还要株连四舍、家灭九族,整个张家就要遭受灭顶之灾。张氏族人自然是惊慌失措,不知所以。

夫人王凤仪正在上房做针线活儿,管家张安匆忙进到屋中,低声对王夫人说道:"夫人,虎子刚从苏州回来,说……"

张安欲言又止。王凤仪停住针,抬头看着一脸惊恐的张安,问道:"说什么了?"

"虎子他……他说,老爷被停职了!"不过几个字,张安却吞吞吐吐说半天。说完,他盯着王夫人的反应。倘若夫人晕过去,他好及时应对。

出乎他的意料,王凤仪只"哦"了一声,又低头做起针线活儿。当她发现张安没有走,一边忙着手里的活计,一边说道:"大兄弟,忙你的去吧!"

张安刚转身,王凤仪叫住张安道:"大兄弟,此事先不要让太夫人知道。"

张安转过身来,应了一声。他看见王凤仪的脸一如往常的平静。

张安出去后,王凤仪依旧没有停下手中的活儿,她正在为张伯行缝制一件褂子。从结婚到现在,张伯行的衣裳都是她亲手所做。

此刻,王凤仪心乱如麻,这个消息对于她来说如同晴天霹雳。她人虽在仪封,心却早已飞到千里之外的苏州。这么多年,王凤仪相夫教子,贤良淑慧,在家做夫君的坚强后盾,服侍老人,教育子女,把丈夫的事业看得比天大,把孩子的前途看得比命重。她没有问张安,张伯行为何被停职。但就凭张伯行自为官以来,人家大都是从外往家拿,张伯行却是从家往外拉,大至银两粮食,小到针头线脑,都是从仪封老家运去。单凭这一点,她就能肯定,自己的夫君一定是被冤枉的。

的确,张伯行为官这么多年,那点俸禄不要说养家,就是应对他在外边的吃穿用度都不够。大到银子粮食,小到油盐酱醋茶,甚至连拉磨的毛驴,磨面的石碾,从仪封老家运走多少,连王凤仪都记不清楚。但她知道夫君干的是正事，她无怨无悔地鼎力支持。

其实，她刚才就有预感。在张安进来前，一不留神，她的手被针扎一下，鲜血瞬间就流出来。在被扎的一刹那，她的心咯噔一下。看着宛如一颗朱砂痣的血，连她也感到奇怪，为何想到自己的夫君张伯行呢？

事已至此，她只能面对。她心里很清楚，这个时候她绝对不能慌。一旦她乱了阵脚，这一大家子就全乱套了。耿老夫人已经八十多岁，这一段时间身体又不好；栻儿、载儿才弱冠之年，正是学业为重的时候；还有里里外外这一大摊子事儿。因此，她咬着牙也要挺住。

好事不出门，坏事传千里。张伯行被停职的消息，如一场飓风，隔着山，隔着水，隔着一两千里，很快传到仪封县，传到宫保府。正如，村东头杀只鸡，到村西头就变成杀头牛。张伯行被停职的消息，传着传着就变了味儿，搞得老家的族人、亲戚朋友人心惶惶，仿佛一场大灾难就要降临到自己头上。

“哎！忠义哥，听说没，咱黑孩儿叔这回算是彻底完了！”看看左右没有人，张丰收神秘地对张忠义说道。

张忠义惊讶地问道：“黑孩儿叔？咋了？”

“忠义哥，你还不知道啊？黑孩儿叔被皇上革职查办，投入大牢了！”张丰收说话时的表情，看着比张忠义还惊讶。

“咦！黑孩儿叔那么好的人，咋会被革职查办啊？”张忠义无比惋惜地问道。

“听说是犯天大的罪。”张丰收说话的表情，感觉比张忠义更惋惜。

张连柱凑过来道：“我听说黑孩儿爷已被押到京城，万岁爷要在金銮殿上御审呢！”

“唉！”张伯康长叹一声，说道，“就黑孩儿那直脾气，见到皇上也不会奉承几句。哪一句说不对，把皇上惹得龙颜大怒，‘咔嚓’掉也不好说啊！”

“会不会株连九族啊？我跟黑孩儿还没出五服呢！”张伯伦听见有人在议论张伯行，赶紧凑了过来。

“你们不要瞎说啊！我哥说，老爷只是身体不好，休养几天，别的什么事都没有。”虎子的弟弟二虎听大家在胡编乱造瞎议论，气呼呼地过来说道。

人越聚越多，大家说什么的都有，不祥的气氛笼罩着张氏族人。

族长张伯宇见一下子聚这么多人，都在议论张伯行的事，沉着脸走过来道:"你们在这儿胡说啥？都回家去!"

族人见族长发怒,想走又不愿走。

张伯贵仗着自己与张伯宇是叔伯兄弟,便说道:"伯宇哥,咱张家出这么大的事,你得拿主意啊!"

张伯宇沉思片刻道:"都散了吧! 明天吃过午饭,一家派个人去张家祠堂议事。"

祠堂是张氏族人办婚、丧、寿、礼的地方,也是族中商议大事的圣地。张伯宇让明日各家派人去祠堂,大家感觉事情还不像他们想象的那么严重。

"伯"字辈目前在仪封张家这个大家族中,辈分最高。张伯宇又中过秀才,讲义气,重感情,为人正派,处事公道,在四村八乡威望很高。

对内,张伯宇处理族中的事,总是一碗水端得平。张家几百户人,不管是邻里纠纷,还是婆媳矛盾、兄弟不和,他都能处理得令各方都认可。像张伯行、大黑、大仪这些男人在外谋生的家庭,平日里张伯宇都非常照顾,家中遇到大事小情,他都出面张罗。张伯行这么多年能安心在外为官,与张伯宇的相助有很大关系。

对外,处理化解与邻村、其他姓氏的矛盾,张伯宇也能游刃有余。那一年,仪封大旱,为争夺黑里河少得可怜的那点水,几百口人拿着斧头、铡刀、铁锨等家伙,聚集在黑里河边剑拔弩张,一场恶斗随时就能触发,幸得张伯宇及时赶了过去。劝说双方无果,他红着眼大喊道:"谁想打架,就从我身上踩过去!"说着,就躺在两帮人当中,一场械斗才得以避免。从此,他在三里五庄声望大增。不要说张氏家族,就是旁姓他人,遇事也请张伯宇去主持公道。

(二)老爷为官这些年,从未往家拉过一样东西,倒是从家往外拉出去不少

午后,张氏祠堂里挤满了人。不只是宫保府的张姓来了,坝子张、毛古寨张、圈头张等张氏族人也来了。说是一家只让来一人,张家出这么大的事,谁不想来听听？张姓族人,张家的不少亲戚朋友,甚至张伯行的很多学生,也都从四面八方赶过来。他们中,有的人担心,有的人焦虑,有的人疑惑,有的人觉得"覆巢之下,安有完卵"!

明朝洪武年间,自始迁祖张彦实任仪封文学,迁居仪封,到如今已三百多年。虽然分出几个支脉,但是几百户共用一个祠堂、续有家谱的缘故,张家依旧没有乱辈分。张氏族规中写有,同族内部不得通婚,从大家严格遵守就能看出,宗族亲情没有变。

张氏迁到仪封后人丁兴旺,如今已分出好几个小的聚居群落,他们众星捧月般散居在宫保府四周。

仪封常发洪水,地势高的地方是人们首选之地,黄河堤坝也不例外。居住在堤坝的几十户张姓被叫做坝子张。坝子张的张姓族人一代代耕读传家,时至今日仍人才辈出,这是后话。

居住在圈头集上的几十户张姓,被称做圈头张。圈头集大有来历,有一年,黄河发大水,朝廷奉旨来治水的官员令百姓用土把村子围起来,成为一个很大的土围子,故名圈头。时间一久,聚集的人越来越多,形成集市,名叫圈头集。

毛古寨的十几户张姓,被称作毛古寨张。毛古寨历史悠久,相传春秋时,孔子周游列国,坐车路过此地。因车轴磨断,用骨头代替车轴,称磨骨。后建村寨,为今日之"毛古寨"。

其实,这些聚居群落离宫保府并不太远。最远的三四里,近的也就一里多。因此,族人之间走动很频繁,有个风吹草动,很快大家都知道。

张彦实自己既是读书人,又是教书人,自然重视对子孙的教育。张氏家族世代传承耕读传家之道,男子幼时多会入书院读书,女孩儿也时常在家描红识字,因而,崇文兴教的传统使张家人才辈出。三百多年来,仪封张氏家族走出不少进士、举人、秀才,也使得张家成为仪封的名门望族。

作为族长的张伯宇总能沉得住气。午饭过好久,他才姗姗来到。走到祠堂门前附近的老槐树下,他昂头仔细端详一会儿老槐树的树冠,沉着脸对跟在身后的张忠继说:"敲钟!"

张忠继"哎"一声,便用力地敲起来。"当!当!当!……"此刻,这钟声敲得张氏族人毛骨悚然。

这棵老槐树已有三百多年,树上挂的这口铜钟铸于明朝成化年间。张氏家族每年春秋两祭,遇大事需要商议,以及族长惩治违反族规的族人时,必敲此钟。铜钟铸造精良,浑厚有力。当钟声敲起时,住在宫保府附近各村寨,乃至仪封城中的族人都能听见。天阴时分,铜钟声音还能传到兰阳、考城。

其实,张伯宇在听闻张伯行被停职的当天,就赶到张伯行家。王凤仪让张安将虎子叫来,当着张伯宇的面,将张伯行弹劾噶礼、又被噶礼弹劾、最后双双被康熙帝停职的事,原原本本重述一遍。

两江总督,开国五大臣,康熙爷的乳母,康熙帝的小伙伴……这些张伯宇从来没想过、没听过的词汇,一股脑涌了过来,他一下子就被惊得目瞪口呆。他实在是没想到,从黄河滩走出来的张伯行胆子这么大,连老虎的屁股都敢摸,而且摸的还是个十足的大老虎。此时此刻,张伯宇心乱如麻,不知道自己该说什么。本想宽慰王凤仪几句,可当看到王凤仪气定神闲的样子,他心里在说:弟妹,这可不是闹着玩啊!你怎么不知道怕啊?难道是被吓傻了吗?

王凤仪宽慰张伯宇道:"老爷的脾气,兄长您是知道的。他不论是做事,还是与人交往,从没让别人吃过亏。兄长和族亲,还有乡亲们都亲眼看到了,老爷为官这些年,从未往家拉过一样东西,倒是从家往外拉出去不少。他就是认死理,见不得百姓吃亏。只是恐怕这事传出去,会令宗亲四邻替俺家老爷担忧。还望兄长您向宗亲四邻说说,如今老爷的事只有皇上才能做主。当今皇上英明,对老爷向来都很信任。老爷身正不怕影子斜,又没做过亏心事,想必不会有什么大事。老爷早就跟奴家说过,想辞官回来继续教书,办请见书院。其实,这也是个机会,老爷能有时间写写书,做做学问,平平安安,没病没灾,比什么都好!"

张伯宇在心中为王凤仪竖起大拇指,这弟妹遇事不慌,真是位难得的贤内助!看到张伯行家没有乱套,他心里的石头放下二成。以张伯宇对张伯行的了解,他知道张伯行不会干出违法之事。了解归了解,作为一族之长,他也不能意气用事。他要为一个繁衍几百年的大家族考虑,他不能因一个人一件事让全族的人都受到牵连,毕竟封疆大吏被停职是天大的事。此事究竟会为家族带来什么样的后果,他预见不到。心中没底,就要找一个懂行的人问问,于是他想到冉永光。

冉永光可不简单,那是学富五车的河南大儒。他乃孔子得意门生冉伯牛的后裔,康熙癸卯科河南解元,辛未科进士,翰林院检讨,被康熙帝赞为"气度老成"。张伯行与他同朝为官,一见如故,二人常相聚论道,一聊就是大半夜。冉永光淡泊名利,一门心思做学问。每当张伯行遇到困难问题,冉永光都会拨云见日,点石成金。辞官后,张伯行力邀他来请见书院讲学。二人论起学问时,更是到废寝忘食的地步。张伯行外出为官时,将请见书院托付给他。冉永光不负重托,将请见书院办得名声远扬。古人曰梅妻鹤子,请见书院就是冉永光的妻、冉永光的子。更为难能可贵的是,冉永光无欲无求,清心寡欲,对金钱,对名利,都视为粪土。这么多年,张伯行官至封疆大吏,冉永光却从来没有提过一丝一毫的额外要求,这也是张伯行对他认可的重要因素。所谓物以类聚、人以群分,盖若是也!

第二天,张伯宇去了趟请见书院,见到冉永光。张伯宇对冉永光非常敬重,时常会来请见书院转转。有时不为别的,就为站在屋外,听听冉永光讲学,他不单觉得是种享受,更觉得是对心灵的净化。心里有解不开的疙瘩,张伯宇也会来问冉永光。他每次都是心事重重地走入冉永光的书房,心情舒畅地走出。这次,也不例外。张伯宇只与冉永光畅谈不到半个时辰,他心里的石头又放下三成。

(三)这两棵老槐树在张氏族人心目中就是神树,能预知张氏家族的吉凶福祸

当张伯宇伴着钟声迈着稳健的步子走进到祠堂大厅时,乱成一锅粥的祠堂内顿时鸦雀无声,所有人的眼睛都随张伯宇移动。在张伯宇进来之前,大家没有议论张伯行被停职,反而在议论祠堂外的老槐树。这棵老槐树和宫保府院子内那棵老槐树,都是张氏始祖彦实公亲手所栽,据说是一公一母、一雌一雄。这两棵老槐树在张氏族人心目中就是神树,从它身上能预知张氏家族的吉凶福祸。大家都尊称祠堂门前的这棵为"槐树爷",尊称宫保府院子里那棵为"槐树奶奶"。

张丰收焦急地问道:"连柱,你眼好,刚才看到槐树爷的新芽没?"从他的神态中流露出内心的忐忑不安。

"没有,叔,我爹天天让我来看好几遍。唉!不要说新芽,连一丁点绿也没见到。"张连柱满脸无奈和恐怖地回道。

"如今,都这个时节,槐树爷没发芽,槐树奶奶也没有发芽,这可不是吉兆啊!"张伯康捋着胡子,神情凝重地说道。

"我早说，槐树爷没发芽不是好兆头吧，果不其然，黑孩儿被停职反省了！"张伯伦甩甩手，跺着脚说道。

"听说，万历年间，仪封闹土匪，咱张家被土匪抢三十多家，杀死七口，那一年槐树爷也没发芽。"

"顺治十四年，槐树爷没发芽。那年大旱，从早春一直旱到入冬，九个月一滴雨都没下过，那一年不说仪封，单咱张家就死十二口人。"

话说到一半，张伯康不往下说了。

"还有，康熙六年正月里，一阵大风，刮断槐树奶奶的树枝，树上的老鸹窝也不明不白地掉下来。岩叔让黑孩儿大婚冲喜，才让咱张家逃过一劫。唉！今年……"

张伯宇走到正厅，面向众人站定。他环视祠堂中的众人，之后停上片刻，轻咳一声。这声轻咳，张伯宇不为清嗓子，他能感觉到大家都在屏着呼吸，等他说话。他只是想用这声轻咳，打破祠堂内死一样的寂静。

在吊足大家胃口之后，张伯宇说道："这几天，咱们十里八乡流传着不少孝先的事。作为族长，我在这里向大家澄清一下。据我多方了解，孝先是遭恶人诬陷，含冤被停职。人仍然在江苏，没什么大事，大家不要相信那些风言风语。"

说到这里时，下边有人小声议论，有人则松一口气。

张伯宇接着说道："自洪武年间，张氏家族从山西洪洞大槐树下经上蔡迁到仪封，家规严，家风正。朝乾夕惕，善德持家；耕读两旺，人丁倍增；男耕女织，其乐融融。家族里读书求学蔚然成风，尊老爱幼已成习俗。不管贫富，只要是男丁，都要进行启蒙教育。所以张家人才辈出，家业兴旺，秀才举人层出不穷，读书耕田人人有份。正因为如此，仪封县成为礼仪之邦，咱们张家成为名门望族。孝先这个人，大家都十分熟悉。他堵决口、修堤坝、办书院、赈济灾民，恐怕来的人中有不少得过他的实惠吧！"

说到这里，张伯宇望向人群，他看到不少人点头赞同。

"这三百多年间，风风雨雨咱们张家什么事没经历过，遇到困难大家要甘苦与共，共渡难关。"张氏祠堂内，张伯宇向众人说道，"大家一定要冷静，不要惊慌失措。仲行，你再给大家背一下张氏合族所当义举。"

张伯行同父异母的弟弟张仲行抹一把泪，一字一句地背诵道："子孙有非为不肖,玷辱祖宗,并一切名教不容者,通族仗义治之;子孙有依仗凶顽,干犯尊长,并一切横暴不醇者,通族仗义责之;子孙果系安分守己,或无故被人欺侮,及被诬陷者,通族仗义扶之;子孙果存苦节励行,有志向善而所值,或不足者,通族仗义助之。"还没有背诵完,张仲行已经泣不成声。

"张家迁居仪封三百年来,忠孝友爱,德泽所贻;惟祈罔怨,尽物尽志。我族遭此劫难,是人祸也是天数。天日昭昭,皇恩浩荡! 相信苍天有眼,老天保佑! 危困之时,自当同甘共苦,携手共度,万不可自乱方寸。如今,孝先遭恶人诬陷,遇到难处,咱们小老百姓虽帮不上什么忙,但绝不能落井下石,给人添乱!"说到这里,张伯宇的脸猛地沉下来。

"族长就放心吧,一笔写不出两个张字。谁要是这个时候跟黑孩儿叔家过不去,我们都不愿意他!"张忠义在人群中大声说道。

"对! 我们都不愿意他!"祠堂里的人纷纷附和道。

张伯宇的心又放下两成,剩下的那三成单是操张伯行的心了。

张伯宇的话就是族人的定心丸。大家的情绪稍微安定,晨作暮归,或纺织,或农耕,或经商,或读书,一如既往,井然有序。不少族人、乡亲,还有张伯行的学生,陆陆续续到张伯行家看望、慰问。有人为张伯行被冤枉义愤填膺鸣不平,有的大婶大嫂拉着王凤仪的手为张伯行遭诬陷直掉眼泪。大家的关怀,给王凤仪莫大的安慰和支撑。

这么多年,王凤仪了解自己的丈夫,相信自己的丈夫,知道自己的丈夫忠君报国、心系苍生。丈夫的所作所为,她有的理解,有的不理解,但她认个死理,那就是丈夫不会贪赃枉法,不会吃拿卡要,不会受贿行贿,不会歪门邪道。只要是丈夫做的事,她都无条件支持,无条件服从。相夫教子,三从四德,这些中国女性的传统美德,在王夫人身上体现得淋漓尽致。

王夫人把痛苦压在心底,反倒是安慰起远亲近邻。王夫人带上师栻、师载两个儿子,分别到坝子、毛古寨、圈头一一拜望宗家至亲,感谢他们的关心和体谅,对给他们带来的惊吓和恐惧深表歉意。

这些时日,王凤仪照例早早起床,给年迈的婆母耿老夫人温热洗脸水,照顾婆母梳妆打扮。这天,婆母耿老夫人一大早坐在床沿上。王夫人没有想到婆母今天起床这么早,是不是老太太有什么预感,知道张伯行被革职的事情。只见婆母叫住她,问道:"凤仪啊,家里出了什么事情? 我咋觉得你和往日有些不太一样啊?"

王凤仪走近前说:"娘,哪里不一样啊?是不是我没有照顾好您老啊?"

细心的婆母握住儿媳的手:"娘看得出来,你心里不干净啊!能给娘说说吗?"

王凤仪还想隐瞒下去:"近段俺身体有些不舒服,没有伺候好娘。"

"娘对你一百个满意。黑孩儿一直在外做官,你一个人在家忙里忙外,着实辛苦你了。心里有啥事,要给娘说叨说叨。娘是上年纪了,可有些事也能给你排解排解。"

"娘,家里和和顺顺的,相公在外也平平安安,一切都好,您老就别操心了。"王夫人说。

"我放心,我放心。看你忙个不停,娘是怕你身体吃不消。"婆母说起儿媳,还是担心得放不下。

"娘,没啥为难事。"王夫人扯扯衣袖,说道,"娘,吃过饭想回老君营俺娘家看看。"

婆母松开手,连声嘱咐。

王夫人刚迈过门槛,就听见"哐哐哐哐"一阵敲锣声传来。她立下脚步,想听出个究竟。大清早的,肯定是谁家里出大事了。不然,这紧一下缓一下地敲锣,为着哪般?生孩子啦?死人啦?谁家着火啦?遭盗贼啦?好像没有呀?!

这时,张伯行的弟弟张仲行一溜小跑赶过来,抹着泪对王凤仪说道:"嫂子,张伯伦正四处敲锣,说他们坝子张和咱们不是一张家。"

听闻此言,王凤仪心跟刀剜的一样疼,嘴上却说:"他和你哥俩是第五服的兄弟,说起来还没出五服,亲着呢!他说不是一家,就不是一家啊?老祖宗在天上看着呢,族人也都街面上看着呢,随他闹去吧!只是这事,千万不要让娘知道。"

"哐!哐!哐!……街坊四邻,叔叔大爷!哐!哐!哐!……大娘大婶,各位父老乡亲,哐!哐!哐!……大家不要搞错啊,我们坝子张,和张伯行不同宗,不同族,不是一张家!哐!哐!哐!……"张伯伦边敲锣,边大声喊道。

"嘿嘿!伯伦叔,你和黑孩儿叔不是还没出五服吗?咋不是一张家嘞?"张丰收不解地问道。

"小孩子家不要胡说。他张伯行在宫保府住,俺张伯伦在坝子上住;他是张王李赵的张,俺是张灯结彩的张。你说说,咋会是一张啊?"张伯伦强词夺理地说道。

"你这个张伯伦,咋这个样啊?那年闹灾荒,要不是黑孩儿叔接济你家粮食,你家的人早就饿死一百回了!"张忠义瞪着眼说道。

"咦!你这小子,咋恁不懂事儿啊,提名道姓嘞,我可是你堂叔啊!"张伯伦气呼呼地瞪着张忠义。

"呸!忘恩负义,你是谁叔啊?俺家也和你不一张,俺家跟黑孩儿叔一个张字。"张忠义吐口吐沫,说道。

"再不走,小心挨打啊!"张连柱恶狠狠地说道。

张伯伦见张忠义、张连柱凶神恶煞般的样子,怕他们脾气上来真打他,赶忙灰溜溜地到毛古寨、圈头集等十里八村敲锣吆喝去了。

(四)开封府仪封县,整个张氏家族也闻知张伯行官复原职

"酒罢歌余兴未阑,小桥流水共盘桓。"十月的扬州,琼花已谢,玉兰尚开;二十四桥依旧,亭台水榭犹存。雨过天晴的扬州一碧如洗,瓜州古渡口上,张伯行回首凝望这十里扬州,顿时有一种"前事休说"的感觉。今日他就要辞别扬州,返回苏州,复巡抚任。风掠过运河河面,河面荡漾起圈圈涟漪。运河两岸,柳树上枝条随风飘拂,显得婀娜多姿,依依不舍。阳光透过树缝洒在路面,斑驳的光影疏密有度。

姑苏城内,几位长者在信马由缰地谈天说地。其中一位须发皆白,穿着灰布长衫,看上去年龄七十上下,但精神矍铄,红光满面。老者未曾开言,先听到其笑声,声音过处,若洪钟敲起,似平地惊雷。

只听得老者说道:"诸位,听说张伯行大人已经官复原职,不日就回到我们苏州,不知是真是假啊?"

老人左首边上站立一人,那人看着老者哈哈大笑,说道:"赵老大啊赵老大,人人都说你是千里眼、顺风耳,苏州城的万事通,为何今日这事还问我等啊?"

那赵老大也不禁笑道:"张大人为官清廉,苏州百姓是人人皆知。他与两

江总督噶礼互参一案,惊动朝廷。圣上英明,听说已将张大人官复原职。之所以不敢断言者,只是害怕张大人不能回到苏州,让我等失望。"

左首边那位,身材瘦削,嘴上长有一撮山羊胡,一副师爷装束。只听那人说道:"哈哈,赵老大,今天你要请我去得月楼吃一次酒,我就给你说一条确切的消息,如何啊,老兄?"

那赵老大不禁笑道:"人人都喊你钱二两,果然不假。不过,若能得知张大人的消息,今日我就请你一次也值得!"

被唤作钱二两的师爷模样的人说道:"我有一个亲戚,在京城张廷玉大人府上任职,前几日给我来信,说到此事。他说,张伯行张大人也许已经在回苏州的路上,这两天就可以在巡抚衙门见到张大人了。赵老大,得月楼的酒菜我可是等着呢!"

苏州城内,百姓奔走相告,欢呼雀跃,纷纷传着张伯行官复原职、将回到苏州的消息。一时之间,姑苏内外被一种欢乐的气氛笼罩,有些人开始放起鞭炮。

张伯行此时正在从扬州回苏州的运河之上。他坐在船上,感慨万端。回想自己任江苏巡抚这段时间所经历的事情,一切如同戏剧一般,历经生死,大起大落,大开大合。

不过最终给江苏考生一个交代,自己所作所为,终不负此心。

官船缓缓南行,大仪与大黑盘腿坐在船尾,心里面兴奋异常。人逢喜事精神爽!二人边欣赏着两岸风景,边东拉西扯地聊天。大仪看什么都是美的,他随口吟道:

> 朝辞白帝彩云间,千里江陵一日还。
> 两岸猿声啼不住,轻舟已过万重山。

"知道吗,大黑,咱们现在的心情,就如写诗时的李太白一般。他是被贬行至半路放还,而我们是跟随革职留任的老爷复任。"

大黑道:"这我也懂,这叫山穷没有路,牧童杏花村,是吧?"

大仪开心地笑道:"呵呵!'山重水复疑无路,柳暗花明又一村'。"

"嘿嘿!大秀才就是大秀才,就是这句。"

"哎！你发现没,康熙四十五年,咱老爷来江苏任臬台,也是在这个时节。"

"对,我想起来,也是十月。"

"是呀,一晃咱们跟着老爷,来南方已整整六年了。"

"过得真快呀!"

"这些年,咱老爷为官可没少给百姓办好事。"

"是呀,这次老爷被诬告,能逢凶化吉,就是因为咱老爷行得正,做得端。"

"嗯!好人有好报。"

"大秀才,连你好朋友慕容方都回家闭门读书,为的是憋足气力,不让咱老爷失望。如今咱老爷也已复任,明年恩科你不考个解元、状元什么的,也让咱老爷高兴高兴,让我跟着沾沾喜气呗!"

"前一段,老爷也劝我回乡参加乡试,我看不中。科举的水这么深,咱也别去趟这浑水了。"

"有皇上对这次江南乡试的严惩,其震慑力一定能使科举公正许多。"

船一路南行,不觉已到吴县境内。吴县为苏州府城郭县的首县,苏州城就在眼前。大黑兴奋地说:"苏州,我们又回来了!"

开封府仪封县,整个张氏家族也闻知张伯行官复原职,上上下下都异常兴奋。大家高兴得合不拢嘴,笼罩在仪封城上空的阴霾顿时烟消云散。

没有不透风的墙。张伯行被停职的事,还是传到了耿老夫人的耳朵里。老夫人着急上火,病倒在床,这下可是苦了王凤仪。她忙前忙后又是请大夫,又是招呼着抓药、熬药、喂药。

刘陈铺村的刘氏药铺,祖传五代,早先祖上从开封府学会把脉问诊的中医手艺,名闻十里八乡。但几服中药吃下去,耿老夫人的病情还是不见好转。可听说张伯行官复原职,耿老夫人的病顿时好一大半。

耿老夫人躺在床上,望着守在她身边的儿媳妇道:"不用忙,我没啥事,就是操黑孩儿的心。黑孩儿没事,我这病也就好了。"

王凤仪柔声细语地说道:"娘,安心养病吧,不用操老爷的心。我早就说,老爷忠君爱民,又没贪赃枉法,能犯啥错?"

"我的儿子,我知道!黑孩儿就是性子直,见不得老百姓吃亏。"耿老夫人坚定地说道。

她看了看王凤仪,又说:"凤仪啊,你也不用太伤心,吉人自有天相。黑孩儿积那么多德,行那么多善,自会好人有好报呢!"

听到八十多岁的婆婆生着病还安慰她,王凤仪心里面热乎乎的。

"哐!哐!哐!……街坊四邻,叔叔大爷,哐!哐!哐!……大娘大婶,各位父老乡亲,哐!哐!哐!……天大的喜事啊!我家兄弟张伯行官复原职了!"张伯伦喜气洋洋地边敲锣边喊道。

"哎!伯伦叔,黑孩儿叔咋又成你家兄弟啦?你们不是不一'张'吗?"张丰收笑着问道。

"小孩儿家,不懂不要乱说。我和伯行一个高祖,五服还没出,你咋说我俩不是一'张'呢?!"张伯伦诧异地看着张丰收。

"前一段,你不敲锣到处说,你和黑孩儿叔不一张吗?如今,见黑孩儿叔官复原职,又过来套近乎。"张忠义不满地说道。

张伯伦满脸无辜地说:"咦!天地良心,你伯伦叔啥时候说过这话?"

"嘿嘿!没说过?!仪封人差不多都知道。"张丰收讥笑道。

"伯伦呀,你咋见风使舵啊!"张伯康不满地说道。

张伯伦嬉皮笑脸地说道:"伯康哥,我这不是见风使舵,是保存实力。我寻思着,要是伯行犯下株连九族的大罪,我得给咱张家留一支血脉嘛!嘿嘿!我这是策略。"

张伯康说道:"看你那少皮没脸的样儿,去!去!去!到别处敲去。你不嫌闹腾,我还嫌闹腾呢!"

"好!好!好!到别处敲去。呵呵!"张伯伦边敲着锣,边喊着到别处转悠。

(五)这是宫保府的老规矩,大年三十天亮前出去给穷苦人家送钱

康熙五十一年大年三十,开封府仪封县飘着鹅毛大雪,宫保府上上下下张灯结彩。这一年,老爷遭诬陷被解职,全家人也跟着担惊受怕。而今,老爷官复原职,全家老少心里就像吃块蜂蜜糕一般甜,一家人喜气洋洋地准备

过年。

一大早，宫保府老管家张正保拉开两扇黑里透红、刻着"恭俭世家、沧桑寄世"的大门。张正保拿着红纸和糨糊，后边跟着两位年轻人，搬着梯子出了府门。府门前的大红灯笼昨天已挂好，今天，他们要贴大门上的春联。

张正保看着外边积着厚厚的雪，笑道："好大的雪呀！瑞雪兆丰年，明年庄稼一定是好收成。"

"那是，这雪好似给麦苗盖上一层棉被。冬天麦盖三层被，明年枕着馒头睡。收成好了，明年又能多吃几顿白面馍。"钢蛋憧憬道。

"小满，站在梯子上留些心，这幅是上联贴右边，可别贴反，让人看见笑话。"张正保一边扶着梯子，一边将上联递给站在梯子上的小满。

钢蛋在门左侧，边抹糨糊边问："正保伯，这对联上写的啥？您老给念念呗！"

张正保道："上联是：绵世泽莫如为善；下联为：振家声还是读书；横批：耕读传家。大少爷这字写得真好，都快赶上老爷的水平了。唉！在外为官不容易呀，过年也不能和家人团聚。"

"大仪伯不是回来了吗？"钢蛋道。

"俺爹是回来考举人呢！听俺爹说开始他还不想回来考，是老爷好说歹说，他才回来了。"小满骄傲道。

其实，不仅仅是张伯行让大仪回来参加科考，小满的母亲桃花姑娘更希望丈夫回来一试身手。

"明年等大仪伯考上举人，你也成官家少爷了。"钢蛋笑道。

"俺娘说，俺爹就是考上举人也不当官，让他一辈子就跟着老爷。"小满道。

"听说康熙九年庚戌科殿试，江苏太仓王掞、王原祁叔侄二人同登进士榜，王掞是二甲第十一名，王原祁是二甲第十七名。明年大少爷也要参加乡试，最好他俩也像江苏王家那样都高中，给咱宫保府、给咱仪封县增光添彩！"张正保对小满笑道。

"借正保伯的吉言！要是真如所愿，让俺爹请你到县城好好喝一顿。"小满乐呵呵道。

"对了，钢蛋、小满，太夫人发话，因老爷的事，大家也跟着着急上火大半年。现在,老爷官复原职,咱们全府上下热热闹闹过个年。晚上把你们家人都叫来,今年年夜饭,咱们都在府里吃。你们两个辛苦一年,晚上一定要多喝几杯。太夫人说,人越多越喜庆,越热闹她越开心。"张正保笑道。

"俺娘和俺妹一会儿就来,她们来帮着蒸馍呢!"钢蛋说。

"俺娘一会儿也来,明天来给太夫人拜年的人多。夫人说,还按往年规矩,来拜年的一人给个大馒头,估计她们得蒸到下半晌。"小满接道。

小满的话音未落,桃花姑娘带着小满的妹妹已经走进宫保府的大门。自从跟着小姐王凤仪嫁到宫保府,桃花姑娘就一门心思地侍候少夫人,成为张府的一口人。

可男大当婚,女大当嫁。少夫人王凤仪看出来桃花姑娘对大仪的那一份情愫,就和张伯行商议,让大仪和桃花姑娘结为秦晋之好。

虽然结婚成家,但桃花姑娘仍然把宫保府当成自己的娘家,三天两头地往这儿跑,逢年过节更不必说。再加上自己本来就是王凤仪的陪嫁丫鬟,大仪又跟着张伯行出门在外,看似两家人,其实比一家人还亲。

其实,小满与钢蛋不知道,天没亮,张正保就出去一趟。这是张家的老规矩,大年三十天亮前出去送钱。不是趁着月色给达官贵人送,而是送给穷苦人。

富人盼着过年,而穷人怕过年。张家乐善好施,做善事不喜声张。每年一过腊月二十三日,就由宫保府的管家悄悄留意,选一二十户日子最难过的人家,宫保府准备一些铜钱,用红纸包好,由管家和一两位贴心佣人,趁天不亮,悄悄将钱塞到这些人家的门缝里。有一点很重要,一定是悄悄的,不能让旁人撞见,还不能让这家人知道是谁送的。钱虽不多,却也能帮这户人家过个踏实年。

大年三十,百姓们都乐呵呵地贴着对联,憧憬着明年的好日子,紫禁城里也洋溢着喜庆的气氛。经过康熙帝五十余年的苦心经营,国家繁荣昌盛,百姓安居乐业。除今年废太子一事之外,别的并没什么太大的事情让他忧心思虑。对于康熙帝来说,明年是喜庆的一年,他要迎来六十大寿。皇上万寿,百姓也能沾到不少喜气。

康熙五十一年,风调雨顺、国泰民安。是岁全国,人丁户口:二千四百六十二万三千五百二十四;田、地、山荡、畦地:六百九十三万四百四十四顷五十五亩有奇;征银:一千九百五十万八千三百五十三两五钱有奇;米、豆、麦:六百九十一万三千六百七十五石有奇;草:四百八十五万八千六百七十二束;茶:二十三万八千三百二十八引;行盐:五百九万三千六百八引;征课银:三百七十二万九千八百九十八两有奇;铸钱:三万七千四百九十三万六千八百有奇。

八
科考结案

（一）江苏百姓到畅春园叩见康熙帝，愿每人减一岁献给皇上

不只大黑和大仪高兴，江苏百姓听说张抚台就要回苏州，大家脸上洋溢着喜庆。临街店铺纷纷扫房抹门窗，整理门前卫生，挂上只有过节时才会挂的红灯笼，喜迎张抚台复任。

庆丰茶馆开在背街中，店面不大，连掌柜带伙计也就三人，店内如往日般热闹，茶客多是附近居民、商户。章掌柜正忙着指挥两位伙计挂红灯笼，伙计阿喜扶着梯子，三儿站在梯子上负责挂。

"三儿，再低点儿。低了，低了，再高点儿，好。再往左一点儿，好。我站远点儿看看两个齐不齐啊。好，齐了，下来吧！"

章掌柜回到店内，茶客老郑道："章掌柜，怎么现在事必躬亲呀？"

老王道："让伙计们挂不就得了嘛。"

"那可不行，这可是为欢迎张抚台挂的灯笼，一点也马虎不得。"章掌柜郑重其事地说道。

"呵呵！章掌柜挂个灯还全店出动呀！张抚台也不从咱这小巷过，你挂得歪不歪，他也看不到。"

"那可不行！歪不歪，张抚台看不到，我可看得到。这可是我欢迎张抚台的一片心意，当然不能马虎。"

段秀才道："说得好！章掌柜这作风，我敢断定以后生意会越来越火。"

"呵呵！借先生吉言。"

"各位高邻，各位客官，听说明天张抚台就要回到苏州，章某准备带着全家老少和伙计阿喜，换上新衣服去葑门外欢迎。明天店里只留三儿一人在，

有什么照顾不周,请各位高邻、各位客官多多海涵,章某先赔礼了。"章掌柜边拱手边说。

老郑笑道:"呵呵!刚你挂灯笼时,我们已经商量好,明天大家结伴迎张抚台去,估计明天你这茶馆也没什么人了。"

老王笑道:"不如明天你将茶馆关一天门算了。"

三儿听到有人建议茶馆明日歇业,心里乐开花,这样明天自己也可以去欢迎张抚台。

船行至快到苏州府时,岸边不时有百姓向他们挥手、行礼、欢呼,还有百姓放炮、敲锣打鼓。

大黑笑道:"哈哈!这喜庆劲儿都快赶上过年了。"

两岸百姓摆香案焚香恭迎,从枫桥至葑门二十余里香气不绝,码头上迎接张伯行的百姓更多。看到张伯行乘坐的官船开始向码头停靠,大家欢呼雀跃着往岸边挤来。幸亏公差维持秩序,不然场面会更加热闹。在众人簇拥下,张伯行由船换轿,向巡抚衙门而去。沿途百姓在路边夹道欢迎,如同迎接凯旋的功臣。

看这眼前阵势,大黑等人发自内心地自豪,他们为有这样的老爷而感到骄傲。从码头到巡抚衙门,陆秀才家门前是必经之路。听说张抚台快回来,陆秀才特意写副对联贴在自家大门上,引得街坊四邻驻足观看。

邻居杨二哥也挤过来。他问陆秀才道:"先生,上面写的是啥内容呀,给咱读读呗。"

陆秀才摇头晃脑地读道:"勤政爱民倾赤胆,守廉反贪做清官。横批是:官复原职。"

读完,陆秀才又解释道:"对联的意思是说,咱张抚台勤政爱民,敢与贪官斗。"

杨二哥听后,想一会儿道:"先生这个好是好,就是太文绉,不够直接。"

郭三哥笑道:"二弟,那你给大家说个通俗易懂的。呵呵!"

杨二哥对陆秀才道:"烦劳先生也给我写几个字如何?就写到我家院墙上。"

陆秀才欣然答应,进屋取过笔墨,来到杨二哥家门前。大家也跟了过来。

"二哥,写什么内容?"陆秀才问道。

"先生就写：天子圣明，还我天下第一清官。字写大点，张抚台从咱们这路过时，一眼就能看到。"

郭三哥笑道："二弟这个好，大气，一目了然，哈哈！"

众邻居也跟着笑了起来。杨二哥道："这次噶礼被革职，张抚台官复原职，乃是万岁爷圣明。咱们一定要知道盐打哪儿咸、醋打哪儿酸。"

"对！吃水不忘挖井人，我们要感谢皇恩。"李秀才道。

"我听说，大家都在议论，十月十五都要结伴去玄妙观焚香谢皇恩呢！你们去不去？反正我是去。"郭三哥道。

"我也听说了，去，一定得去。皇上不但惩治黑心的噶礼，让咱张抚台官复原职，而且明年还要开恩科取士，这对于我们读书人来说是多么振奋的好消息呀！到那天，我一定要焚把粗香，好好谢谢皇恩。"陆秀才兴高采烈地说道，眉宇间充满着对未来的憧憬与向往。

"去，到十五那天我们全家都去。"杨二哥道。

众邻居也纷纷说到时大伙儿一起结伴而行。

十月十五日，阳光明媚，苏州城内及附近的百姓换上过节时的衣服，扶老携幼向玄妙观而来。科考大案的落第秀才抬走玄妙观的财神像，放到府学，又让此观名声大振。

玄妙观位于苏州城东北隅，始建于晋代咸宁年间，乃千古名观。更为难得的是观内有三件宝，唐玄宗撰文、颜真卿手书的御赞，画圣吴道子亲绘的老君像，还有一宝是四十四年康熙帝南巡时，赐御书"揽霞挹翠"四字匾额，吸引了本地、外省的香客竞相前来上香许愿，因此，香火极盛。

正因观内有康熙帝御书之物，百姓才将拜谢皇恩选在此处。离观门还很远，香气便扑鼻而来。因为玄妙观内人实在是太多，多到难以下脚，性子急的百姓索性就在观门前焚香、叩头谢皇恩。康熙帝御书匾额前的大香炉内，更是插满燃烧着的高香。炉内实在没处插，庙祝只得又搬来大大小小十几个香炉，这些香炉内也快被插满，这个磕完那个磕，香炉前全是叩头的百姓。有的百姓实在是挤不到前面，怎么办？大家见缝插针，将香插在古松翠柏下、花坛中，观内随处可见焚香叩头的百姓。

郭三哥他们实在挤不到香炉前，只得将香插在一棵有八百年树龄的古柏下，街坊们轮流向御书"揽霞挹翠"牌匾叩谢圣恩。

轮到陆秀才时,他嘴里还不忘祷告着:"吾皇圣明,革职噶礼,复职抚台,又开恩科;我等小民,福之幸之,遥祝吾皇,万寿无疆!"

江南不但富庶,还人才辈出,且是人口大省,在京中为官、经商、务工的江苏人有很多。他们听到噶礼被革职、张伯行官复原职的消息,非常兴奋。江苏在京各商会会长、各府州同乡会会长、大商号掌柜等一百多人聚会在江苏会馆,商议庆祝之事。

苏州同乡会秦会长说道:"自张抚台来江苏上任后,劝农兴商、赈灾减赋、兴修水利,这些大家都有目共睹。张抚台被诬陷解职后,江苏各地百姓纷纷罢市请愿,我们这些在京的乡亲也没少奔走呼吁。皇恩浩荡,如今准予张抚台革职留任,乃我江苏百姓之大幸事,可喜可贺,我们一定要感念皇恩。方才沈会长也说,我们吃水不忘挖井人,秦某一定大力动员在京苏州籍人士去拜谢皇恩!"

江苏丝绸商会崔会长道:"崔某已与咱们江苏瓷器商会的焦会长、香烛商会的宋会长商议好,拜谢皇恩那天用香的费用由我们商会出。"

"岳某已打听到,如今万岁爷在畅春园。"常州商会岳会长道。

"我们就将日子定在二十日如何?"江苏同乡会闫会长道。

大家一致赞同。

"好,十月二十日,我们就在畅春园门前集合,烦劳各位会长通知在京乡亲参加,人越多越好。"闫会长道。

十月二十,畅春园外聚集有数万人。一下来这么多人,守护畅春园的兵士如临大敌。当知道他们都是来拜谢皇恩的江苏人时,才松一口气。大家在闫会长的带领下,先冲着畅春园的大门行君臣之礼,接着大家持续跪地,闫会长将奏折呈于接见他们的大臣。折中写道:

> 为感念皇恩,今日到场之人,愿减年寿一岁,添祝圣寿万年,以祈万寿无疆!

康熙帝知道后非常高兴。他大笑道:"水能载舟,亦能覆舟。朕是舟,百姓为水。今日园外烟波浩渺,我大清何不昌盛也!"

知恩图报的还有福建百姓。张伯行在福建为巡抚时,没少为百姓办实事,百姓怎会忘记? 当福建百姓听说,张伯行因被人诬陷而遭解职的消息后,既震惊,又愤怒。很多百姓嚎啕大哭,如同是自家至亲之人出了大事一般。福建籍官员和百姓也纷纷奔走呼吁为张伯行喊冤。如今听说,张伯行复职,大家敲锣打鼓、放炮庆祝。人们感念皇恩,纷纷颂扬皇上圣明神武,焚香祷告,祈祷康熙帝万寿无疆,好不令人感动!

(二)三拨钦差经过一年多时间审理,辛卯科江南科考舞弊案终于尘埃落定

新年伊始,当大多数人都沉浸在喜悦之中欢度春节时,噶礼却像热锅上的蚂蚁——团团转。被革职两个多月,康熙帝一直晾着他,没再安排差事,让他坐立不安。不是说非得干个什么差事,他更关心的是康熙帝的态度。江南科考案一直没有结案,也使他心烦。会不会牵扯到自己,案子没有定论,石头就不能落地。再说,去年十一月,原江苏布政使宜思恭告原任江南江西总督阿山、江苏巡抚宋荦索取节礼的案子审结,张鹏翮以"查审是实"奏给皇上。康熙帝竟批曰:"阿山、宋荦俱系年老大臣,著从宽免。"

这让噶礼看到希望,说不定自己的事情也会有转机。他打算趁着过年派人去走走门路,打听打听,为今后复出做好铺垫。派谁去? 得派自己贴心人。

于是,他叫来师爷周世荫:"按这几个单子挨家去,礼品就按单子上列的,银票到账房去支,物品去库房取。你一定要亲自跑一趟,就对他们说,本来我要亲自上门拜年呢,可身体欠安,不便前去,请他见谅。你再把色勒奇给我请来。"

"喳!"周世荫拿着厚厚一沓礼单出了屋,边走边翻。刚瞄几眼,不觉暗暗吃一惊,今年过节老爷挺下本儿啊!

不多时,噶礼的弟弟色勒奇被请来。

"前脚皇太子被废,后脚我就被革职,不知道有没有直接关系,我心里老不踏实,要是牵涉到太子之事那就可怕了。老弟,你上这些人家走动走动,问问他们江南科考案何时结案,再打听一下皇上怎么给我安排。银票、礼品我已备好,你马上去办。"说着,噶礼递给色勒奇几张礼单。

"打虎亲兄弟,上阵父子兵。哥,交给我你就放心吧!"色勒奇拍着胸

脯道。

色勒奇看噶礼的样子,不敢怠慢,立即行动。

晚上,周世荫对噶礼说,跑了一天,单子上的人几乎都没见到。更严重的是,对于礼物绝大部分人都拒收,噶礼气得把手里正把玩的羊脂白玉摔到地上。第二天下午,色勒奇来见噶礼,情况和周世荫遇到的大体一样,拜访之人大多不见。看到这种阵势,噶礼突然感觉大事不好。

没出正月,九卿对江南科考案复议结果出炉:

> 江南科场贿通关节之副考官、编修赵晋原拟斩监候,但因赵晋系副考官,擅通关节,蔑视法纪,应照顺治丁酉科场例改斩立决;呈荐吴泌试卷之同考官、句容县知县王曰俞原拟流三千里,查王曰俞通同作弊,亦应改斩立决;夤缘中式之吴泌及说事通贿之俞式承等,照原拟绞监候;呈荐程光奎试卷之同考官、山阳县知县方名原拟绞监候,查方名平素与程光奎往来,见过程光奎之文,程光奎在场内抄录旧文,方名明知其文即行呈荐,榜后又向程光奎索谢,应改斩立决;其场前在贡院内埋藏文字入场抄写,中式之程光奎照原拟绞监候;请人代笔中式之徐宗轼,及夹带文字中式之席玕,并照原拟枷责;正考官、副都御史左必蕃系专任科场之官失于觉察,应革职。

康熙帝批曰:从之。

噶礼很快也知道九卿复议的结果和康熙帝的御批。江南科考案没有涉及自己,噶礼并没有感到高兴。他感到被革职的严重程度,并不是督抚互参案或江南科考案这么简单,他一定是卷入天大的事件里面了。

从康熙五十年十月下旨礼部复议,到五十二年一月康熙帝批准九卿复议的量刑,经过一年多时间,先后派出三拨钦差到江南审案,辛卯科江南科考舞弊案终于尘埃落定。副主考官、翰林院编修赵晋,房官、句容县知县王曰俞,房官、山阳县知县方名斩立决;中式举人吴泌、程光奎,说事通贿人俞式承等绞监候;中式举人徐宗轼、席玕枷责;正考官、副都御史左必蕃革职。

对于这个量刑,康熙帝还是比较认可的。上梁不正下梁歪,科举考试的公正与否,取决于考官。既然惩治就要从源头做起,不对涉案的主考、副主考严惩,就很难起到震慑作用,以后也就无法杜绝类似的情况发生。科考是国家取士的主要途径。通过舞弊而选拔上的官员,只会有恃无恐地继续腐败,贪污、盘剥百姓等一系列违法行径将成为他们的家常便饭,从而搞乱官场,动摇朝廷的根基,这是康熙帝最不愿看到的。另外,通过对江南科考舞弊案的严惩,也能起到笼络江南士子甚至江南百姓的作用,这与他数次南巡的目的相一致。毕竟,江南地区在朝廷心目中所占分量很重。因此,便可理解康熙帝在给曹寅、李煦所奏的密折上,一再御批民众议论如何。科举是汉族等民族进入士大夫阶层的重要途径。对科考案的严审,有利于加强团结。作为统治者,他更愿意看到政通人和,民富国强,社稷长安,江山永固!

(三)科考大案的从重处理让江南士子看到希望

九卿对科考案的复议传到江南,恰恰在二月乡试之前,士林大振,百姓更是乐开了花。

二月二龙抬头,苏州兰花池澡堂内热气腾腾,墙上贴着"身有贵恙休来洗,年老酒醉莫入池"的对联。大堂内,两个大灶台吐着火舌,蒸汽从炉上大铁壶嘴里冒出。鸟与蝈蝈的鸣叫声此起彼伏。小澡堂,大世界,搓背、修脚、拔罐、刮痧、按摩、掏耳朵、剃头、梳头、修胡的师傅忙得热火朝天,堂倌正忙着为新到的顾客找床位、沏茶,为老顾客添水加料,整理客人使用的床铺,卖点心、水果的小贩穿梭于顾客之间。顾客沐浴后,还可在床位上小憩,也可在澡堂内喝茶聊天;澡堂内备有开水,只要不用澡堂的茶叶,喝水免费;可吃些点心、水果、简餐,也可备些酒菜小酌几杯。因此,洗完澡的顾客在大堂内或坐、或躺,抿着小酒,吸着鼻烟,逗着鸟,听着蝈蝈叫,转着核桃,把玩着玉,谈天说地,过得好不滋润。

大黑来南方这几年,就添个毛病,爱泡澡堂子,主要是受不了南方夏天湿热、冬天阴冷的天气。尤其是冬天,隔几天不泡泡热水澡,大黑就浑身难受。大仪回乡准备乡试后,老爷身边离不开人,他整个冬天都没怎么来澡堂。今天是龙抬头的日子,按老家的规矩要剃头。大黑想着来澡堂子里连洗带刮,快去快回,应该不会耽误事。这不,也没带茶叶、茶碗,就匆匆而至。

刚进澡堂,大黑就听见大家正在聊科考案和康熙帝六十大寿的事。

"哟！黑爷来了，有日子没见。快去吧，这会儿池子里的水热，正适合您洗。"澡堂江掌柜道。

"是呀，有日子没怎么来了，江三爷您吉祥。好嘞，我就爱泡水热的。"大黑乐呵呵地回道。

"怎么好长时间没见慕容爷？"江掌柜问道。

二庆接道："哦！黑爷吉祥。还真是，有快一年没见慕容爷了！"

"周二爷吉祥，慕容爷回扬州备考去了。"大黑边脱衣服边回道。

二庆道："是呀，听说今年要开恩科，酒馆、茶馆、澡堂很难见到读书人了。"

三虎道："知道为什么吗？自从万岁爷把咱们江南科考案当大事来办，那些读书人就看到出头的希望，个个摩拳擦掌，准备在考场上好好搏一搏。"

博西勒道："那可不，万岁爷前后派三拨钦差，将涉案贪官统统重判，士子们能不振奋吗？"

"万岁爷圣明，让咱张抚台也革职留任。对了黑爷，听说仪爷也回乡备考去了？"老白问道。

"回去了。今年万岁爷开恩科，前所未有的大好事，他也想沾沾喜气。"大黑回道。

"对了黑爷，我先给你道喜啦！"三虎对着大黑郑重地拱手道。

大黑不解地问道："请问三爷，我喜从何来呀？"

"按常理新君登基，皇上、皇太后、皇后寿诞，立后、立妃、立皇太子，生皇子、公主，或者皇子大婚、公主出嫁等等吧，只要皇家遇上高兴事，都要普天同庆。如今，正赶上万岁爷六十万寿，定会大赦天下，我敢打保票，到时张抚台一定会官复原职，这岂不要恭喜黑爷嘛！"三虎笑道。

大黑一听是这事，也笑着拱手道："借三爷吉言！"

老白道："那敢情好，张抚台能官复原职，也是咱江苏老百姓的福分啊！"

"拉倒吧三虎子，你又不是算卦先生，你能这么肯定？"二庆不服气道。

"我当然能，你没听评话里说的吗，'隋炀帝登基大赦天下，程咬金出狱后，卖笆子赡养老母'。你若不信，咱们就赌一赌！"三虎信心十足道。

"新皇登基和万岁爷寿诞不是一码事。好，赌就赌！"二庆道。

"赌什么？"三虎问道。

"谁输了谁就买一斤卤汁豆腐干、二斤花雕酒,请大家的客。"二庆道。

"好!一言为定。白五爷、博爷,您二位给我们当证人,期限就定在四月初一之前。"三虎道。

博西勒笑道:"呵呵,毛二爷莫与他赌,八成您要输。"

二庆道:"好!君子一言,驷马难追!如果四月初一前,大赦张抚台官复原职我就输,输了我也高兴,买来酒菜权当为张抚台庆祝。去年听说张抚台复职,我别提多高兴,放了一挂五百响的鞭炮呢!"

大黑只在一旁嘿嘿笑,并不答话。

"前年乡试,被几个贪官给弄得乌烟瘴气,我大儿子心灰意冷好长时间,这不好了嘛!贪官被关进大牢,万岁爷又开恩科,他精神头现在也足。现在,我大儿子正憋足气在苦读呢!咱们小老百姓也能沾上万岁爷六十大寿的喜气,真乃天大的福分也!再说还有张抚台在,我大儿子说,乡试只要由张抚台督着阵,即便没中举,他也心服口服。"老白乐道。

"我家邻居柳老太爷,今年八十有一,眼不花、耳不聋,腰板倍儿直,下月也要进京去沾沾万岁爷的喜气,参加千叟宴呢!"三虎道。

"柳老太爷非官非富,不过是开饭店的生意人,能参加千叟宴,真乃皇恩浩荡。"二春道。

博西勒道:"可不是,这次千叟宴士农工商都可参加。我们佐领的阿玛今年七十八了,听说他也要去参加。"

"张抚台一定喝过御酒,让黑爷给咱们讲讲。哎!黑爷呢?"三虎到处瞅大黑。

"下池子去了。"二春道。

"博爷,你说说这御酒是啥味?"三虎向博西勒问道。

博西勒手里正端着酒杯笑道:"御酒?我哪有那福分喝呀!但有一点可以肯定,就是一定比咱们喝的这酒好得多!"

众人都大笑不已。

（四）康熙五十一年四月二十三，皇上决定：自科举考试千年以来首开恩科

　　清晓于门开寿宴，绮罗香裛芳丛。红娇绿软媚光风。绣屏金翡翠，锦帐玉芙蓉。

　　珠履争驰千岁酒，葡萄满泣金钟。人生福寿古难逢。好将家庆事，写入画图中。

　　北宋词人叶景山的一首《临江仙》，把康熙帝六十寿诞的大喜推向高潮。使百姓振奋的事情，就是科举考试首开恩科。这件事从前年公布始，就被炒得沸沸扬扬。自隋朝大业元年隋炀帝首开科举制以来，一千余年，恩科考试还是第一次。所谓"恩科"就是指因皇帝施恩，不在科举年份，而特别开设的科考。

　　顺治帝定都京师顺天府没几天，便下诏令开科取士，并于次年，即顺治二年八月举行乡试。顺治三年，又颁文规定：科举三年一科，逢子、卯、午、酉年的八月举办乡试；逢丑、辰、未、戌年的三月举行会试；以上时间为科考的年份，称为正科。

　　最先提出开恩科的是读书士子们。鉴于康熙帝的丰功伟业，各省读书人在康熙五十一年纷纷向朝廷表示，要求在康熙帝六十寿诞之年，增开恩科取士，以显皇恩浩荡。

　　壬辰科会试过后，各地呈报给礼部的折子可以得知，民间开恩科的呼声极高。因有江南辛卯科乡试前车之鉴，礼部满尚书嵩祝与汉尚书王掞不敢怠慢，差人将左侍郎二鬲、右侍郎胡作梅请到一起商议。

　　嵩祝道："明年皇上六十寿诞，举国欢庆。天下举子久沐皇恩，心怀感念，纷纷要求增开恩科，以显圣德。但自开科取士以来，从未有此先例。藻儒兄与兄弟不知该如何向皇上奏报，特请二位前来商议。"

　　王掞也道："咱们畅所欲言。"

　　胡作梅是右侍郎，左侍郎在，他不好先发表意见，他将脸转向二鬲。

　　二鬲谦虚道："抑斋兄先说吧。"

胡作梅心里清楚,这只是客套,就操一口湖北官话,笑着客客气气道:"少宗伯见多识广,通古知今,还是少宗伯先讲吧,也给下官个学习的机会。"

二禼也不再推辞道:"开科取士自隋炀帝时起,至今已有千年历史。"

说到这里,他看看嵩祝,嵩祝点点头。

二禼接着道:"为国取士乃庄重之事,千余年来只因战乱、国家急需人才时,科举考试才有增减,并未听说因其他而改变。再说,我大清自世祖入关后,一直清承明制,前明也不曾有过此举。若贸然开头,恐今后引出乱子。到那时,倘若皇上怪罪下来,一定会追责。因此,依下官拙见,大宗伯是否应当谨慎再谨慎。"

二禼打心眼里就不赞同增加科考次数。他认为,目前汉人官员占据重要职位太多。在礼部的尚书、侍郎四人中,就有两位是汉人。一场科举会录数千位举人,他们都可以步入仕途,这样只会挤占满蒙人的位置。因此,他极力反对以各种名义增开科举。

嵩祝听后,点点头道:"二禼兄说得极有道理。"

接着他又转向胡作梅道:"抑斋兄,有何高见? 说说看。"

胡作梅道:"少宗伯刚才所讲极是。下官有个不成熟的想法,不知对不对。"

王掞笑道:"抑斋兄,但说无妨。"

胡作梅道:"当今皇上乃千古圣明威武之君,开创的盛世亘古罕见。如何才能彰显这千古盛世,只有举国同庆,万民感受皇恩浩荡。鉴于皇上千古少有之功德,六十乃一甲子,在皇上大寿之年,开千年之先河,有何不妥?"

"嗯!抑斋兄所言极是。"嵩祝点头道,"只是恩科没有先例,贸然行事恐予人口实。再说,离明年万寿节时间尚不足一年,如何操作,并非易事,还需研究出具体方案。"

二禼也接道:"大宗伯所言极对。科举并非儿戏,流程复杂,且耗费时日,即便现在就开始着手,恐怕也来不及,多一事不如少一事。再说,是否开恩科,咱们礼部说了也不算,得由圣裁。下官以为,早朝时大宗伯先向皇上提提此事,看看皇上态度如何,咱们再做定论。"

"嗯!这倒是个好办法。只是,上奏就得有个实施方案,供皇上考虑。"嵩祝说完,看着王掞。

王掞道:"是啊！开考时间如何确定,着实是个难题。"

从嵩祝、王祝的话中,胡作梅听出二人并不抵触,便趁热打铁接道:"恩科操作起来与增科无二致,不过只是名称、意义不同而已。世祖朝曾开过增科,如明年开恩科,窃以为可效仿之。"

王掞觉得胡作梅说的有道理,便道:"依抑斋兄之见,乡试、会试何时开考最适合?"

胡作梅乃有名的文士,年轻时,胡作梅与胡作相、胡作柄、胡作楫兄弟四人,便以文学闻名,有"荆门四胡"之称。胡氏四兄弟与李苏、李莲等组织金河诗社,在荆襄一带影响颇深。来京城为官后,政务之余,他常与康熙帝及朝中大臣一起吟诗作对,文学造诣极高。更重要的一点,胡作梅不但学识好,还一身正气。康熙四十一年,他出巡陕西督察学政,不徇私,不受贿,不接受请托,经常为贫寒学士打气撑腰,很受人敬重。因此,在二鬲提出反对意见时,他仍然坚持自己的想法。

作为极看重科举,又极有担当精神的文人,他很愿促成康熙帝六十寿诞开恩科之事。他认为,这是科举史上的一件大事,对于寒窗苦读之人来说也是件好事。他清楚,若康熙帝寿诞能首开恩科,不但当下读书人受益,而且对未来也能起到深远影响。

"下官以为,既然是祝贺皇上六十寿诞恩科,乡试、会试都要放在皇上六十寿诞这年举行。而且,乡试一定要放在万寿节之前。三月十八日为万寿节,那么乡试只有放在二月最合适,因为正月过年,三月势必要举行一系列的庆祝活动。往常乡试与会试之间相隔七个月,除去腊月二十三到正月十五过年的这段时间,其间也只有六个月。若将恩科乡试放在二月,会试放在八月,正好也六个月。算上殿试时间,九月即可金殿传胪。"

嵩祝考虑一会儿,说道:"抑斋兄不愧是才子,考虑得挺周道。"

第二天早朝,嵩祝向康熙帝奏报道:"直隶各省举人、贡监、生员呈称,明年恭遇皇上六旬万寿,乃普天同庆之大事。皇上圣明神武,开创千年难遇之盛世,恭请皇上开亘古未有之事,首开万寿乡试、会试之恩科,以彰显皇恩浩荡。奴才特奏予皇上定夺。"

康熙帝笑道:"此乃开千古之先河的好事,爱卿尽快写个折子呈来。"

其实,康熙帝考虑的有更深层次的意义。辛卯科考舞弊案在全国闹得沸沸扬扬,也使很多江南士子对朝廷产生芥蒂。他现在正发愁如何弥合这道裂缝,没想到嵩祝呈报这等好事。心病还需心来医,此举乃弥补士子委屈的最好办法,康熙帝当然乐于为之。参加科考的士子中,汉人占绝大部分,增开恩科可提高康熙帝在这汉人士子中的威信,以此也可将他的影响力辐射到更多的普通百姓之中。这何乐而不为呢?

四月二十三日,嵩祝、王掞联名上道折子,呈到康熙帝的御案上:

> 礼部题。直隶各省举人贡监生员李长庚等呈称,康熙五十二年,恭遇皇上六旬万寿。普天胥庆,率土同欢。恭请特开万寿乡、会科,以彰千载一时之盛。应如所,请照顺治丙戌科特行乡试、己亥科特行会试例。于二月内举行乡试,八月内举行会试,以惬舆情,以彰盛典。

康熙帝看后随即御批道:"造就人才,实为美事。著如所议行!"

康熙五十一年四月二十三日,这是个在科考史上值得标注的日子。这一天,康熙帝做出科举考试举行以来第一次开恩科的决定,康熙五十二年开恩科,二月举行乡试,八月举行会试。

(五)万寿节前,康熙帝连颁三道旨意大赦天下

康熙五十二年三月十八日,万寿节,康熙帝迎来六十寿诞。这一日,康熙帝颁诏天下:

> 朕五十余年,上畏天命,下凛民碞,以敬以诚,覃思上理。且以一心对越上帝,未尝瞬息稍懈。赖昊穹之孚祐,祖宗之荫庇。国家蓄积有余,民间年岁丰稔。朕以凉德,勉思列圣,体大顺公,操心虑患,敷景运于休期,洪基业于光显。夙夜冰兢,宵旰靡遑,屈指春秋,年届六旬矣!览自秦汉以下,称帝者一百九十有三,享祚绵长,无如朕之久者。朕之虚薄,良深歉仄,何敢稍有倦怠,以负孜孜图治之初心。况在位之久者,始勤终怠,往往不能垂令名于后。所以,乾惕之怀弥殷,忧劳之志愈切,兼之承平岁久,幅员日广,户口渐增,风俗日薄。朕与臣邻,夙夜在兹,以刚健中

正,惇大成裕,谦尊有终,持盈保泰,犹恐未能,岂自满假,少有逸豫?朕以天下为心,天下当亦体朕之衷。各矢荩诚,皆敦孝敬,型仁讲让,守己奉公。务勤职业,官僚胥劝,人士奋兴。使遐迩之均被,小大之咸周,以享昇平之福。此非朕之德,乃天地祖宗之赐。今朕式慰中外臣民之情,博考典礼,大沛膏泽,用称跻世于仁寿之至意。于戏,锡民以福,为皇极得寿之徵。御众以宽,乃万国咸宁之本。布告天下,咸使闻知。

康熙帝认为,自秦汉以降,称帝者一百九十有三,享祚绵长,无如朕之久者。因此,注定庆祝活动盛大与隆重。庆祝地点设在京郊的畅春园,整个庆祝将持续一个月。从三月初一开始,一直到三月三十日结束。礼部规定从三月初一至月终,京官都要穿蟒袍、补褂,打破万寿节只穿朝服七天的常例。

> 峰回路转九重关,一柱擎天锁翠烟。
>
> 斧凿无痕开六洞,佩环如响萃群仙。
>
> 岩前翔涌云根石,林下萦飞玉色泉。
>
> 为爱丹霞留物外,经纶事业付他年。

康熙皇上六十大寿,各地官员纷纷上表祝贺,以表忠心。广西布政使黄国材向广西巡抚陈元龙报告:当年二月,在桂林山中采到一枝灵芝,高一尺余,状如云气,希望能代为进呈给皇帝。陈元龙于是立即派人将灵芝送往京城,并写道奏折,引经据典大谈"祥瑞","桂林山中产有灵芝,时有祥云覆其上",采到一枝高一尺余、状如云气的灵芝,并引用《神农经》中"王者慈仁则芝生"的话,说这是康熙帝行仁政的象征。

没想到,康熙帝却并不"领情",还说对于这样的事,朕不必览。康熙帝在其奏折上批道:"史册所载祥异甚多,无益于国计民生。地方收成好、家给人足,即是莫大之祥瑞。"他还批道:"如史册所载景星、庆云、麟凤、芝草之贺,及焚珠玉于殿前,天书降于承天,此皆虚文,朕所不取。惟日用平常,以实心行实政而已。"

无独有偶,直隶总督赵弘燮的奏折,也说到居院子里长出一枝灵芝,说"唐虞之世,芝草献瑞",但当今皇上厚德爱民远远超过尧舜时代,普天之下沐浴着皇上的恩泽,故而草之祥也就理当现世。康熙帝同样很不以为然,写下朱批:"所为者,年谷丰登,民有吃的,就是大瑞。"还告诉赵弘燮真伪不再言。

康熙帝摒弃天降祥瑞的虚浮学说,而把"地方收成好、家给人足""年谷丰登,民有吃的"视为"莫大之祥瑞",正是要提倡"实心行实政"。

之后,头脑清醒的康熙帝大赦天下,让万民归心。万寿节前,数日内,康熙帝连颁三道旨意,大赦被降职、革职的官员。

三月十二日,康熙帝谕大学士等:"今岁直隶各省年老官员,来京祝万寿者甚多。此内除本身犯罪官员外,或有因公挂误降级、革职者,俱酌量复还原品。"

三月十五日,原任提督王世臣,侍郎李录予、彭会淇,副都御史劳之辨,侍讲杨大鹤,御史鹿宾、袁桥,运使孙之鼎,知府张文璜,光禄寺署正邢俨,通判赵明仁,知县沈宗演,俱著给与原品。又谕曰:汉官内年逾六旬者俱已施恩,满洲、蒙古、汉军官员亦照此例查奏。

三月十六日,大学士等遵旨查奏:八旗、满洲、蒙古、汉军官员内,除年不及六十、犯重罪者不开外,将文官阿山等一百二十三人、武官扎喇克图等四十八人,开列请旨。

得旨:原任尚书阿山、郭世隆,总督石文晟、喻成龙,侍郎常书、敦多礼、巴锡、戴都里、多奇,巡抚王国昌、许嗣兴,府丞李法祖,御史穆恕、迈色、舒述布,郎中津达善、硕木萧,知府孔兴远、范承训、姜承基,员外郎范时彦、李勋、黑色礼、李起鳌、陈怀德、白靖、塔海,主事吾拜,治中吴泰,知县蒲敏政、徐秉元、杨起凤,原任都统扎喇克图,侍卫吴勒、塞勒,参将苏继武、拖沙喇哈番费雅哈、查林,步军校沙海,防御绰英额,守备张显位,骁骑校多起,俱著给与原品。

张伯行就在一百二十三位被大赦的文官之列。

"老爷,大喜事!给您报喜,老爷!"大黑拿着公文兴奋得像孩子般急急慌慌报与张伯行。

张伯行正在书房写书,见大黑大呼小叫地进来,便停下笔,笑道:"啥事给大黑高兴成这样,都老胳膊老腿儿了,慢点、慢点,别摔着。呵呵!"

"老爷,给您道喜,真让他们说对了,您官复原职了!万岁爷大赦天下,这回您真的官复原职了!"大黑笑着双手将公文呈给张伯行。

"哦!是这事呀,我还以为是啥大好事呢!"张伯行接过公文看起来。在赦免官员的名单中,他没看到噶礼的名字。

噶礼早把最后希望寄托在康熙帝今年的寿诞上。他知道,康熙帝六十寿诞是大喜事,万寿节前定会大赦天下。而且,赦免面会很宽,像张伯行这样革职留任的官员,极有可能在赦免范围之内。两江总督已委以赫寿,噶礼知道官复原职不可能,但可以委派他职。无论什么官职,只要能被重新启用,谢天谢地,说明他过关了。若是还被晾着,就凶多吉少。政治是血腥的,他又不傻,这一点他懂。

果然不出噶礼所料,张伯行官复原职,赦免官员的名单里没有他,而且万寿节已过,不会再有新一轮的赦免名单。

京城,位于西单南大街西绒线胡同南边有一个小胡同,因噶礼在此居住,被人称作噶礼胡同。胡同内,那座拥有广梁大门的院落便是噶礼的府邸。大门上,一组四只门簪与门前硕大的门枕石和广梁大门一起,代表主人的地位显赫。在这座拥有三进院落的宅院内,近段时间一直不太平。噶礼天天窝在家里生闷气,整天不是摔东西就是打人,打得那叫一个狠,不见血不罢休,吓得仆人都不敢往里院去。

如今落到这种地步,噶礼把所有责任都推到张伯行身上。要不是他听风就是雨地弹劾自己,他现在总督不是还当得好好的?从康熙四十九年开春,张伯行来江苏,噶礼看他就不顺眼。噶礼不但看张伯行不顺眼,他看很多官员都不顺眼。正月,张伯行才到任江苏巡抚,四月,他就把张伯行给告了。四月二十日,他在向康熙帝上的《两江总督噶礼奏陈张鹏翮张伯行等侵扣钱粮折》中,对于张伯行的"罪行"他写道:

> 张鹏翮极恨奴才。又江宁巡抚张伯行亦为张鹏翮所保者,好图虚名。据闻,自福建省至杭州,盘费止用银一两。如此节省,孰不谓其为清官。奴才闻得,张伯行在福建时,照取盐内礼物,布政司依例所与之规礼亦取之。布政使金培生为奴才亲家,奴才所闻确实。现自到任以来,止召入学官及书生,议论设官学,不以事务为重。若夫商人所以来江南地方易米者,皆蒙圣主详筹,令湖广总督、巡抚、江南巡抚详查来米,故来者甚多。兵民皆知米价不致昂贵,感激皇上之恩时,张伯行示谕江宁等府州闲员、书生、富人,各出银两赴湖广买米,载回粜卖。蒙圣主颁旨严查,

发米至此,而告示内只字未提。闲员、书生、富人等见告示,嗤之以鼻,无一遵行者。凡事伊即照陈鹏年指令行事。陈鹏年立意唆伊与奴才交恶,而奴才惟恐圣主焦虑,故事事容忍。奴才断不与之交恶,惟互相办事稍难耳。江宁府知府刘翰,蒙皇上特旨,由翰林简补,居官颇优,办事勤敏。

奴才近来往察河工时,携刘翰去量工地。又同知兼管苏州府常熟县知县事务张增荫,由九卿保题,特命补授。奴才访查,居官颇优,下江火耗银,惟此者甚轻。其父每月给伊银六十两,以资盘费,不准用库帑一钱。奴才察河时,曾遣张增荫查问口供。陈鹏年因此恨刘翰、张增荫,不时挑唆巡抚寻衅,以算计此二人。又仍不可谓陈鹏年操守清。奴才到任之初,陈鹏年语奴才曰:苏州府地方食浙江盐,按例浙江商人每年给我银有三千两,度日足矣等语。继之复蒙皇上加恩,令其暂署布政使印务,收银时每两仍加征八九厘不等。可见陈鹏年亦不穷。以奴才观之,今年三月,巡抚奏请免征陈鹏年任江宁府知府时,应追赃银三千八百余两,见奏疏内称:陈鹏年每日所需米石并柴草,朝有夕无等语。此非陈鹏年欺谎巡抚,巡抚明知而不据实奏陈。奴才受皇恩甚重,知者惟有皇上。奴才将在外所闻之事,不敢对皇上隐瞒。又凡事,奴才惟钦遵训旨,以图始终如为此。奴才谨具折并奏以闻。

他不明白,为何康熙帝看后只是御批:知道了。

难道张伯行犯的这错还不算严重吗?更可气的是,康熙五十年六月初四,他向康熙帝上道《两江总督噶礼奏报漕船迟误缘由折》。他提到张伯行对漕运怠慢、庇护关系好的下属之事:

奴才又查得,今年苏州、松江漕船事,由江苏巡抚张伯行、苏松常镇粮道藏大寿等专管,而不行紧催,以致甚迟。圣主明听者甚是。奴才于三月二十一日赴苏州府,会同巡抚往查布政司库时观之,漕船俱泊苏州府、松江府。据云,尚有未兑米者。巡抚明知迟误,且不在意,并未派一员紧催之处。粮道藏大寿人极昏庸,而且两手中风,频频颤抖,又恃进士出身,与巡抚相好,故事事息惰。藏大寿曾任广东学政,而今沿用漕粮陋规,只图索银,以致迟误漕船。奴才虽当面训之数次,但仍不亲去紧催漕。奴才亲自沿河道催办十余日,复以令箭付文武官员,令于河道昼夜紧催。返回衙门后,复以鸡毛信每日紧催一次。苏州、松江、常州、镇江及浙江酒船前后共三千六百八十四艘,于五月十四日始渡江以去者是实。

漕运这种大事,张伯行消极怠工。他信心十足地奏于皇上,想着皇上一定会严惩呢。没想到皇上不但袒护张伯行,还替他担心,竟然御批道:

> 在京城,大臣内谁偏徇张伯行? 赵申乔向他何如? 南方汉人甚奸猾,张伯行必受骗,民人未必心服,今想是亦造种种谣言吧。

噶礼看后没一点脾气。如今,张伯行官复原职,他却被搞成这样,真是不甘心呀! 噶礼越想越生气,抓起手边才补上的一只明成化官窑五彩描金花瓶,重重碎在地上。

(六)万寿恩科让众多学子士气大振,信心倍增

康熙帝首开恩科的消息,以风的速度从京城向全国各地传播。果然没出康熙帝所料,这在士林中产生很大反响。尤其是在江南,士子们士气高涨,纷纷感恩皇上体恤民情,并表示要积极应战,加紧备考,争取抓住时机,荣登皇榜。

一向淡泊名利的慕容方这次也有所心动。张抚台为拔掉为害两江的大毒瘤,与噶礼双双被解职。督抚互参案的审理,让慕容方很替张抚台担心。皇上为彻查江南科考案,已委派三任钦差。正、副主考,房官及作弊的举人尽数抓捕归案。慕容方反复考虑,辛卯科乡试,在众望所归的情况下,自己名落孙山。这次恩科考试一定要参加,争取考出来好成绩,不为别的,只为证明自己的实力,不蒸馒头争口气,也好让张抚台感到欣慰。现在,离明年乡试还有九个月时间,慕容方打算向巡抚衙门请长假,回扬州专心备考。他就是憋着一口气,这回不但要考上举人,还要考上进士。

五月中旬,慕容方交接完手头工作,与张伯行、大黑、大仪告别后,乘船回到扬州家中。

父母、妻儿见到慕容方回来，很是高兴。一回到家，他便将离家十余里的一处乡间小院收拾干净，搬往乡间小院居住。临走前，他特别交代，读书期间家人不要去打扰他，更不要告知亲朋他的去向。他要专心备考，刻苦读书，不登皇榜，誓不罢休！

乡间小院位于慕容家的一片果园内，果园有十余亩，植有桃、梨、苹果等果树。小院不大，乃慕容家游玩时落脚之处，上房为三间里生外熟的青砖小瓦房，东、西各有两间茅草屋，院门开在南边竹篱笆围墙上。此处环境幽静，是读书的绝佳之处。慕容方到此，便闭门苦读，潜心研习四书五经，习作策论。渴了，饿了，累了，困了，慕容方就抬头凝视墙上挂的一副对联：有志者事竟成，破釜沉舟，百二秦关终属楚；苦心人天不负，卧薪尝胆，三千越甲可吞吴。顿时信心倍增！

慕容方从五月份开始温习尚且如此，从十一月份开始备考的大仪更是废寝忘食。

康熙帝首开万寿恩科后，张伯行再劝大仪求取功名，报效朝廷。那时，督抚互参案还无眉目，大仪正替张伯行着急，怎忍离去？十月份，督抚互参案尘埃落定，在张伯行的一再劝说下，大仪才恋恋不舍离开江苏，回到老家。此时，已是十一月，离乡试开考不足三个月。好在大仪跟张伯行这些年一直书不离手。近水楼台先得月，张伯行写的论著他不止一遍地读过。当年，张伯行在福州鳌峰书院授课时，大仪在一旁边听边记，时而也写些策论，请张伯行帮着修改指点。苏州遇到慕容方，二人情投意合，时常在一起切磋。因此，大仪底子还算扎实。

回到阔别几年的仪封老家，大仪喜极而泣。他看到儿女都已长高，长得如花似玉的桃花姑娘为操持家务，头发白了许多，皱纹满面，禁不住又喜又悲，老泪纵横。

几年没回来，家里变化可不小，三间土坯茅草房翻修成里生外熟的砖瓦房，西侧盖起三间茅草房，东侧盖有厨房，南边拉起一道土坯围墙，还盖座小门楼，几只鸡在院子里跑来跑去。有鸡打鸣，有猪拱槽，这才是过日子。院子里垒了猪圈，大肥猪才下一窝猪崽儿，更神奇的是猪圈旁的牛棚里拴着一头牛。大仪做梦也不敢想，家里居然有头牛。三十亩地一头牛，老婆孩子热炕头，是大仪认为最幸福的事情。

大仪先到父母坟前磕头作揖,烧纸送钱。桃花姑娘在家特意做几道他爱吃的可口菜,还让小满打了一斤他爱喝的"仪封醇"薯干酒。

酒菜摆好后,大仪斟满一杯酒,恭恭敬敬地双手端给老妻道:"家里的,这些年俺不在家,都苦着你一人了!"说着,他的眼泪又流下来。

"这几年多亏宫保府照应,小满在请见书院上学,二儿子跟着东头先生读私塾。如今,咱家日子越过越红火。"桃花姑娘脸上洋溢着喜悦。

看着家里的变化,大仪心里对张伯行充满感激。人逢喜事精神爽,大仪一提劲,半斤"仪封醇"进肚,倒头就睡,醒来第一句话便是:"还是老家的酒劲儿大。从今以后,滴酒不沾,专心备考,等金榜题名,再一醉方休。"

从此,大仪家的西屋里灯火通明,彻夜不灭。寒冬腊月,豫东平原滴水成冰,屋内砚台中的墨冻成实疙瘩,夜间更甚。桃花姑娘看在眼里,疼在心里。她让儿子下学后到树林里砍些柴火,她烧成碳,放在火盆中供大仪取暖,为大仪熬姜汤令其驱寒,使他安心读书。望着闪烁的灯光,大仪想起寇準的《寒窗课子图》:"孤灯夜读含苦辛,望尔修身为万民。勤俭家风慈母训,他年富贵莫忘贫。"

九
恩科取士

（一）主考副考、监考巡考、考场考务、收卷封卷、改卷评卷、合分登分……科考的诸多事务需一一落实

胜日寻芳泗水滨，无边光景一时新。

等闲识得东风面，万紫千红总是春。

时间过得真快，元宵节才过不久，乡试就在眼前。

万寿恩科乃是彰显皇上恩德的大喜事，千年不遇。有前年辛卯科文试舞弊之事，江南科场再闹出差池恐对皇上、百姓都无法交代。张伯行不敢怠慢，二月初，他便从苏州赶往江宁督考。

来到江宁，张伯行即到两江总督衙门参见总督赫寿。

张伯行来见，赫寿很意外，笑道："孝先兄，多日不见，可还安好？怎么突然来到江宁？"

张伯行道："江南万寿恩科乡试在即，正、副主考已到江宁。江南士林人才济济，向来是世人瞩目之地。上科文试闹出事端，轰动全国，皇上震怒。而今，皇上开恩，喜逢六十寿诞之际，增设万寿恩科，普天同庆。下官恐科场再闹出风波，于上于下均无法交代，特来督考。昨日傍晚才到江宁，今天一早来拜见大帅，看大帅对乡试有何指令。"

提起江南辛卯科乡试舞弊案，赫寿心头一紧。他怎会不知，作为第二拨钦差，他还审过此案，当然知道个中厉害。若不是张伯行把噶礼弹劾掉，如今，这总督还是噶礼在任。通过审理科考案，赫寿知道这里边的水极深，他可不想掺和进去。张伯行来得正好，有这个爱认死理的人监督，上至康熙皇上，

下至平民百姓,都会放心。

于是,赫寿笑道:"万寿恩科不单为取士,更重要的是彰显皇上恩德,因此,一点都马虎不得。听说,恩科正主考吕履恒是孝先兄的同乡,想必熟悉哟!"

> 史载:吕履恒,字元素,号烜庵,河南府新安县人,康熙三十三年(1694 年)二甲二十九名进士。曾任宁县知县、广西道监察御史、奉天府丞兼学政、都察院左佥都御史、宗人府丞、户部右侍郎等职,还曾为云南、江南典试官。他少承家学,擅诗文,著有《冶古堂文集》五卷、《梦月岩诗集》二十卷、《诗余》一卷,另有剧作《洛神庙传奇》传世。

"下官与吕履恒虽同为河南人,但下官家在豫东开封府仪封县,吕主考籍贯豫西河南府新安县,两地相隔五百余里。下官与吕主考以前并不认识。"张伯行说道。

赫寿道:"皇上六十寿诞在即,事务繁多,别人干兄弟不放心,孝先兄来得正好。朝廷取士乃是大事,万寿恩科更是大事中的大事。因此,兄弟想来想去,觉得只有孝先兄方可胜任。有请孝先费心料理,确保今年恩科考试风清气正。"

主考副考,监考巡考,考场考务,收卷封卷,改卷评卷,合分登分……科考的诸多事务需一一落实,张伯行便告辞而去。

回到驿馆,张伯行又派人拿着请帖,去请江南癸巳恩科乡试的正主考吕履恒、副主考乔云名明天中午来驿馆,他为二位接风洗尘。

> 史载:乔云名,山西蒲州府猗氏县人,康熙三十六年(1697 年)二甲二十二名进士。曾任户部郎中,江南恩科乡试副主考。

派出去的人很快回来禀报张伯行,正、副主考明天准时来赴宴。

晚饭后,张伯行带着大黑等三个随从,朝成贤街的江宁府学而去,看看备考的学子们。他从苏州出发前,专程到苏州府学里看看庠生,送去一头大肥猪。

江宁府学离张伯行下榻的驿馆不远,原为明代最高学府——国子监,门前这条街叫成贤街,街名源于明代,因为此街是为即将步入仕途的学生所使,故得此名。

乡试临近。虽已掌灯,府学中的庠生借着昏暗的灯光,正在书斋中刻苦用功。"宝剑锋从磨砺出,梅花香自苦寒来。"不尝苦中苦,怎知甜中甜? 张伯行看着心中欢喜,也格外心疼。他接过大黑手中的油壶,笑眯眯地为每位庠生书桌上的油灯拨灯加油。

屋内昏暗,再加上张伯行与大黑等人衣着朴素,学子们根本不会想到巡抚大人驾到。

有人搭话道:"谢谢您为我们添加灯油,看样子您也是读书人吧?"

张伯行笑道:"小兄弟好眼力,我从小就读书。如今,活了大半辈子还在读书。"

"怪不得您像位满腹经纶的老学究呢!"另一位笑道。

张伯行笑道:"满腹经纶谈不上,老书童还称得起。"

有一位不无惋惜地说道:"啊? 老先生,您读半辈子书,怎么还是个童生啊?"

张伯行更乐了:"'书山有路勤为径,学海无涯苦作舟。'正因为此,我这个老书童才特意给你们年轻人加油鼓劲。时间宝贵,不耽误诸位了。预祝各位妙笔生花,考试时作出锦绣文章。"说完,他又转到另一间书斋。

(二)堂堂江苏巡抚宴请皇上钦点的乡试正、副主考,居然全是家常菜

出于好奇,第二天一大早,大黑就走进厨房。他倒要看看,老爷请客备的都是什么菜。拿起菜单,大黑暗自发笑。四凉四热八菜一汤两主食。凉菜是小葱拌豆腐、醋泡花生、调肉皮、盐水鸭;热菜是素几样、清炒莲菜、红烧鲤鱼、春笋炒肉;汤是三狠汤;主食是浆面条、油丝咸卷。堂堂江苏巡抚请皇上钦点的乡试正、副主考,就吃这些东西,一个山珍海味都没有,全是稀松平常的家常菜。

细心的大黑发现,这些菜品看似简单,其中自有乾坤。山西人爱吃醋、喜

面食,醋泡花生、三狠汤、油丝咸卷正对乔云名的胃口。红烧鲤鱼、浆面条是吕履恒老家新安的名吃。盐水鸭、春笋炒肉是江宁地方特色菜品。没想到,老爷为这顿饭这么用心。

临近中午,吕履恒、乔云名如约而至。

正主考、都察院左佥都御史吕履恒比张伯行小九岁,乃是一位诗人。他与其弟吕谦恒同为官员,又同在文学上有造诣,被人称作"新安二吕"。

吕履恒久慕同乡张伯行大名,只是无缘相见。这次来江宁主考江南乡试,正想会会这位被康熙帝誉为"天下第一清官"的张抚台。开考前,张伯行下帖为其接风洗尘,让他有些为难。去吧,大考之前见地方大员,不免引人口实。不去吧,封疆大吏宴请,若不去会给人清高之嫌。去也不是,不去也不是。他相信张伯行的人品,最后,还是选择赴宴。

副主考、户部郎中乔云名,山西蒲州府人。蒲州乔氏乃名门望族,中进士、举人者不乏其人。

张伯行邀请赴宴,起初乔云名心里也有些打鼓,毕竟此行身份特殊。一想起判绞监候的辛卯科江南乡试副主考赵晋,他就不由得打个冷战。感觉还是谨慎为好,不行称病算了。转念又一想,张伯行乃有名的清官,应该不会提出令人为难的要求,便又改变主意,欣然应允。

嘿!老爷要请客,今天太阳从西边出来了吧!大黑下意识地抬头看看天。跟着张伯行这些年,大黑很少见他请官员吃饭,而且这次请的还是康熙帝钦点的乡试正、副主考官。这可不像张大清官的一贯风格啊!

吕、乔二人是五十一年十二月二十二日康熙帝钦点的江南乡试正、副主考。这一日,钦点的有:

> 以翰林院编修俞长策为陕西乡试正考官,工部员外郎李士瑜为副考官。都察院左佥都御史吕履恒为江南乡试正考官,户部郎中乔云名为副考官。詹事府少詹事梅之珩为河南乡试正考官,翰林院编修阿克敦为副考官。

张伯行与二人在正堂稍事寒暄,移步饭厅入席。

三人落座,酒菜齐上。张伯行道:"今日本抚为二位主考接风洗尘,一时仓促,准备不周,请二位大人见谅。"

吕履恒笑道:"宴席非常丰盛,有劳抚台费心。"

张伯行举起酒杯道:"二位主考一路辛苦,来,咱们满饮此杯。哈哈!这可是河南府四眼井裕顺同酒坊的酒呀。"

听说是老家的酒,吕履恒心里一热乎。没想到张伯行这么细心,端起酒杯他一饮而尽。

饮过酒后,张伯行招呼二人夹菜道:"来,二位大人,尝尝这道菜,哈哈!我们老家有句歇后语,小葱拌豆腐——一清二白。"

酒过三巡,菜过五味,张伯行说道:"万寿恩科不比寻常,乃是彰显皇上恩德,开千年科举之首创。万事开头难,头开好了,日后势必有人效仿之。喜庆之年,倘若惹皇上动怒,我们为臣工的可吃罪不起。"

吕、乔二人久在官场上摸爬,当张伯行说"一清二白"时,他们二人已知张伯行请客的用意。桌上的小葱拌豆腐、清炒莲菜,明摆着就是告诫他俩要清廉。人要脸,树要皮,调肉皮估计说的就是这个意思。

吕履恒道:"皇上钦点我二人为正、副主考,主持万寿恩科江南乡试,是对我二人的恩宠。请抚台放心,本主考身为御史,怎会干那贪赃枉法之事?更不容属官有违王法。江南万寿恩科乡试,定如这清炒莲菜般清正廉洁。"

乔云名也道:"抚台大可放心,我二人一定公正主考,绝不徇私舞弊。"

听到二人表态,张伯行心中高兴,端起酒杯郑重其事地说道:"好!二位主考所言,真乃江南士子之福。希望二位大人言必信,行必果,言出必行。本抚代江南应试士子、江南百姓敬二位大人一杯,先干为敬。"说完,张伯行一仰脖,滴酒不剩。

(三)恩科乡试若想作弊就要好好掂量掂量,何况还有张伯行在此督考

康熙帝深谋远虑,为何在万寿恩科乡试前一个月将江南科考案结案?不排除有杀一儆百的意思。

有江南科考案事在前,恩科乡试若想作弊就要好好掂量掂量,何况还有张伯行在此督考。张伯行是阎罗、老包式的人物,他一道折子就能将皇上的亲信、两江总督噶礼参倒,扳谁不都在谈笑间? 谁都是长一个脑袋,想作弊的人真是胆怯。但还是有极少数人抱着侥幸心理,甘翰铭便是一位。

扬州不但盐商多,茶商也多,甘家便是其一。甘家世居扬州,以做茶叶生意为主,以扬州盛茂丰为总号茶叶店,在全国各地有几十家分号。甘家少东家甘义文,字翰铭,以字行世,少年时就爱附庸风雅,常与文人往来。怎奈他资质平平,与才华横溢的文友比起来,自己诗词歌赋样样不行,人近中年勉强中了个秀才。文友雅聚时之所以愿意带他,就是因为他愿意出钱赞助。

与文友在一起,甘翰铭总觉矮人一截。怎么办? 弄个举人傍傍身。甘家论财力,论影响,毕竟比不上扬州财大气粗的盐商们,上科乡试他想作弊也没能排上。科考舞弊案朝廷查得这么狠,把有钱有权的都吓住了。如今,谁也不敢再动这主意,可甘翰铭却觉得机会千载难逢。

他认为,不是都说灯下黑嘛! 越是这个时候越好办事。找谁呢? 甘翰铭想来想去,还得找好友、江都知县王铣。于是,他怀揣四张一千两面额的银票,提着二斤包装精致的特级龙井茶,又让柜上称了二两普通的茶叶,包成两包,揣在怀中,来到江都县衙。

守门衙役都认识他,热情打招呼道:"甘先生来了,有些日子没见您了。"

甘翰铭笑道:"忙,最近忙,各位都还好吧。这是今年的新茶,请各位尝尝。"

一位衙役接过茶叶笑道:"咦! 多不好意思,净喝先生的茶。"

另一位道:"哎呀! 先生您这么大的学问,每次还都想着我们,太感谢啦!"

"余头拿着,兄弟们喝酒用。"甘翰铭胡乱掏出二三十枚铜钱,递给余差官。甘翰铭就喜欢别人叫他"先生",开始他给过茶叶,本没再打算给钱,架不住衙役们"先生"这一叫,还说他学问大,心里一高兴,才又掏的赏钱。

余差官咧着嘴笑道:"哈哈,谢谢先生的赏! 您是来找邑宰的吧? 先生稍后,我这就给您禀报。"

王铣见甘翰铭来很高兴,笑道:"翰铭,今日怎么得闲了? 多日不见,在忙什么呀?"

甘翰铭笑道:"我能忙什么,主要是邑宰为百姓日理万机,学生不忍打搅。"

王铣笑道："哈哈！你呀，你呀，就是会说话。照此一说，你今天来一定有事了。"

甘翰铭心想，邑宰果然厉害，难道是我肚里的蛔虫？不好意思地笑道："确实有件小事，想麻烦邑宰。"

王铣心想，哼哼！甘翰铭呀甘翰铭，本县还不知道你？平日里你都是拿一斤茶叶来，若不是有事求我，你会拿两斤？就拿两斤茶叶估计事也不大，便道："说吧，有什么大不了的事呀？"

"这不明年要开恩科嘛，学生想中举。"说着，从怀里掏出一千两银票放在桌上。

王铣看见银票，大惊道："大胆！难道辛卯科考舞弊案你不知道吗？你不怕掉脑袋，本县还怕呢！"

甘翰铭又掏出一千两银票，笑道："邑宰莫惊，没这么严重。学生自觉学识还行，只是恐在同等条件下被人挤下，只是请邑宰帮着看着点。"

王铣怒道："胡闹！朝廷取士向来公正，岂有不公之理？把银票装好，快快离开，今天本县就当什么都没看到。"

甘翰铭死皮赖脸地又掏出一千两银票，笑道："呵呵！对，的确今天什么都没发生。学生要求也不高，只要能中举，后几名就行，反正学生也不打算进京参加会试，更没想过当官。"

王铣说话缓和许多，说道："你这是干什么？我们朋友之间至于这样吗？"

"学生告辞，事成之后，嘻嘻！学生再送邑宰两千两银子作为答谢。"说完，甘翰铭起身告辞。

甘翰铭毕竟是生意人，走出县衙，心中乐开了花。本来他预算是四千两银子搞定，这下可好，省一千两。

有钱能使鬼推磨！在他软磨硬泡之下，王铣还真是应承下来。正当甘翰铭做着举人梦时，乡试开考前三天，王铣派人将他叫到县衙。

"翰铭呀，不是本县不帮你这忙，你应该听说，张抚台已到江宁，这次恩科他要全程监督，就和上科乡试武考一样。张抚台何许人也？咱俩长四个脑袋也不够掉的，你还是死了这条心吧！这是你那银票，你收好。"说着，王铣将三千两银票递给甘翰铭。

甘翰铭不死心，说什么也不收。

王铣见状哀求道："翰铭，我的亲哥哥嘞！兄就拿着吧，兄弟真的不容易呀！兄弟上有老，下有小，一家老少全靠我养活，翰铭兄总不会忍心将兄弟一家老小都搭进去吧！再说，兄不考虑我，也得考虑考虑自己。兄这么大的家业，不愁吃不愁喝，若是被张抚台查到了，可是什么都没有了。吴泌、程光奎的例子不就摆在那儿吗？"

接过王铣退还的举人"预付款"，甘翰铭中举的幻想彻底破灭。思考再三，他决定不参加恩科乡试。

（四）江南万寿恩科乡试公平、公正、公开，解元、亚元众望所归

> 竹外桃花三两枝，春江水暖鸭先知。
> 蒌蒿满地芦芽短，正是河豚欲上时。

春江水暖鸭先知不知，还真是说不准，但盐水鸭的醇香却飘满二月的江宁。秦淮河畔，和风柔柔，细雨绵绵，绿柳吐出新芽。长干桥横跨秦淮河，好似一条纽带连接河的两岸，让人想起那首"郎骑竹马来，绕床弄青梅。同居长干里，两小无嫌猜"。静静的河面，随风的柳枝，绽放的红梅，倒映在秦淮河中，犹如一幅水墨丹青。

江南恩科乡试如期在二月举行。入场这天，江南贡院门前虽然被挤得水泄不通，但人多而不乱。慕容方、杨绳武、蒋继轼、景考祥、丁谷宜、郑德贵、段秀才等人的身影也在考生中晃动，大家都在贡院大门依次排队，等候检查。那个住在长干里桥边曾骑竹马的东京少年，不知是不是也在队伍里面翘首以盼？入门查验非常严格，抱有侥幸心理的夹带者被一一查出。应试学子们看到被揪出的舞弊者，或嚎啕大哭，或呆若木鸡，纷纷拍手称快。

杨绳武还看到，后面排队的夹带者，看到前边的被查获，悄悄到没人的地方将企图带入考场的夹带品销毁。他的考棚与慕容方相隔不算远，二人对视而笑。上次相遇也是在江南贡院，那时，大家一同为乡试不公而大声疾呼。而今，作弊之人已被绳之以法，皇上又开万寿恩科取士，大家能不心情愉快吗？

杨绳武感觉这科乡试明显严格。主考吕履恒、副考主乔云名每日至少在考棚间巡视五次。他留心数数，上午两次，下午两次，晚上还来一次。考官和

兵士更是一会儿一趟。他们并非走马观花,而是仔仔细细查看考生的情况。开考第一天下午,杨绳武分明听见,现场被抓获作弊者求饶声从远处传来,这让大家感觉到考场的清明。

在考场,大家每天都能见到张伯行。有时上午,有时下午,有时竟然是晚上。白天,张伯行会仔细查看考生答卷情况。晚上查看考生就寝情况。那个清正廉洁、秉公执法、不畏权贵的铮铮铁骨,此刻显露出侠骨柔肠。

那日,在江宁府学将张伯行认做老童生的府庠生,在进考场时认出来张伯行。他既兴奋又惭愧地说道:"啊!原来您是位大官呀!那天您为我们添油时,学生还以为您是……"

张伯行和蔼地拍拍他的肩膀,笑道:"认真答卷,争取考出好成绩。"

张伯行走过去后,他轻声问跟在最后边的考官道:"敢问这是哪位大人呀?"

考官看看前边,小声回道:"江苏张抚台。"

"啊!原来他就是我们江苏人爱戴的张抚台啊!真平易近人,他刚才竟然还拍了拍我的肩膀呢!"府庠生幸福地说道。

江南万寿恩科乡试在张伯行的全程监督下圆满结束。接下来是阅卷,毕竟有皇上钦点的正、副主考,张伯行不便干涉,但他依旧待在江宁,直到举行完鹿鸣宴。

四月,初夏的江宁,香风浮荡,新绿蔽日,也是万寿恩科乡试放榜的日子。此时的江宁蔷薇盛放,街头村陌、水岸山林,随处可见它的踪影,粉粉白白,热热闹闹,开得张扬恣意,犹如新科举人般春风得意。

乡试放榜这天,江南贡院人头攒动,人们争相观看新科解元是谁。

"许遴中!新科解元是许遴中!"

"就是住在长干里的大才子许遴中吗?"

"就是他,历经磨难最终与青梅竹马喜结连理的许遴中。"

"听说许遴中少年时即颖异不群,读书能数行俱下。"

"此言不差。许遴中十四岁补郡附学生,不久又补廪膳生。在郡学习期间,他文章提笔立成,试辄冠其辈偶,名声籍甚。"

许遴中于八月举行的会试,高中进士二甲二十五名,后改庶吉士,授翰林院编修。后告假回乡,以"聚诸子侄教之"为己任,读书为文,秉承家学,督课则如严师,口讲指画。暇时,则称说古圣贤人行事以为法,即使间治酒肴,亦与其讲论一堂之中,怡怡然自乐。后来诸子弟皆有成就,两弟、两子、两侄先后举于乡,一人成进士。这是后话。

"许遴中中解元实至名归。我服。"

"我也服许遴中。"

"对!我们大家都服。"

"哈哈,没想到吧,亚元居然是景考祥,扬州江都的景考祥!"

"是那个十五六岁的娃娃考生吗?"

"就是他。你别看他年龄小,可文章作得好,诗写得更好。他随父至河南怀庆府,曾效仿曹植七步成诗,名动中原。"

"中原自古藏龙卧虎,鸿儒若过江之鲫,景考祥居然能一鸣惊人,可见真是人中龙凤。佩服,佩服!"

只是,不会有人想到,这个年仅十五六岁就高中亚元的景考祥,后来成为帝师。所教的学生中有个名字叫爱新觉罗·弘历,继位后年号"乾隆",乃大清入关之后的第四位皇帝。更不会有人想到,1964年遗失的靖藏本《红楼梦》,就是景考祥所藏。

"杨绳武!杨绳武!绳武兄你高中第五名!请客吧,杨经魁!呵呵!"

"啊?我中了?还是第五名?我可谁也不认识,半两银子也没花过啊!"杨绳武激动地往里挤,他一定要亲眼看到榜单才信。

"啊!第五名,的确是第五名!哈哈!比慕容无隅还靠前一名呢!皇上圣明,皇上圣明,我太高兴了!"杨绳武激动地手舞足蹈,说话都有点语无伦次。

榜单上,蒋继轼、丁谷宜等人也都皇榜有名。士子们看过榜单心服口服,百姓更是人人称赞。中举者全为大家公认的有学识读书人,其中不乏江南声名鹊起有名有姓的才子。

当大黑将在贡院中听到、看到的一切禀报给老爷时,张伯行脸上浮现出喜悦。

"大黑,告诉厨房晚饭时烫壶酒,咱哥俩好好喝两杯。"张伯行高兴道。

"好嘞!"

张伯行回到苏州没几日,老家书信如期而至,大仪也高中举人了。张伯行高兴地看完书信交给大黑。

大黑激动地接过信，边看边乐呵呵地说道："秀才果然有本事，竟然真的高中举人了，五十八名嘞！不错！真不错！"

"大黑，咱哥俩好好为大仪庆祝庆祝。"张伯行乐呵呵道。

"嘿嘿！我早知道今晚老爷要喝几杯。"大黑边说边乐着下去准备。

八月会试，慕容方用高中二榜三十一名进士来证明，他在乡试中的亚魁是靠真本事得来的。

当慕容方沉浸在喜悦中时，悲伤正在向某人慢慢靠近。此人就是噶礼。

（五）噶礼感觉，张伯行就是他这辈子最大的克星

都说人背起来喝口凉水都塞牙。噶礼之前不信，这回绝对信了。自打督抚互参被解职后，他气都没顺过。前后两任四位钦差都向他或明或暗地提示过，他的事情没问题。审来审去，可是结果呢？与他们说的大相径庭。一同解职的张伯行先是被革职留任，才几个月光景，遇皇上六十寿诞，竟然又被复职。而他绝对是倒霉透顶，张伯行被革职留任时，自己被革职；张伯行遇赦复职时，自己依旧被晾在一边。噶礼感觉，张伯行就是他这辈子最大的克星，没有之一。

革职回京，亲朋好友大多躲着他。他在家闷得难受，去找儿时的小伙伴和铁哥们儿吧，噶礼发现如今这些人，要么是朝中重臣，要么是一方封疆大吏，或者是各地手握重兵的将军。唉！他们哪有空理他这个闲散之人啊！有时，噶礼也在心中自己劝自己。老噶礼呀老噶礼，你知足吧！比上不足，比下总有余呢！你比不上贝勒、贝子，一品大员，难道你还比不上被关起的那些人？当他想到干儿子干泰的亲生父亲常泰时，他心里平衡许多，唉！再不济总比被处死的那些哥们儿强吧？

树挪死，人挪活。与其吃饱没事，坐着等死，不如活动活动，说不定一不留神，又能让皇上想起他。到时让那些如今嫌弃我的人看看，我噶礼也有东山再起的时候。哈哈！找谁最好使呢？想来想去只有母亲。

她老人家不是常到宫中向皇太后请安吗？因是皇上奶妈的缘故，若想见皇上还不是轻而易举的事？倘若她老人家一高兴，见皇上时随便提两句，哼

哼！我噶礼不就又风生水起了吗？对,把老母亲哄好了,比什么都强。

可是,母亲对他的态度……怎么能把母亲哄好呢？想到这里,噶礼又犯起难。女人的心思女人最明白,还是找夫人好好商量商量吧!

噶礼的大夫人额尔瑾肚里有的是鬼主意,噶礼找她算是找对人。

额尔瑾见噶礼愁眉苦脸地走进她的房间,便问道:"老爷,今天谁又惹你了?"

"谁也没有,就是心烦。唉!"噶礼叹一口气。

噶礼不说额尔瑾也猜得到,还是被皇上晾着的事呗!看看你这点出息,是干大事的人吗？想归想,劝还得劝,额尔瑾安慰噶礼道:"前几日,妾身到二哥府上将你的事同他说过,二哥答应帮着想想办法。"

噶礼道:"唉!这事,二舅哥这个左侍郎,估计也没啥立竿见影的好办法。"

"要说也是,二哥和皇上也说不上话。要是太子还在位就好了!"额尔瑾颇为遗憾道。

噶礼瞪她一眼斥道:"你呀,你呀,就管不住这张嘴,什么话都敢说!"

额尔瑾觉得噶礼言之有理,吐吐舌头道:"要不然再去求求老太太?"

"我也是这么想的。唉!额娘对咱的态度你也知道,上次碰过钉子后,我又让色勒奇去给额娘做做工作,可额娘的态度……唉!挺令人寒心呀!"

"想让额娘出面还不好办。"额尔瑾胸有成竹道。

"哦!你有好办法,怎么不早说?"噶礼脸上浮出惊喜。

"把她老哄开心不就得了嘛!"

听过此话,噶礼又像个泄了气的皮球,塌了肚。

额尔瑾见状笑道:"放心吧,妾身自有办法。一会儿收拾收拾,明天咱就搬到老太太那儿去。"

"搬她那儿去干啥?她又不待见咱们,再说她能同意吗?"噶礼诧异地问道。

"她不同意咱也得去呀!老爷在咱们亲朋中扒扒,这事有谁去向皇上说比额娘合适?咱不指望她,指望谁?你可是她亲儿啊!她不管,谁管?儿子被革职后一直在家晾着,她脸上就好看?"额尔瑾越说越激动。

噶礼憋着气不说话。

"秀梅、桂花，赶快收拾收拾，明天搬到太夫人那儿去。"额尔瑾冲着屋外对丫鬟喊道。

晚上，额尔瑾吩咐丫鬟秀梅拿出为见婆婆准备的四件敲门砖。

一件为莲藕金簪。此簪乃宋代皇宫遗物，簪呈扁平状，长一尺二寸，最宽处两寸，重二两一钱。主题纹饰为莲花和莲蓬，层层叠上的九层莲瓣和莲蓬均以薄金片一一錾凿成型，每一层莲瓣上都有精美的镂空纹饰。

一件是金凤钗。此钗为唐代皇宫遗物，饰片为一只舒展开翅膀的凤凰。凤凰长颈衔住左侧的翅膀，与抬起的右脚配合得自然而又显出妩媚，脚下的几朵祥云也顺势成为边缘的装饰，可谓精美绝伦。

还有一件是紫貂皮大氅。所用貂皮产自罗刹国，貂皮乃名贵之物，有"风吹皮毛毛更暖，雪落皮毛雪自消，雨落皮毛毛不湿"三大特点。此氅做工精致，皮板轻柔，毛绒丰厚，色泽光润，给人一种雍容华贵之气。

件件价值连城，噶礼看后，心疼道："夫人，这礼也太重吧！莲藕金簪可是你的陪嫁嫁妆呀！"

"舍不着孩子套不到狼。东西不精致些，能入额娘的眼吗？她是什么人，皇上的奶妈，常在宫中走动，啥好东西没见过？"额尔瑾咬着牙说道。

说着，额尔瑾又取出第四件礼物，是一串红珊瑚雕夔龙福寿纹十八子手串。只见这串手串，十八颗珠子及配珠，均用红珊瑚镂空雕成夔龙、福寿纹饰。红珊瑚已属珍品，更为珍贵的是手串正中的那颗隔珠，竟然是东珠。这颗珠子圆润硕大，色泽晶莹透澈，能称为上品。因东珠来之不易，有"易数河不得一蚌，聚蚌盈舟不得一珠"之说，被历朝视为珍宝。又因东珠产于大清皇室的龙兴之地，更成为大清皇家至爱。用东珠制成的朝珠极为尊贵，只有皇帝、皇后、皇太后才能佩戴。即使是皇子、亲王都不能使用，更别说平常百姓。

噶礼惊讶道："你不会连这件手串也打算给额娘吧？"

"当然要给，不然怎么打动她的心。"

"这可是太子赏给干泰，干泰又拿来孝敬你的。你真能舍得？"

"为了老爷，我什么舍不得？"隆尔瑾斩钉截铁地说道。

噶礼心一酸，眼泪流了出来。

其实，额尔瑾心里清楚，她和噶礼是绑在一起的两只蚂蚱，一荣俱荣，一毁俱毁。噶礼东山再起,还缺好东西? 金凤钗、紫貂皮大氅不都是别人孝敬噶礼的吗? 留得青山在,不怕没柴烧。全给她又怎样? 哼哼,旧的不去,新的不来。

十
噶礼归西

（一）你还敢将废太子叫作太子，真是反了你

当噶礼夫妇带的丫鬟、小厮突然出现在噶母府上时，噶母大吃一惊。

噶母没好气地问道："你们怎么来了？"

额尔瑾忙笑着紧跑两步，来到噶母面前施礼道："额娘，万福！儿媳这厢有礼了。"

噶母没接她的腔。

额尔瑾起身笑嘻嘻地上前搀着噶母的胳膊，说道："几日不见，额娘气色更好了。"

额尔瑾仗着娘家在朝中有势力，在妯娌之间飞扬跋扈惯例了，连噶母的话她也越来越懒得听。噶礼刚当上两江总督不久，她与噶母吵一架后，就没怎么来过婆婆家。

噶母看都懒得看她，说了句："几日不见，怕是几年不见吧！"

额尔瑾没接婆婆的话茬道："我可想额娘，天天在家同老爷念叨要来给额娘请安。老爷说，不急，等大氅做好，我陪你去。对了，额娘，我给您做件貂皮大氅，是罗刹国正宗的紫貂皮。嘻嘻！一会儿您试试。"

"大夏天做什么貂皮大氅，还让我试，试什么试，让我捂痱子啊？"噶母怼额尔瑾一句。

额尔瑾依旧满脸赔笑道："额娘，院子里热，回屋咱娘俩好好唠唠嗑，我有喜事要告诉您呢！"说着，她将噶母搀回屋，噶礼也跟着进来。

进了屋，隆尔瑾让丫鬟秀梅、桂花将四个礼盒放到桌上。她亲手打开一个盒子道："额娘，您看看这支莲藕金簪怎么样，一看就是宋朝宫里做的。噶

礼特意给您买的,您戴上一定好看。"她边说边拿金簪就往噶母头上戴。

噶母躲闪道:"我老婆子可没福消受宫里的宝贝,还是留着你自己戴吧!"

隆尔瑾以为噶母没看上眼,又取出金凤钗笑道:"额娘,您快看看这支钗子上的凤凰雕得多精致呀!这一定是唐朝皇后戴过的。您看看保持得多么好,噶礼花大价钱买来孝敬您的。"

噶母连瞧都没瞧说道:"恐怕是他买来孝敬你的吧!呵呵!我可没福气戴前朝皇后的御用之物。"

这下额尔瑾知道自己碰到钉子了。她没气馁,接着拿出她认为能一举制胜的撒手锏。

"额娘,您上眼这个。看看这颗东珠怎么样,绝对一等一的好东西,您拿着念佛用。"

听到"东珠"二字,噶母猛地打一激灵,迅速将眼转到额尔瑾手中的红珊瑚手串,一颗个头硕大的珍珠凸出红珊瑚中,闪着白晃晃的光。噶母一看就知道,这是出自本朝宫中之物。

噶母大吼道:"小噶子,你这挨千刀的,你真是啥东西都敢往家搬,私藏这个可是犯上的大罪!你这不忠不孝的东西,你真要气死我啊!"

噶母气得瑟瑟发抖,她颤颤巍巍地站起来,紧走几步拿着拐杖就往噶礼身上打。

噶礼没来得及躲,被狠狠地打了两下。额尔瑾见状忙拉开噶礼道:"额娘,您错怪老爷了,这是太子赏您孙子干泰的。您孙子孝顺,特意让我拿给她奶奶呢!对了,我正要给额娘报呢,您孙子干泰又给您添个重孙子,等满月就把孩子抱来给老奶奶请安。"

"太子?你还敢将废太子叫作太子?真是反了你!小噶子就是被你给带坏了。你祸害完他,还想祸害我们全家。今天,我就要替你亲娘老子好好教训教训你。"说着,噶母拿着拐杖就往额尔瑾腿上猛打。

额尔瑾没预料到婆婆会打她,躲闪不及,被噶母用拐杖在腿上狠狠地敲了两下。

"哎呀!额娘别……哎呀,疼,额娘别打了。"她下意识地叫道,边叫边躲。噶母边打边说道:"我哪来的这个孙子、重孙子。两个糊涂蛋,我让你们胆大包天,我让你们认乱臣贼子的崽子当儿子。"

"额娘！额娘！您老这是干什么？歇会儿吧，别闪着腰了，额娘！我替您打行不行。"色勒奇笑着拦下噶母。

幸亏被正巧进屋的色勒奇解了围，不然噶礼夫妇真不知如何是好。色勒奇也是噶礼叫来助阵的。

噶母被色勒奇劝下后，就近找个椅子坐下喘着气。色勒奇站在噶母身旁，边笑边劝。

额尔瑾也嬉皮笑脸端着茶蹭过来道："额娘，莫生气，一会儿我们让小厮把珊瑚手串拿走还不行。嘿嘿！您喝口茶消消气。"

"你的东西我不要，全都拿走。"噶母气呼呼道。

"好！我让他们都拿走行不行，嘻嘻！您老别生气啊！您气坏身子，老爷能轻饶我啊？"

"你们两口走吧，还有你小奇子，赶快走，我看见你们就烦。"噶母愤愤地说道。

"儿媳一看见额娘，就想起我那短命的亲额娘。"说着，额尔瑾用手帕摁摁双眼，接着道："您身边缺人，老爷与儿媳商量好了，额娘上年纪了，我俩想搬到这里来，也好让我俩在额娘身旁好好尽尽孝。"

"嗬！搬到我这里？绝对不可能。你就死了这条心吧！"噶母吼道。

噶礼道："额娘，您就让我们搬来住呗，您儿媳做菜的手艺可好了。"

色勒奇也帮腔道："是呀额娘，您就让我哥嫂来住一段时间呗！"

"好！你们不走我走。来人啦，备轿，把老身送到表老爷那儿去。"

在小儿子华色等人一再劝说下，噶母才算打消去娘家侄府上的念头。

见母亲执意不肯，噶礼夫妇与色勒奇只得灰溜溜地走了。

一计不成，再施一计。额尔瑾对噶礼说道："额娘不是不让咱们搬过去吗？我们去看她，天天都去。这次不送物件，改送吃的。让厨房天天做山珍海味，挖空心思，换着花样做几样菜，我们给她送去，就说是我亲手做的。"

噶礼笑着点头道："好主意！送一天不行，送十天；十天不行，一百天。人心都是肉长的，我就不信打动不了她！"

噶礼夫妇送了三天饭，就不再送。不是不想送，真的是没法再送。每次噶母都将他俩的饭菜摔到地上，还说，他们想毒死我。这下噶礼夫妇没辙了。

还是色勒奇给出了个主意："哥嫂这事有何难？让华色每天按额娘口味

做饭给她送去,额娘吃习惯了,再说是你们做的,她一高兴,哥的事兴许就成了。"

葛礼点头道:"高!这个办法实在高。可是华色会同意吗?毕竟他随额娘生活。"

"这有何难?我去同他说,他听我的。你忘了,小时候,我俩在后海游泳,他腿抽筋,是我救的他,要不他早就被淹死了。"

华色应允后,葛礼每天就按色勒奇的办法派人给葛母送饭。

葛礼哪儿知道,在科考案结案后不久,康熙帝在乾清宫专门召见了华色。

华色不知康熙帝召他来何事,战战兢兢地向康熙帝行过君臣大礼后,站在一旁。康熙帝赐座,他诚惶诚恐,哪敢实实在在地坐下,只是用屁股勉强挨着凳子边儿。

康熙帝对华色说:"朕召你来,是朕有几句话要你转告给嬷嬷。"

华色不敢搭话,只是连连点头。

康熙帝说道:"对葛礼的贪腐,朕早有耳闻,只是一直看在嬷嬷的情面上,朕不但没有追究,还一再重用他。朕本以为他会念朕的好,悔悟自新,没想他竟然愈发变本加厉,很使朕伤心。据朕所知,胤礽与朝臣结党,葛礼竟然也参与其中,让朕心里很不舒服。在胤礽皇太子初次被废之后,葛礼与胤礽依旧有拉扯。朕是察觉胤礽要谋权篡位,才二次废了他的皇太子之位。胤礽谋反虽未得逞,但羽翼犹丰,若不剪除,恐日后生事。"

康熙帝看看华色,接着说道:"你回去告诉嬷嬷,即便葛礼犯再大的罪,她与葛礼,朕会分清的。也希望嬷嬷能大义灭亲,这样,朕在处理葛礼之事时不牵连骨肉,朝中众卿也不会提出异议。"

华色吓得脸苍白。康熙帝讲完后,华色忙跪倒在地对着康熙帝连连磕头,千恩万谢。

华色回府后,赶忙把康熙帝的话原原本本地告诉母亲。一番话如同晴天霹雳,葛母不由得泪流满面。虽说此事她早已预料,但没料想会严重到这种地步。十指连心,谁的儿孙谁不心疼?她流着泪,呆坐着想了好久。葛礼到今天这种地步,她已无力挽回。罢!罢!罢!为一大家子性命着想,如今,也只能丢卒保车,舍掉葛礼,保全大家。

葛母赶忙让儿子华色代她向康熙帝上一封奏折。折子通篇都在说葛礼多么坏,多么不孝顺。另一个儿子色勒奇如何与噶礼狼狈为奸,惹她生气。尤其,她在折子中提到,噶礼收养了胤礽长舅、常泰之子干泰为干儿子,并由噶礼的正妻额尔瑾抚养。此事令她与丈夫普善极其不满,普善一怒之下将额尔瑾、干泰逐出家门。噶母的折子只有一个意思,就是极力与噶礼、色勒奇撇清关系。

康熙帝看到华色代母上的奏折后,满意地点点头。他御批道:"噶礼偷养常泰之子之事,朕谕曰稍候。今噶礼持银于热河肆意侵吞,朕闻知,重杖后,拿获交部。噶礼之家产,俱赏与尔母。"

此事,噶礼还一直被蒙在鼓里,浑然不知危险正慢慢向他靠近,却还在一门心思地做着东山再起的黄粱美梦。

(二)令领侍卫内大臣鄂伦岱、乾清门侍卫伍格,前去捉拿原两江总督噶礼

西汉儒学大师董仲舒认为,天有四时,王有四政。庆、赏、刑、罚与春、夏、秋、冬,以类相应。康熙帝自幼学习儒学,深知其中道理。康熙五十二年,对于大清朝来说,可谓是丰富多彩的一年。康熙帝在春天庆祝自己的六十寿诞,夏秋开恩科举行会试,是对读书人最好的奖赏。与刑相对应的深秋,康熙帝又想干什么?他要整顿朝纲,清除隐患。在他心中要整治的名单上,赫然写着噶礼的名字。

形势急转直下,事先没有丝毫预兆。康熙五十二年九月初七,康熙突然下旨,令领侍卫内大臣鄂伦岱、乾清门侍卫伍格,前去捉拿原两江总督噶礼。鄂伦岱何许人也,姓佟佳氏,满洲镶黄旗人,他不是外人,乃是康熙帝的亲表弟,其姑母为孝康章皇后。打虎亲兄弟,上阵父子兵。抓捕自己的亲近之人,还得派自己的亲近之人去,派别人等于自己扇自己的脸。

鄂伦岱是支持八皇子胤禩的人,听闻皇上派他缉拿废太子的党羽,立马来了精神。他随即点齐兵士,与伍格径直往噶礼胡同而来。

当众兵士冲入噶府时,噶礼正在院中津津有味地看斗鸡。两只鸡,一只鸡鼓着眼睛,张开翅膀,竖起脖子上的羽毛,双脚一跳,再次扑了过去;另一只也不甘示弱,全身羽毛张开,"咯咯"叫着,迎接那一只进攻。它们尖嘴对着尖

嘴,爪子对着爪子,不停地跳跃、冲撞、搏斗,鸡毛在院内乱飞,鲜血在鸡冠上直流。正当两只鸡打得难解难分之时,一大帮兵士们突然出现在噶礼面前,使他倍感意外。

见领头的是与他有过节的鄂伦岱,噶礼气不打一处来。他大声怒喝道:"鄂伦岱,你好大胆,竟敢带人私闯官宅。我乃朝廷重臣,功勋之后,是随便可以冒犯的吗?等我告到皇上那里,看皇上怎么治你的罪!"

鄂伦岱冷笑道:"呵呵!早被革职,还朝廷重臣呢!别往自己脸上贴金了。功勋之后?董鄂氏的名声都快让你败坏光了。哼哼!告到皇上那里?本官正是奉旨前来。"

鄂伦岱话锋一转,沉着脸厉声道:"噶礼,还不快快跪下接旨!"

鄂伦岱将圣旨原原本本念了一番,听得噶礼目瞪口呆。

鄂伦岱宣读完圣旨之后,哪还等噶礼反应过来,早令军兵给噶礼套上枷锁。几个健壮的军兵凶神恶煞,架着噶礼就往大门外的囚车上塞。之后,众人押着噶礼直往看押地而去。

直到被关到囚车中,噶礼也不相信眼前发生的一切是真的。在囚车中,他大呼道:"我冤枉,我没罪!我要见皇上,我要见皇上!皇上,皇上,我没贪赃枉法!我没投毒害母!我冤枉呀,皇上!"喊一会儿,他又大声骂道:"张伯行,你这靠着诬陷忠良往上爬的奸佞小人,你凭什么要冤枉我……"

龙游浅水遭虾戏,虎落平阳被犬欺。押解的军兵怎容他在囚车中大呼小叫。一名军士听着不耐烦,也不呵斥他,猛地用带鞘的腰刀往噶礼的腰间狠狠地一戳,口中低声道:"叫你瞎叫唤。"

军士整日练功夫,手上有的是力气。只此猛不防一下,疼得噶礼"嗷……"的一嗓子,声音都直了。噶礼怒眼圆睁张口就骂。

这军士也不还嘴,只是用带鞘的腰刀又是两下狠戳,口中小声嘟囔道:"再骂一句试试!"

这两下更狠,从小就娇生惯养的噶礼哪受过这个,他疼得差点背过去气,直着嗓子"嗷"两下,脏话到嘴边又被他硬生生地咽回去。此刻,一片秋叶飘落到噶礼的枷锁上。他看着这片黄叶心头猛地一酸,长叹一声"吾往矣"!

噶礼刚被押到暂时关押地,鄂伦岱兴奋地张罗着要提审噶礼。

伍格有些看不过去,说道:"鄂大人,大家跟着大人马不停蹄、人不卸甲地从早上忙到现在,时至中午,都疲惫至极。要不先吃饭,也好趁此机会让大家养养精神,下午再审如何?"

鄂伦岱正在兴头上,哪管这些。听伍格这么一说,他面露不悦地说道:"伍老弟呀,噶礼可是皇上钦令捕的要犯,特事要特办。捕过来不立即问出口供,若是一会儿皇上召我们去回奏,如何是好?"

伍格看鄂伦岱是这个态度,不好再讲。这些皇亲贵胄间的恩怨,他可不想掺和,只得陪鄂伦岱坐到条案后,和他一同审起噶礼来。

捉捕噶礼的差事,康熙帝虽然交派给他俩,但以鄂伦岱正一品、领侍卫内大臣的身份,不必亲自到噶府捉捕。他是来看噶礼被捕时的糗态的。

鄂伦岱领到旨的那一刻,异常兴奋。哼哼!噶礼落到这个地步,真的是罪有应得!他想起多年前一桩旧事,那次在承德木兰秋闱。他张弓瞄准一只大雁正要射,在一旁的噶礼突然打个响亮的喷嚏。他一分心,箭射歪了,不但没射中,一群大雁也被惊飞。这倒也罢,更可气的是,说时迟,那时快,噶礼张弓搭箭对着半空的大雁就射。箭飞出去后,空中一只大雁随之坠落。

康熙帝看到后,大声称赞道:"好!真乃神射手也!赏神射手御弓一张。"

"谢主隆恩!"

看到噶礼叩头谢恩后得意的样子,鄂伦岱气得直想上前扇这个家伙两耳光。他知道,噶礼那个无比响亮的喷嚏是存心故意的。噶礼当着皇上的面不但要羞辱自己,还要展示他高超的射术。君子报仇,十年不晚!噶礼你给我等着,你这个混蛋总有落到我手中的时候,到时看我怎么收拾你。

果然不出所料,鄂伦岱终于等来这一天。这些年来,噶礼干的让他生气的事多着呢!他越想越气愤,日积月累的愤怒终于变成宣泄的动力,是到一股脑爆发的时候了!

(三)鄂伦岱一声令下,七八个军兵蜂拥而上,不由分说将噶礼按倒就打

不多时,噶礼带着沉重的枷锁,被三个军兵推搡到鄂伦岱、伍格二人面前。噶礼昂头挺胸,脸向上斜仰着,撇着嘴,一副不服不忿的样子。

鄂伦岱见噶礼这副德行,气不打一处来,手重重一拍条案,大声怒斥道:

"犯官休得猖狂，本官乃奉旨捉你，见了本官为何不跪？"

噶礼依旧撇着嘴，眼睛望着屋顶，不吱声。

"还不快快跪下！"鄂伦岱见噶礼更加傲慢，十分生气，他如同狮吼般大声叫喊道。一位军兵见噶礼还是没反应，也不言语，猛不防狠狠从后边朝噶礼膝关节处踩了一脚。噶礼瞬间跪倒在地。

噶礼愤怒地瞪着眼睛，转过头，欲站起要找那人算账。

噶礼刚转过头，还没完全站起，另一位军兵狠狠拍一下噶礼的脑袋，厉声道："快跪好，看什么看！"

军兵猛地这一下又把噶礼给拍了回去。噶礼大骂道："你们这些不知天高地厚的狗奴才，竟然敢打老子！老子记住你们，你们这帮狗奴才等着，老子早晚要抽你们的筋，扒你们的皮。"

鄂伦岱见状，冷笑道："呵呵！算了吧老噶，你和他们一般较劲干吗？都说，落地的凤凰不如鸡，你就忍了吧！谁让你平日作恶多端，这都是你积的报应。"

噶礼大笑道："哈哈！老鄂，你也别太得意忘形。你干的缺德事还少吗？不是不报，时候未到。我敢断言，到头来你也落不了好下场，你就接着作吧。哈哈……"

鄂伦岱也大笑道："那好啊！我就等着。哈哈！但我敢保证你是看不到了。哈哈……"

噶礼咂了下嘴，想再反驳什么，又咽了回去。他知道，这次皇上命正一品的领侍卫内大臣亲自来捉他，一定是因天大的事，看来这次他真是在劫难逃了。如今，只能就事论事万般抵赖，或许，还能逃条活命。

鄂伦岱见噶礼不搭话，厉声质问道："噶礼，从实招来！"

噶礼也冷笑道："哼哼！欲加之罪，何患无辞？你要我招什么，我噶礼何罪之有？"

"把你贪赃枉法、毒害亲母、收养犯官之子之罪，原原本本地讲与本官！"

噶礼厉声道："我噶礼世受皇恩，为官以来从未贪墨过半两银子，此乃张伯行诬陷我。我噶礼孝顺谁人不知？说我毒母岂不荒唐？定是有歹人要毁我声名。哦！一定是我那贪得无厌的弟弟华色，因我父在世时分家没有偏向他而心生怨恨，故来陷害我。我满洲人向来有收养本族遗孤的传统，我噶礼收养常泰遗孤,何罪之有?"

"还敢狡辩?看来本官不给你点颜色,你定不知国法为何物。来人呀,先打一百棍再说!"

鄂伦岱一声令下,七八个军兵蜂拥而上,不由分说将噶礼按倒,脱了裤子就打。军兵手上哪有轻重,他们憋着要将刚才噶礼骂他们的气给出了。只两下,噶礼的屁股便皮开肉绽,打得噶礼哭爹喊娘,嗷嗷直叫。

打了十来棒后,伍格怕由着鄂伦岱的性子打,把人打出好歹如何是好,便低声对鄂伦岱讲:"大人,噶礼娇贵,哪吃过这般苦?他又一把年纪,若是打出个好歹,不好交差啊!"

鄂伦岱嘴上说:"怕什么?打出好歹,本官兜着。这种狡诈之人,不打就不会老实。"前一句的话音刚落,下一句便说:"先收了棍棒,等本官问问他,再打也不迟。"

军兵停住手,噶礼也停住了撕心裂肺的大声嚎叫,趴在地上不住地呻吟。任凭鄂伦岱怎么问话,他再也不开口。鄂伦岱的审案只得就此作罢。

其实,鄂伦岱并非立刻就想审出个子丑寅卯,只是杀杀噶礼的威风,让他吃些苦头罢了。借此机会,顺便也泄泄自己的私愤。

鄂伦岱对军兵说道:"噶礼是皇上钦命捕的重犯,正红旗满洲都统来带走前,你等一定要看守好,绝不能有半点疏忽。"

看守的军兵齐声坚定地答道:"喳!"

鄂伦岱看一眼噶礼,又补充道:"噶礼甚是狡诈。为防他逃脱,一定要给他锁上三道铁链。若有差池,小心你等的项上人头。"

看守的军兵回道:"喳!"

伍格在心里撇撇嘴,心想,逃脱?噶礼都被你打成这样,他怎么逃脱啊?

嘱咐完后,鄂伦岱哼着小曲,领着伍格等人悠悠而去。

噶礼挨过棍棒后,没人管,不但没让吃午饭,被打得稀巴烂的屁股一直在外边露着,连金枪药也没给上。还是伍格动了恻隐之心,临去吃午饭前,特意让军兵将噶礼从地上架到长条凳子趴着。虽然长条凳窄窄的,与噶礼魁梧的身体极不协调。但在深秋时节,毕竟要比趴在冰冷的砖板地上强之百倍。

虽说是晴朗的正午,深秋的风中已是凉意十足。午饭后,正红旗满洲都统普奇,副都统茂奇塔特、乌勒带着一帮人来提解噶礼。普奇看到噶礼被锁了三条铁链,屁股赤裸、血肉模糊地趴在一个窄窄的长凳上呻吟,气就不打一处来。不要说噶礼好歹也是当过总督的人,就是平常的朝廷钦犯也不能对其动私刑啊!打狗还得看主人呢,鄂伦岱太不把正红旗满洲放眼里了吧!再说,人被打成这样,他提回去后若有个三长两短,皇上怪罪下来算谁的?一条铁链不够,还要锁三条。人被打成这样,他还能跑得了?鄂伦岱好歹毒的心肠。这么沉的铁链,时间长了,人没被打死,也得被压坠而死。见此情景,他二话没说,赶忙安排人给噶礼医棍伤。然后,他与茂奇塔特、乌勒三人去见鄂伦岱。

鄂伦岱见普奇他们来接噶礼,笑道:"哈哈!接一个噶礼,还需普老兄和两位老弟亲自来吗?打发几个奴才来就行了嘛。哈哈!"

普奇压住心中的火道:"皇上下旨关押的钦犯,普奇怎敢怠慢?定要万分小心地看押,全须全尾地交于有司审问。若经旁人之手出了闪失,普奇岂不是违旨?"

鄂伦岱听出普奇的话外之音,只当没听出道:"普老兄所言极是。噶礼向来狡诈,倘若看管不严,一不小心让他鞋底抹油——溜了,恐怕皇上要治老兄包庇之罪。哈哈!"

普奇也笑道:"哈哈!鄂老兄太会说笑,从没听说过在我们八旗勇士面前,有哪个钦犯跑掉。但是,有没有老鼠溜到宫里,我就不知道了。哈哈!"

鄂伦岱心中大怒,普奇此言不是在质疑我这领侍卫内大臣对皇宫护卫不严吗?他不动声色地笑着回道:"普老兄呀,你也不是不知道,皇宫是谁想进就能进的地方?唉!如今,连二阿哥也进不去了。这不,连老噶恐怕以后也别想进宫,下一个还不知道是谁,以后不能再进呢!"

普奇能不知吗?噶礼之事岂是单例?二阿哥胤礽的随从、十三阿哥胤祥、侧福晋瓜尔佳氏的哥哥德麟,在山东胶州也被擒获,正等着最后圣裁呢!话不投机半句多。普奇不想再与鄂伦岱磨嘴皮子,押了噶礼便回去复命。

(四)普奇奉旨将噶礼及干泰两家全部抄掉

噶礼被鄂伦岱、伍格带走后,噶府随即被军兵查封,任何人不得出入。与此同时,另一拨人将噶礼干儿子干泰的家也团团围住。第二天,普奇奉旨和茂奇塔特、乌勒一起,带人将噶礼及干泰两家全部抄掉。不抄不知道,噶礼家的东西还真不少,单清点赃物,十几个人就用了几天时间。等物品清点完毕,康熙五十二年九月十二日,普奇等人向康熙帝上道《都统普奇奏请将噶礼之子及家产交刑部严查折》:

> 正红旗满洲镇国公都统普奇等谨奏:为请旨事。
>
> 接准兵部交付臣等称,准领侍卫内大臣公鄂伦岱、乾清门侍卫伍格来文称,康熙五十二年九月初七日奉上谕:原总督噶礼获罪杖后,带铁锁三条,严加看守。我等奏请谕旨曰:噶礼家中,现赡养常泰之子一人,拟将此交付该都统、副都统等严查缉拿。再,噶礼之家产亦拟严查,封存看守,等因具奏。臣等即带领参领等人,将噶礼赡养之常泰之子干泰拿获,以九节铁索索之。经讯问,供曰:噶礼之妻、家产,俱在河西坞,京城惟有三处房、三个当铺等语。经查,干泰之家产,有银一万七百余两,将金、银、玉、石、书及陈列放置画之物、衣、裘、缎、绸等项,查封看守。再,三个当铺查获三千余两银,所有典当物品俱封存看管。本日即派章京、兵丁前往河西坞,将噶礼家男子,俱以铁索索之;将女人全部监禁。倘细查,繁乱且恐有侵渔,故将所有物品、房屋一并全部封存看守。惟噶礼之子佐领甘都,随驼群前去打围处,伊两处房亦封存看守。再,噶礼另外有无房产、田、庄屯、买卖之处,经大抵严讯甘都、噶礼之家人,断未供出实处。因旗不下可着落私刑,正欲具奏后,将此等人严审时,噶礼之弟华色带领其母前来告曰:奉上谕,华色告尔母,先前尔母奏朕曰,噶礼偷养常泰之子之事,朕谕曰稍候。今噶礼持银于热河肆意侵吞,朕闻知,重杖后,拿获交部。噶礼之家产,俱赏与尔母。钦此。查得,噶礼有银,且甚随意,借走公库银二万两,臣等请将现查获之一万七百余两银,及三个当铺,现有之三千余两银,一并赔补公库。其余不敷之银,以伊三个当铺陆续所得之银完补。再,噶礼甚恶,主子稔知后,已拿获交部。惟噶礼之家暴富,且行甚钻营,乃甚乱之人,有另项缘由之处,不可料定。臣等请将噶礼之子甘都、所养常泰之子干泰、家人、家产等项,一并俱交刑部,严审核查,为此谨奏。请旨!
>
> 镇国公都统臣普奇、副都统臣茂奇塔特、副都统臣乌勒。

对于噶礼,康熙帝铁了心要法办。看到普奇等人的折子,康熙帝御批道:

尔等会同刑部查之,此折未存富克托处,未封皮,甚属非是。

噶礼年轻时与常泰的弟弟是好朋友,常泰比他们年长,与一大帮年纪相仿的人出去玩时,也时常带着他们。噶礼跟在他们屁股后边,效仿袁术年轻时那样,干一些飞鹰走狗、恣意享乐、不务正业的荒唐事。

史载:常泰,姓赫舍里氏,满洲正黄旗人,康熙初年的辅政大臣索尼的长孙,康熙帝之孝诚仁皇后的胞弟,废太子、二阿哥胤礽的长舅。康熙二十一年,袭封其父噶布喇一等承恩公,曾任正黄旗都统、领侍卫内大臣等职,后"有罪爵黜"。

一次,噶礼跟着常泰他们去打猎,噶礼因追一只狐狸与大家走散。正当噶礼心急火燎找大伙时,突然,从他左前方二丈多远处窜出一只斑斓大虎。在噶礼看到它的同时,它也发现噶礼。老虎大"嗷"一声,张着血盆大口快速朝着噶礼扑来。那时,噶礼年轻,没见过这个,早把魂给吓飞胆吓破,手里的弓也掉在地上,浑身哆里哆嗦不知如何是好。正当危急时刻,只听"砰"的一声,老虎右眼处顿时血肉模糊。老虎哪还顾得上快到嘴边的这顿美餐,调头就逃。说时迟,那时快。噶礼又听见"砰"的一声,老虎应声倒地。

噶礼扭头顺发出声响的方向望去,原来是常泰放的鸟枪。看到常泰后,噶礼两条腿一软瘫在地上,裤子早被吓得尿湿。因常泰对自己有救命之恩,为表达感激之情,噶礼就认常泰的幼子干泰为干儿子。说是干儿子,噶礼对他比对亲儿子还亲。

对噶礼收养干泰,噶礼的父母普善夫妇坚决反对。他们不止一次阻挠,甚至还与常泰发生冲突。因没有常泰的实力大,普善家吃了亏。外人惹不起,就把气撒自家人身上。

普善一怒之下,将噶礼的夫人额尔瑾、干儿子干泰逐出家门,还说永世不想再见他们。此时,噶礼正在外地为官,额尔瑾去信向他哭诉。噶礼知道后干生气,没办法。普善夫妇说到做到,后来,就连普善去世,噶母也坚决不让额尔瑾、干泰参加。她还对亲友说,普善是被噶礼的夫人气死的。这就是额尔瑾多年来一直不去婆婆家的原因。

(五)康熙帝拿噶礼开刀,一为杀鸡儆猴,二为安抚人心

对于噶礼的人品和官品,康熙帝心知肚明。噶礼人品极差。早年间,噶礼嫌吏部给他升的官职权力不大,他来宫中央求康熙帝给他调换。康熙帝不但没有应允,还呵斥他一顿。噶礼怀恨在心,出了正阳门的瓮城,他就对着门洞撒了一泡尿。守门侍卫怎么劝,他就是不换地儿。事情传到康熙帝那儿,气得康熙帝把手边茶碗都摔成碎片。要不是噶母替他求情,就要将他发配到宁古塔。

噶礼为官贪墨成性,并且心胸狭窄,还爱生事。为排除异己,弹劾官员对他来说如同家常便饭,因此树敌很多,在官场也造成很坏的影响。康熙帝拿噶礼开刀,一为杀鸡儆猴,以正官场;二也是想借此安抚人心。

九月三十日,康熙帝对大学士因科道内升外转请旨,批道:

> 言路不可不开,亦不可太杂。明朝国事,全为言官所坏。今之进言者,辄云某为上所喜,某为上所恶。每揣摩朕意,私心窥伺,以图迎合。朕并无所爱憎之人,其居官善者,则爱之。不善者、则憎之耳。即如噶礼居官,如此不善,不但无一人劾奏,反有从而誉之者。后噶礼与张伯行互参,差往审事满汉大臣谓朕意有偏向,故审理俱不公平。朕亦不露意。直至议定奏闻,方向九卿明谕。于是,众乃知朕无偏向之意。大凡人臣事君之道,公而忘私,乃为正理。且性理诸书中、亦不过辨别。公私二字,事君者果能以公胜私、于治天下何难? 若挟其私心,则天下必不能治。今科道于内外官员,亦有明知其不善者。或其人有所倚仗,或其人素有声势,不可摇动。遂莫敢参劾,亦由学浅胆小故耳。为清官者,惟洁己不要钱,犹是易事。若论公而忘私,诚为难得。科道官员内,朕无深知者。今条奏亦稀。将伊等照例,挨次升转可也。

康熙帝下了新旨,抄噶礼家还得仔细进行。噶礼身边有人反水,噶府家

仆梁志林为保全自己性命,基本上把噶礼的家底露个底朝天。

康熙帝看到普奇等人九月二十八日上的《都统普奇奏请遣员查核噶礼财物折》:

> 奴才普奇等谨奏:
>
> 奴才等从前具奏噶礼之案时,甚粗蠢,不屑一顾,竟属非是矣。因圣主鸿慈训谕,奴才悚惧,业已敬谨铭记。
>
> 再又奏闻,公增寿家早已遣给噶礼之奴才梁志林向原都统七十首告曰:噶礼家隐瞒大量房、田、货物、铺子等语。七十业已将梁志林交前来。讯梁志林,据告曰:小奴在噶礼家,知噶礼大富,有大量财物,倘隐瞒不告,查时前来出首,我必死,请万幸恕罪等语。据伊所交单子内开载:正阳门外有当铺一个,河西坞有当铺一个,俱已封死,看守。梁志林出首之十一处二百六十七间房,亦封死,看守。前后查获当铺五个,十五处房共五百七十三间,此外,伊出首直隶所属之涿州、新城、定兴等处之庄屯、地亩,易于查获。惟涿州、新城、定兴、易州,三家店五处之七个当铺,倘不上紧查核,噶礼大富,且甚好究、巧诈,伊之家人个个行止不端,必将现有之物项转移窝藏。倘立即派族员、兵丁紧急往查,又恐不遍且受损。或交付该地方官严查,或公同派出部章京、旗员、兵丁严查之处,奴才等不敢专擅,故急速奏闻,伏乞上裁。
>
> 镇国公都统臣普奇、副都统臣茂齐塔特、副都统臣乌勒。

看到普奇等人“战果累累”,从前都说噶礼这些年没少钻营,积攒下丰厚家产,果不其然,有此巨资为证。再加上投毒害母,这下噶礼的罪可以坐实。于是康熙帝御批:“拣选贤能部章京、旗员、兵丁严加查明可也。”

普奇还算人道,对噶礼说是关押,实则和软禁差不多。鄂伦岱锁在噶礼身上的那三条沉甸甸的铁链,在普奇接手看管噶礼当天,就被他下令砸开,只是在提审噶礼时,才将三条铁链给他锁上。噶礼在屋里可以自由活动,只是吃喝拉撒全要在里边,不能出房间而已。关押噶礼的地方,院里院外布了很多看守,不要说噶礼这个大活人,就连一只苍蝇也休想飞出去。

普奇为他准备的一日三餐还算可口。噶礼屁股上的棒伤,经过精心医治,结的痂已脱落,新长出的皮肤,正努力向老皮肤的颜色看齐。棒伤虽已好得差不多,但噶礼时而还是感觉到隐痛。疼痛感,或许一部分来自肌肤,或许一部分来自内心。

早饭后,噶礼没事干,便侧躺在床上开始胡思乱想。他知道,对他来讲好日子恐怕是到头了。当他一闭上眼,张伯行的身影鬼使神差地总会在他眼前晃动。此刻,他最恨的还是张伯行。他始终认为,如今他身陷囹圄,都拜张伯行所赐。倘若没有张伯行弹劾他,如今,他还在两江风风光光当着总督,就不会为复出而挖空心思地讨好额娘,也就不会上赶着去给额娘送饭,就不会闹出毒害亲母的事。额娘那天吃了额尔瑾差人送去的饭,上吐下泻两天,不是后来吃几天药就好了嘛。谁又不是成心?额娘竟然小题大做说我毒害她。唉!真让人心寒,现在我都怀疑自己是不是她亲生的。唉!若不是被革职回京,也不会去求额娘,不求额娘就不会将她惹恼,没将她惹恼,她也不会揭发我收养干泰的事。唉!认朋友的儿子当干儿子,多么正常的事呀,为啥到我这儿就偏偏不行?唉!简直是没天理。

郁闷归郁闷,噶礼内心一直认为自己的问题不会太大,康熙帝对他的处罚不会糟糕到哪儿去。估计最重也就是流放,最差也就是发配到宁古塔,轻一些有可能去关外给先帝爷看坟。兴许过几年皇家有喜,遇上大赦也就放回来。一想起关外冬天那叫一个冷,噶礼心里就发怵。唉!没办法,再冷也得去挨几年,谁让我遇见张伯行这个瘟神!

一想起自己那些家产,噶礼更伤心。房产、店铺、田地,以至于金银珠宝,这些可都是自己辛辛苦苦、一点一点积攒下的,当年阿玛分家时我才分到多少?这些家产估计要保不住了,不知皇上能不能给剩点儿。唉!钱财本是身外物,舍不得也得舍呀!噶礼自始至终也没想到,会有杀身之祸。

(六)噶礼著自尽,其妻亦令从死,色尔奇、甘都俱改斩监候

劝君莫惜金缕衣,劝君惜取少年时。
花开堪折直须折,莫待无花空折枝。

时光飞逝,斗转星移,转眼就是康熙五十三年。噶礼一家还被看押着,生

死未卜。噶礼不知道这一年二月九日,刑部呈到康熙帝御案上这么一道覆议:

> 江苏巡抚张伯行疏称,江南乡试副考官赵晋自缢身死一案,审无受贿情弊。但不严行看守,令重犯得以缢死,应将扬州府知府赵弘煜等分别议处具题。

康熙帝看后非常生气,前后派三拨钦差,被判斩立决的江南科考案主犯,因朕有好生之德,六十寿诞之年朝审、秋审暂停一年。可没等朕杀他,他倒在狱中自杀,这还得了,一定要找个明白人审个清清楚楚。于是下旨道:

> 各官自当议罪。赵晋果否身死之处,著交巡抚张伯行彻底查明具奏。

还没等张伯行将赵晋自杀案审明,噶礼的案子有了眉目。

四月十九日,康熙帝看到刑部的题本:

> 原任江南江西总督噶礼之母叩阍内称,我亲生子噶礼令厨下人下毒药,欲将我药死。此等凶恶,皆系我少子色勒奇、与噶礼之子甘都合谋而行。又噶礼以常泰之子干泰认为己子,令妻私自抚养。我丈夫普善在日,将噶礼之妻并干泰逐出。常泰聚集亲戚,拆毁我房屋,几至殴打。又噶礼家巨富,将妻子及亲密人等俱住河西坞,不知何意。噶礼奸诈凶恶已极,请正典刑等语。审据噶礼,及噶礼之弟色勒奇、子甘都并首服。噶礼身为大臣,任意贪婪,又谋杀亲母,不忠不孝已极。应凌迟处死,妻论绞,弟色勒奇、子甘都立斩。常泰之子干泰发黑龙江当苦差,家产并入官。

康熙帝想到,噶礼不忠不孝,任意贪婪,谋杀亲母,罪大恶极,本该凌迟。但念其追随朕多年,没有功劳也有苦劳。噶礼所敛之财已缴,其母又无大碍。且为开国功臣之后,为其留个全尸吧,让其妻跟着他一同自尽。至于从犯色勒奇、甘都,秋后问斩也不迟。于是下旨:

> 噶礼著自尽,其妻亦令从死,色勒奇、甘都俱改斩监候,秋后处决。

余依议。

噶礼知道这个消息是在黄昏之前。晚日寒鸦,柳塘新绿,从不喜文弄墨的噶礼突然间想起了辛弃疾的《鹧鸪天》,心中顿生不祥之感。

> 晚日寒鸦一片愁,柳塘新绿却温柔。若教眼底无离恨,不信人间有白头。
> 肠已断,泪难收。相思重上小红楼。情知已被山遮断,频倚阑干不自由。

因为密云不雨的缘故,这一天暮色来得要比平常早些。是呀! 早该下一场酣畅淋漓的大雨了。清明之后,京城及附近滴雨未下,田里的麦子都在喊渴。成群的归巢倦鸟,在巢穴上空打圈盘旋,鸦雀在空中不时发出倦意的鸣叫。每当这个时候,莫名的惆怅便涌到噶礼心头。偏偏在一天中他内心最脆弱的时候,得到这个消息。

噶礼知道判决后,如同五雷轰顶,人彻底蒙圈。他傻傻地站在那里,好长时间一动不动,似一尊泥胎。这是他从未想到的结果,坏消息,不,噩耗来得如此突然,他完全无法接受。他心里明白,最终判决是皇上定,要想更改如同登天。何况告他的人,正是原先他的护身符。如今,他才感觉到,没娘的孩子像根草。

不孝是十恶不赦的大罪,何况,还是毒害亲母。噶礼可不想死,但他没有丝毫办法,只能眼睁睁地看着妻儿和弟弟与自己共赴黄泉。此刻,噶礼脸上竟浮现出平静的微笑,静得吓人,笑得诡异。无奈的眼神出卖了噶礼的内心。这是一种绝望的笑,人绝望到彻底的地步,内心不再恐惧,反而变得格外平静。他没吃晚饭,而是静静地坐了一夜,任由蜡烛燃尽,黑夜将他彻底吞噬。

噶礼还在闷热中煎熬着,等待彻底解脱。六月十二日,康熙帝看到张伯行所奏关于赵晋自杀的情况调查:

> 臣查江南乡试副考官赵晋进监之后,扬州府知府赵弘煜一任典史金镐纵容,及报赵晋自缢,又草率取供,不亲自相验。委高邮州知州李之檀

验报尸，图与赵晋状貌不符，而众供互异。据此，赵弘煜故行疏纵，情弊
显然；江都县知县王铣等既已疏玩于先复，不能确查于后。不惟赵晋生
死难明，并在监与否亦不敢定。请将扬州府知府赵弘煜等革职，一并
严审。

康熙帝看后勃然大怒。好端端关在狱中的钦犯，生不见人，死不见尸。
上报个自杀，人就想了事，这还了得？跑了和尚，跑不了庙。典史说不出子丑
寅卯，就拿主官问罪，扬州知府、江都知县都甭想再干，一定要让张伯行查个
水落石出。于是，康熙下旨："赵弘煜、李之檀、王铣等俱著革职。该抚严审定
拟具奏。"

（七）这是噶礼被抓后第一次哭，也是自解职后第一次哭

噶礼大限到来的这一天，从他脸上看不出丝毫恐惧，反而异常平静。前
一天上午，普奇特意来看他。普奇说，他不单是以正红旗满洲都统的身份来
的，还有是替另一人来送送他。普奇没提名字，他们二人心知肚明，虽然如今
他也身陷囹圄。噶礼刚被解职时，他曾派人给噶礼送了根人参。

普奇待的时间虽不长，却为他带来一坛京城最有名的酒，还有一个大半
新的香荷包、一枚和田玉扳指。他一眼就看出这荷包是额娘随身佩戴的，而
这枚和田玉扳指是阿玛生前最喜欢的，临终时特别嘱咐不带到棺材里，要给
子孙留个念想，代代相承。普奇说，老太太说了，荷包是给你夫人的，扳指让
你戴着。她就不来了。

见物思人。看见这两样东西，噶礼"哇哇"直哭。他似乎看到额娘泪流满
面、顿足捶胸的样子。这是噶礼被抓后第一次哭，也是自解职后第一次哭。
噶礼哭得无比伤心，无比透彻，丝毫没有掺杂一点别的成分和情绪。这不是
两件普通的物件，它们至少证明额娘还有阿玛对他一家还是认的。此刻，他
想额娘一定有苦衷，一定身不由己，一定是恨铁不成钢。他不再恨她。他不
打算将玉扳指带到棺材里，而是请普奇转交给甘都的长子——他的长孙。长
子甘都将要随他而去，他二儿子、三儿子……他还有孙子。他要完成阿玛的
遗愿，让这枚扳指在他家世世代代传下去。

午饭和晚饭很丰盛。噶礼该吃吃,该喝喝,外表貌似洒脱,掩饰不了眼神中流露出的绝望。此刻,他多么希望自己是个普通人家的孩子,而非生在权贵之家。他可以是位日出而作、日落而息的农民,辛辛苦苦没有关系,忍饥挨饿没有关系,只要能平平安安地活着。他也可以是个城中的小商贩,或是个手艺人,无波无澜地过一生,岂不快活?当个游走江湖的卖艺人也行呀,虽风餐露宿,但不会招来杀身之祸。像他这个年纪的百姓,闲暇时,与老伙计们下下棋,唠唠嗑,喝两口小酒。夏天,在大树底下乘凉。冬天,裹着黑粗布棉袄,蹲在北墙根晒太阳。唉!而今,这一切都不可能了!

大限当天的早上,他什么也没吃,只是喝了点水。正红旗满洲都统普奇、副都统茂奇塔特、乌勒等人站在屋外,鄂伦岱、伍格及刑部派来监刑的官员站在屋内。两位军兵帮他将三尺白绫拴好,接脚的板凳搬好,站在一旁静静候着。

见鄂伦岱亲自来了,噶礼笑道:"老鄂,这等粗活儿还劳你亲自驾到。"

鄂伦岱也笑道:"不来送送你,不放心呀!嘿嘿,老噶,不是我不放心,是皇上不放心。上路的酒喝了没?肉吃了没?"

"谢谢你操心,酒也喝了,肉也吃了,这不在等嘛!"

鄂伦岱嫌噶礼动作缓慢,轻蔑道:"老噶,既然酒也喝了,肉也吃了,还磨磨蹭蹭干吗?事到如今,伸头一刀,缩头也是一刀。不如,麻麻利利地让旁人看看,也称赞你一声,真有种!呵呵!你不要以为兄弟们是闲人,我们没工夫陪你磨叽。"

噶礼瞪他一眼,恶狠狠道:"催什么催,时辰还不到呢!"

"哟!你这也不是菜市口问斩,还讲究什么午时三刻呀!快点吧,大家可都忙着呢!等你这事完了,还得去送你夫人归西呢!"鄂伦岱不耐烦道。

"唉!可惜了,黄泉路上我缺你这个做伴的。"噶礼没好气地回一句。

"哈哈!咱可陪不了你,还是你夫妇二人携手同行吧!老噶,你要是横不下心,咱就让他们帮你一把。"鄂伦岱看噶礼还没行动的意思,就嘲笑道。

"不用他们动手,我自己来!"噶礼吼道。

"好,好,好,快点吧。别让兄弟们小看你,咱们还得回去向皇上交旨呢!"

生死都难!若不是鄂伦岱用话激他,噶礼还真横不下这颗心。

不能让鄂伦岱这老小子看扁了。噶礼心一横,赌着气站到凳子上,伸手将白绫套在脖子上，眼一闭。鄂伦岱见噶礼站着，不忍心蹬板凳，就示意在一旁候着的军兵助他一助。军兵上前一脚，将噶礼脚下的凳子踢倒。

噶礼只觉喉咙处猛地一发紧，紧到喘不上气，他在猛劲地蹬几下腿后，就如睡着般失去知觉。

噶礼睡着了，睡得那么平静。他梦见自己变成一条鱼，在清澈见底的水中自由地游来游去。他从来没有感觉过这么放松，这么无忧无虑，这么心旷神怡。他看到远处有一道光，这无比明亮的光如磁石般吸引着他，他不由自主，快乐地向它游去。

就在这时，突然光变成一条巨大的黑鱼，张开一口能吞下景山的大嘴，向他扑来。这大口如深渊般黑，让他躲也无处躲，藏也无处藏。更要命的是这条傻乎乎的鱼，还径直地向那张大口奋力游去。他想呼喊，却张不开嘴；他想转向，浑身不听他使唤。他绝望了，他拼命挣扎，拼命地喊。

突然，他醒了，但睁不开眼。眼前，伸手不见五指般的黑暗，他感觉呼吸艰难。他努力在想自己在哪儿？哦！他想起发生过的一切。由此，他判断现在应该是躺在棺材里。他试着四下摸了摸，果然如此。

他咧着嘴乐了！有钱真好，噶礼庆幸自己的银子没有打水漂。他没有像赵晋那样选择自杀，那样操作不当会留下后遗症，事实证明果不其然。噶礼用重金买通看守，在给他喝的断头酒里下蒙汗药。并在监刑人走后，立马将他从白绫上取下。这根供他自尽的白绫，也是花银子做过手脚的，保证他绝对不会被吊死。然后，再将他移到棺材里，将棺材盖上。等到天黑人静时，药劲儿也过，他再偷偷从棺材里爬出，溜之大吉。跑得远远的，跑到深山老林里，跑到没人认识他的地方，从此改名换姓，过上他向往已久的普通人生活。

噶礼计划得非常好。可是，再好的计划，在实施中不免会出现纰漏。他哪里知道，军头打发去买蒙汗药的军兵，把买药的钱漏下一部分拿去买酒了。蒙汗药没下够，还没到午夜时分，噶礼醒了，守夜的人还没睡。他在棺材里又动、又笑的这么一折腾，惊动了他们。几个人作伴壮着胆子，来此查看究竟，正巧噶礼一推棺材盖，坐了起来。

"诈尸了！诈尸了！"吓得几人屁滚尿流地边喊边跑。

这还了得，可把收噶礼钱的人吓坏了。如今，这一"诈尸"，倘若被人知道噶礼没死，帮他逃脱的人可是欺君之罪。为了活命，干脆一不做，二不休。这几个人一商量,大家一拥而上,以除妖之名用斧子将噶礼劈倒,连他与棺材一起烧掉。

此事后来果然传到康熙帝的耳朵里,康熙帝摇摇头苦笑道:"噶礼这奴才命还真硬啊!"